JN494545

학교폭력 예방 및 학생의 이해 2판

유형근 · 정연홍 · 남순임 · 박선하 · 이필주 · 문가람 · 최지혜 공저

SCHOOL VIOLENCE PREVENTION AND
STUDENT UNDERSTANDING
(2ND ED.)

학지사

2판 머리말

우리는 흔히 교육의 영역을 학습지도 영역과 생활지도 영역으로 나누고 생활지도의 중요성을 학습지도의 중요성과 견주면서 누누이 강조하여 왔다. 그러나 예비교사 양성기관의 교육과정을 분석해 보면, 전체 교육과정의 95% 이상이 학습지도에 관한 내용으로 구성되어 있으며 생활지도와 관련된 과목은 5%가 채 되지 않는다. 이마저도 학생들이 선택하지 않을 경우 생활지도와 관련된 과목은 한 과목도 배우지 않은 채 졸업하여 교육현장에 배치된다.

결과적으로 이러한 교육과정을 이수하고 현장에 배치된 교사들은 학습지도에 대한 전문성은 그 어느 때보다도 높은 데 비하여 생활지도에 대한 전문성은 아주 낮을 수밖에 없다. 결국 이들은 학생들과의 상담과 생활지도에서 많은 어려움을 겪게 되고 고민과 방황을 하게 된다. 그중에서도 가장 대표적인 생활지도 문제가 학교폭력 문제이다. 학교폭력 문제는 교사와 학교 차원을 넘어 국가 차원에서 관심을 가지고 접근하고 있으나 쉽게 해결되지 않고 있다.

이러한 상황에서 예비교사 양성대학의 필수 교과목으로 지정된 '학교폭력 예방 및 학생의 이해' 과목의 목표는 대학 졸업 후 임용된 초임 교사들이 학교에 배치되었을 때 학교폭력을 비롯한 학생들이 경험할 수 있는 여러 가지 부적응 문제를 지도할 때 당황하지 않고 차분하고 전문적으로 대응할 수 있는 실천적 능력을 함양하는 데 있다.

『학교폭력 예방 및 학생의 이해(2판)』는 2014년에 출판된『예비교사를 위한 학교폭력의 예방과 대처』를 2019년에 개정한『학교폭력 예방 및 학생의 이해』를 바탕으로 내용을 수정 · 보완하였다. 2014년에 출판한 책은 학교폭력에 초점이 맞추어 기술하였기에 학생에 대한 이해의 측면이 충분히 다뤄지지 못하였다. 이후 2019년 개정서에서는 학생의 발달적 측면에 대한 내용을 추가하여 학교폭력의 당사자인 학생을 이해할 수 있는 토대를 마련하고자 하였다. 따라서 예비교사들이 학교폭력에 대한 이론적 이해와 학생들의 발달적 특성에 대한 이해를 바탕으로, 현장에서 발생할 수 있는 다양한 상황에 효과적으로 대처할 수 있도록 하는 데 초점을 두었다. 이번 개정서는 2024년 3월 1일에 시행된 「학교폭력 예방 및 대책에 관한 법률」 및 같은 법 시행령에서 규정한 학교폭력 사안의 개정 · 수정 및 추가에 근거하여 수정하였다. 또한 교육부의 『학교폭력 사안 처리 가이드북』(2024)을 참고하여 학교폭력 사안 처리의 이해 및 표준화를 돕고자 하였다.

이 책의 특징을 좀 더 구체적으로 제시하면 다음과 같다. 첫째, 예비교사 및 학교폭력 사안 처리에 관심 있는 교사의 눈높이에 맞추어 쉽게 이해할 수 있도록 집필하였다. 특히 어렵거나 생소한 내용이 나올 경우에는 '여기서 잠깐!'이라는 코너를 삽입하여 간명하게 설명하였다. 둘째, 관련 내용을 설명하면서 구체적이고 생생한 사례와 각종 예시도 함께 제시함으로써 현장감을 높일 수 있도록 하였다. 셋째, 학생에 대한 이해를 바탕으로 학교폭력을 예방할 수 있도록 학생의 발달적 특성을 설명하여 학교 장면에 도움이 되도록 하였다. 넷째, 학교폭력의 예방, 대처 및 사후지도에 있어서 예비교사들이 학교현장에 나가 곧바로 활용할 수 있는 각종 양식과 자료를 다양하게 제시하여 활용도를 높였다. 다섯째, 학교폭력 발생 시 대처 과정을 한눈에 알아볼 수 있게 구조화하여 제시함으로써 대응 절차를 일목요연하게 파악할 수 있도록 하였다. 여섯째, 성폭력도 학교폭력의 일부이기는 하나, 성폭력의 독특성을 감안하여 별도로 다루었다.

이 책은 총 15개의 장으로 구성되었다. 그리고 크게 여섯 영역으로 나누어 다루고 있다. 우선, 제1장은 '학교폭력의 이해' 영역으로, 학교폭력의 정의와 유형, 실태, 원인, 학교폭력에 대한 학교 차원의 책무 및 교사의 법적 책임에 대해 기술하였다.

제2장부터 제4장까지는 '학생의 이해' 영역으로, 제2장에서는 학생의 신체적 발달을, 제3장에서는 인지적 발달을, 제4장에서는 심리사회적 발달을 살펴보았다.

제5장과 제6장은 '학교폭력의 예방' 영역으로, 제5장에서는 학교폭력에 대한 학교 차원의 예방 방안을, 제6장에서는 학교폭력에 대한 교사의 예방 방안을 안내하였다.

제7장부터 제10장까지는 '학교폭력의 대처' 영역으로, 제7장에서는 학교폭력 관련 기관의 구성과 역할을, 제8장에서는 학교폭력 사안 처리 절차를, 제9장에서는 학교폭력 피해 및 가해학생에 대한 조치 방안을, 제10장에서는 학교폭력 관계회복 및 분쟁조정에

대해 살펴보았다.

제11장과 제12장은 '학교폭력의 사후지도' 영역으로, 제11장에서는 학교 차원의 학교폭력 사후지도 방안을, 제12장에서는 교사의 학교폭력 사후지도 방안을 살펴보았다.

제13장부터 제15장까지는 '성폭력의 예방과 대처' 영역으로, 제13장에서는 성폭력의 이해와 예방교육을, 제14장에서는 성폭력 발생 시 대응 절차를, 제15장에서는 성폭력 사안에 대한 사후지도 방안을 살펴보았다.

그리고 부록에는 학교 장면에서 손쉽게 활용할 수 있는 다양한 양식과 활동 자료, 참고 자료 등을 제공하였다.

이 책의 부족하고 미흡한 부분은 앞으로 독자들의 관심 어린 충고와 가르침을 바탕으로 지속적으로 개선해 나가고자 한다. 끝으로, 이 책의 출판을 적극적으로 지원해 주신 학지사 김진환 사장님, 출판을 위해 많은 협조와 수고를 아끼지 않으신 김순호 이사님, 편집부 박선민 선생님께 깊은 감사를 드린다.

2025년 3월

저자 일동

1판 머리말

우리는 흔히 교육의 영역을 학습지도 영역과 생활지도 영역으로 나누고 생활지도의 중요성을 학습지도의 중요성과 견주면서 누누이 강조하여 왔다. 그러나 예비교사 양성기관의 교육과정을 분석해 보면, 전체 교육과정의 95% 이상이 학습지도에 관한 내용으로 구성되어 있으며 생활지도와 관련된 과목은 5%가 채 되지 않는다. 이마저도 학생들이 선택하지 않을 경우 생활지도와 관련된 과목은 한 과목도 배우지 않은 채 졸업하여 교육현장에 배치된다.

결과적으로 이러한 교육과정을 이수하고 현장에 배치된 교사들은 학습지도에 대한 전문성은 그 어느 때보다도 높은 데 반하여 생활지도에 대한 전문성은 아주 낮을 수밖에 없다. 결국 이들은 학생들의 상담과 생활지도에서 많은 어려움을 겪게 되고 고민과 방황을 하게 된다. 그중에서도 가장 대표적인 생활지도 문제가 학교폭력 문제이다. 학교폭력 문제는 교사와 학교 차원을 넘어 국가 차원에서 관심을 가지고 접근하고 있으나 쉽게 해결되지 않고 있다.

이러한 상황에서 예비교사 양성대학의 필수 교과목으로 지정된 '학교폭력 예방 및 학생의 이해' 과목의 목표는 대학 졸업 후 임용된 초임 교사들이 학교에 배치되었을 때 학교폭력을 비롯한 학생들이 경험할 수 있는 여러 가지 부적응 문제를 지도할 때 당황하지 않고 차분하고 전문적으로 대응할 수 있는 실천적 능력을 함양하는 데 있다.

『학교폭력 예방 및 학생의 이해』는 2014년에 출판된『예비교사를 위한 학교폭력의 예방과 대처』의 개정판으로서, 기존의 책은 학교폭력에 초점이 맞추어져 있어 학생에 대한 이해의 측면이 부족하였다. 이에 이 책에서는 학생의 발달적 측면에 대한 내용을 추가하여 학교폭력의 당사자인 학생을 이해할 수 있는 토대를 마련하고자 하였다. 따라서 이 책은 예비교사들이 학교폭력에 대한 이론적 이해와 학생들의 발달적 특성에 대한 이해를 바탕으로, 현장에서 발생할 수 있는 다양한 상황에 효과적으로 대처할 수 있도록 하는 데 초점을 두었다.

이 책의 특징을 좀 더 구체적으로 제시하면 다음과 같다. 첫째, 예비교사들의 눈높이에 맞추어 쉽게 이해할 수 있도록 집필하였다. 특히 어렵거나 생소한 내용이 나올 경우에는 '여기서 잠깐!'이라는 코너를 삽입하여 간명하게 설명하였다. 둘째, 관련 내용을 설명하면서 구체적이고 생생한 사례와 각종 예시도 함께 제시함으로써 현장감을 높일 수 있도록 하였다. 셋째, 학생에 대한 이해를 바탕으로 학교폭력을 예방할 수 있도록 학생의 발달적 특성을 설명하여 학교 장면에 도움이 되도록 하였다. 넷째, 학교폭력의 예방, 대처 및 사후지도에 있어서 예비교사들이 현장에 나가 곧바로 활용할 수 있는 각종 양식과 자료를 다양하게 제시하여 활용도를 높였다. 다섯째, 학교폭력 발생 시 대처 과정을 한눈에 알아볼 수 있게 구조화하여 제시함으로써 대응절차를 일목요연하게 파악할 수 있도록 하였다. 여섯째, 성폭력도 학교폭력의 일부이기는 하나, 성폭력의 독특성을 감안하여 별도로 다루었다.

이 책은 총 15장으로 구성되었다. 그리고 크게 여섯 영역으로 나누어 다루고 있다. 우선, 제1장은 '학교폭력의 이해' 영역으로, 학교폭력의 정의와 유형, 실태, 원인, 학교폭력에 대한 학교장과 교사의 책무에 대해 기술하였다.

제2장부터 제4장까지는 '학생의 이해' 영역으로 구체적인 내용을 장별로 살펴보면, 제2장에서는 학생의 신체적 발달을, 제3장에서는 인지적 발달을, 제4장에서는 심리사회적 발달을 살펴보았다.

제5장부터 제6장까지는 '학교폭력의 예방' 영역으로 구체적인 내용을 장별로 살펴보면, 제5장에서는 학교폭력에 대한 학교 차원의 예방 방안을, 제6장에서는 학교폭력에 대한 교사의 예방 방안을 안내하였다.

제7장부터 제10장까지는 '학교폭력의 대처' 영역으로 구체적인 내용을 장별로 살펴보면, 제7장에서는 학교폭력대책자치위원회의 구성과 역할을, 제8장에서는 학교폭력 사안 처리 절차를, 제9장에서는 학교폭력 가해 및 피해학생에 대한 조치 방안을, 제10장에서는 학교폭력 분쟁조정 절차를 살펴보았다.

제11장과 제12장은 '학교폭력의 사후지도' 영역으로 구체적인 내용을 장별로 살펴보

면, 제11장에서는 학교 차원의 학교폭력 사후지도 방안을, 제12장에서는 교사의 학교폭력 사후지도 방안을 살펴보았다.

제13장부터 제15장까지는 '성폭력의 예방과 대처' 영역으로 구체적인 내용을 장별로 살펴보면, 제13장에서는 성폭력의 이해와 예방교육 방안을, 제14장에서는 성폭력 발생 시 대응 절차를, 제15장에서는 성폭력 사안에 대한 사후지도 방안을 살펴보았다. 그리고 부록에는 학교 장면에서 손쉽게 활용할 수 있는 다양한 양식과 활동 자료, 참고 자료 등을 제공하였다. 이 책의 부족하고 미흡한 부분은 앞으로 독자들의 관심 어린 충고와 가르침을 바탕으로 지속적으로 개선해 나가고자 한다.

끝으로 이 책의 출판을 적극적으로 지원해 주신 학지사 김진환 사장님, 출판을 위해 많은 협조와 수고를 아끼지 않으신 편집부 박선민 선생님께 깊은 감사를 드린다.

2019년 3월

저자 일동

차례

제5장 학교폭력에 대한 학교 차원의 예방 방안 ▸▸ 121

제6장 학교폭력에 대한 교사의 예방 방안 ▸▸ 147

제7장 학교폭력 관련 기관 ▸▸ 173

제1장

학교폭력의 이해

학습목표

- 학교폭력의 정의 및 실태를 설명할 수 있다.
- 학교폭력의 원인을 이해할 수 있다.
- 학교폭력에 대한 교사의 책무를 설명할 수 있다.

학습내용

1. 학교폭력의 정의 및 실태
   1) 학교폭력의 정의
   2) 학교폭력의 유형
   3) 학교폭력의 실태
2. 학교폭력의 원인
   1) 개인적 요인
   2) 환경적 요인
3. 학교폭력에 대한 교원의 역할과 책임
   1) 「학교폭력예방법」에 따른 학교 차원의 책무
   2) 학교폭력사건에 대한 교사의 법적 책임

생각 나누기

성우는 지적장애를 가진 같은 반 친구 광진이를 친구들이 있는 자리에서 욕설과 함께 '바보' '돌대가리' 등으로 자주 놀렸다. 그리고 성우는 스마트폰 채팅방에서 "광진이는 부모가 이혼하여 아버지와 함께 살고 있는데 남의 물건을 훔치는 습관이 있다."라고 거짓말을 하였다.

성우가 광진이에게 한 행동은 학교폭력일까?

많은 사람이 학교폭력의 심각성에 대해 인지하고 있지만, 어떤 행위가 학교폭력에 해당하는가에 대해서는 명확하게 인지하지 못하는 경우가 많다. 이 장에서는 학교폭력에 대한 정확한 이해를 위하여 학교폭력의 정의와 유형, 그 실태 및 원인에 대해 살펴보고, 교사로서의 책무에 대해 살펴보겠다.

1. 학교폭력의 정의 및 실태

1) 학교폭력의 정의

학교폭력은 '학교'와 '폭력'이라는 두 단어로 구성된 합성어이다. 이 두 단어는 각각 비교적 명확한 의미를 지니고 있어, 학교폭력이라는 용어는 직관적으로 그 의미를 이해할 수 있게 한다. 그러나 학교폭력은 법적인 토대 위에서 다루어지는 개념이므로, '학교'와 '폭력'이라는 단어의 의미는 보다 구체적이고 정확하게 규명될 필요가 있다. 따라서 학교와 폭력이라는 단어에 내재된 의미를 구체적으로 살펴보면, 학교폭력의 정의에 대한 보다 명확한 이해가 가능할 것이다.

학교폭력에서 학교의 의미를 살펴보면, 우선 학교라는 용어의 정의에 대한 오랜 논쟁이 존재했음을 인식할 필요가 있다. 초기에는 학교폭력에서 학교가 장소적 개념으로 간주되어, 물리적 공간 안에서 발생하는 행위만을 학교폭력으로 규정하였다. 그러나 이러한 제한적 정의는 학원이나 등하굣길 등 학교 외부에서 발생하는 행위를 학교폭력으로 포함하기 어려운 문제를 야기하였다. 이에 따라 학교라는 개념을 특정한 물리적 장소에 국한하지 않고, 학생들이 존재하는 모든 공간으로 확장하여 인터넷 공간이나 외부 교육기관 등도 포함시키는 정의가 제안되었다. 그러나 이러한 확장은 또 다른 문제를 초래하였다. 즉, 학교라는 공간의 의미가 지나치게 확장됨에 따라, 학교폭력으로 다루어야 할 문제의 범위도 과도하게 확대되는 결과가 발생한 것이다. 결국 이러한 문제는 학교라는 공간의 범위 축소와 확장이라는 연속선상에서 발생하는 복잡한 상황으로 볼 수 있다. 이때 중요한 것은 이러한 연속선상에서 가장 적절한 지점을 특정하는 것이 현실적으로 매우 어렵다는 점이다. 따라서 학교라는 공간의 정의를 어떻게 설정할 것인지는 학교라는 공간 범위의 축소와 확장이라는 두 가지 선택지 중 하나를 선택해야 하는 딜레마적인 문제로 이해할 수 있다.

그렇다면 우리나라에서는 학교라는 공간을 어떤 범위로 정의하고 있을까?「학교폭력 예방 및 대책에 관한 법률」(이하「학교폭력예방법」)에서는 학교폭력을 '학교 내외에서' 발생하는 폭력으로 명시하여, 학교 내부의 공간뿐만 아니라 외부에서 발생하는 폭력까지도 학교폭력의 범주에 포함된다는 점을 분명히 하고 있다. 이는 우리나라가 학교라는 공간의 범위를 확장하여 학생이 존재하는 모든 공간을 학교로 간주하고 있음을 의미한다. 이러한 접근은 학교라는 공간을 지나치게 제한하여 학교폭력으로 다뤄져야 할 행위를 적절히 포착하지 못할 위험을 감수하기보다는, 학교라는 공간의 범위를 확장하여 학교폭력으로 간주하기 애매한 문제들을 효과적으로 필터링하는 방안에 기초한 것이라고 할 수 있다. 따라서 우리나라에서는 학교의 범위를 교육과 관련된 모든 공간으로 설정하고 있음을 이해하고, 이에 따라 학교폭력에 대한 이해와 대응 또한 이러한 포괄적인 시각을 바탕으로 접근할 필요가 있다.

폭력의 개념은 학문적 맥락에 따라 다양하게 해석되지만, 공통적으로 타인에게 신체적 고통이나 상해를 가하려는 또는 실제로 가하는 모든 행동으로 정의할 수 있다. 그러나 이때 주의해야 할 점은 폭력을 단순히 개인의 신체적 피해에 한정하여 이해해서는 안 된다는 것이다. 폭력은 사람의 신체에 대한 단순한 접촉행위가 아니라, '유형력', 즉 '형태를 띠고 있는 힘의 행사'를 의미한다. 유형력의 관점에서 바라보면, 어떠한 형태의 행위라도 그 결과가 타인에게 고통이나 상해를 초래하였다면, 그 행위는 폭력의 범주에 포함된다고 할 수 있다. 이러한 맥락에서 우리나라의「학교폭력예방법」은 학교폭력의 폭력행위를 "상해, 폭행, 감금, 협박, 약취 · 유인, 명예훼손 · 모욕, 공갈, 강요 · 강제적인 심부름 및 성폭력, 따돌림, 사이버폭력 등에 의하여 신체 · 정신 또는 재산상의 피해를 수반하는 행위"로 규정함으로써, 신체적 · 물리적 폭력뿐만 아니라 정서적 · 심리적 폭력까지 포괄하고 있음을 분명히 하고 있다.

한편, 폭력 개념의 기초 위에서 학교폭력 행위가 정의되는 가운데, 좀 더 정확하게 학교폭력으로 규정되기 위해서는 세 가지 성립 요건 중 하나 이상의 요건이 충족되어야 한다(Coloroso, 2003). 이 세 가지 성립 요건은 다음과 같은 항목으로 구성되며, 각각의 정의를 살펴보면 다음과 같다.

- **고의성**(intentional): 실수가 아닌 고의적으로 해를 입히거나 괴롭히는 말과 행동
- **반복성**(repeated): 어쩌다 한 번 일어난 행동이 아니고, 반복적으로 되풀이되는 행동
- **힘의 불균형**(imbalance): 힘이 더 센 학생이 약한 학생을, 상급학생이 하급생을, 다수의 학생이 한두 명 소수의 학생을 괴롭히는 것

학교폭력으로 정의되기 위한 이러한 당위적 요소는 노르웨이의 심리학자 Olweus의 'bullying' 개념에 뿌리를 두고 있으며, 이러한 요소를 설정한 이유는 학교폭력 행위를 명확히 규정하고, 학교폭력에 대한 객관적인 기준을 제공하기 위함이다. 그러나 현실적인 관점에서 살펴보면, 이러한 요소들은 실제로 현실 세계에 적용하기 어려운 몇 가지 중요한 문제를 내포하고 있다. 첫째, 고의성의 경우 행위자의 의도가 실제로 존재했는지를 판단하는 데 어려움이 따른다. 둘째, 반복성의 경우 몇 차례의 행위를 반복적인 행위로 간주할 것인지에 대한 기준이 불명확하며, 학교폭력의 정도가 상당히 심각하더라도 단 한 번의 행위로 인해 학교폭력으로 인정받지 못할 가능성이 존재한다. 셋째, 힘의 불균형의 경우 실제로 힘이 더 강한지를 판단하는 것이 복잡하며, 현실 세계에서 물리적 힘이 약한 학생이 사이버 공간에서는 큰 영향력을 발휘할 경우, 힘의 불균형을 어떻게 평가할 것인지에 대한 문제 등도 논쟁의 여지가 있다. 이러한 현실적 제약을 고려하여 우리나라의 「학교폭력예방법」은 이들 요소에 대한 명시적 규정을 두지 않고 있다. 따라서 폭력이 우발적, 일회성, 힘의 균형 상태에 있었다 하더라도 피해 정도가 심각하면 학교폭력으로 간주해야 한다.

학교폭력을 정의하는 데 필요한 마지막 요소는 학교폭력의 대상이다. 학교폭력의 대상은 주체에 따라 가해자와 피해자로 주로 구분되며, 유럽과 미국에서는 이러한 학교폭력의 대상에 학생뿐만 아니라 교사나 학교의 기물까지 포함된다(임재연, 2018). 즉, 교사

에 대한 학생의 폭력, 교사 간의 폭력, 그리고 학교 기물을 파손하는 행위까지 모두 학교폭력으로 간주되는 것이다. 반면, 우리나라의 「학교폭력예방법」에서는 "학생을 대상으로 발생한"이라는 표현을 통해 학교폭력의 대상을 학생으로 한정하고 있다. 그러나 최근 교사에 대한 학생의 폭력 행위가 증가함에 따라 현행 학교폭력 대상의 범위에 대한 타당성 논쟁이 일고 있는 실정이다. 따라서 학교폭력의 대상에 관한 논의는 앞으로의 변화에 주목하며, 패러다임의 전환에 관심을 기울일 필요가 있다.

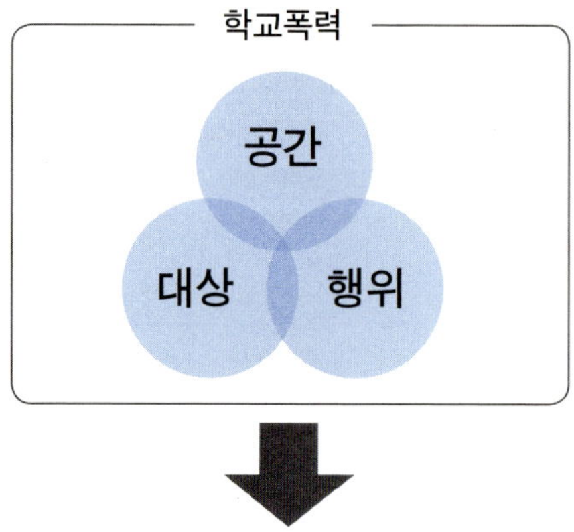

학교 내외에서 학생을 대상으로 발생한 상해, 폭행, 감금, 협박, 약취 · 유인, 명예훼손 · 모욕, 공갈, 강요 · 강제적인 심부름 및 성폭력, 따돌림, 사이버폭력 등에 의하여 신체 · 정신 또는 재산상의 피해를 수반하는 행위

「학교폭력예방법」 제2조 제1항

그림 1-1 학교폭력의 개념에 포함되는 요소

2) 학교폭력의 유형

학교폭력은 사회 변화와 함께 그 양상이 지속적으로 다변화되고 있다. 이러한 변화 속에서 학교폭력에 대한 효과적인 예방과 대응을 위해서는 각 폭력 유형에 대한 명확한 구분과 구체적인 행위 기준의 설정이 필수적이다. 교육부는 2024년 기준으로 학교폭력을 신체폭력, 언어폭력, 금품갈취, 강요, 따돌림, 성폭력, 사이버폭력이라는 일곱 가지 유형으로 분류하고 있다. 다음에서는 각각의 유형이 어떤 특징을 가지고 있는지 자세히 살펴본다.

(1) 신체폭력

신체폭력은 감금, 상해, 폭행, 약취, 유인을 포함하는 개념으로, 신체 상해를 일으키거나 불편감을 야기하는 행위를 말한다. 이때 '감금'이란 일정한 장소에서 쉽게 나오지 못하도록 하여 신체의 자유를 제한하는 행위를 말하고, '상해'란 남의 몸에 상처를 내어 해를 입히는 행위를, '폭행'이란 때리는 등의 난폭한 행동을 하는 것을 말하며, '약취'란 훔치거나 빼앗아서 가지는 행위이고, '유인'이란 상대방을 속이거나 유혹해서 일정한 장소로 데리고 가는 행위를 말한다. 이러한 신체폭력의 구체적인 행위로는 고의적으로 건드리거나 치는 등 시비를 거는 행위, 장난을 빙자해서 때리거나 힘껏 밀치는 행위, 물건이나 흉기 등을 이용해 신체적인 상해를 가하는 행위 등이 해당된다.

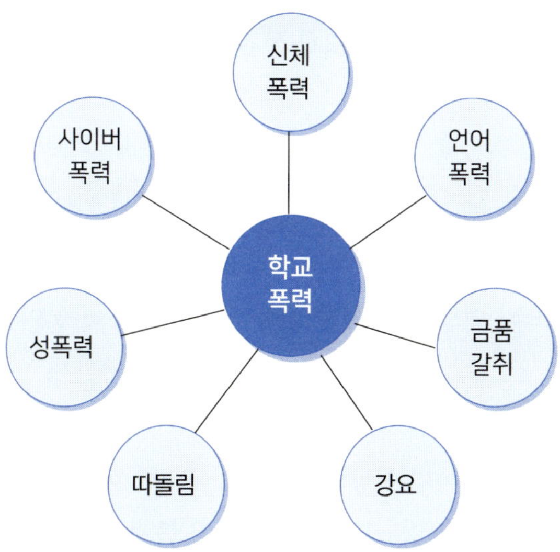

그림 1-2 학교폭력의 유형

(2) 언어폭력

언어폭력은 명예훼손, 모욕, 협박을 포함하는 개념으로, 빈정대거나 거친 말투로 상대에게 고통을 주는 행위를 말한다. 이때 '명예훼손'이란 여러 사람 앞에서 상대방의 명예(예: 성격, 능력, 배경 등)를 훼손하는 구체적인 말을 하는 행위이고, '모욕'이란 여러 사람 앞에서 모욕적인 언어(예: 생김새에 대한 놀림, 병신, 바보 등 상대방을 비하하는 내용)를 지속적으로 사용하는 행위이다. 이러한 '명예훼손'과 '모욕'의 경우, 그런 내용의 글을 인터넷, SNS 등으로 퍼뜨리는 행위까지 학교폭력으로 인정된다. 그리고 '협박'이란 신체 등에 해를 끼칠 듯한 언행(예: "죽을래?" 등)과 문자 메시지로 겁을 주는 행위 등을 통해 어떤 일을 행하도록 위협하는 행위를 말한다. 이러한 언어폭력의 구체적인 행위로는 별명을 부르며 놀리는 행위, 말로 위협하거나 협박하는 행위, 개인적인 약점을 들춰서 괴롭히는 행위, 거짓말로 소문을 내거나 험담을 퍼뜨리는 행위 등을 들 수 있다.

(3) 금품갈취

금품갈취는 공갈을 포함하는 개념으로, 피해학생에게 협박과 강제적 힘을 바탕으로 하여 금품을 빼앗거나 상납을 요구하는 행위를 말한다. 이때 '공갈'이란 이득을 취할 목적으로 폭행 또는 협박을 하여 공포심을 일으키는 행위를 말한다. 이러한 금품갈취의 구체적인 행위로는 돈을 빌리고 갚지 않는 행위, 강제로 돈을 빌려 주고 이자를 받는 행위, 자신의 낡은 물건을 강매하는 행위, 생일을 빙자하여 선물을 요구하는 행위, 돈이나 물건을 감추거나 빼앗는 행위, 돈을 주지 않고 필요한 물건을 사 오라고 하는 행위 등을 들 수 있다.

(4) 강요

강요는 피해학생의 의사에 반하여 어떤 행동을 억지로 하게 하는 행위로, 폭행 또는 협박으로 상대방의 권리 행사를 방해하거나 의무 없는 일을 하게 하는 행위 등이 이에 속한다. 구체적인 강요의 예로는 속칭 '빵셔틀' '와이파이셔틀' 등이 대표적이다.

(5) 따돌림

따돌림은 학교 내외에서 두 명 이상의 학생들이 특정인이나 특정 집단의 학생들을 대상으로 지속적이고 반복적으로 신체적 또는 심리적 공격을 가하여 상대방이 고통을 느끼도록 하는 일체의 행위를 말한다. 따돌림의 구체적인 행위로는 의도적으로 집단에서 소외시키는 행위, 다른 학생과 어울리지 못하게 하는 행위, 말을 걸어도 무시하고 면박을 주는 행위, 다른 친구의 접근과 도움을 막는 행위 등을 들 수 있다.

(6) 성폭력

성폭력은 폭행・협박을 통한 강제적 성행위 및 성적 모멸감을 주는 신체적 접촉행위를 말하며, 성적인 말과 행동으로 상대방에게 성적 굴욕감, 수치심을 주는 행위도 이에 해당한다. 「아동・청소년의 성보호에 관한 법률」(약칭 「청소년성보호법」) 제34조에 의하여 누구든지 아동・청소년 대상 성범죄의 발생 사실을 알게 된 때에는 수사기관에 신고할 수 있고, 특히 학교나 의료기관, 복지시설 등의 단체장과 종사자는 직무의 성격상 아동·청소년 대상 성범죄 발생 사실을 알게 된 때에는 즉시 수사기관에 신고하여야 한다.

(7) 사이버폭력

사이버폭력은 사이버따돌림, 정보통신망을 이용한 음란·폭력정보 등에 의해 신체·정신 또는 재산상 피해를 수반하는 행위를 포함하는 개념이다. 사이버폭력의 구체적인 예로는 특정인에 대한 모욕적인 말이나 욕설 등을 인터넷 게시판, 채팅, 카페 등에 올리는 행위, 공포심이나 불안감을 유발하는 문자, 영상 등을 휴대전화 등 정보통신망으로 반복적으로 전송하는 행위, 그리고 위협·조롱·성적 수치심을 주는 글, 그림, 동영상 등을 정보통신망을 통해 유포하는 행위 등을 들 수 있다.

3) 학교폭력의 실태

현대 사회의 학교폭력은 그 양상과 심각성이 과거와 비교하여 현저한 차이를 보이고 있다. 이러한 상황에서 학교폭력에 대한 효과적인 대응 방안을 수립하기 위해서는 현재의 실태에 대한 정확한 진단이 선행되어야 한다. 교육부(2024)의 학교폭력 실태 조사는 이러한 진단을 위한 객관적이고 실증적인 기초 자료를 제공한다. 다음에서는 이 조사 결과를 토대로 가해학생, 피해학생, 방관학생의 특성을 체계적으로 분석하고, 학교폭력의 전반적 경향을 파악하여 향후 예방 및 지도 방안에 대한 실질적인 시사점을 제시하고자 한다.

(1) 가해학생 실태

최근 학교폭력은 점점 저연령화되어 가는 추세이고, 단순한 탈선의 수준을 넘어 타인에게 신체적·정신적으로 심각한 피해를 입히는 범죄 수준으로 심화되고 있다. 따라서 여기에서는 이러한 학교폭력 가해 경험의 저연령화 및 가해학생들의 학교폭력 가해 이유, 자신의 가해행동에 대한 인식 등이 어떠한지 알아본다.

① 최초 학교폭력 가해 경험

학교폭력의 경향을 살펴보면, 고등학생보다는 중학생, 중학생보다는 초등학생에서 발생률이 더 높아지는 양상을 보이며, 이는 학교폭력이 점차 저연령화되고 있음을 나타낸다(교육부, 2024). 이러한 현상은 청소년의 신체적 발육이 왕성해지면서 사춘기가 빨라지고, 인터넷과 게임 등을 통해 폭력문화에 노출되는 연령대가 지속적으로 낮아지고 있는 데 기인한다. 특히 게임중독 현상이 초등학교 저학년 학생들에게서 자주 발견되는데, 이는 학교폭력이 더 어린 나이에서 발생하게 되는 주요 원인이 되고 있다(정종진, 2012). 따라서 학교폭력 예방 대책은 이러한 저연령화 추세에 맞추어 초등학교 단계부터 체계적이고 지속적인 예방교육과 지도를 강화해야 할 필요성이 크다.

② 가해 이유와 가해 중단 이유

학교폭력 실태조사(교육부, 2024)의 결과는 가해행위의 주된 동기로 '단순한 장난' 또는 '피해자의 선제적 도발'이 지속적으로 높은 비율을 차지하고 있음을 보여 준다. 이러한 응답 패턴은 가해학생들이 폭력과 장난을 명확히 구분하지 못하며, 자신의 행위에 대한 책임을 타인에게 전가하는 경향성을 나타낸다. 반면, 가해행위의 중단 계기를 분석한 결과에서는 '폭력 행위의 부당성 인식'이 주요 요인으로 확인된다. 특히 복수응답이 허용된 해당 문항에서 '학교폭력 예방교육'과 '교사와의 면담'이 높은 응답률을 보여, 학교 중심의 체계적인 교육적 개입이 가해행위 중단의 핵심적 경로로 기능하고 있음을 시사한다.

따라서 이러한 분석 결과는 학교폭력의 예방과 재발 방지를 위해 교육적 접근이 필수적임을 보여 준다. 특히 학교폭력에 대한 올바른 인식을 정립하는 것이 핵심 과제이다. 이를 위해서는 학생들에게 자신의 행위를 객관적으로 이해할 수 있는 기회를 제공하고, 피해학생의 입장에서 고통을 공감할 수 있도록 지도하며, 자신의 가해행동에 대한 책임을 인식하고 받아들이도록 하는 체계적인 교육이 이루어져야 한다. 학교폭력 가해학생의 가해 이유와 중단 이유는 [그림 1-3]과 같다.

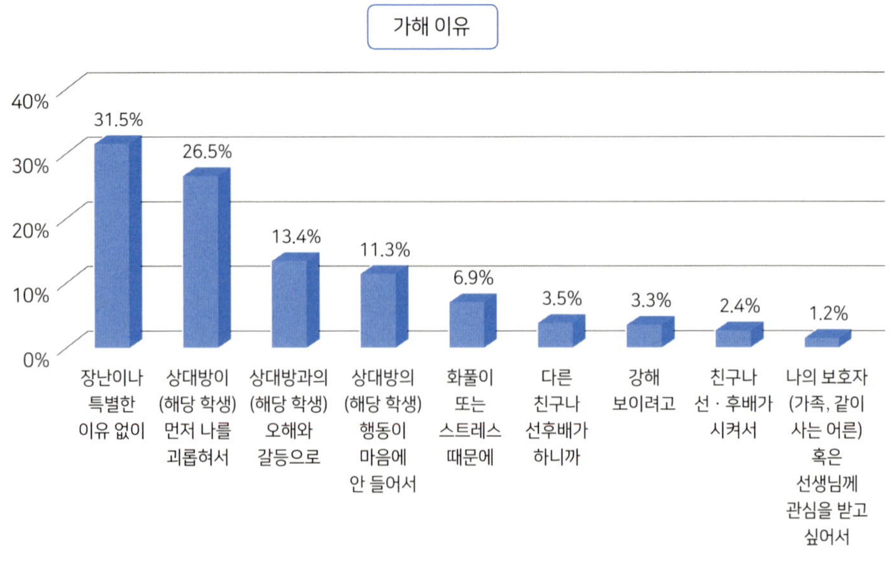

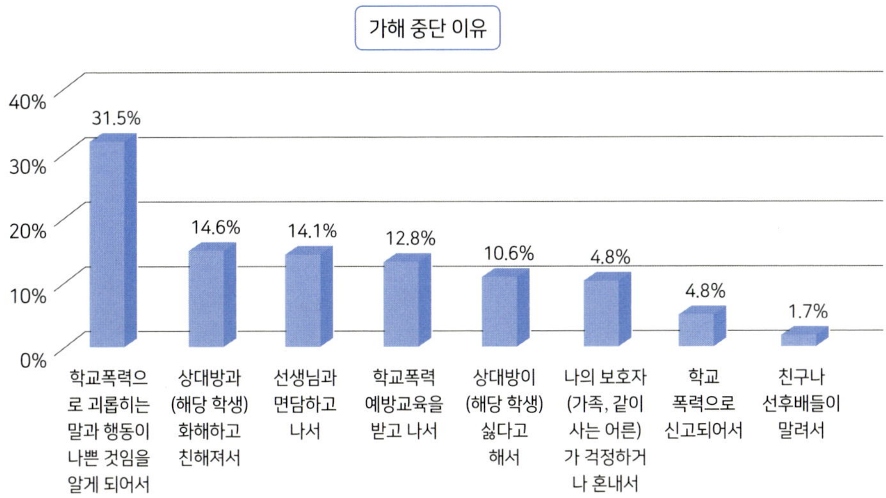

그림 1-3 가해 이유와 가해 중단 이유

(2) 피해학생 실태

학교폭력 피해 실태에 관해서는 학교폭력 피해 유형과 피해 장소, 그리고 최초 학교폭력 피해 경험의 시기로 구분하여 살펴본다.

① 학교폭력 피해 유형

학교폭력 피해 유형을 살펴보면, 언어폭력 피해가 가장 높은 비율을 나타내며, 그다음으로 집단따돌림, 신체폭력, 사이버 폭력, 성폭력, 강요, 금품갈취, 스토킹의 순으로 나타난다. 이러한 학교폭력 피해 유형을 2014년 실태조사와 비교했을 때, 전체적인 피해 유형의 분포 비율은 대체로 유사하나, 2024년의 결과에서는 신체폭력과 성폭력 피해가 증가하고 있음을 확인할 수 있다. 한동안 피해 비율이 감소세를 보였던 신체폭력 피해가 다시 증가하고 있는 현상은 최근 들어 나타나고 있는 경향으로, 그동안 높은 경각심을 가지고 다뤄지던 언어폭력이나 사이버폭력과는 달리 신체폭력에 대한 문제의식과 대응이 다소 약화된 결과로 볼 수 있다. 또한 2020년부터 4년 연속으로 성폭력 피해 응답률이 증가해 교육부가 학교폭력 실태조사를 시작한 2013년 이래 가장 높은 수치를 기록한 점은, 성폭력에 대한 보다 강력하고 체계적인 예방 및 대응 방안을 마련해야 할 시점임을 시사한다. 따라서 학교폭력 예방계획을 수립할 때는 언어폭력에 대한 적극적인 예방과 지도뿐만 아니라, 신체폭력과 성폭력에 대해서도 심층적인 교육이 필요하다. 2014년과 2024년 학교폭력 피해 유형을 비교한 결과는 [그림1-4]와 같다.

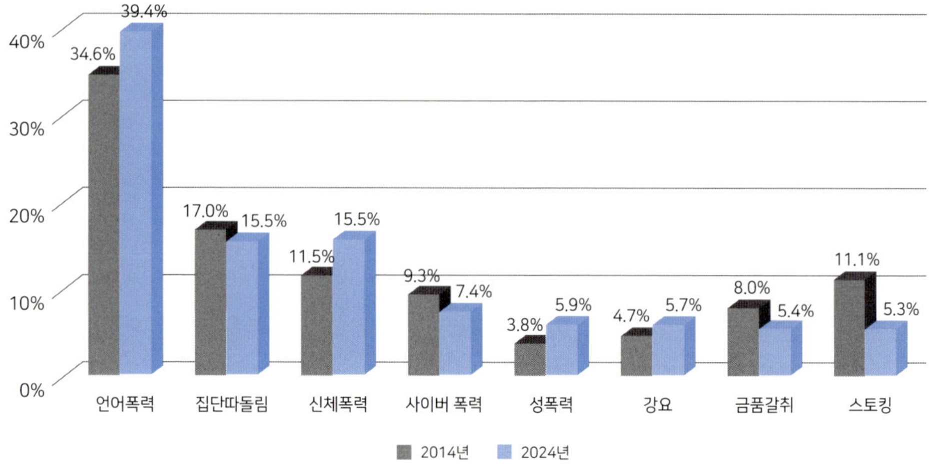

그림 1-4 2014년과 2024년 학교폭력 피해 유형 비교

② 학교폭력 피해 장소

학교폭력이 발생하는 주된 장소는 학교 안, 그것도 교실과 같은 학생 생활 공간임을 알 수 있다. 따라서 교사들은 친화적인 학급 분위기 조성을 위해 힘써야 하고, 학생에 대한 관심과 세심한 관찰, 그리고 학교폭력 징후를 보이는 학생들 및 학교폭력 가해 및 피해 경험이 있는 학생에 대한 지속적인 모니터링을 할 필요성이 있다. 학교폭력 피해 장소는 [그림1-5]와 같다.

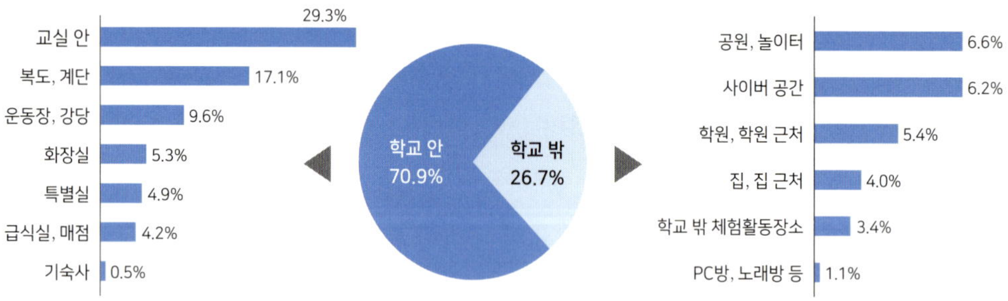

그림 1-5 학교폭력 피해 장소

(3) 방관학생 실태

학교폭력의 가해자를 정확히 구분하는 일은 생각보다 복잡한 문제이다. 주도적으로 폭력을 행사하는 중심인물이 존재하지만, 다수의 학생들이 함께 가담하는 경우가 많기 때문이다(이명신, 2000). 특히 주목할 점은 직접적 가해행위를 하지 않더라도, 방관자적

태도를 보이는 또래들이 폭력의 지속성을 가능하게 하는 환경적 조건을 제공한다는 점이다(김혜원, 2013). 이러한 맥락에서 방관자들의 심리적 기제와 방관 행위의 발생 원인을 체계적으로 분석할 필요가 있다.

① 방관학생의 심리적 상태

학교폭력 목격자들의 심리 상태는 다층적이고 복합적인 양상을 보인다. 이들은 폭력 상황에 대한 즉각적인 공포와 분노를 경험하는 동시에, 피해자의 소극적 대응에 대한 답답함과 무력감을 느낀다. 여기에 자신도 피해자가 될 수 있다는 불안감, 가해 집단의 보복에 대한 두려움, 그리고 상황 개입의 결과에 대한 불확실성이 더해져 심리적 갈등을 가중시킨다. 이처럼 방관자들은 단순한 무관심이나 이기심이 아닌, 복잡한 심리적 역동 속에서 행동의 제약을 경험하고 있다. 따라서 이들에 대한 부정적 평가에 앞서, 그들이 겪는 심리적 어려움에 대한 이해와 공감이 선행되어야 하며, 이를 바탕으로 한 적절한 교육적 지원이 필요하다.

② 학교폭력 목격 후 행동 및 향후 학교폭력 목격 후 대처 방법

학교폭력 목격 후의 대응 양상을 살펴보면 흥미로운 패턴이 발견된다. 피해학생을 직접 위로하고 도왔다는 응답이 33.8%로 가장 높은 비율을 차지하지만, 아무런 행동도 취하지 못했다는 응답도 30.5%로 거의 비슷한 수준을 보인다. 반면, 향후 학교폭력을 목격할 경우의 대처 방안에 대해서는 더욱 적극적인 태도가 나타난다. 학교 선생님이나 신고함, 학교 익명게시판을 통한 신고가 46.4%를 차지하며, 117신고센터나 학교 전담경찰관, 경찰, 학교 밖 상담 기관 등 공식적인 채널을 통한 신고도 21.1%에 이른다.

이처럼 실제 행동과 향후 의지 사이에는 상당한 간극이 존재하는데, 이는 학교폭력 상황에서 학생들이 겪는 심리적 갈등을 보여 준다. 피해학생을 돕고자 하는 마음은 있으나, 보복에 대한 두려움이나 자신도 피해자가 될 수 있다는 불안감이 적극적인 대처를 가로막는 것이다. 따라서 이러한 현실을 개선하기 위해서는 먼저 신고자를 보호하는 강력한 안전장치가 필요하다. 신고 체계와 절차에 대한 교육도 더욱 실질적으로 이루어져야 한다. 모든 학생이 잠재적 피해자가 될 수 있다는 사실을 인식하고, 서로를 보호하려는 공감대가 형성되어야 한다. 특히 신고라는 작은 실천만으로도 학교폭력을 막을 수 있다는 믿음이 학생들 사이에 퍼져야 한다. 이러한 인식의 변화와 제도적 보완이 함께 이루어질 때, 방관자였던 학생들이 적극적인 문제해결의 주체로 나설 수 있다. 학교폭력 목격 후 행동과 대처방법에 대한 내용은 [그림 1-6]과 같다.

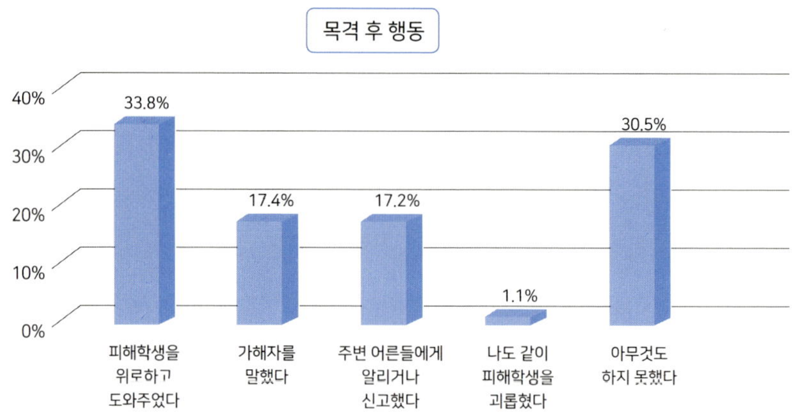

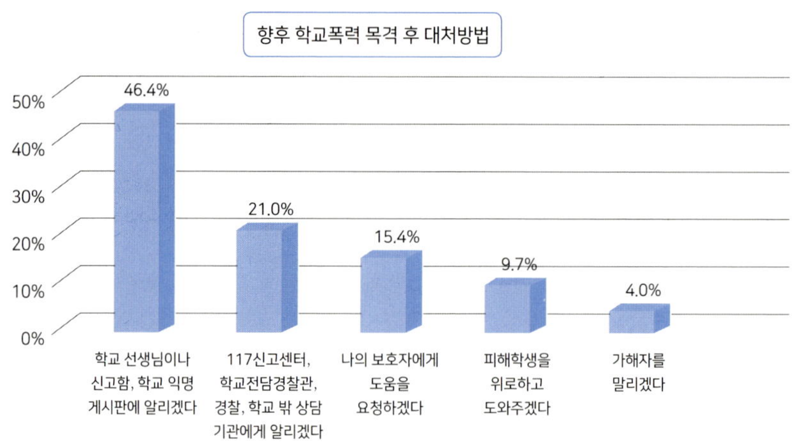

그림 1-6 학교폭력 목격 후 행동 및 향후 학교폭력 목격 후 대처방법

2. 학교폭력의 원인

일반적으로 학교폭력은 청소년기의 발달 심리적 요인과 가정 · 학교 · 사회적 환경과 같은 구조적 요인의 상호작용 결과로 발생한다(김범수, 2009). 따라서 학교폭력의 발생 원인을 크게 개인적 요인과 환경적 요인으로 나누고, 환경적 요인을 다시 가정환경적 요인과 학교환경적 요인, 사회환경적 요인으로 나누어 살펴본다.

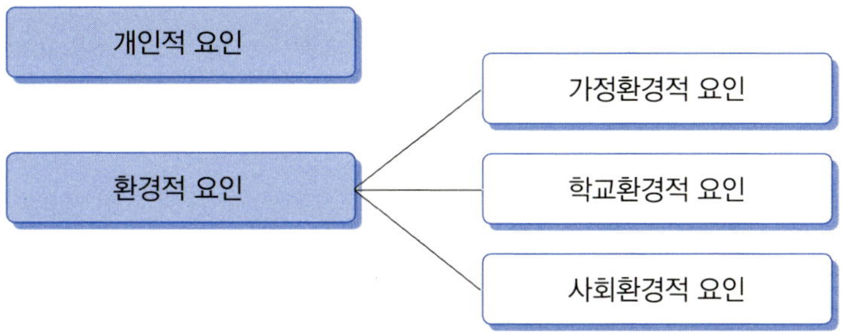

그림 1-7 학교폭력의 발생 원인

1) 개인적 요인

학교폭력의 원인 중 개인적 요인을 파악하기 위해 학교폭력 가해학생과 피해학생 그리고 방관학생들의 특징을 각각 알아보고, 이러한 특징들이 어떻게 학교폭력으로 이어지게 되는지를 분석해 보면 다음과 같다.

가해학생

- 공격성, 높은 스트레스 수준, 지배성, 높은 도덕적 이탈도
- 우울, 열등감과 피해의식, 부정적인 자아개념
- 공감능력과 수용능력의 부족

피해학생

- 복종적·수동적, 자기표현 능력 부족, 대인관계 기술 부족
- 우울, 불안, 무기력, 공격성

방관학생

- 보복에 대한 두려움과 불안
- 자기중심 경향으로 인한 이기심, 타인수용 능력의 결여, 낮은 공감수준, 또래들과 낮은 협력적 관계 형성

그림 1-8 학교폭력 발생의 개인적 요인

(1) 가해학생

학교폭력 가해학생의 핵심적 특징은 공격성이다. 이들은 학교라는 사회적 맥락에서 자기표현의 수단으로 공격적 행동을 선택한다(교육과학기술부, 법무부, 2009). 특히 초·중학생 시기에는 발달 특성상 자기중심적 사고가 강하게 나타나는데, 이는 또래 사이에서 우월감을 과시하려는 행동으로 이어진다. 또한 이 시기의 미성숙한 도덕성으로 인해 자신의 공격적 행동이 타인에게 미치는 부정적 영향을 제대로 인식하지 못하는 경향이 있다(정종진, 2012). 이들의 또 다른 특징은 강한 권력과 지배욕구인데, 이는 주로 타인을 통제하거나 자신의 주장을 강압적으로 관철시키는 행동으로 표출된다. 여기에 학업성취, 진로설정, 대인관계 등 다양한 영역의 스트레스 요인이 작용한다. 이러한 스트레스가 적절히 해소되지 못할 때, 모든 생활에 대한 불만과 좌절감으로 이어지고, 결국 학교폭력이라는 부적절한 방식으로 표출되는 것이다(도기봉, 2007).

그런데 일부 학생들은 본질적 공격성향을 나타내기도 하지만, 어떤 학생들의 경우 내면의 우울이 공격적 행동으로 전환되는 현상을 보인다(곽금주, 문은영, 1993). 실제로 청소년기의 우울은 성인과는 다른 양상을 보이는데, 마치 가면을 쓴 것처럼 반사회적 행동으로 위장되어 나타난다(Cytryn & McKnew, 1972). 폭력의 뿌리를 더 깊이 들여다보면 열등감과 피해의식이 자리 잡고 있다. 자신의 존재와 가치를 인정받지 못한다는 깊은 상실감이 폭력이라는 부적절한 언어로 표현되는 것이다. 이들은 자신을 쓸모없는 존재, 무능한 존재, 약한 존재로 규정하며, 이러한 부정적 자아상은 결국 공격성과 폭력으로 이어지는 악순환을 만들어 낸다(청소년폭력예방재단, 2002).

가해학생들의 또 다른 주요 특성 중 하나는 타인의 감정을 이해하는 능력의 결여이다. 이들은 자기중심적 인지구조로 인해 피해학생의 정신적·육체적 고통을 인식하지 못하며, 자신의 목적과 감정에만 집중하는 경향을 보인다. 더불어 자신과 타인을 있는 그대로 받아들이지 못하는 수용능력의 한계도 보인다(이명신, 2000). 특히 도덕적 측면에서 이들은 독특한 패턴을 보이는데, 자신의 잘못된 행동을 정당화하거나 다른 심각한 잘못과 비교하며 자신의 과오를 축소하려 한다. 때로는 피해자를 오히려 가해의 원인 제공자로 돌리는 왜곡된 논리를 펼치기도 한다(김의철, 박영신, 2000; Bandura, 1995).

이처럼 가해학생들의 폭력 행동에는 복잡한 요인들이 얽혀 있다. 표면적으로는 높은 공격성과 지배욕구, 과도한 스트레스, 도덕적 일탈과 같은 특성들이 두드러지게 나타난다. 그러나 이러한 외적 특성의 이면에는 깊은 우울감과 열등의식, 왜곡된 자아상이 자리 잡고 있으며, 여기에 타인의 감정을 이해하지 못하는 공감능력의 부족과 다양성을 수용하지 못하는 태도가 더해진다. 결국 가해행동은 이 모든 요소들이 서로 맞물려 폭력이라는 파괴적 행동으로 표출되는 것이라 할 수 있다.

(2) 피해학생

학교폭력 피해학생의 두드러진 특징은 대인관계에서의 취약성이다. 이들은 또래의 공격이나 모욕적 행위에 대해 적절한 대응이나 이의 제기를 하지 못하고 수동적이며 복종적인 태도를 보인다(권선애, 2011). 이러한 행동 양상은 낮은 자아존중감과 사회적 위축에서 비롯되며(이규미 외, 1998), 갈등 상황에서 자신의 의사를 표현하는 능력의 부족으로 이어진다(김혜원, 2013). 또한 신체적 취약성, 정서적 불안정성, 제한된 사회적 기술로 인해 또래집단 내에서 고립되는 경향을 보이는데(Egan & Perry, 1998), 특히 우정관계의 형성과 유지, 원활한 사회적 상호작용에 필요한 기본적 역량이 현저히 부족한 특성을 나타낸다.

정서적 측면에서 살펴보면, 피해학생들은 일반 학생들과 비교하여 높은 수준의 정서적 불안정성을 경험한다. 특히 우울과 불안 수준이 매우 높게 나타나는데, 이는 통제가 불가능한 폭력 상황에 반복적으로 노출되는 것과 밀접한 관련이 있다. 지속적인 신체적·정신적 고통과 자기 방어의 무력감은 이러한 부정적 정서를 심화시키는 주요 요인으로 작용한다(한종철 외, 1999). 이들은 학교에서의 일상적 활동에 대해서도 과도한 긴장과 경계심을 보이며, 이는 종종 학업 집중력 저하와 학업 성취도 하락으로 이어진다.

이러한 피해학생들의 정서적 반응에서 또 하나의 특징적인 면은 이중적인 감정 상태이다. 지속적인 폭력 피해로 인한 분노와 불안은 때로 공격적 행동으로 표출되며, 이는 가해학생과 유사한 수준의 공격 성향으로 나타나기도 한다(신희경, 2004). 이러한 심리적 반응은 자기 보호 본능의 자연스러운 결과로서, 피해학생들은 무력감과 취약성을 극복하기 위해 강자의 행동 양식을 내면화하게 된다. 특히 학교라는 제한된 공간에서 가해자들을 매일 목격하면서, 그들의 행동이 '힘'과 '통제력'을 상징한다는 왜곡된 인식을 발달시키게 되는 것이다.

앞서 살펴본 바와 같이, 피해학생들은 대인관계에서 복종적이고 수동적인 태도를 보이며, 자기표현 능력과 사회적 상호작용 기술이 부족한 특성을 나타낸다. 또한 우울, 불안과 같은 내재화된 정서적 문제를 겪는 동시에, 역설적이게도 가해학생과 유사한 수준의 분노와 공격성을 내재하고 있다. 그러나 주의할 점은 이러한 전형적인 취약 요인을 보이지 않는 학생들도 빈번하게 학교폭력의 대상이 된다는 사실이다. 이는 학교폭력 피해의 개인적 요인을 명확히 규정하기 어렵다는 것을 의미한다. 결국 학교폭력은 학생의 취약성을 찾아내는 것이 아니라, 그들을 취약하게 만드는 폭력적 구조 그 자체이다.

(3) 방관학생

방관학생들의 행동은 생존본능에서 비롯되는 경우가 많다. 이들은 가해학생의 보복이나 자신도 따돌림을 당할 수 있다는 두려움에 침묵을 선택한다(이상미, 2008). 특히 학급 내 영향력이 강한 학생이 가해자일 경우, 집단에 소속되어야 살아남을 수 있다는 생각에 맹목적으로 동조하게 된다(구본용, 1997). 이처럼 또래집단에서 고립되지 않으려는 욕구는 학생들로 하여금 자신의 양심을 뒤로한 채 침묵하게 만든다(황경익, 2012). 또한 또래들과의 협력적 관계가 부족한 학생들은 자신이 호감을 갖지 않는 친구가 괴롭힘을 당할 때 오히려 가해행동에 동참하는 경향을 보이는데, 이는 방관과 가해의 경계가 모호할 수 있음을 보여 준다(Rigby et al., 1997).

현대 사회의 교육 환경도 방관적 태도를 강화시키는 요인이 된다. 핵가족화 이후 심화된 과잉보호와 경쟁 중심의 교육은 청소년들의 자기중심성을 키웠다(구본용, 1997). 이는 갈등해결 능력의 감소로 이어졌고, 결과적으로 타인의 고통에 무관심한 비인간적 태도를 낳았다. 특히 성과 중심의 가치체계는 청소년들의 자기중심성을 더욱 강화시켰으며, 이는 타인을 이해하고 수용하는 능력의 결여로 이어졌다(이상미, 2008).

이처럼 방관자들이 직면하는 현실적 제약과 심리적 부담을 고려할 때, 학교폭력 상황에서 피해학생을 적극적으로 돕는 방어자들의 행동은 더욱 주목할 만한 의미를 지닌다. 여기서 방어자란 피해학생을 위해 직접 개입하거나 교사에게 상황을 전달하는 등 구체적인 도움행동을 실천하는 학생들을 의미한다. 이들은 방관자들과 동일한 두려움과 불안을 경험하면서도, 이를 극복하고 피해학생 보호를 위한 적극적 개입을 선택한다. 이들의 높은 공감능력과 도덕적 실천력은 주목할 만한 특성이며(이희경, 2003), 특히 이러한 방어 행동은 개인의 고립된 노력이 아닌 또래 집단의 연대를 통해 더욱 효과적으로 실현될 수 있다.

2) 환경적 요인

학교폭력의 환경적 요인을 가정환경적 요인과 학교환경적 요인, 사회환경적 요인으로 나누어 살펴보고, 각각의 요인들이 학교폭력에 어떠한 영향을 초래하는지 살펴보겠다.

가정환경적 요인

- 부모-자녀 간 의사소통 문제, 양육방식의 문제, 부모-자녀 간 갈등관계
- 과잉보호적 가정환경, 부모의 자녀에 대한 관리 및 감독 소홀
- 경제적 빈곤, 가정 내에서의 폭력 경험

학교환경적 요인

- 낮은 학교생활 만족도와 학업 성취도
- 교사의 애정과 긍정적 관심 부족
- 폭력을 암묵적으로 허용하고, 과도한 경쟁을 야기하는 학교 풍토

사회환경적 요인

- 지역사회의 유해 환경 및 열악한 경제 수준
- 지역사회의 높은 범죄율
- 대중매체의 폭력성

그림 1-9 학교폭력 발생의 환경적 요인

(1) 가정환경적 요인

학교폭력의 배경을 탐색할 때 우선해서 살펴보아야 할 것은 가정환경, 그중에서도 부모-자녀 관계의 특성이다. 여러 연구들이 일관되게 보여 주는 것은, 부모와의 관계를 긍정적으로 인식하는 학생들의 경우 학교폭력에 연루될 가능성이 현저히 낮다는 점이다(Rigby, 1993). 이러한 부모-자녀 관계의 건강성은 특히 일상적인 의사소통 방식을 통해 드러나게 되는데, 서로의 생각과 감정을 나누고 공감대를 형성해 가는 과정에서 그 관계의 질이 자연스럽게 표출되기 때문이다. 따라서 개방적이고 원활한 소통이 이루어지지 못하는 가정환경은 학교폭력의 위험성을 높이는 주된 요인이 된다(Bowers et al., 1992). 이는 실제 연구를 통해서도 확인되는데, 학교폭력 가해학생들의 대다수가 부모

와 갈등적 관계를 겪고 있는 것으로 나타났다(Bowers, Smith, & Binney, 1994).

부모-자녀 관계의 질적 특성과 더불어, 구체적인 양육방식 역시 학교폭력의 발생에 깊이 관여한다. 특히 부모가 자녀를 대하는 태도가 권위적이고 처벌 중심적일 때, 이는 자녀의 학교폭력 가능성을 크게 높인다(Shields & Cicchetti, 2001). Olweus(1993b)는 이러한 양육방식의 위험성을 세부적으로 분석했는데, 자녀에 대한 따뜻한 관심의 부족, 행동 규칙의 불명확성, 공격적 행동에 대한 묵인, 그리고 잦은 체벌의 사용이 모두 자녀의 학교폭력 가해 가능성을 높이는 요인임을 밝혀냈다. 더불어 일상생활에서 부모 자신이 보이는 공격적 행동 패턴 역시 자녀의 폭력성향을 강화하는 요인이 된다. 주목할 점은 이러한 부정적 양육방식이 가해학생뿐만 아니라 피해학생의 발생과도 연관된다는 사실이다. 강압적 통제와 자녀 거부적 태도는 자녀를 학교폭력의 피해자로 만드는 위험요인으로 작용한다(Shields & Cicchetti, 2001).

부모의 부적절한 양육태도는 과잉보호의 형태로도 나타나며, 이 역시 학교폭력의 주요한 위험요인이 된다. 연구(Smith & Myron-Wilson, 1998)에 따르면 학교폭력 피해학생들의 가정환경에서 과잉보호적 양육태도가 빈번하게 관찰되는데, 이는 과도한 보호가 건전한 또래관계 형성에 필수적인 자기주장력과 독립심의 발달을 저해하기 때문이다. 반면, 자녀의 자율성을 존중하면서도 적절한 지원과 지지를 제공하고, 잘못된 행동에 대해 과도한 비난이나 낙인을 지양하는 양육태도는 학교폭력 연루 가능성을 현저히 감소시킨다(Ahmed, 2001). 여기서 중요한 것은 과잉보호의 반대인 방임적 양육태도 역시 위험하다는 사실이다. 자녀에 대한 기본적인 감독과 보살핌의 부재는 학교폭력의 핵심적 위험요인으로 작용한다(Brendgen et al., 2001).

학교폭력의 가정환경적 요인은 이외에도 다양한 측면에서 확인된다. 특히 가정의 경제적 빈곤은 학생들에게 적절한 지지기반을 제공하지 못하게 만들어 범죄나 폭력에 연루될 가능성을 높인다(Herrenkohl et al., 2000). 더불어 가정 내 폭력 경험의 영향도 간과할 수 없다. 가정폭력을 목격하거나 직접 경험한 학생들은 이후 폭력행동을 할 가능성이 현저히 높아지며(Farrington, 1991), 가족 구성원들이 보이는 반사회적 가치관과 규범은 학생들로 하여금 폭력행동을 정당화하고 수용하게 만드는 심리적 기제로 작용한다(Brewer et al., 1995). 이러한 가정환경적 요인들이 학교폭력의 직접적 원인으로 작용하지 않더라도, 성장기 가정환경의 특성이 이후 또래관계 형성의 근간이 된다는 점에서 학교폭력의 발생을 이해하고 예방하는 데 있어 가정환경의 영향력은 결코 간과할 수 없는 핵심적 요소라 할 수 있다.

(2) 학교환경적 요인

학교폭력과 학교생활은 서로 밀접하게 연결되어 있다. 가해학생들은 대체로 학교에 대한 강한 불만을 표출하고 학교활동에 자발적으로 참여하지 않으며(Ahmed, 2001; Slee, 1995), 피해학생들 역시 학교생활 만족도가 낮고 자신감이 심각하게 결여되어 있다(Kochenderfer & Ladd, 1996). 더불어 성적 중심의 교육환경은 학생들을 학업부적응자로 만들 뿐 아니라, 또래관계에서도 어려움을 겪게 만들어 학교폭력의 직접적 원인이 된다(강진령, 유형근, 2000). 특히 교사와의 갈등관계나 교사의 무관심, 부적절한 지도감독은 학생들의 폭력성을 증가시키는 위험요인으로 작용한다(Glover et al., 2000; Rutter, 1985).

이러한 개별적 요인을 넘어 학교의 전반적인 분위기도 학교폭력의 발생에 깊이 관여한다. 학교가 폭력을 암묵적으로 용인하거나 학교폭력 문제를 경시하고, 건전한 인간관계 지도를 소홀히 할 때 폭력은 더욱 빈번하게 발생한다(도기봉, 2007). 특히 과도한 경쟁 분위기는 학생들로 하여금 또래를 단순히 이겨야 할 대상으로 인식하게 만들어 학교폭력의 토양이 된다.

(3) 사회환경적 요인

학교폭력을 이해하기 위해서는 학생들을 둘러싼 사회환경의 영향력을 살펴봐야 한다. 특히 지역사회의 경제적 수준과 폭력 노출 정도는 학생들의 공격성과 학교폭력 위험성을 크게 높이는 것으로 나타났다(Farrell et al., 2003). 열악한 지역사회에서 범죄나 폭력을 자주 목격하는 학생들은 폭력에 연루될 가능성이 증가하며, 유해환경과의 잦은 접촉은 규범의식을 약화시켜 비행과 반사회적 행동을 부추긴다(송재홍 외, 2013). 또한 지역사회의 높은 범죄율은 학교폭력과 밀접한 관련이 있어(Dodge et al., 1994), 범죄가 빈번한 지역의 학생들이 학교 안팎에서 폭력의 피해자가 될 가능성이 높다(Everett & Price, 1995).

한편, 현대 사회의 또 다른 위험요인은 대중매체의 영향력이다. TV, 만화, 컴퓨터 게임 등을 통해 무분별하게 노출되는 폭력적 콘텐츠는 학생들의 호기심과 모방심리를 자극하여 폭력을 문제해결의 수단으로 인식하게 만든다. 연구결과에 따르면, 대중매체를 통해 언어적·신체적 폭력을 자주 접하는 학생일수록 실제 학교폭력 가해 경험이 많은 것으로 확인되었다(Murray, 1999). 이처럼 지역사회와 미디어 환경은 가정환경 못지않게 학생들의 폭력성향 형성에 깊은 영향을 미친다.

3. 학교폭력에 대한 교원의 역할과 책임

「학교폭력예방법」에서는 학교폭력의 예방, 학교폭력 발생 시 사안 처리, 그리고 사후 관리 등에 이르기까지 교원이 수행해야 할 다양한 책무를 명시하고 있다. 또한 학교폭력 사안이 발생할 경우, 학생을 보호하고 감독할 의무가 있는 학교장과 교사는 그 과실 여부에 따라 법적 책임을 질 수도 있다. 이러한 이유로, 학교폭력에 대한 교원의 역할과 책임을 숙지하는 것은 학생을 학교폭력으로부터 보호하는 데 기여할 뿐만 아니라, 교원 스스로를 보호하는 데에도 중요한 역할을 한다. 따라서 이 절에서는 학교폭력에 대한 교원의 역할과 책임을「학교폭력예방법」에 따른 학교 차원의 책무와 학교폭력사건에 대한 교사의 법적 책임으로 나누어 살펴보겠다.

1)「학교폭력예방법」에 따른 학교 차원의 책무

학교폭력의 예방 및 대책과 관련된 학교 차원의 책무는 주로 학교의 장을 중심으로 이루어진다. 우선, 학교의 장은 대통령령에 따라 상담실을 설치하고,「초 · 중등교육법」 제19조의 2에 의거하여 전문상담교사를 배치해야 한다. 이러한 전문상담교사는 학교의 장 및 심의위원회의 요구에 따라 학교폭력과 관련된 피해학생 및 가해학생과의 상담 결과를 보고하는 중요한 역할을 수행한다. 또한 전문상담교사는 학교폭력 전담기구의 필수 구성원이 되는데, 학교의 장은 교감, 전문상담교사, 보건교사, 학교폭력 책임교사, 학부모 등으로 구성된 학교폭력 전담기구를 구성하여 학교폭력 문제를 효과적으로 관리할 책임이 있다. 학교폭력 전담기구는 학교폭력의 가해 및 피해 사실 여부를 확인하고, 학교장이 자체적으로 문제를 해결할 수 있는지 여부를 심의하는 등 학교폭력의 예방과 대응에 있어 핵심적인 역할을 수행하는데, 보다 구체적인 내용은 제7장(학교폭력 관련 기관)에서 상세히 다루도록 하겠다.

이어서 학교의 장은 학교폭력 예방 체계를 구축할 책임이 있다. 이를 위해 학교장은 학교폭력 전담기구에서 실시한 실태 조사 결과를 바탕으로 매년 학교폭력 예방교육 계획을 수립하고, 이를 연간 학교 교육 계획에 반영하여 학생, 교직원, 학부모를 대상으로 학교폭력 예방교육을 실시해야 한다. 이러한 학교폭력 예방교육의 내용은「학교폭력예방법」에 근거하며, 그 세부 사항은 다음과 같다.

- 학교의 장은 학생의 육체적 · 정신적 보호와 학교폭력의 예방을 위한 학생들에 대한 교육(학교폭력의 개념 · 실태 및 대처방안 등을 포함하여야 한다)을 학기별로 1회 이상 실시하여야 한다.
- 학교의 장은 학교폭력의 예방 및 대책 등을 위한 교직원 및 학부모에 대한 교육을 학기별로 1회 이상 실시하여야 한다.
- 학교의 장은 학교폭력을 예방하기 위하여 교사 · 학생 · 학부모 등 학교구성원이 학교폭력에 대한 책임을 인식하고 실천할 수 있도록 필요한 사항을 정하여 운영할 수 있다.
- 학교의 장은 학교폭력 예방교육 프로그램의 구성 및 그 운용 등을 전담기구와 협의하여 전문단체 또는 전문가에게 위탁할 수 있다.

학교폭력 예방 체계 구축을 위한 또 다른 책무는 학생들을 대상으로 학생 정서 · 행동특성검사를 실시하여 가해 및 피해 가능성이 있는 학생에 대해 예방 조치를 취하는 것이다. 이 과정에서 선별검사 결과에 따른 적절한 조치를 체계적으로 수행할 수 있도록 사전에 보건실과 상담실, 외부 전문기관 간의 연계를 통한 학생 정신건강 서비스 지원체계를 구축해야 한다.

학생 정서 · 행동특성검사란?

학생 정서 · 행동특성검사는 학생의 정신건강 문제를 조기에 발견하고 예방하기 위한 표준화된 진단도구로서, 건강한 정서 · 행동발달을 체계적으로 지원하는 것을 목적으로 한다. 이 검사는 학령기에 따라 초등학생용(CPSQ-Ⅱ)과 청소년용(AMPQ-Ⅲ)으로 구분되며, 성격특성, 주의력결핍과잉행동장애(ADHD), 우울, 불안, 학교폭력 피해, 자살위기 등 주요 정서 · 행동특성을 포괄적으로 진단한다. 이를 통해 학교폭력의 가해 · 피해 징후를 조기에 식별하고, 적절한 개입 방안을 수립하기 위한 실증적 기초자료로 활용함으로써 학생들의 건강한 학교생활을 지원한다.

담임교사의 생활지도를 강화할 수 있는 여건을 조성하는 것 역시 학교폭력 예방 체계를 구축하는 데 있어 중요한 역할을 할 수 있다. 이를 위해 학교장은 학기 초에 담임교사가 집중적으로 학생 및 학부모와 상담할 수 있도록 하고, 담임교사가 주도하는 창의적 체험활동을 실시할 수 있는 학교교육 계획을 수립해야 한다. 또한 담임교사가 생활지도에 필요한 경비를 지원받을 수 있도록 단위 학교 운영비 중 학급 생활지도비를 편성하는 등 담임교사의 생활지도 역량을 강화할 수 있는 다양한 방안을 모색해야 한다(교육과학기술부, 법무부, 2012a).

이 외에도 학교폭력 사안 처리 절차와 관련된 책무, 그리고 학교폭력 가해 및 피해학생에 대한 조치 등 「학교폭력예방법」에 따른 학교 차원의 책임이 존재한다. 그러나 이러한 내용은 보다 구체적으로 검토할 필요가 있으므로, 각각 제8장(학교폭력 사안 처리 절차)과 제9장(학교폭력 피해 및 가해학생에 대한 조치 방안)에서 심층적으로 다루겠다.

학교폭력 대응을 위한 조직 구성
- 상담실 설치 및 전문상담교사 배치
- 학교폭력 전담기구 설치

학교폭력 가해 · 피해학생에 대한 조치
- 가해학생에 대한 조치 및 재활치료
- 피해학생에 대한 보호 조치 및 피해보상

학교폭력 예방 체계 구축
- 학교폭력 예방교육 계획 수립
- 학생정신건강서비스 지원 체계 구축
- 담임교사의 생활지도를 강화할 수 있는 여건 조성

학교폭력 사안 처리 절차 이행
- 학교폭력 사안 접수 및 초기 대응
- 학교폭력 사안 조사 및 심의
- 학교폭력 사안 해결 및 조치결정 사후관리

그림 1-10 「학교폭력예방법」에 따른 학교 차원의 책무

2) 학교폭력사건에 대한 교사의 법적 책임

학교폭력 사건에 대한 교사의 법적 책임은 교육 현장에서 교원이 학생의 안전과 복지를 보호할 의무를 지니고 있다는 점에 기초하며, 이는 교육법 및 관련 법규에 명시된 바에 따른다. 이러한 교사의 법적 책임은 형사법적 책임, 민사법적 책임, 행정법적 책임 등 세 가지 관점에서 논의될 수 있다. 형사 책임은 사회의 법질서 유지를 목적으로 하여 국가가 부과하는 책임으로, 교사가 법을 위반할 경우 이에 대한 처벌을 받을 수 있음을 의미한다. 민사 책임은 피해자의 손해를 보상하는 손해배상 책임으로, 교사가 직무를 수행함에 있어 발생한 피해에 대해 피해자에게 보상해야 하는 의무를 포함한다. 마지막으로, 행정 책임은 교원의 복무 의무 위반에 대해 공무원 또는 사립학교 교원으로서 임명권자에게 책임을 추급하는 것으로, 질서 유지를 목적으로 한다.

(1) 형사법적 책임

학교폭력 사고와 관련하여 교사에게 적용되는 형사법적 책임은 주로 직무 유기죄의 성립 여부를 중심으로 검토된다. 이러한 직무 유기죄의 성립 여부를 판단할 때는 그 법적 요건을 명확히 이해하는 것이 핵심이다. 직무 유기죄는 공무원이 정당한 사유 없이 직무 수행을 완전히 거부하거나 포기한 경우에만 성립하며, 해당 직무는 반드시 법령이나 특별한 지시, 명령에 근거한 구체적 성격을 가져야 한다(「형법」 제122조). 이때 가장 주목해야 할 법리적 특징은, 교사가 어떠한 형태로든 직무를 수행했다면, 그 수행의 질적 수준이나 절차적 완결성과 관계없이 직무 유기죄가 성립하지 않는다는 점이다. 즉, 단순한 태만이나 착각으로 인한 불완전한 직무 수행, 또는 직무 집행 과정상의 하자가 있더라도, 최소한의 직무 수행 사실만 있다면 직무 유기죄로 처벌할 수 없다. 특히 「학교폭력예방법」은 이러한 교사의 직무 수행에 대해 추가적인 보호장치를 제공하여, 관련 법령에 따른 학교폭력 사건 처리나 학생 생활지도 수행 시 민형사상 책임을 면제하고 있다.

예를 들어, 피해학생이 가해학생들로부터 수차례 지속적인 폭행을 당하였고, 앞으로도 이러한 폭행이 계속될 우려가 있다는 점을 여러 차례 전달하였음에도 불구하고 교사가 아무런 조치를 취하지 않는 경우, 이는 의식적인 직무의 방임 또는 직무 수행의 포기로 인정될 수 있으므로 직무 유기죄가 성립할 수 있다(선고 2014 고단 2171). 반면, 학교폭력을 자체적으로 해결하기 위해 학교폭력 사건으로 처리하기보다는 학생 간 화해를 종용한 경우에는 구체적인 직무를 의식적으로 방임하거나 포기한 것으로 보기 어렵기 때문에 직무 유기죄가 성립되지 않는다(선고 2013 도 229).

(2) 민사법적 책임

학교폭력 사고와 관련하여 교사에게 적용되는 민사법적 책임은 주로 손해배상책임과 관련이 있다. 일반적으로 교장이나 교사와 같은 학교 관계자는 학생을 보호하고 감독할 의무를 지니며, 이러한 보호·감독 의무는 학생의 친권자 등 법정 감독 의무자를 대신하여 부담하는 의무로 간주된다. 따라서 교사는 학교폭력이나 성폭력 사고가 발생할 경우, 고의 또는 중과실이 있는 경우에 한해 손해배상 책임을 진다(「민법」 제755조, 「국가배상법」 제1조, 제2조).

그러나 이러한 법적 규정에 따른 대리 감독자의 의무는 친권자 등이 부담하는 보호·감독 의무와 동일하다고 볼 수 없으므로, 그 책임을 추궁하는 요건은 상대적으로 제한

적이다. 법원도 학교 관계자의 책임을 지나치게 포괄적으로 인정하는 경우, 학교 운영이나 교직 수행 자체에 심각한 위협을 초래할 수 있다는 점을 고려하여, 책임 인정에 있어 매우 신중한 태도를 견지하고 있다(이대성, 2012).

고의 · 중과실 · 경과실이란?

- 고의: 일정한 결과가 발생하리라는 것을 알면서도 감히 이를 행사하는 것
- 중과실: 「국가공무원법」상의 의무위반의 정도가 일반인의 상식으로 이해할 수 없을 정도로 큰 경우 또는 주의가 현저하게 결여되어 있는 경우
- 경과실: 주의 이무를 다소 결한 경우

교사의 손해배상 책임과 관련하여 법원이 책임 여부를 판단하는 기준은 대체로 세 가지 주요 요소에 의해 결정된다. 현재까지의 판례에 따르면, 교사의 책임에 대한 판단 기준은 크게 '교육 활동과의 밀접한 관련성' '예견 가능성' '예방 조치 시행 여부'로 구분될 수 있다. 이러한 기준들을 보다 구체적으로 살펴보면 다음과 같다.

첫째, '교육활동과의 밀접한 관련성'은 특정 학교폭력 사건이 학교 내 교육활동 및 그와 밀접한 생활 관계와 얼마나 관련이 있는지를 평가하는 기준이다. 수업시간은 당연히 학교에서의 교육활동으로 간주되며, 현장체험학습이나 수학여행 등의 야외활동도 교육활동의 연장선상에 있다고 볼 수 있다. 또한 쉬는 시간, 점심시간, 청소 시간 등은 직접적인 교육활동 시간은 아니지만, 학교 교육활동과 밀접한 생활 관계로 평가될 수 있다. 반면, 방과 후 저녁시간이나 학원에서의 교육활동은 학교 교육활동과 직접적인 관련이 없으므로, 학원에서 발생한 폭력 사건이나 방과 후 집 근처에서의 폭력 사건에 대해서는 기본적으로 교사의 책임을 묻지 않는다.

둘째, '예견 가능성'은 교사가 특정 상황에서 사고 발생을 예견할 수 있었는지를 평가하는 기준이다. 예를 들어, 점심시간에 장난으로 친구가 앉아 있던 의자를 걷어차 친구의 머리가 교실 벽에 부딪혀 다친 사고가 발생한 경우, 이 사건에 대해 교사에게 보호·감독 의무 위반의 책임을 물을 수 있을까? 대법원의 판례(선고 92다 13646)에 따르면, 점심시간에 발생한 사건임에도 불구하고, 교사가 이러한 폭력이 발생할 가능성을 사전에 알았거나 알 수 있었다고 보기 어려워 교사에게 손해배상 책임을 물을 수 없다고 판단된다.

셋째, '예방 조치 시행 여부'는 교사가 학교폭력 예방교육을 포함하여 적절한 예방 조치를 취했는지를 평가하는 기준이다. 만약 교사가 학교폭력과 관련하여 적절한 예방 조치를 취했음을 입증할 수 있다면, 법적인 책임을 묻지 않는다. 따라서 학교폭력 예방을 위한 지속적인 교육을 실시하고, 관련 내용을 어떤 형태로든 기록으로 남기는 것이 바람직하다.

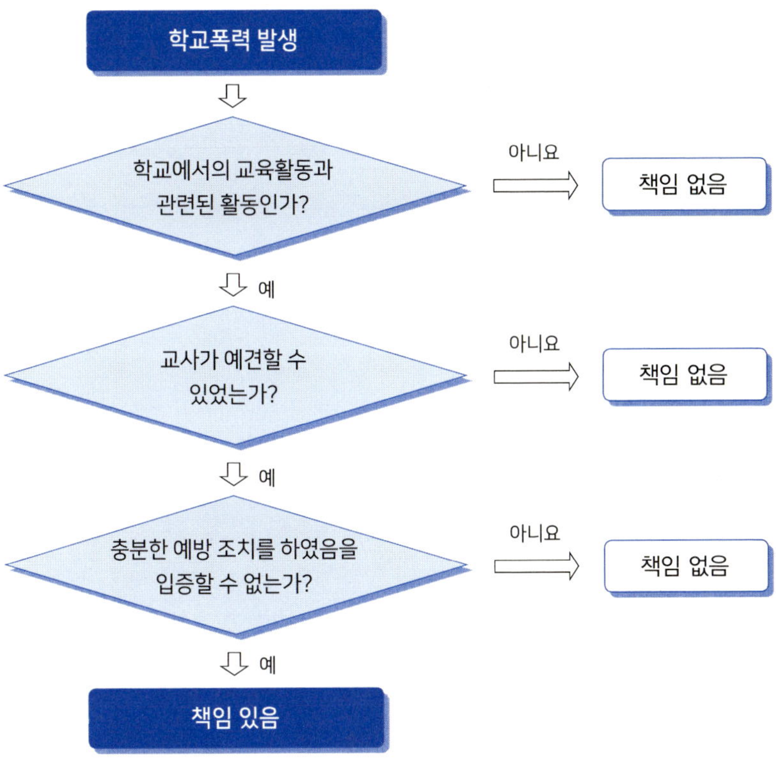

그림 1-11 교사의 책임 유무에 대한 판단 과정

(3) 행정법적 책임

학교폭력 사건과 관련하여 교사가 이를 인지하고도 적절한 보고를 하지 않거나 경미한 폭력 사건으로 판단하여 즉각적이고 적법한 조사를 실시하지 않은 경우, 해당 교사는 징계나 행정처분을 받을 수 있다. 행정법상의 징계 책임은 공무원의 의무 위반에 대해 공무원 관계 내부에서 가해지는 법적 제재를 의미한다(「국가공무원법」 제78조, 「지방공무원법」 제69조). 징계의 종류는 법률에 따라 다양하게 규정되지만, 「국가공무원법」 제79조에 따르면, 징계의 종류는 파면, 해임, 강등, 정직, 감봉, 견책의 여섯 가지로 구분된다. 파면과 해임은 공무원 관계에서 배제를 내용으로 하는 배제징계에 해당하며, 강등, 정직, 감봉, 견책은 교정징계로 분류될 수 있다. 또한 경미한 사항을 위반하거나 근무 태도가 불성실한 경우, 자성을 촉구하는 의미로 신분상 별다른 불이익 없이 시행되는 행정처분이 존재한다. 학교 교사에게 부과될 수 있는 행정처분으로는 경고, 주의, 경위서 제출 등이 포함된다.

정리하기

1. 학교폭력이란 학교 내외에서 학생을 대상으로 발생한 상해, 폭행, 감금, 협박, 약취 · 유인, 명예훼손 · 모욕, 공갈, 강요 · 강제적인 심부름 및 성폭력, 따돌림, 사이버폭력 등에 의하여 신체 · 정신 또는 재산상의 피해를 수반하는 행위를 말한다. 학교폭력의 유형은 크게 신체폭력, 언어폭력, 금품갈취, 강요, 따돌림, 성폭력, 사이버폭력으로 나눌 수 있다.
2. 학교폭력은 개인심리적 특성 요인, 가정환경적 요인, 학교환경적 요인, 사회환경적 요인에서 발생 원인을 찾을 수 있다.
3. 학교폭력 예방 및 대책에 관한 학교 차원의 책무는 학교폭력 사안 처리 절차상의 책무는 물론이고 상담실 설치 및 학교폭력 전담기구 등 학교폭력 대응을 위한 조직을 구성하는 것, 학교폭력 예방 체계를 구축하는 것, 학교폭력 사안 발생에 대하여 피해학생에 대한 보호 조치 및 피해보상, 가해학생에 대한 선도 조치 및 재활치료 등의 조치를 취해야 하는 것으로 나눌 수 있다.
4. 학교폭력 사건에 대한 교사의 법적 책임은 형사법적 책임, 민사법적 책임 그리고 행정법적 책임으로 구분되며, 교사가 학교폭력 사건에 대해 적절한 조치를 취하지 않을 경우, 이러한 법적 책임을 부담할 수 있다.

확인하기

1. 「학교폭력예방법」에서 규정하고 있는 학교폭력의 개념을 서술하시오.
2. 학교폭력의 유형에는 어떤 것들이 있는지 설명하시오.
3. 「학교폭력예방법」에 따른 학교 차원의 책무를 설명하시오.
4. 학교폭력사건에 대한 교사의 민사법적 책임은 어떤 기준에 의해 판단되는지 설명하시오.

제2장

신체적 발달

학습목표

- 발달단계별 신체 발달의 특징을 이해할 수 있다.
- 발달단계별 운동기능 발달을 설명할 수 있다.
- 신체 발달과 학교폭력의 관계를 설명할 수 있다.

학습내용

1. 신체 발달
   1) 유아기의 신체 발달
   2) 아동기의 신체 발달
   3) 청소년기의 신체 발달
2. 운동기능 발달
   1) 유아기의 운동기능 발달
   2) 아동기의 운동기능 발달
   3) 청소년기의 운동기능 발달
3. 신체 발달과 학교폭력

생각 나누기

중학교 2학년인 성우는 자신보다 키가 작고 왜소한 반 친구 신후를 친구들이 있는 자리에서 '땅꼬마' '난쟁이' 등으로 놀리고, 신후에게 사물함에서 책을 가져오라든지, 매점에서 빵을 사오라는 등의 심부름을 자주 시켰다.

교사인 당신은 성우와 신후를 어떻게 이해하고 개입해야 할까?

발달은 성장과 성숙, 학습이라는 개념과 관련이 있다. 성장(growth)은 신체의 크기나 능력이 증가하는 것으로 주로 양적인 변화를 의미하며, 성숙(maturation)은 유전적 요인에 의해 발달적 변화들이 통제되는 생물학적 과정을 말한다. 학습(learning)은 직간접적 경험, 훈련이나 연습에 의해 발생하는 발달적 변화를 말한다.

인간발달은 대체로 신체적 발달, 인지적 발달, 심리사회적 발달의 세 영역으로 이루어진다. 신체적 발달에는 부모로부터 물려받은 유전자, 뇌와 감각기관의 발달, 신장과 체중의 증가, 운동기능, 사춘기에 나타나는 호르몬의 변화 등이 있다. 인지적 발달은 개인의 사고, 지능, 언어의 변화를 포함하며, 심리사회적 발달은 대인관계, 정서, 성격의 변화, 사회적 환경의 변화를 포함하는 것으로 가족관계, 또래관계, 교사와의 관계 등은 심리사회적 발달의 과정을 반영한 것이다. 신체적 발달, 인지적 발달, 심리사회적 발달은 서로 상호작용한다. 즉, 신체적 발달은 인지적 발달에 영향을 미치고, 인지적 발달은 심리사회적 발달에 영향을 미친다. 또한 심리사회적 발달은 신체적 발달에 영향을 미친다.

이 장에서는 신체적 발달의 이해를 위해 각 시기별 신체 발달의 특징과 신체 발달과 학교폭력의 관련성에 대해 살펴보기로 한다.

1. 신체 발달

신체 및 운동능력은 인간의 모든 활동의 기반이 되며, 그 발달은 사회생활에 중요한 의미를 가진다. 신체 발달에 의해서 독립된 행동이 가능하게 되며, 각종 정신생활이 발전되고, 인간으로서의 사회생활이 가능하게 된다. 즉, 모든 학습의 기초로서 신체 발달은 절대로 무시할 수 없으며, 신체적 건강 조건 등 결함의 유무, 운동능력과 지적 · 정서적 · 사회적인 모든 활동에 영향을 미친다. 신체 발달은 무엇보다도 자아의식의 발달을 촉진하는 계기로서도 중요한 역할을 한다. 또한 신체적 경험을 통해서 자기 신체에 대한 관심이 보다 굳어지고, 자기와 타인과의 차이점의 인식이 깊어짐에 따라서 자기 존재를 보다 확고하게 가지게 된다.

1) 유아기의 신체 발달

2세부터 초등학교 입학 이전인 6세까지의 시기를 유아기(early childhood)라고 한다. 유아기 어린이의 외모는 살이 통통하게 찐 영아기 아기의 모습에서 근육이 단단해지고 살이 빠지면서 어린이다운 모습으로 바뀌게 된다. 신체적으로 커지는 것은 물론 여러 가지 운동능력과 조작능력이 발달되어, 유아의 활동량은 급격하게 증가한다.

유아기에는 영아기에 비해 속도는 완만해지지만 꾸준한 신체적 성장이 이루어진다. 신장보다 체중이 증가하며, 유아기의 신체 비율은 신장에 대한 머리 크기의 비율이 급격히 감소하여, 초등학교 입학 시기가 되면 머리가 크고 무거워 보이는 모습에서 벗어나게 된다. 치아의 경우, 2세 반이 되면 20개의 유치가 모두 나오게 되고 5~6세부터는 유치가 빠지면서 영구치가 나오기 시작한다.

2세 이후 연골은 더 빠르게 경골화된다. 뼈가 단단해짐에 따라 외관도 튼튼해지고 내부기관도 보호된다. 또한 골격의 발달은 운동 발달과 몸의 균형에도 중요하게 작용한다. 아직 어깨와 골반의 근육이 충분히 발달되지 않았기 때문에 남성적 · 여성적 체격 특성이 나타나지 않고 남녀 모두 비슷하게 직선적이고 평면적인 체격을 가진다. 유아의 신체적 성숙도를 측정하는 데 가장 좋은 방법은 신체골격의 발달수준을 나타내는 골연령을 이용하는 것이다. 유아나 아동의 골연령을 조사해 보면, 여아의 신체적 성숙이 남아보다 앞선다는 것을 알 수 있다. 5~6세경이 되면 여아의 골격 성숙은 남아에 비해

1년 정도 빠르게 나타난다. 이는 여아가 남아보다 2~3년 정도 사춘기에 빨리 도달하고 일찍 성숙하는 요인이 된다(Tanner, 1990).

유아기의 가장 중요한 신체 발달 중 하나는 뇌와 신경계의 계속적인 성장이다. 두미 발달 원칙에 의해 뇌와 머리의 크기는 신체의 다른 부분보다 더 빨리 성장한다. 특히 머리 중에서도 눈과 같은 윗부분이 턱과 같은 아랫부분보다 더 빨리 성장한다. 출생 시 두뇌의 무게는 체중의 13% 정도를 차지하고, 생후 1년 동안 뇌세포의 크기가 커지면서 뇌의 무게가 2배로 증가한다. 이처럼 두뇌의 성장이 빠르게 진행되어 2세경에는 성인의 50%, 4세에는 75%, 5세에는 90%에 이르게 된다.

신경세포는 일반적인 세포와 다르게 가늘고 긴 모양으로, 세포의 한쪽 끝에서 길게 뻗어 나간 축삭 돌기라는 부분이 잘 발달되어 있다. 축삭 돌기 부분이 수초로 둘러싸여지는 과정을 수초화라고 하는데, 이를 통해 지능이 완성된다. 수초화는 만 2세 전후로 급격히 진행되어, 10세가 되면 거의 완성된다.

신체의 기능 조절에 관여하는 중추 신경계의 발달은 2세까지의 영양 상태에 크게 영향을 받게 된다. 수초는 주로 지방과 단백질로 구성되어 있는데, 특히 수초 중량의 약 80%가 지방산으로 되어 있다. 뇌세포를 구성하는 지방질의 대부분은 불포화지방산이며, 이 시기의 영양 불균형은 신경 수초의 생성에 영향을 주어 중추 신경계에 큰 손상을 초래한다.

유아의 신체 발달이 원만하게 이루어지기 위해서는 충분한 영양 공급, 규칙적인 수면과 같은 생활습관, 활동량이나 행동반경의 확대에서 오는 사고와 질병으로부터의 보호가 필수적이다.

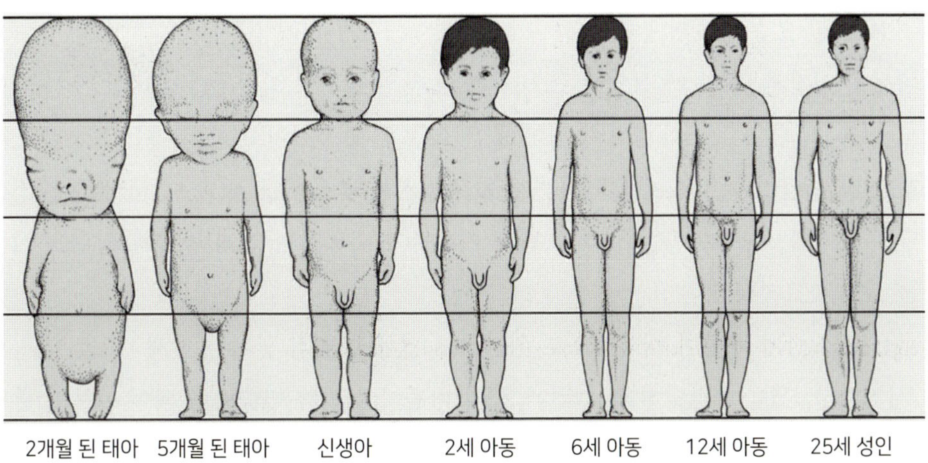

그림 2-1 태아기부터 성인기까지의 신체 비율

2) 아동기의 신체 발달

6세부터~초등학교에 다니는 시기를 아동기라고 한다. 생활의 중심이 가정에서 학교로 옮겨감에 따라, 이 시기의 발달에서는 학교생활이 중요한 역할을 하게 된다. 표면적으로 조용하게 보이지만, 아동기의 에너지는 내부적으로 조작능력을 획득하고, 운동능력이 증가함에 따라 자신의 욕구를 스스로 해결해 나갈 수 있게 된다.

영유아기의 급속한 신체 발달이나 사춘기의 성장급등과 비교해 보면 아동기의 신체 발달은 비교적 완만한 편이다. 성장속도가 둔화되기는 하지만 아동기에도 성장은 꾸준히 계속된다.

아동기에는 신장과 체중이 점차적으로 증가한다. 어깨가 넓어지고, 팔다리가 길고 가늘어지면서 유아기보다 신체가 훨씬 더 가늘어진 모습이 된다. 아동기에는 근육이 성장하는 신체에 적응하느라 근육이 당기는 듯한 느낌의 통증을 경험하게 되는데, 이것을 성장통(growing pains)이라 한다. 성장통의 원인은 정확히 알려져 있지 않지만, 전문가들은 성장하면서 뼈를 싸고 있는 골막이 늘어나 주위의 신경을 자극하기 때문이라고 추측한다. 뼈가 빠른 속도로 자라는 데 비해 근육은 더디게 자라기 때문이라는 주장도 있다(정옥분, 2004). 아동기에는 신장과 체중에 개인차가 있다. 특히 남아보다 여아의 신장과 체중이 더 큰 경향이 있는데, 이는 여아가 남아보다 사춘기 성숙이 먼저 일어나기 때문이다(김태련 외, 2004).

아동기 초기에 유치가 빠지기 시작하여 초등학교 5~6학년경에 유치는 다 빠지고 새로이 영구치가 나오며, 6세 전후로 어금니가 생기게 되어 턱이 길어지고, 얼굴 밑 부분이 커져 얼굴 모습이 바뀌게 된다.

아동의 신장과 체중, 즉 몸집이 크거나 작은 것은 신체적 의미뿐만 아니라 정신적 의의도 크다. 일반적으로 육체적 능력이 좋은 아동은 활동적이고 다른 아동으로부터 부러움을 받는 반면, 체력이 뒤떨어지는 아동은 멸시를 받을 수도 있다. 신체 발달은 정신 발달의 기초를 이루며, 아동 및 청소년을 이해하기 위해서는 신체 발달의 상황을 이해하는 것이 중요하다.

아동기는 신체 발달이 대체적으로 원만하게 진행하면서, 신체가 전체적으로 안정되는 시기이다. 근육이 발달하고, 얼굴과 몸의 비율이 성인과 비슷하게 되어 아동기 말경에는 성인으로서의 신체적 성숙이 이루어질 수 있는 준비를 갖추게 된다. 특히 최근에는 영양적 요인과 환경적 요인으로 성숙의 가속화 현상이 생기면서 아동기 말에 사춘기를 맞이하게 되는 경우가 많다. 사춘기는 호르몬의 변화로 인한 급격한 신체적 · 성적 성숙이 이루어지는 기간으로, 발달 속도가 빠른 경우 아동기 후기에 제2차 성징이 나타나기도 한다. 신장 및 체중과 마찬가지로 성적 성숙의 시기에도 상당한 개인차가 있다. 여아는 9세부터 16세 사이에, 남아는 10세부터 18세 사이에 성적 성숙이 이루어진다.

3) 청소년기의 신체 발달

청소년기란 신체적 · 심리적 · 정신적으로 볼 때 아동에서 성인으로 되어 가는 과도기라고 할 수 있다. 청소년기의 행동은 부자연스럽고, 정서는 불안정하고, 대인관계가 순조롭지 못하여 타인을 괴롭히고, 스스로 고민하게 된다. 이 시기는 중학교를 입학하여 고등학교를 졸업할 때까지의 기간을 말한다.

청소년기는 인간발달단계에서 신체적 및 정신적으로 급격한 변화를 수반하는 시기이다. 청소년기의 대표적인 특징은 급격한 성장으로, 여자아이에게서 2년 정도 빨리 나타나며, 여자아이는 여성다운 체형으로 변화되며 남자아이는 남성다운 체형으로 변화된다. 일반적으로 청소년기의 성장 급등기(adolescent growth spurt)는 종합적이어서 실질적으로 모든 골격과 근육 차원 전반에 영향을 미친다.

특히 신장의 급격한 성장은 팔과 다리가 신장에 비해 지나치게 길어져 신체비율의 일시적인 불균형을 초래하기도 한다. 일반적으로 성장 급등기가 빠른 사람은 느린 사람보다 신장과 체중이 더 우세하다. 또한 신체적 성장과 성적 성숙은 관련성이 높은 것으로 알려져 있어서 신체적 성장이 빠른 사람은 성적 성숙도 빠를 가능성이 크다.

청소년기에는 단순히 신체적 · 생리적 성장뿐만 아니라 정신적 성숙, 사회적 성숙 등 다양한 변화와 발달의 양상이 나타나며, 이 시기에 어떠한 경험을 하느냐에 따라서 인간의 성격 형성이나 성장 발달에 미치는 영향이 크다. 또한 성장의 다른 단계와 쉽게 구별될 수 있을 만큼 급격한 신체 변화를 보인다. 신장과 체중이 증가하고 체형이 변화하며, 이제까지의 소녀 · 소년의 모습에서 벗어나 어른이 되어 간다. 이러한 신체 변화의 중요성은 이에 수반되는 청소년의 심리적 작용으로 인해 더욱 의미가 있다.

사춘기(puberty)와 청소년기(adolescence)는 흔히 동의어로 간주되어 혼용하지만 개념적으로 분명한 차이가 있다. 사춘기는 청소년기를 알리는 지표로, 생물학적 생식능력을 갖게 됨으로써 성인으로서 발달이 시작되는 것을 의미한다. 사춘기는 청소년기의 일부분이며 사춘기가 끝나더라도 청소년기는 계속된다. 사춘기는 성장이 가속화되는 성장

급등기로 생식기관, 신장, 체중, 근육, 골격, 사고, 얼굴 등 전반에 걸쳐 변화가 일어난다.

청소년기에 일어나는 내분비선의 변화는 신체적 · 심리적 발달에 큰 영향을 미친다. 뇌를 비롯한 신체 각 부위의 내분비선은 각각 특수한 호르몬을 만들어 낸다. 호르몬은 내분비선에 의해 분비되고, 혈류를 통해 신체 각 부분에 운반되는 화학물질이다.

뇌하수체는 시상하부에 의해 감독되는 내분비선으로 신체 변화를 주관할 뿐만 아니라 다른 내분비선 기능에도 영향을 미친다. 특히 뇌하수체 전엽은 청소년기의 신장과 체중의 변화를 조절하는 성장호르몬을 분비하고, 생식선으로부터 성호르몬의 생성과 유출을 자극하는 기능을 한다. 사춘기 발달에 중요한 역할을 하는 성호르몬은 남성호르몬인 안드로겐과 여성호르몬인 에스트로겐이다. 성적 성숙은 제2차 성징의 변화로 시작되는데, 이러한 제2차 성징의 변화는 에스트로겐과 안드로겐이 증가하면서 시작된다. 남성 호르몬의 일종인 테스토스테론의 증가는 체모의 발달, 변성, 신장의 증가, 외부 생식기의 변화 등에 영향을 주며 신체 발달을 촉진한다. 남성의 성적 성숙은 음경과 고환 크기 증대, 음모, 겨드랑이 털, 턱수염 등 체모의 발달, 주로 자위나 몽정을 통한 첫 사정 등 신체 전반에 걸쳐 나타난다. 한편, 에스트로겐의 일종인 에스트라디올은 여자의 가슴과 자궁을 발달시키고 골격의 변화, 특히 골반의 발달에 영향을 주어 출산이 가능한 신체적 성숙을 이루게 한다. 청소년기 이전에는 거의 비슷한 양의 남성 호르몬과 여성 호르몬을 분비하지만, 사춘기가 되면 남성은 보다 많은 안드로겐을, 여성은 보다 많은 양의 에스트로겐과 프로게스테론을 분비한다.

청소년기는 대뇌의 극적 변화가 일어나는 시기이다. 청소년기에는 불필요한 신경조직의 제거가 활발하게 이루어지고, 뇌에 들어온 정보를 뇌의 다른 영역으로 보내거나 재구성하는 역할을 하는 수초가 증가한다. 또한 뇌의 구조적 변화가 발생하는데, 좌뇌와 우뇌를 연결하는 뇌량(corpus callosum)이 두꺼워져 좌우반구의 소통을 원활하게 함으로써 정보를 처리하는 능력이 개선된다.

사춘기 동안 분비되는 호르몬도 대뇌 발달에 영향을 준다. 특히 공포, 분노, 슬픔, 혐오 등 강한 정서의 생성과 관련된 대뇌부위의 편도핵은 호르몬의 영향을 크게 받는다. 사람의 감정행동 중에서 가장 큰 파괴력을 지닌 원초적 분노는 편도핵에서 촉발되는 감정행동이다. 사춘기 동안 대뇌의 통제지향 부위는 아직도 성장과정에 있기 때문에 편도핵의 활성화에 의해 청소년들은 합리적인 판단을 하지 못한 채 위험한 행동을 할 가능성이 높아진다. 특히 아동과 어린 청소년은 문제해결을 편도핵에 주로 의존하고, 성인들은 전두엽에 크게 의존하는 것으로 알려져 있다.

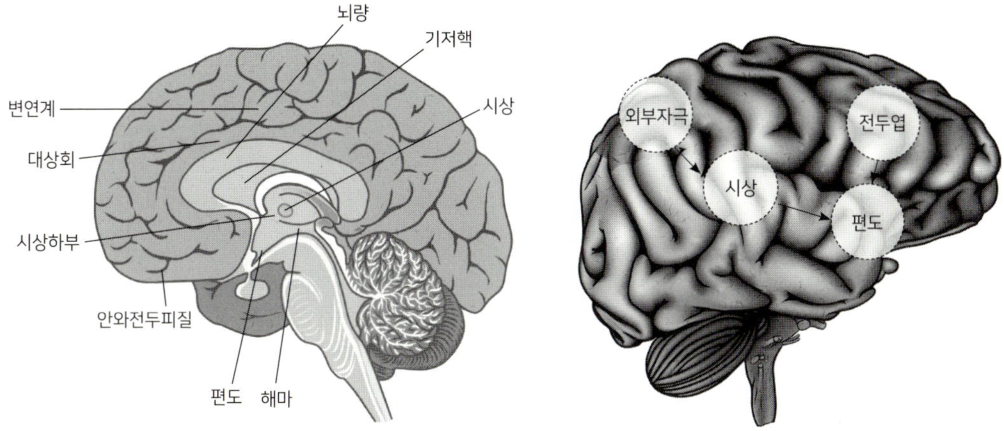

그림 2-2 뇌의 구조

신체상(body image)은 자신의 신체에 대한 느낌, 즉 청소년이 자신의 신체에 대해 얼마나 만족하는가 하는 것을 말한다. 이것은 자신의 평가뿐만 아니라 다른 사람의 반응에 의해서도 크게 좌우된다. 즉, 신체상은 다른 사람과의 비교를 통한 사회적 거울에 의해 반영된다. 청소년은 신체적 성장과 성적 성숙을 겪으면서 신체적 매력과 신체상에 관심을 갖게 되고, 신체적 매력의 기준, 자신의 신체에 대한 만족과 신체상에 변화가 일어난다. 일반적으로 청소년들의 이상적인 신체상, 신체에 대한 만족도, 조숙과 만숙에 대한 만족 또는 불안은 사회문화적 기준이나 편견에 영향을 받는다.

청소년들의 신체적 매력에 대한 기준은 가족, 또래친구, 대중매체의 기준과 기대를 반영한다. 특히 청소년들은 대중매체를 통해 왜곡된 신체상을 형성하고 있어서 자신의 외모와 체형에 대해 만족하지 못하고 부정적으로 인식하는 경우가 많다. 더욱이 사회에 만연한 외모 지상주의는 청소년 자신의 외모에 대한 불만을 더욱 증가시키고, 나아가 대인관계나 취업실패 등의 원인을 자신의 외모 또는 신체적 매력이 사회적 기준에 미치지 못했기 때문이라고 생각하기도 한다.

일반적으로 여자 청소년이 남자 청소년보다 더 부정적인 자아상을 갖는다. 여자 청소년들은 대체로 자신의 체격에 대해 비판적으로, 자신이 덜 매력적이라고 생각하며, 자신의 체중, 체형에 대해 불만족스러워한다. 또한 자신의 외모를 부정적으로 평가할 뿐만 아니라 남자 청소년들보다 외모에 더 많은 가치를 둔다. 특히 체중에 대해 민감하며, 대부분 자신의 체중에 만족하지 못하고 더 날씬해지기를 원한다. 반면, 남자 청소년들은 대체로 자신의 신체에 만족하는 편이지만, 가끔은 좀 더 근육질의 몸이 되기를 원한다.

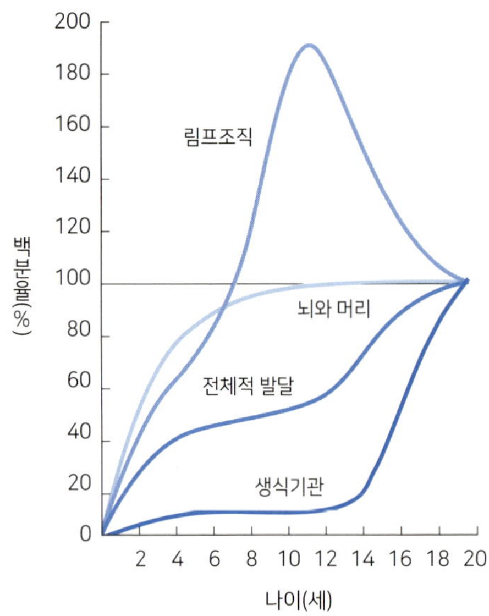

전체적 발달곡선은 호흡기관, 소화기관, 근육조직뿐만 아니라 신체 크기의 변화를 표시한다. 일반적으로 뇌와 머리는 신체보다 빠르게 성장하고, 생식기관은 성인의 크기에 가장 늦게 도달한다. 면역체계의 일부분으로 기능하는 림프절과 림프조직의 다른 부분들은 급속히 성장하고 아동기 후기 및 청소년기 때 성인의 크기를 초과한다.

그림 2-3 신체의 성장곡선

일반적으로 신체상은 자아존중감과 정적인 상관이 있다. 자신의 용모에 만족하는 청소년들은 자신에 대해 긍정적인 느낌을 갖게 되고, 자신감이 있고, 자신을 가치 있게 여기는 청소년들은 자신의 신체에 대해 못마땅한 점이 있더라도 그대로를 인정하는 편이다.

2. 운동기능의 발달

운동기능의 발달은 신체의 발달과 밀접한 관계를 가지고 있다. 특히 소뇌의 발달과 신경계통, 골격, 근육 등의 성숙, 그리고 신체비율의 변화에 의존하여 발달한다. 운동기능의 발달은 인간의 모든 생활의 기초가 되며, 운동기능의 발달에 따라 행동 영역이 확대되고, 유희, 스포츠 등의 기초적 활동의 원동력이 되며 성격 형성에도 중요한 역할을 하게 된다.

1) 유아기의 운동기능 발달

유아기는 대근육 · 소근육이 발달하고 신체의 균형 유지 및 각 부분의 협응력 등 기초적인 운동능력이 발달하는 시기이다. 유아기에 들어서면서 운동기능은 급속도로 증가한다. 유아들은 신체적 경험을 통해 외부 환경을 인식하고 인격이 형성되고, 나아가 사회에 대해 인식하고 사회구성원으로서의 삶을 살아가게 된다. 유아가 몸을 움직이며 느끼는 즐거움은 만족감이나 성취감을 주고, 이를 통해 긍정적 자아 인식을 발달시키는 데 결정적인 역할을 한다. 유아는 몸 움직임을 통해 자신의 신체상을 형성한다. 자신의 신체에 대해 어떠한 개념을 갖느냐에 따라 자신의 능력을 인식하고 자신감을 갖게 되므로 이 시기의 정상적인 운동 발달은 매우 중요하다.

유아기 운동 발달의 특징은 다음과 같다. 첫째, 유아기는 신체적 안정성을 발달시키는 시기이다. 안정성이란 신체의 각 부분을 효율적으로 움직일 수 있고 바른 자세를 형성할 수 있으며, 균형을 유지할 수 있는 능력을 의미한다. 둘째, 유아기는 이동 능력을 발달시키는 시기이다. 유아는 공간적으로 다양하게 몸을 이동시킬 수 있게 된다. 유아기에는 걷기, 뛰기, 뛰어오르기, 미끄러지기 등의 운동기능이 급속도로 발달한다. 따라서 이 시기는 운동능력을 발달시키는 결정적 시기라고 할 수 있으며, 이후의 더욱 정교하고 복합적인 이동 능력 발달의 기초를 형성하는 시기이다. 셋째, 유아기는 조작 능력을 발달시키는 시기이다. 유아는 자기 주변에 있는 여러 가지 사물을 접하면서 각각의 특성에 따라 다양한 조절 방법을 배우게 된다.

이와 같이 유아기는 신체적 균형을 기초로 다양한 운동능력을 발달시킬 수 있는 중요한 시기이며, 새로운 운동 기술을 획득할 뿐 아니라 미숙하였던 운동기능들을 반복하여 더욱 숙련시킨다.

인간은 유아기부터 신체의 움직임을 통해 자아개념을 발달시키고 사회적으로 협동할 수 있는 능력을 기르며, 보다 복합적으로 자신의 신체를 사용하는 창의적 사고와 상징적 표현 능력 등이 발달한다. 즉, 신체활동을 통해 유아는 자신의 신체를 다양하게 움직이는 경험을 하고, 활동을 통해 수행한 후의 성취감과 만족감을 주어 긍정적인 신체적 자아개념과 신체적 자기효능감을 형성한다. 신체활동을 즐기는 유아는 자신의 능력에 대해 좋은 느낌을 가지게 되며, 타인으로부터 긍정적 지지를 받을 수도 있다. 또한 어릴 때 운동기능이 뛰어나면 집단에서 리더십을 발휘하게 되며, 신체적 안정감을 느끼게 되고, 나아가 심리적 안정감을 갖게 된다.

유아의 운동능력과 사회성은 정적인 상관을 갖는다는 연구가 많다. 운동기능을 활용한 신체활동은 여러 가지 사회적 관계의 경험을 제공하게 된다. 친구들과 협동적인 관계 또는 선의의 경쟁적인 관계를 맺기도 하고, 남의 의견을 존중하고 순서를 지키며 서로 도와주는 경험을 하게 된다. 몸을 움직이고 조절하는 여러 가지 다양한 활동을 통해 양보와 협동, 정직, 자기 감정의 통제, 단체의 규칙 준수 등의 사회적 태도를 형성하기도 한다. 즉, 유아기의 신체활동은 바람직한 윤리기준이나 도덕적 개념을 형성하게 하고, 남에게 불쾌감을 주지 않으면서 자신을 표현하는 방법을 배우게 한다.

유아기의 운동놀이는 지적 발달과 정서 발달을 촉진한다. 유아학습의 특징은 행동을 통해 배운다는 것인데, 올라가기나 기어가기를 활용한 운동놀이를 통해 다양한 높이, 거리, 방향에 대해 학습하고, 공간 개념을 익히며, 시소놀이를 통해 균형과 무게에 대해 배우게 된다. 또한 운동놀이에 몰두하는 과정을 통해 질투, 미움, 공격성, 불안 등과 같은 부정적인 감정을 발산하게 되며, 어려운 과정을 극복했을 때 자신감과 성취감을 느끼고 재미있는 동작을 반복하면서 행복감을 느끼게 된다. 즉, 운동놀이를 통해 자신의 욕구와 스트레스를 발산할 수 있기 때문에 공격성이 훨씬 낮아진다는 연구결과도 있다.

2) 아동기의 운동기능 발달

초등학교에 입학할 무렵이면 대근육과 소근육의 기본적 운동기능이 거의 발달하며, 이후에는 기존의 운동능력이 더 빠르고 정교하게 발달한다. 아동기에 운동기능은 계속해서 발달하므로 달리기, 줄넘기, 자전거 타기, 등산, 수영, 스케이트 등 거의 모든 운동기능을 수행할 수 있게 된다. 유아기에 비해 아동기의 운동기능은 훨씬 정교하고 유연해진다. 협응 능력 발달의 가장 좋은 지표인 공놀이도 연령이 증가함에 따라 공을 보다 멀리 던지고, 보다 잘 받을 수 있게 된다.

아동기가 되면 유아기에 잘 수행하지 못했던 여러 가지 대근육 운동기능을 습득하게 된다. 예를 들면, 자전거 타기, 아이스 스케이팅, 수영, 줄넘기, 야구, 농구, 피구, 테니스, 술래잡기 등은 대부분의 아동이 습득하게 되는 대근육 운동기능이다. 아동은 이러한 기본 기술을 습득함으로써 여러 가지 놀이나 스포츠게임에 참여할 수 있게 된다. 스포츠게임에 참여하는 것은 운동효과 외에도 우정관계를 형성하고, 게임의 규칙을 준수하며, 팀의 구성원들과 협동하는 법을 배우게 해 준다.

손과 손가락을 사용하는 소근육 운동기능의 증가로 아동은 놀랄 정도로 여러 가지 취미활동을 할 수 있게 된다. 다양한 악기연주나 수공예가 그 예이다. 또한 소근육 운동기술이 증가함에 따라 아동의 독립심도 증가하는데, 초등학교에 입학할 무렵이면 대부분의 아동은 도움 없이 옷을 입고 벗을 수 있으며, 신발 끈을 매고, 식사시간에 수저를 잘 사용할 수 있게 된다. 7세경에는 손놀림이 더 안정되고, 글씨를 쓰는 데 크레용보다 연필을 선호하며, 연필로 글씨를 쓰는 속도도 빨라지게 된다. 그리고 글자나 숫자를 거꾸로 쓰는 일도 드물어진다. 8~10세경에는 양손을 따로따로 쓸 수 있다. 10~12세경에는 손놀림이 성인의 수준에 가까워지고, 정교한 수공예품을 만들 수 있으며, 어려운 곡을 악기로 연주할 수 있게 된다.

이러한 운동능력의 발달에서는 개인차와 성차가 크게 나타난다. 남아는 운동능력의 발달에 필요한 활동을 더 많이 하며, 17세까지 운동능력이 계속적으로 발달하는 반면, 여아는 13세경에 최고조에 달하고 이후부터는 쇠퇴하거나 기존의 능력을 유지하게 된다.

운동기능에서 남녀의 차이는 사춘기가 다가오면서 더욱 커진다. 남아는 여아에 비해 힘이 더 세지고, 여아는 남아보다 유연성이 뛰어나다. 결과적으로, 남아는 야구와 같은 대근육을 사용하는 스포츠에서 우세하고, 여아는 체조나 수공예와 같은 소근육을 사용하는 활동에서 우세하다. 특히 초등학교 5~6학년의 운동능력과 체력에서의 우세함은 집단에서 인정받는 중요한 척도가 된다.

초등학교 아동을 대상으로 한 운동능력에 대한 인지수준에 따른 자아개념과 사회적 능력에 대한 연구에서 운동능력이 높다고 인지한 아동일수록 자아개념의 하위 요소인 신체외모자아, 친구관계자아, 부모관계자아가 높은 것으로 나타났다. 또한 운동능력이 높다고 인지한 아동일수록 사회적 기술의 하위 요소인 사교성, 대인적응성, 사회참여도, 주도성 등이 모두 높은 것으로 나타났다. 이는 아동들의 신체활동은 대부분 놀이를 통해 이루어지기 때문에 또래집단 내에서 사회화가 이루어지고, 그 안에서 아동의 사회적 능력이 형성되는 것으로 볼 수 있다.

3) 청소년기의 운동기능 발달

청소년기의 운동능력은 아동기에 이어 점차 발달하고, 체격과 체력의 기초가 완성되는 시기이다. 일시적으로 미숙하게 보인다 할지라도 신경 근육 조직의 성숙에 의해서 지금까지 해내지 못하던 여러 가지 일들을 하게 된다. 청소년기의 학생들은 매우 활동적으로 움직이고 싶은 욕구를 가지며 신체활동에 활발하게 참여한다. 특히 청소년기의 운동은 근육, 폐, 심장, 순환 기능이 향상되며 비만을 해소할 수 있다. 규칙적인 운동을 계속하면 성장 발달에 도움이 된다. 청소년기에는 남녀 능력의 차이도 뚜렷하게 나타나고, 남녀 운동도 자연히 달라지게 마련이며, 성 차이에 관심과 흥미를 가지게 되고 동시에 사회적 관심의 영향을 받아 그 특징이 더욱 명확히 나타난다.

청소년기에는 스포츠 자신감, 외모, 건강, 규칙적 운동, 지구력 등에 대한 신체적 자아개념의 혼란을 겪게 되고, 이러한 혼란은 친구관계나 학교생활 적응에 영향을 미치기도 한다. 따라서 청소년기 신체활동 참여와 운동 경험은 신체적 자아개념과 신체적 능력, 외모 요인에 긍정적인 영향을 준다는 선행 연구들이 있다. 청소년기 신체활동은 신체적 균형 및 잠재력, 심신의 조화로운 발달에도 중요한 촉매제가 되며, 나아가 신체적 자아개념의 향상에 긍정적인 효과가 있다. 신체활동은 스트레스에 대한 적응력을 높이며, 뇌에서 일어나는 생물학적 변화가 심신의 건강을 회복하도록 도와주고, 기억력의 감퇴를 최소화시켜 준다(백성수, 2010). 또한 모든 상황에서 운동을 했을 때 불안, 스트레스 등의 부정적 정서가 감소되고, 육체적으로는 피곤하지만 마음은 상쾌하고 긴장감이 해소되는 등 긍정적인 정서를 갖는 경우가 많다는 연구결과들이 있다.

청소년기 신체활동, 특히 스포츠 활동 참가는 개인의 사회성 발달에 긍정적인 영향을 미친다. 스포츠 활동을 통해 다양한 정서적 경험을 제공하고, 사회화 기능을 수행하는 것으로 나타났다. 스포츠 활동을 통해 협력적 관계와 경쟁적 관계를 맺으면서 남의 의견을 존중하고 규칙 준수, 예절, 협동, 경쟁 등의 기본 원리를 학습하고 내면화함으로써 타인과의 상호 협조, 책임감, 자율성, 활동성, 사교성 등과 같은 사회성이 발달된다.

3. 신체 발달과 학교폭력

아동기 및 청소년기에 신체 및 운동 발달이 미치는 영향은 다음과 같다.

첫째, 아동기에는 환경에 대하여 점차 현실적인 개념을 획득함에 따라 자아개념의 한 측면인 신체상을 갖게 되며, 신체상은 또래들과 비교함으로써 형성된다. 특히 청소년기 성장 폭발은 성별과 개인에 따라 차이가 크고, 급속한 변화가 이루어지기 때문에 자신이 생각하는 자신의 신체상과 실제 신체상 사이에서 부조화를 경험하기도 한다. 신체상은 자아개념을 형성할 뿐만 아니라 원만한 인간관계를 이루는 중요한 요소이다. 따라서 아동기 및 청소년기에 자신에 대한 자아개념이 긍정적으로 형성될 수 있도록 하는 것이 중요하다.

둘째, 신체 및 운동 발달은 성격 발달에도 영향을 미친다. 즉, 체격이 작고 허약한 아동은 대체로 소심하고 겁이 많으며 걱정이 많은 특징이 있으며, 반대로 크고 튼튼하며 힘이 센 아동은 쾌활하고 창조적이며 적극적으로 자기표현을 잘한다. 신체적 특징이 아동 자신의 태도와 관심을 달리하여 성격의 차이를 가져오게 할 뿐만 아니라 아동에 대한 다른 사람들의 기대와 태도의 차이를 가져온다. 예를 들어, 성인이나 친구는 작고 허약한 아동을 대할 때 조심스럽게 대하고, 신체적으로 허약한 아동은 스스로 운동능력에 자신이 없을 뿐만 아니라 주변 사람들도 허약하기 때문에 운동을 잘하지 못할 것으로 생각한다. 따라서 운동을 통한 경쟁적인 행동을 할 기회를 회피하게 될 뿐만 아니라 소극적이고, 의존적이고, 내성적인 성격을 갖게 된다. 반면에 크고 튼튼한 아동은 운동에 자신이 있고, 성인이나 또래가 운동을 잘하는 것으로 취급하므로 신체활동을 할 기회가 많아지고, 사회적 성격 발달을 계속 고무시키게 된다. 이처럼 신체 및 운동 발달과 성격은 서로 상호작용하면서 영향을 주고받는다.

셋째, 신체 및 운동 발달은 심리사회적 발달에 영향을 미친다. 아동기의 가장 중요한 사회관계로서 또래집단에서의 인기도는 신체적 · 성격적 특성에 영향을 받는다. 신체적 매력은 또래집단에서 보다 긍정적인 영향으로 작용하며, 무시당하거나 거부당하는 아동의 공통적인 특징은 유난히 뚱뚱하거나 매력적이지 못한 외모를 가지고 있는 것으로 나타났다. 또한 운동능력이 발달함에 따라 자신이 잘할 수 있고 앞으로 연습을 통해 더욱더 잘할 수 있다는 믿음을 가지게 되기도 하는데, 이것은 자기효능감에 영향을 미치고, 신체적 능력과 외모에 대한 신체적 자아존중감에도 영향을 미친다.

지금까지 살펴본 신체적 발달과 학교폭력의 관계를 살펴보면 다음과 같다.

첫째, 학교폭력은 신체적 발달로 인한 우세한 힘이 표출된 결과로 볼 수 있다. 피해학생들은 가해학생보다 육체적인 힘에서 열세의 위치에 놓이는 경우가 대부분이고, 이에 따라 친구들 사이에서 인기도 낮고, 폭력에 대한 보복을 하지 않는 경향이 있다(신재흡, 2017). 동일한 연령의 학생들보다 키가 작고 체격이 작으며 힘이 약한 학생들이 학교폭력의 피해를 당하기 쉽고, 동일 연령의 학생들보다 키가 크고 힘이 강한 학생들은 학교폭력 가해를 보이는 경향이 있다(Olweus, 1993b). 특히 남자아이들의 경우, 고학년으로 올라갈수록 체격에 의해 어울리는 집단이 달라지기도 하여 신체적으로 작고 왜소한 아동, 힘이 약한 아동이 주로 신체폭력 피해자가 될 가능성이 많다.

집단따돌림의 경우 가해학생들은 또래보다 더 크거나 혹은 더 힘이 세고(Macklem, 2003), 피해학생들이 또래보다 신체적으로 허약하고, 활동이나 운동, 싸움에서 무력하며, 소심하고, 수동적이며, 부정적 자아개념 및 낮은 자존감을 가진 것으로 나타났다. 또한 신체적으로 뚱뚱하거나, 머리색이나 피부색이 남다르거나, 신체적 장애를 가지는 등 특이사항을 갖고 있는 경우가 많다(김용태, 박한샘, 1997; 김창대, 1999; Macklem, 2003).

따라서 학교폭력의 예방을 위해 교사의 지속적이고 세밀한 관찰이 필요하다. 학교폭력 피해학생의 특징에 부합하는 학생이 있는지, 있다면 그 학생의 학교생활은 어떠한지 관심을 가지고 지속적으로 관찰할 필요가 있으며, 만약 피해 징후가 발견된다면 신속하게 대처할 수 있도록 해야 한다. 또한 신체적 특이사항이 있는 학생들에 대한 집단괴롭힘이나 신체적 폭력이 발생하지 않도록 학급 내 예방교육, 그리고 상호 존중과 배려하는 학급 분위기 조성을 위해 노력해야 한다. 더불어 피해학생을 위한 자기주장훈련, 사회기술훈련과 대처기술훈련 등의 구체적인 방법에 대한 교육도 필요하다.

둘째, 학교폭력은 신체 및 운동기능 발달에 따라 형성된 부정적 신체상 및 자아개념에 의해 발생할 수 있다. 초등학교 고학년에서 시작하여 중 · 고등학교 시기는 2차 성징이 나타나는 시기이다. 평균적으로 과거에 비해 신체 발달이 빨라지기도 했지만, 반대로 학생들 간의 발달의 차이가 있어 학생별로 개인차가 두드러지게 나타나는 경향이 있다. 특히 청소년들의 조숙과 만숙은 신체상과 연결되며, 조숙한 남자 청소년들이 만숙한 여자 청소년보다 문제행동에 더 취약하다(장휘숙, 2013). 또한 중학생의 경우, 2차 성징의 발달과 급격한 신체적 변화에 따른 잦은 성폭력 사건(성희롱, 성추행)이 발생하고, 학급 내 서열화에 따른 학교폭력 등이 발생한다.

청소년이 가진 신체상이 청소년의 정서폭행비행과 신체폭력비행 그리고 금품갈취에 정적 상관을 가지고, 특히 지나친 긍정적 신체상은 왜곡된 신체상의 하나로 이러한 신체상을 가진 청소년의 경우, 실제로는 자아존중감이 낮고 자아정체감의 혼란이 있을 수 있다(김선주, 김영희, 2012). 신의식(1989)은 청소년기의 열등의식이 유아기의 열등한 운동기능에서 기인한다고 말한다. 즉, 자신의 신체를 자유자재로 조절하고 탐색하여 문제를 해결할 수 있는 유아는 성공적인 경험을 통해 긍정적 자아개념을 형성하고, 운동능력이 부족하여 많은 실패를 경험하는 유아는 부정적 자아개념을 형성하게 된다는 것이다.

학교폭력은 자신에 대한 낮은 평가와 관련성이 높은데, 청소년기에 또래관계에서 자기표현이나 자기주장을 잘 못하거나, 공감능력이 부족할 때 상대적으로 자신에 대해 낮게 지각하게 된다. 이러한 부정적인 자기평가는 결국 또래관계에서 학교폭력의 피해학생이 되거나 가해학생이 되는 데 중요한 요소로 작용할 수 있다.

따라서 유아교육을 담당하는 교사는 유아기의 적절한 신체 움직임을 통해 자아인식을 기르고 사회적으로 협력하는 태도를 기르도록 도와주는 것이 중요하다. 또한 아동 및 청소년의 교육을 담당하는 교사는 학생들을 대상으로 신체적 성숙의 차이를 인정하고, 차이를 차별하지 않는 올바른 신체상을 형성할 수 있도록 지도해야 하며, 외모지상주의와 같은 왜곡된 신체상을 부추기는 문화에 대한 올바른 교육이 필요하다. 특히 부정적인 신체상을 가진 아동 및 청소년을 대상으로 한 신체상 개선 프로그램을 통해 신체상뿐만 아니라 자아개념 및 자아존중감 등의 회복을 위한 노력이 필요하다.

셋째, 학교폭력은 청소년기의 성호르몬에 의해 영향을 받는다. 청소년은 이 시기에 분비되기 시작하는 성호르몬에 의해 공격적인 성향을 갖게 된다. '공격적인 성향'으로 인해 폭력성도 두드러지게 되고, '자기중심성'이 강해지는 특성이 있다. 사리 분별이 미숙한 성장기 청소년은 외부 환경에서 스트레스를 받으면 이러한 공격적인 성향 때문에 폭력적인 행동을 보이게 된다. 또한 자기중심성에 의해 문제의 원인을 외부로 돌리거나 다른 사람의 감정 파악에도 미숙하고, 감정 표현에 서툴러 또래 친구와 잦은 마찰을 일으키게 되고, 이것이 신체폭력으로 이어지는 원인이 되기도 한다.

따라서 학교폭력을 예방하기 위해서 외부 환경에 의한 스트레스를 받을 경우, 적절하게 스트레스를 해소할 수 있는 방법에 대한 교육이 필요하다. 학생들이 스스로의 스트레스를 관리함으로써 적절한 방법으로 스트레스를 해소하여 타인에 대한 공격적이고 폭력적인 행동을 사전에 예방할 수 있을 것이다. 또한 타인의 감정을 파악하고 자신의 감정을 표현할 수 있는 방법에 대한 구체적인 교육을 통해 대인관계 능력을 향상시키는 노력도 필요하다.

넷째, 학교폭력은 청소년기의 전두엽의 급속한 발달에 영향을 받는다. 청소년기는 전두엽이 급속하게 발달하는 시기로, 전두엽의 성장이 절정을 이루면서 전두엽의 신경세포들이 지나치게 과잉 연결되어 정보를 효율적으로 전달하지 못함으로써 정확한 판단을 하기 어렵게 된다. 즉, 이성적 판단을 주관하는 전두엽의 성장은 절정을 이루지만 신경세포의 과잉 생성 및 과잉 연결에 따른 비효율적인 정보전달 체계가 충동적이고 무분별한 행동을 촉발하는 것으로 알려져 있다. 합리적이고 논리적인 사고로 발전하기 전까지 지나친 자기중심적 사고와 이상주의 및 흑백논리에 지배된다. 또한 경험 부족과 복잡한 뇌 신경세포의 비효율적인 과잉 연결 그리고 유아기적 사고의 잔재 등으로 인해 사고와 행동 면에서 미숙하다.

또한 감정 자극이 전두엽에 전달되기까지는 두 가지 경로가 있는데, 시각 정보가 곧바로 전두엽으로 전달되는 직접적인 경로와 시각 정보가 뒤로 멀리 돌아서 전두엽에 도달하는 간접적인 경로이다. 성인은 주로 전두엽으로 전달되는 직접적인 경로를 사용하지만, 사춘기 청소년들은 간접적인 경로를 통해 전두엽으로 시각 정보를 전달하기 때문에 이렇게 전달되는 사이에 성급하게 방어적이거나 공격적이고 충동적인 행동이 일어날 가능성이 더 높다.

따라서 교사는 학교폭력이 발생했을 경우 가해학생에 대한 낙인, 폭력행위에 대한 처벌에만 초점을 두기보다 청소년의 발달에 대한 이해를 바탕으로 재발 방지를 위해 노력해야 한다. 폭력은 용납되지 않는다는 것을 분명하게 전달하되, 학생들의 심리적 안정, 공감능력 향상, 문제해결 능력 향상, 대인관계 능력 및 자기표현 능력 향상 등을 위한 구체적인 방법에 대한 지도가 필요하다. 이를 통해 덜 공격적이고 적절한 반응양식과 문제해결 방식을 습득하여 사회에 적응하고, 관계 속에서 문제를 예방하고 해결하는 데 도움을 줄 수 있을 것이다.

정리하기

1. 인간은 신체 발달에 의해 독립된 행동이 가능하게 되며, 신체 발달은 모든 학습의 기초로서 매우 중요한 의미를 갖는다. 특히 자아의식의 발달을 촉진하는 계기로서 중요한 역할을 한다.
2. 운동기능의 발달은 신체 발달과 밀접한 관계를 가지고 있으며, 운동기능의 발달에 따라 행동 영역이 확대되고, 유희나 스포츠 등의 기초적 활동의 원동력이 되며 성격 형성에도 중요한 역할을 한다.
3. 학교폭력은 신체 발달에 따른 우세한 힘의 표출, 부정적 신체상과 자아개념, 성호르몬의 분비, 전두엽의 급속한 발달에 따른 신경세포의 과잉 연결 등에 의해 발생할 수 있다.

확인하기

1. 발달단계에 따른 신체 발달의 특징에 대해 서술하시오.
2. 발달단계에 따른 운동기능 발달에 대해 설명하시오.
3. 신체 발달이 학교폭력에 미치는 영향에 대해 설명하시오.
4. 〈생각 나누기〉에 제시된 사례에 대한 교사로서의 개입방법에 대해 서술하시오.

제3장

인지적 발달

학습목표

- 학생들의 발달단계에 따른 인지적 특성을 이해할 수 있다.
- 학교폭력과 관련된 발달단계별 인지적 특성을 알 수 있다.

학습내용

1. 인지 발달
   1) 유아기의 인지 발달
   2) 아동기의 인지 발달
   3) 청소년기의 인지 발달
2. 도덕성 발달
   1) 유아기의 도덕성 발달
   2) 아동기와 청소년기의 도덕성 발달
3. 조망수용능력 발달
   1) 유아기의 조망수용능력 발달
   2) 아동기의 조망수용능력 발달
   3) 청소년기의 조망수용능력 발달
4. 인지적 발달과 학교폭력

생각 나누기

웅이와 유미는 같은반 친구이다. 웅이는 자신이 좋아하는 유미에게 호감을 표현하고 싶어 반가운 마음으로 유미의 어깨를 툭툭 치는 장난을 쳤다. 그러나 유미는 웅이가 자신을 때렸다고 생각하여 다시 웅이를 때렸고 서로를 때리며 싸움으로 번지게 되었고 선생님이 말린 후에야 진정되었다. 웅이와 유미는 서로 생각하는 것이 달랐기 때문에 갈등이 발생하였다.

교사는 웅이와 유미를 어떻게 이해하면 좋을까?

앞선 사례에서 웅이는 유미를 좋아하지만 상대가 어떻게 느낄지 상대의 마음이나 생각을 이해하지 못하고 행동하고 있다. 이 장에서는 학생들의 입장 차이가 어떻게 오는 것인지 인지 발달, 도덕성 발달, 조망수용능력 발달에 따라 이해하고 인지 발달과 학교 폭력의 연관성을 알아보기로 한다.

1. 인지 발달

인지 발달은 인간의 정신과정과 인식활동을 정의하는 말로 인지(cognition)라는 용어를 사용한다. 인지 과정에는 인간이 환경과 만나게 되는 일련의 정신과정인 주의, 지각, 기억, 학습, 언어, 사고, 문제해결 등이 모두 포함된다. 인지 발달은 연령에 따른 정신적 조작과 능력에서의 모든 변화를 포괄하게 된다(김태련 외, 2004). 이 절에서는 인지 발달 이론의 대표 학자인 Piaget의 인지 발달이론을 중심으로 유아기, 아동기, 청소년기의 인지 발달을 알아보기로 한다.

1) 유아기의 인지 발달

유아기는 Piaget의 인지 발달단계 중 전조작기(preoperational period)의 시기로 2~7세에 해당된다. 이 시기에는 정신적 표상에 대한 사고가 가능하며 상징적 도식이 활발하게 발달한다(윤순종, 2007). 유아기부터는 상징(symbol)을 사용하기 시작한다. 유아는 과자라는 단어를 듣고 머릿속으로 과자를 떠올릴 수 있다. 이를 표상적 사고(representational thought)라고 한다. 이 시기 유아의 그림에서도 내면의 심리가 반영되며 앞치마를 한 엄마와 넥타이를 한 아빠가 되는 가상의 놀이를 할 수 있게 된다. 하지만 이 단계의 유아의 정신적 조작은 단순한 수준으로만 가능하며, 논리적인 추리보다는 비논리적인 추리를 한다. 즉, 이 시기 유아는 직관적 사고, 자아중심성, 중심화의 특징을 보인다. 직관적 사고(intuitive thinking)란 표면적인 대상을 지각하는 사고를 말한다. 예를 들어, 유아는 피에로 가면을 쓴 엄마를 보고 피에로라고 생각할 수 있다. 이는 겉모습(appearance)과 실재(reality)를 구분하지 못하고 동일하다고 생각하기 때문에 나타나는 현상이다. 중심화(centration)는 사물의 한 가지 차원에만 초점을 두고 다른 중요한 특성을 간과하는 경향성을 뜻한다. Piaget는 보존(conservation) 실험을 통해 전조작기 유아의 직관적 사고와 중심화 특성을 설명하였다. 유아는 자기 앞에 놓인 두 개의 컵에 같은 양의 주스가 채워지는 것을 본다. 유아는 "어느 컵의 주스가 더 많으냐?"라는 질문에 같다고 대답한다. 그 후 유아는 한쪽 컵의 주스가 길고 좁은 컵으로 옮겨 부어지는 것을 지켜본다. 그리고 다시 "어느 컵의 주스가 더 많으냐?"라고 물으면, 유아는 길고 좁은 컵의 주스가 더 많다고 대답한다. 이것은 주스의 높이라는 시각적 인상에 의해 유아의 사고가 지배당하는 직관적 사고 때문에 보이는 오류이다. 또한 주스의 높이에만 주목하고 넓이의 변화는 간과하는 중심화 때문에 나타난 현상이다.

보존개념을 이해하기 위해서는 가역성, 동일성, 상보성이 획득되어야 한다. 가역성(reversibility)은 처음의 상태로 돌아갈 수 있는 능력을 말한다. 이 실험에서 유아는 길고 좁은 컵으로 옮겨진 주스를 다시 원래의 컵으로 옮길 수 있는 가역적인 정신작용이 불가능하였다. 동일성(identity)은 아무것도 더하거나 빼지 않았으므로 그 양은 같다는 논리다. 즉, 이 실험에서 유아는 컵의 주스가 옮겨지는 과정에서 더해지지 않았으므로 그 양이 같다는 사고를 하지 못하였다. 상보성(compensation)은 여러 특성의 관계를 상호 비교하고 통합하는 조작능력을 뜻한다. 이 실험에서 유아는 새로운 컵의 높이가 높아진 만큼 넓이는 줄어들었다는 것을 고려하지 못하였다. 이와 같이 이 시기의 유아는 물질의 모양이나 위치가 변하여도 물질의 양은 보존된다는 원리를 이해하지 못한다.

전조작기의 또 다른 특성인 자아중심성(egocentrism)은 타인의 생각, 감정 등이 자신과 동일하다고 믿고 타인의 관점을 이해하지 못하는 경향을 말한다. 이 시기의 유아는 자신이 제일 아끼는 장난감을 엄마도 제일 좋아할 것이라고 믿으며, 엄마의 생신선물로

이 장난감을 주기로 결심한다. Piaget는 전조작기 유아의 자아중심성을 밝히기 위해 세 산 모형실험을 하였다([그림 3-1] 참조). 세 개의 산 모형을 책상 위에 두고 유아에게 A, B, C, D의 위치에서의 산의 모습을 보여 준다. 그런 후, 전 조작기 유아를 A에 앉히고 인형을 C에 앉힌다. 유아에게 산들의 모습이 어떻게 보이는지 묻는다. 그러고 나서 유아에게 C에 앉은 인형은 어떤 산의 모습을 보겠느냐고 묻는다. 이때 유아는 C에 앉은 인형도 A에 앉은 자신과 동일한 산의 모습을 본다고 말한다.

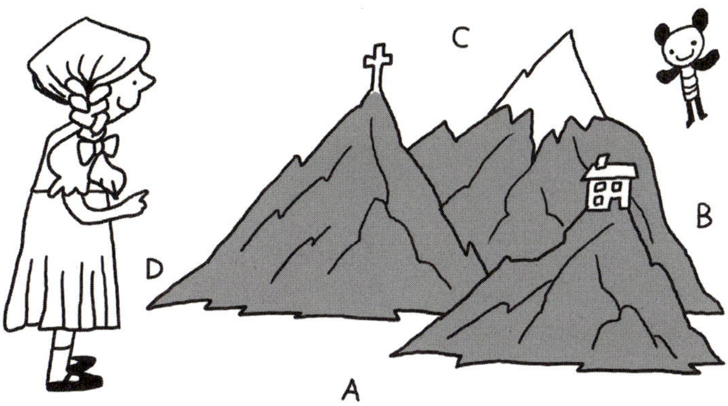

그림 3-1 세 산 모형 실험

자아중심성은 유아의 언어에서도 명백히 나타난다. 유아가 모여 노는 모습을 멀리서 지켜보면 같이 잘 노는 것처럼 보인다. 하지만 가까이 다가가서 대화 내용을 들으면 실제적인 상호작용이나 대화 없이 각자 자신의 말을 열심히 할 뿐이다. Piaget는 이것을 '집단독백(collective monologue)'이라고 부른다. 이 외에도 이 시기의 유아들은 전인과적 사고(precausal thinking), 인공론(artificialism), 물활론(animism)의 사고 특성을 보인다. 전인과적 사고란 원인과 결과에 대한 논리적 추론능력이 부족하여 나타나는 비논리적이고 주관적인 인과적 사고를 말한다. 예를 들어, 이 시기의 유아는 묘지에 가면 죽는다고 생각하여 묘지에 가는 것을 두려워한다. 이는 묘지가 죽음을 결정짓는 원인이라고 추론하였기 때문에 나타나는 현상이다. 인공론은 세상의 모든 것이 사람을 위해, 사람의 필요에 의해 만들어졌다고 믿는 사고이다. 예를 들어, 이 시기의 유아는 사람들이 길을 찾을 수 있도록 해와 달이 만들어졌다고 믿는다. 물활론은 생명이 없는 대상에게 생명과 감정을 부여하는 사고로, 이 시기의 유아는 인형도 밥을 먹고 잠을 자야 한다고 생각한다. 또한 문지방에 걸려 넘어진 후, 문지방을 때리며 "나빠! 맴매!" 하는 것도 물활론적 사고에 기인한 행동이다(신명희 외, 2018).

2) 아동기의 인지 발달

아동기는 7~11세로 Piaget는 이 시기를 구체적 조작기(concrete operational period)라고 하였다. 구체적 조작기의 아동은 논리적이고 체계적인 사고를 할 수 있게 되고, 다른 요소들을 고려하지 못하고 한 요소에만 초점 맞추던 경향에서 벗어나 다양한 특성에 주의를 기울여 지식들을 활용할 수 있게 된다(최경숙, 2000). 또한 타인의 생각이나 관점이 자신과 같지 않을 수도 있다는 것을 이해하게 되며 자기중심화에서 벗어나 탈중심화가 일어나게 된다. 즉, 아동은 타인의 감정과 사고에 관심을 가지는 사회지향적인 특성을 보인다. 이제 이들은 자신이 제일 좋아하는 곰인형을 친구가 반드시 좋아하지는 않을 수 있다고 생각하게 된다(신명희 외, 2010). 이 시기 아동들은 가역성의 개념을 획득하며, 보존에 대한 과제 수행, 서열화와 같은 조작적 사고가 발달한다(이항재, 최민수, 2004). 보존개념의 획득은 [그림 3-2]와 같이 두 개의 컵 모양은 다르더라도 안에 담긴 물을 덜거나 더하지 않았으므로 물의 양이 같다는 것을 알게 되는 것이다. 보존개념 이외에도 부피 또는 길이 등 다양한 영역에서 발달이 이루어지고, 습득되는 시기는 과제의 형태마다 다르다. 보존개념의 습득 순서는 처음에는 수에 대한 개념, 그다음에는 질량, 길이, 넓이, 무게, 부피 순으로 습득한다.

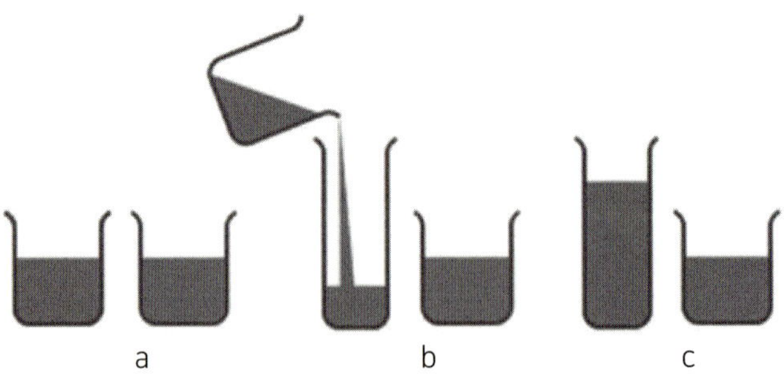

그림 3-2 보존개념 실험

구체적 조작기에 습득되는 또 다른 중요한 개념은 유목화와 서열화이다. 유목화는 부분과 전체의 논리적 관계, 상하의 위계적 관계를 이해하는 것이다. 즉, 전체는 부분보다 크며, 상위 유목은 하위 유목보다 많다는 것을 이해하는 것이다. 유목화 개념이 없는 전

조작기 유아는 5명의 남자아이와 2명의 여자아이로 구성된 놀이반에서 "아이들이 많니, 남자아이들이 많니?"라고 물으면, 남자아이들이 많다고 대답한다. 하지만 구체적 조작기의 아동은 아이들이 남자아이들의 상위 개념임을 이해하고 아이들이 더 많다고 대답할 수 있게 된다. 서열화는 크기나 무게와 같은 하나의 기준에 따라 대상을 순서대로 배열할 수 있는 능력을 뜻한다. 예를 들어, 연필을 길이 순으로 차례대로 나열할 수 있느냐는 것이다. 이 개념 또한 구체적 조작기에 와서야 완성될 수 있다. 이 개념이 획득되면 아동은 서열 조작능력의 하나인 추리성의 개념 또한 습득하게 된다. 즉, 'A＜B'이고, 'B＜C'이면, 'A＜C'임을 이해할 수 있게 되는 것이다. 구체적 조작기 아동의 사고는 전조작기 유아와 큰 차이를 보이지만, 아직 성인의 사고와는 다르다. 이 시기의 논리적 조작은 개인적인 경험과 밀접하게 관련되어 있어서 자신에게 친숙한 경우에만 가능하며, 추상적인 상황에서는 논리적 오류를 보일 수 있다(신명희 외, 2010).

3) 청소년기의 인지 발달

청소년기는 11세 이후 초등학교 고학년과 중·고등학교 시기를 포함하는 시기로 Piaget의 발달단계 중 형식적 조작기(formal operational period)에 해당한다. 사춘기에 접어들면서 청소년은 추상적인 개념을 가지고 논리적으로 생각할 수 있게 됨으로써 논리적인 사고 능력이 완전하게 기능할 수 있게 된다. 이 시기의 청소년은 사실과 반대되는 명제를 형성하고 다룰 수 있다. 따라서 사실과 반대되는 명제도 형성하고 다룰 수 있다. 예를 들어, 미술 시간에 교사가 "사람에게 눈이 하나 더 있다면 어디에 있는 것이 좋을까?"라는 질문을 하면, 구체적 조작기의 아동은 눈이 얼굴에 있다는 사실에서 크게 벗어나지 못한다. 따라서 양쪽 눈 사이에 눈 하나를 추가하는 정도밖에 생각하지 못한다. 그러나 형식적 조작기의 학생은 손끝에 있는 눈 또는 등에 있는 눈과 같이 사실과는 반대되는 가상의 상황을 즐길 수 있다. 즉, 융통성이 있는 사고가 가능해진다.

형식적 조작기에 습득되는 능력으로, 첫째, 추상적 사고 능력이 있다. 추상적 사고는 눈에 보이지 않는 추상적인 개념뿐 아니라, 추상적 관련성을 이해하는 것을 말한다. Piaget(1952)는 10개의 속담과 각 속담이 내포하는 의미를 찾는 문제를 제시하였다. 이 실험에서 구체적 조작기의 아동은 속담의 추상적인 의미를 이해하는 데 어려움을 토로하였다. 예를 들어 "소 잃고 외양간 고친다."라는 속담에 대해 구체적 조작기의 아동은 소를 도둑맞고 빈 외양간을 고친다는 사실 그대로만 설명할 수 있을 뿐, 속담 속에 담긴

비꼬는 의미를 이해하지 못한다. 둘째, 이 시기의 청소년은 가설연역적 추리를 할 수 있다. 이 시기의 청소년은 다양한 현상에 대해 여러 가설을 세우고, 이를 검증하는 자료를 수집할 수 있다. 구체적 조작기의 아동도 연역적으로 사고할 수 있지만, 그들의 사고가 친숙한 사물이나 상황에 제한되는 반면, 형식적 조작기의 청소년은 가설을 가지고 추상적으로 사고할 수 있는 능력을 가지게 된다. Piaget는 가설연역적 추리가 가능해짐에 따라 '어린 과학자'로서의 사고기능을 성공적으로 수행할 수 있게 된다고 하였다. 셋째, 이 시기의 청소년은 조합적 추리를 할 수 있다. 이 시기의 청소년은 문제해결에 필요한 요인을 골라내어 체계적으로 구성할 수 있다. Inhelder와 Piaget(1958)는 액체 실험을 통해 청소년의 조합적 추리 능력을 밝혀냈다. 이 실험에서 구체적 조작기의 아동은 여러 가지 방법으로 액체를 조합할 수는 있었지만 모든 경우의 조합을 만들 수는 없었다. 그러나 형식적 조작기의 청소년은 모든 경우의 조합을 체계적으로 만들어 낼 수 있었다(신명희 외, 2010).

2. 도덕성 발달

도덕성은 크게 도덕적인 행동을 하는 동기, 도덕적 행동, 도덕적 추론의 세 가지 측면으로 설명할 수 있다. 이 중 도덕적 추론은 학생이 도덕적 판단을 요구하는 상황에서 인지적으로 상황을 파악하고, 사고하며, 추론함으로써 도덕적 판단을 내리는 능력을 의미한다(정여주 외, 2018). 이 절에서는 Kohlberg의 도덕성 발달이론을 유아기, 아동기와 청소년기 특징으로 알아보기로 한다.

1) 유아기의 도덕성 발달

유아기는 주로 10세 이하에서 나타나며 Kohlberg의 도덕성 발달단계 중 전인습 수준에 해당한다(유지연, 2010). 이 수준에서 도덕적 가치는 외적이고 물리적인 결과에 의존하며 행동의 의미나 타인의 규칙을 완전히 이해하지는 못한다. 1단계는 벌과 복종에 의한 도덕성으로 구체적이고 외부적인 결과만으로 도덕적 판단을 하며, 벌이나 고통을 피하기 위해 도덕적 행위를 하는 단계이다. 즉, 보상을 받는 행동은 옳은 것이고 벌을 받는 행동은 그른 것이라고 생각한다. 2단계는 개인적 쾌락주의로서 도덕성 단계로 자신의 욕구를 만족시킬 수 있는지 없는지를 도덕적 판단의 근거로 삼는다. 즉, 자신의 욕구를 채우는 일은 옳은 것이며 그렇지 않은 일은 그른 일이라고 판단한다(정여주 외, 2018).

2) 아동기와 청소년기의 도덕성 발달

Kohlberg는 10~20세에 나타나는 수준을 인습 수준이라고 하였다. 이 수준에서는 자신의 가족이나 자신이 속한 집단 및 국가의 기준과 기대에 근거해 도덕적 가치를 판단한다. 인습 수준으로 넘어간 후 3단계는 대인관계의 조화를 위한 도덕성 발달 단계로 착한 소년/소녀 지향단계로도 불린다. 이때는 다른 사람의 인정을 받고 비난을 피하기 위해 도덕적 행동을 한다. 4단계는 사회질서와 권위 지향으로 법과 질서를 준수하며, 사회 속에서 개인의 의무를 다한다. 이 단계는 18~25세에 주로 나타나는데, 법과 질서를 기준으로 도덕적 판단을 한다. 친구의 비행이 법을 어기거나 공공의 질서를 심각하게 방해하였는가에 따라 그 비행을 말할 수도, 하지 않을 수도 있으며 법과 사회의 질서를 지키는 것이 자신의 의무라고 생각한다.

후인습 수준에서는 사회규칙에 제한되지 않으며 보편적인 원리와 윤리에 초점을 두어 판단한다. 이 단계 사람들의 행동 기저에는 그 사람의 양심이 있다. 5단계(사회적 계약 지향)에서는 법은 사람들이 합의하여 만든 것이므로 융통성이 있고 고칠 수도 있다는 사실을 인식한다. 이 단계는 대개 25세 이후에 나타나는데, 이 단계의 사람들은 소수라고 하더라도 개인의 권리를 보호하는 것이 정의라고 생각한다. 어떤 친구의 비행을 말할 것이냐 아니냐 하는 문제는 이제는 그 친구가 그 행위를 하게 된 이유에 달려 있게 되고, 일어날 수 있는 여러 행동이 그 친구와 보다 넓은 공동체에 끼칠 영향력을 고려하게 된다. 6단계(보편적 원리 지향, 궁극화)는 보통 사람에게는 거의 찾아볼 수 없는 단계로 극히 소수만이 이 단계에 도달한다. 법이나 관습을 넘어서서 정의, 평등, 생명의 가치와 같은 추상적이고 보편적인 원리를 지향한다. 스스로 선택한 도덕 원리, 양심의 결단에 따라 도덕적 판단이 이루어진다.

Kohlberg의 도덕성 발달이론의 핵심은 인지 발달에 있다. 전인습 수준의 도덕적 판단은 외부로부터의 보상이나 처벌에 따르게 되며 자기중심적이다. 인습 수준은 사회 규범을 이해하고 무엇이 옳고 그른지 이전 단계보다 객관적으로 판단하며, 사회적으로 관습에 알맞은 도덕 판단을 내린다. 후인습 수준에서는 권위자의 명령보다 자신이 옳다고 생각하는 도덕적 정의와 원칙에 따라 행동한다. 그러나 형식적 조작기 이후의 성인이라고 하여 모두 후인습 수준의 도덕적 추론이 가능한 것은 아니며 5단계와 6단계의 구분이 명확하지 않다는 비판이 제기되기도 하였다(정여주 외, 2018). 따라서 발달시기에 따른 구분을 해 놓았지만 도덕성 발달단계는 연령과 관계없이 나타나기도 하기 때문에 이를 고려하여 도덕성 발달단계를 판단할 필요가 있다. Kohlberg의 도덕성 발달단계를 정리한 내용은 〈표 3-1〉과 같다.

표 3-1 Kohlberg의 도덕성 발달단계

<table>
<tr><td rowspan="2">전인습 수준
(pre-conventional level)</td><td>1단계: 복종과 처벌 지향
(obedience and punishment orientation)</td><td>어떻게 처벌을 면할 수 있을까?
(How can I avoid punishment?)
아동의 행위 결과가 벌인가 칭찬인가 또는 행위를 강요하는 사람이 누구인가에 의해 선악이 판별된다.</td></tr>
<tr><td>2단계: 개인적 쾌락주의
(self-interest orientation)</td><td>나에게 뭐가 좋아?
(What's in it for me?)
아동 자신의 욕구충족이 도덕 판단의 기본이며, 다른 사람의 욕구충족을 고려하지만 자신의 욕구충족을 우선 생각한다.</td></tr>
<tr><td rowspan="2">인습 수준
(conventional level)</td><td>3단계: 착한 소년/소녀 지향
(interpersonal concordance or 'good boy-nice girl' orientation)</td><td>다른 사람을 기쁘게 하고, 도와 주는 행위 여부가 선악을 결정하며 타인의 승인을 중요하게 생각한다.</td></tr>
<tr><td>4단계: 사회질서와 권위 지향
(authority and social-order maintaining orientation)</td><td>법은 절대적이고 사회질서는 유지되어야 한다. 개인적인 문제보다 전체를 위한 의무감을 더 중요하게 여긴다. 즉, 주어진 사회질서를 유지하려는 행동이 나타난다.</td></tr>
<tr><td rowspan="2">후인습 수준
(post-conventional level)</td><td>5단계: 사회적 계약 지향
(social contact orientation)</td><td>법의 사회적 유용성에 대한 합리적 고려에 따라 법이 바뀔 수도 있다고 생각한다. 인간으로서의 기본원리에 따라 행동한다.
'최대 다수의 최대 행복'</td></tr>
<tr><td>6단계: 보편적 원리 지향
(universal ethical principles orientation)</td><td>스스로 선택한 도덕 원리에 따른 양심적인 행위가 곧 올바른 행위가 된다.</td></tr>
</table>

3. 조망수용능력 발달

타인에 대한 이해란 곧 사회인지(social cognition) 능력의 발달을 의미한다. 사회인지란 사회적 관계를 이해하는 능력으로 타인의 사고와 의도, 정서, 사회적 행동 및 그들의 일반적 견해를 이해하는 사회적 조망수용능력(social perspective taking ability)을 의미한다(장휘숙, 2013). 타인에 대한 이해의 발달은 조망수용능력의 발달을 가져온다. 사회인지 이론가인 Selman(1981)은 구조화된 면접을 사용하여 사회적 조망수용능력의 연령에 따른 변화를 기술하였다. 그는 유치원 아동부터 청소년들까지 포함하는 광범위한 연구 대상자들에게 다음과 같은 사회적 딜레마(social dilemmas)를 제시하고 조망수용능력의 발달을 연구하였다.

홀리의 딜레마

홀리는 나무 타기를 좋아하는 8세 소녀이다. 그 소녀는 동네에서 나무를 가장 잘 타는 사람으로 알려져 있다. 어느 날 홀리가 높은 나무 위로 기어 올라가다가 떨어졌으나 다치지는 않았다. 홀리가 떨어지는 것을 본 아버지는 매우 놀라셨고 다시는 나무에 올라가지 않겠다는 약속을 하도록 홀리에게 요구하셨다. 홀리는 약속하였다. 며칠 후 홀리와 친구들은 센을 만났다. 그때 센의 고양이가 나무 위에 올라가 있었고 새끼 고양이여서 스스로 내려올 수 없었다. 문제는 고양이를 곧바로 내려오게 하지 않으면, 고양이가 다칠 수 있는 상황이었다. 물론 나무 위에 올라가서 고양이를 데리고 내려올 수 있는 사람은 홀리밖에 없었다. 그러나 홀리는 아버지와의 약속을 기억하고 있었다.

Selman(1981)은 홀리, 아버지 그리고 센의 조망을 아동이 얼마나 잘 이해하는지를 평가하기 위하여 다음과 같은 질문을 하였다.

- 센은 홀리가 나무에 올라가지 못하는 이유를 아는가?
- 나무에 올라가는 홀리를 본다면, 아버지는 어떻게 생각하실 것인가?
- 홀리는 자신이 나무에 올라가는 것을 보신 아버지가 어떻게 할 것이라고 생각하는가?
- 처벌받을 것이라고 생각하는가?
- 이 상황에서 당신은 어떻게 할 것인가?

이 질문에 대한 아동의 반응을 기초로 Selman(1981)은 조망수용능력의 발달단계를 제시하였다. 처음에 아동은 타인이 무엇을 생각하고 느끼는가에 대해 단지 제한된 생각을 할 수 있을 뿐이다. 그러나 시간 경과와 함께, 아동은 사람에 따라 동일한 사건을 다른 방식으로 해석할 수 있다는 것을 인식할 수 있으며, 곧 타인의 관점을 고려할 수 있게 된다. 마지막으로, 아동은 제삼자적 조망에서 그리고 사회적 가치를 참조하여 두 사람의 조망을 고려할 수 있다. Selman(1981)의 조망수용능력 발달단계는 Piaget의 인지발달단계와 밀접하게 연결되어 있다.

Piaget의 구체적 조작과제를 해결할 수 없는 개인들은 Selman 단계의 수준 0의 조망수용능력을 지니고, 구체적 조작과제는 해결할 수 있으나 형식적 조작과제를 해결하지 못하는 개인들은 수준 1과 수준 2의 조망수용능력을, 그리고 형식적 조작과제의 해결이 가능한 개인들은 수준 3과 수준 4의 조망수용능력을 가진다(Krebs & Gillmore, 1982). 이 절에서는 조망수용능력 발달을 유아기, 아동기, 청소년기로 나누어 알아보기로 한다.

1) 유아기의 조망수용능력 발달

Selman의 조망수용능력에 따르면, 이 시기는 수준 0, 미분화된 조망수용 단계(3~6세)로 유아는 자신과 타인이 각기 다른 사고와 감정을 가질 수 있다는 것을 인지하나 자주 혼동한다. 유아기 동안 타인에 대한 이해가 크게 발달한다(Gelman, Heyman, & Legare, 2007). 유아가 지니고 있는 마음이론은 타인들이 정서와 소망을 지니고 있다는 것을 이해하도록 돕는다. 4, 5세경에 유아는 자신을 심리적 특성으로 기술하기 시작하고 타인에 대해서도 심리적 특성을 바탕으로 지각하기 시작하므로 4세 유아는 "우리 선생님은 멋진 분이야."라고 말할 수 있다. 또한 4세 유아들은 사람들이 자신이 원하는 것을 얻기 위하여 혹은 어려움을 회피하기 위하여 거짓말을 한다는 것도 알게 되므로, 사람들이 자신의 신념에 대해 항상 정확한 이야기만을 하는 것은 아니라는 것을 이해한다. 그 증거로서 4, 5세 유아들은 친구들이 캠프를 가기 싫어한다는 것을 알았을 때 그 친구들이 아프다고 말하는 것을 믿지 않았다(Gee & Heyman, 2007). 그럼에도 불구하고 유아의 타인에 대한 이해는 완전하지 못하므로 아직도 산타클로스의 존재를 믿고 비를 타고 하늘을 날아다니는 마녀의 이야기를 사실로 믿기도 한다. 동일 연령의 유아들 중에도 타인이 무엇을 느끼고 무엇을 소망하는지를 더 잘 이해하는 유아들이 있다. 일반적으로 양육자가 어린 유아와 사람의 감정과 소망에 대해 빈번하게 대화를 나눌 때, 그리고 유아가 타인의 감정과 소망에 대해 이야기하는 사람들을 자주 관찰할 기회가 있을 때 유아는 타인에 대한 더 발달된 이해능력을 지닐 수 있다.

2) 아동기의 조망수용능력 발달

아동기는 Selman의 조망수용능력 중 수준 1, 사회-정보적 조망수용 단계(4~9세)로 아동은 사람들이 상이한 정보에 노출되기 때문에 서로 다른 조망을 가질 수 있다는 것을 이해한다. 또한 이 시기에 타인에 대한 이해도 발달한다. 타인에 대한 이해는 도덕성 발달과 관련되는 동시에 다양한 사회적 관계에서의 아동의 행동에 영향을 준다. 실제로 좋은 조망수용능력을 지니고 있는 아동들은 다른 사람의 정서 상태를 대리적으로 경험하는 공감(empathy) 능력과 동정심(compassion)을 지니며, 어려운 사회적 상황을 효과적으로 처리할 수 있는 사회적 문제해결(social problem solving) 기술도 함께 가지고 있다(Eisenberg, Spinrad, & Sadovsky, 2006).

3) 청소년기의 조망수용능력 발달

아동기를 지나 청소년기가 되면 타인에 대한 이해는 점차 넓어지게 된다. 아동기에서 살펴보았던 단계를 이어서 살펴보면 다음과 같다. 수준 2단계는 제삼자적 조망수용단계로 10~15세가 해당되며, 자신과 타인뿐 아니라 제삼자가 어떻게 이 상황을 볼지 타인은 어떻게 생각할지에 대한 부분도 고려할 수 있게 된다. 이제 아동은 자신과 타인의 양자 관계를 넘어 이를 객관적으로 판단할 수 있는 사고도 가능해진다. 수준 3단계는 사회적 조망수용능력이 발달되는 시기로 제삼자를 넘어 사회적으로 자신이 어떻게 보일 것인지를 생각할 수 있게 되며, 도덕적 개념에 대해 법률로 규정되어 바뀔 수 없다는 생각을 넘어 집단적으로 고려될 수 있음을 알게 된다. Selman(1981)의 조망수용능력을 발달단계별로 정리하면 〈표 3-2〉와 같다.

표 3-2 Selman의 조망수용능력 발달단계와 각 단계에 대한 반응

단계	대략적 연령범위	특징	홀리 딜레마에 대한 전형적 반응
수준 0: 미분화된 조망수용	3~6세	아동은 자기와 타인이 각기 다른 사고와 감정을 가질 수 있다는 것을 인지하나 자주 혼동한다.	아동은 고양이가 다치는 것을 원치 않기 때문에 홀리가 고양이를 구할 것이라고 예상하며, 홀리의 아버지도 홀리와 같은 생각을 할 것이라고 생각한다.
수준 1: 사회-정보적 조망수용	4~9세	아동은 사람들이 상이한 정보에 노출되기 때문에 서로 다른 조망을 가질 수 있다는 것을 이해한다.	홀리가 나무에 올라가는 것을 보았을 때 홀리의 아버지는 어떻게 반응할 것인지의 질문에 아동은 아버지가 고양이의 상황을 모르기 때문에 화를 낼 것이라고 반응한다. 그러나 아버지가 고양이의 상황을 알게 된다면 마음을 바꿀 것이라고 응답한다.
수준 2: 제삼자적 조망수용	10~15세	아동은 두 사람의 상황에서 벗어나서 제삼자의 공평한 관점에서 자기와 타인이 어떻게 보이는지를 생각할 수 있다.	홀리가 처벌받아야 하는지를 질문했을 때, 아동은 "홀리는 고양이를 구하는 것이 중요하다고 생각했기 때문에 처벌받아서는 안 돼요. 그러나 홀리는 아버지가 나무에 올라가지 말라고 한 것도 기억하고 있어요. 그래서 아버지가 나무에 올라간 이유를 이해하시도록 할 수 있을 때만, 처벌받지 않을 것이라고 홀리는 생각해요."라고 응답한다.
수준 3: 사회적 조망수용	15세~ 성인	이 수준의 개인들은 자기-타인 상호작용에 대한 일반화된 사회적 조망을 지니고 있고 사회체계 속에 반영되어 있는 집단조망의 존재를 인식한다. 따라서 법률과 도덕은 개인이 고려해야 하는 어떤 합의된 집단조망에 의존한다는 것을 이해한다.	홀리가 처벌받아야 하는지를 질문했을 때, 아동은 "동물에 대한 인도적 관점에서 홀리의 행동은 정당하며 동일한 관점에서 아버지도 홀리를 처벌하지 않을 것입니다."라고 응답한다.

4. 인지적 발달과 학교폭력

유아기, 아동기, 청소년기의 학생들은 인지 발달단계에 따라 자신에서 타인으로, 그리고 사회로 더 넓게 이해하게 된다. 그러나 발달 시기에 따른 이해능력의 한계로 인해 학교폭력의 상황으로 이어질 수도 있다. 이 절에서는 학교폭력과 인지 발달의 연관성을 가해학생과 피해학생의 특성에 따라 살펴보고자 한다.

유아기에는 인지적으로 구체적이고 논리적인 사고보다 눈에 보이는 표면적인 내용을 바탕으로 사고한다. 또한 타인의 입장에서 이해하는 조망수용능력이 덜 발달되어 자신의 입장에서 생각하거나 자기중심적 사고를 하기 때문에 자신의 입장에서만 생각하고 주장을 하여 입장 차이에 대한 이해를 하지 못하기도 하고 상대방의 생각이나 감정에 대한 생각에 한계가 있어 갈등 상황으로 이어지기도 한다. 앞서 제시한 웅이의 사례에도 웅이가 유미와 자신이 생각하는 것이 같다고 생각하여 갈등이 발생한다. 이 시기에는 다른 사람은 생각이 다를 수 있다는 것을 구체적인 사례나 예시, 설명을 통해 이해할 수 있게 도울 필요가 있다. 도덕적 발달 측면에서는 행동의 의도나 과정을 고려하지 못하고 결과만 고려하는 경향이 있기 때문에 어떤 의도를 가지고 행동했는지가 중요하다는 교육을 실시할 필요가 있다. 유아들의 인지 발달을 촉진하기 위한 방법은 유아의 질문에 발달수준을 고려하여 성실하게 답해 주며, 충분한 놀이를 할 수 있도록 그에 적절한 환경을 제공해 주는 것이다. 또한 유아 스스로 문제해결을 할 수 있도록 기회를 제공해야 하며, 답이 엉뚱하더라도 의욕과 기를 꺾지 말고, 실수에 대해 질책하지 말아야 한다(황휘숙 외, 2008).

아동기와 청소년기에는 유아기보다는 구체적인 사고가 가능하며 타인의 입장을 어느 정도 이해는 하지만 인지적 발달이 완전하지 못하여 자기중심적 사고에서 완전히 벗어나지 못한다. 이 시기에는 도덕적 판단 능력이 약해, 타인에게 가하는 공격성과 폭력이 얼마나 나쁜지 잘 알지 못하는 경우가 많다(정종진, 2012).

학교폭력 가해행동을 한 학생의 경우, 권력과 지배에 대한 욕구가 강하여 남을 지배하고 굴복시키는 것을 즐겨 하고, 다른 학생을 지배하거나 굴복시켜 자기주장을 억지로 관철시키려는 욕구가 강하다. 학교폭력 가해행동을 한 학생의 또 다른 특징은 도덕적 이탈 정도가 높아 잘못을 인정하기보다 정당화하고 다른 큰 잘못과 상대적으로 비교하여 자기의 잘못을 축소한다는 것이다. 남에게 책임을 전가하여 자기가 잘못된 행동을 하게끔 상대가 유도한 책임을 오히려 강조하고 자기가 잘못한 것은 사소한 것으로 왜곡하기도 한다(김의철, 박영신, 2000).

타인에 대한 공감능력이나 수용능력은 가해학생들의 학교폭력 원인과 밀접한 관련이 있다(김혜원, 2013). 낮은 공감능력을 가진 가해학생의 경우, 피해학생이 받게 될 정신적 · 육체적 고통에 대해 깊이 생각하지 않고 오로지 자신의 목적과 감정에만 집중하는 경향이 있다. 자신과 타인을 있는 그대로 인정하고 수용할 수 있는 수용능력의 부족 또한 학교폭력으로 이어질 가능성이 높다(이명신, 2000).

반면, 높은 수준의 조망수용능력을 지니고 있는 아동들은 공감 능력과 동정심을 지니고 있고 어려운 사회적 상황을 처리하는 효과적인 방법을 고안해 낼 수 있으므로(FitzGerald & White, 2003), 또래들 사이에 인기가 있다. 그들은 또래들과 가까워 우정을 형성할 뿐 아니라 또래들 사이에서 불가피하게 일어나는 갈등도 잘 해결한다. 동시에 높은 수준의 조망수용능력을 지니고 있는 아동들은 또래들과 협동과제도 잘 수행하지만, 경쟁과제를 수행할 때도 자신의 견해를 잘 방어하고 타인과 좋은 관계를 유지한다.

학교폭력을 예방하기 위해서는 조망수용능력이 발달해야 한다. 조망수용능력은 주위의 성인과 또래들이 타인의 입장에서 상황을 바라보라고 격려할 때 발달할 수 있다. 협동이나 집단의 조화를 중요시하는 문화의 학생들이 개인주의를 강조하는 문화의 학생들보다 더 발달된 조망수용능력을 지니고 있다는 것은 환경적 영향에 의해 조망수용능력이 촉진되기도 하고 저해되기도 한다는 것을 의미한다.

실제로 화를 잘 내고 높은 공격성을 나타내어 낮은 조망수용능력을 가진 아동들에게 조망수용능력을 지도하고 훈련했을 때, 반사회적 행동이 효과적으로 감소되었다(Chalmers & Townsend, 1990). 즉, 공감능력이나 조망수용능력이 발달된 아동·청소년들은 학교폭력 상황에서 잘 대처할 수 있게 될 것이다. 따라서 이 시기에 교사는 집단 프로그램과 교육을 통해 아동·청소년의 공감능력과 조망수용능력을 향상시키도록 도울 필요가 있다.

지금까지 학교폭력의 원인이 되는 가해학생의 요인을 인지 발달단계에 따라 살펴보았다. 타인에 대한 공감능력과 조망수용능력의 부족 등도 학교폭력을 일으키는 중대한 요인이 되는데, 이러한 요인들이 가해행동에 복합적으로 작용하고 있다(김화숙 외, 2010). 따라서 교사는 학생의 연령에 따른 인지 발달 시기를 고려하여 갈등이 어디서 비롯되었는지를 판단함으로써 학생들을 이해하고 지도하는 것이 필요할 것이다.

정리하기

1. 인지발달단계에 따라 자신에게 맞춰진 자기중심성에서 벗어나 타인을 이해하는 타인조망수용 능력이 발달하게 된다. 인지발달단계에 맞는 이해가 중요하며 이들의 시각에서 학교폭력이 발생할 수 있는 이유에 대해 고려해 볼 필요가 있다.
2. 도덕성 발달단계에 따라 상황을 판단하는 기준이 달라지고 사고의 확장도 일어나게 된다. 같은 상황을 보더라도 행위의 의도나 사회적 상황을 고려할 수 있게 되며 점차 사회적인 판단력이 향상된다.

확인하기

1. 〈생각 나누기〉에 제시된 사례에서 웅이는 인지발달단계 중 어느 단계에 속하고 있는지 설명하시오.
2. 중학교 2학년 학생이 학교폭력 가해행동을 한 이유를 도덕성 발달 측면에서 제시하고, 지도방법에 대해 서술하시오.

제4장

심리사회적 발달

학습목표

- 학생의 성격 발달을 이해할 수 있다.
- 학생의 정서적 발달을 이해할 수 있다.
- 학생의 사회적 발달을 이해할 수 있다.
- 학생의 심리사회적 발달과 학교폭력을 연결시켜 이해할 수 있다.

학습내용

1. 성격 발달
   1) Erikson의 성격 발달
   2) 공격성 발달
2. 정서적 발달
   1) 정서 발달
   2) 감정이입 발달
3. 사회적 발달
   1) 사회성 발달
   2) 또래관계 발달
   3) 친사회적 행동 발달
4. 심리사회적 발달과 학교폭력
   1) 성격 발달과 학교폭력
   2) 정서 발달과 학교폭력
   3) 사회적 발달과 학교폭력

생각 나누기

중학교 2학년인 성우는 초등학교 때부터 성적이 좋지 않아 열등감을 가지고 있으며, 누군가 자기를 무시하는 것 같으면 주체할 수 없이 화를 낸다. 어느 날 성우는 광진이에게 준비물을 빌려 달라고 했지만, 성우의 말을 듣지 못한 광진이는 대답이 없었다. 이에 화가 난 성우는 광진이를 때렸고, 자신이 화가 나서 때렸을 뿐이라며 이를 대수롭지 않게 여긴다. 그때부터 성우는 반에서 힘이 있어 보이는 친구들과 함께 광진이를 따돌리고 괴롭히기 시작했다.

교사는 성우를 어떻게 이해할 수 있을까?

학생의 심리사회적 발달 특성은 학교폭력과 밀접한 관련이 있다. 학생의 심리사회적 발달이 어떻게 이루어지는지를 이해함으로써 학교폭력 가해학생과 피해학생의 행동이나 생각에 대해 보다 명확히 이해할 수 있다. 이 장에서는 심리사회적 발달과 학교폭력의 연관성을 이해하기 위해, 우선은 성격 발달과 정서 발달, 사회적 발달로 나누어 전반적인 심리사회적 발달에 대해 이해하고, 마무리로 심리사회적 발달과 학교폭력을 살펴보기로 한다.

1. 성격 발달

성격은 신체적 · 심리적으로 성장하는 유기체가 사회적 요인과 상호작용하면서 발달되므로, 생애주기를 통한 발달적 변화와 사회적 요인에 기초해 성격을 이해하는 것이 중요하다. 그리고 성격 발달에서 개인의 공격성은 사회적 관계와 밀접한 관련이 있으므로 중요하다. 따라서 이 절에서는 Erikson의 심리사회적 발달과 공격성 발달에 대해 알아보기로 한다.

1) Erikson의 성격 발달

Erikson(1950)은 인간은 선하고 창조적인 존재로서 사회에 적응하는 과정에서 심리적으로 성숙할 수 있다고 보았다. 개인의 성격 발달은 일생 동안 계속되며 각 발달단계마다 해결해야 할 심리사회적 위기(psychosocial crisis)가 있다. 심리사회적 위기란 각 발달단계에서 사회적 요구에 적응하기 위한 심리적 노력으로서 일상생활에서 겪게 되는 긴장을 의미한다. 심리사회적 발달은 일정 연령에 이르면 생물학적 성숙과 사회적 압력에 의해 다음 단계로 진행되는데, 그전 단계의 위기가 해결되지 못하면 현재 발달단계의 과업을 수행하기 어렵다. 각 단계에서의 심리사회적 위기가 어떻게 해결되는지에 따라 개인의 독특한 성격이 형성된다.

1단계인 '신뢰감 대 불신감' 시기에 따뜻하고 반응적인 보살핌을 받은 영아는 세상을 믿을 만하다고 지각하며 신뢰감을 형성하는 반면에, 거칠고 무관심한 양육을 받은 영아는 타인을 믿지 못하게 된다. 2단계인 '자율성 대 수치심' 시기에 자신의 능력을 바탕으로 스스로 결정하고 선택하는 유아는 자율성이 형성되는 반면에, 그렇지 못한 유아는 수치심을 경험한다. 3단계인 '주도성 대 죄책감' 시기에 환경을 능동적으로 탐색할 수 있는 아동은 주도성이 발달되는 반면에, 자기통제의 과도한 요구나 과잉보호를 받는 아동은 죄책감이 형성된다. 4단계인 '근면성 대 열등감' 시기에 학교에서 교사나 또래와 협동하는 아동은 근면성이 발달하지만, 관계에 어려움을 겪는 아동은 열등감을 가진다. 5단계인 '정체성 대 역할혼미' 시기에 내가 누구이고 무엇을 할 수 있는지를 고민하는 청소년은 스스로 선택한 가치관과 목표 설정을 통해 정체감을 형성하는 반면에, 그렇지 못한 청소년은 자신의 역할에 혼란을 겪는다. 6단계인 '친밀감 대 고립감' 시기에 타인과 개방적이고 지지적인 관계를 맺는 사람은 친밀감을 형성하는 반면에, 그러한 관계를 형성하지 못한 사람은 고립감에 빠진다. 7단계인 '생산성 대 침체성' 시기에 타인을 돌보며 자신의 일에 몰두한 사람은 생산성을 가지게 되는 반면, 자기만족만을 위해 살아온 사람은 침체를 경험한다. 8단계인 '자아통합성 대 절망감' 시기에 자신의 인생을 수용하는 사람은 자아통합에 이를 수 있으나, 인생을 실패했다고 생각하는 사람은 죽음을 두려워하며 절망에 빠진다. Erikson의 심리사회적 발달단계는 〈표 4-1〉과 같다.

표 4-1 Erikson의 심리사회적 발달단계

단계	연령	발달과업과 위기	잠재력	중요 관계 범위
1	출생~1세	신뢰감 대 불신감	희망(hope)	어머니
2	2~3세	자율성 대 수치심	의지(will)	부모
3	4~5세	주도성 대 죄책감	목표의식(purpose)	가정
4	6~11세	근면성 대 열등감	유능감(competence)	이웃, 학교
5	12~18세	정체성 대 역할혼미	충실, 의리(fidelity)	동료집단, 리더십 모델
6	20~34세	친밀감 대 고립감	애정, 사랑(love)	친구, 연인, 회사, 배우자
7	중년기	생산성 대 침체성	배려, 보살핌(care)	직장, 노동 분화, 가사 분담
8	노년기	자아통합성 대 절망감	지혜(wisdom)	인류, 민족

출처: Erikson, Erikson, & Kivnick (1986).

2) 공격성 발달

공격성은 타인에게 자신의 힘이나 영향력을 보이면서 스스로에게도 자기과시 욕구를 충족시키는 심리적 기능을 가지기 때문에, 타인을 공격함으로써 자신의 약점을 감추고 보완하며 자신을 방어하는 역할을 할 수 있다. 공격성은 분노와 좌절의 원인을 인식하기 시작하는 영아기 후반부터 나타날 수 있다(장휘숙, 2013). 유아기에는 도구적 공격성(instrumental aggression)과 적대적 공격성(hostile aggression)이 나타난다. 도구적 공격성은 자신이 원하는 물건이나 특전을 가질 수 없을 때 그것을 방해하는 사람을 공격하는 행동을 의미한다. 적대적 공격성은 다른 사람을 해치려는 의도를 가지고 때리고 모욕을 주는 행동을 의미하며, 그 방식에 따라 신체적 공격과 언어적 공격으로 구분될 수 있다. 공격성의 또 다른 유형인 관계적 공격성(relational aggression)은 특정한 개인에게 악의적 소문을 퍼뜨려서 다른 사람들이 그를 싫어하도록 만드는 행동을 의미한다.

아동은 타인과 소유물을 나누어 가지고 타협할 수 있게 되면서 도구적 공격성이 감소하나 적대적 공격성은 증가한다. 아동 초기부터 신체적 공격이 증가하다가 점차 언어적 공격이 바뀐다. 일반적으로 소녀들은 소년들보다 언어적 공격을 더 많이 하고, 소년들은 소녀들보다 신체적으로 더 공격적이다(Brendgen & Lavoie, 2009). 소년들이 소녀들보다 신체적 공격을 많이 하는 이유는 다음과 같다. 첫째, 안드로겐(androgen)으로 인해 증가된 신체활동은 공격행동의 기회를 증가시킨다. 둘째, 성역할에 대한 인식과 남아를 더 거칠게 다루는 훈육방식은 소년의 공격성을 강화한다. 셋째, 남아의 정서조절 능력이 여아보다 낮기 때문에 더 많은 신체적 공격을 한다. 한편, 관계적 공격성은 보통 아동 중기부터 증가하며(Dishion & Piehler, 2009), 청소년기 여성보다 남성이 더 많이 관계적 공격을 한다. 그러나 청소년들 사이에서만 여성들이 남성들보다 더 많은 관계적 공격을 한다는 보고도 있다(Smith et al., 2010).

공격성은 부모의 처벌적이고 강압적인 훈육에서 시작된다. 잦은 부부싸움과 같은 갈등적 가족 분위기에서 처벌적이고 강압적인 훈육을 받은 자녀는 공격적인 성향을 보인다. 부모가 물리적인 방법으로 훈육할수록 자녀의 공격성은 높아진다. 부모의 처벌과 자녀의 반항 그리고 다시 처벌로 이어지는 악순환이 지속될수록 가족구성원들 사이에 적대적 상호작용이 증가한다. 이로 인해 자녀는 공격적인 행동문제를 일으키거나 또래로부터 거부될 수 있다.

2. 정서적 발달

유아기부터 아동기까지 정서 발달이 이루어지며, 그와 함께 감정이입도 발달된다. 감정이입 발달은 학생들의 정서 발달과 더불어 대인관계에 큰 영향을 줄 수 있으므로 중요하다고 볼 수 있다. 따라서 이 절에서는 정서 발달과 감정이입 발달에 대해 알아보기로 한다.

1) 정서 발달

유아기부터 정서적 의미에 대한 이해가 증가하면서 일생을 통해 정서 발달이 이루어진다(Mayer & Salovey, 1997). 정서는 개인에게 혹은 개인의 안녕에 중요한 상황이나 타인과의 상호작용 시에 경험되는 느낌이나 감정으로 정의된다(장휘숙, 2013). 정서는 인간의 다른 특성과는 다르게 매우 어린 시기에 분화되며(Izard, 2009), 영아가 부모와 의사소통하는 최초의 언어로서 애착발달을 위한 기초가 된다. 영아는 부모와의 상호작용을 통해 다양한 정서를 경험하며 부모의 얼굴 표정을 보고 정서 읽기 능력을 발달시킨다. 또한 영아는 성장하면서 기본 정서 외에도 자랑스러움, 수치심, 죄책감, 질투심 같은 자기에 대한 인식과 느낌을 요하는 자의식적 정서(self-conscious emotions)를 표현하기 시작한다. 정서적으로 성숙하다는 것은 정서 표현과 통제 사이에 적절한 균형을 이룰 수 있다는 것을 의미한다. 부모가 자녀에게 사랑과 애정의 긍정적 감정을 제공하면서 자녀의 반사회적 행동에 대해 불쾌함을 표현할 때, 정서적으로 성숙한 자녀로 성장할 수 있다.

유아의 정서는 영아기와 별로 차이가 없으며 2세 이전에 분화되었던 여러 정서가 그대로 유지되지만, 이러한 정서를 유발하는 요인이나 표현 방법에는 차이가 있다(정옥분, 2004). 2~3세에는 정서어휘가 빠르게 증가한다. 그리고 정서를 이해하는 능력도 증가하여 정서의 원인과 결과에 대해 말하고 상황과 연합된 정서를 인지한다. 유아는 부정적 정서보다는 긍정적 정서를 더 쉽게 이해하며, 기쁨이나 슬픔, 분노, 놀람 등 정서의 원인에 대한 이해가 증가한다. 또한 유아는 정서를 표현하는 단어를 사용하며 자신과 타인의 정서를 명명하여 과거, 현재, 미래의 정서를 이야기한다. 유아는 가장놀이(pretend play)에서 정서언어(emotion language)를 사용한다. 3~4세의 유아들은 자신의 정서뿐만 아니라 동생의 정서도 인지할 수 있으며, 자신의 정서를 타인에게 이야기할 수도 있다. 유아의 정서 표현은 성장과정과 문화의 영향을 받아 수용 가능한 형태로 사회화된다. 그러나 유아는 사람들이 '진짜로' 느끼는 정서와 그들이 '표현하는' 정서를 잘 구별하지 못한다. 4~5세에는 정서를 언어로 표현하는 능력이 증가하며, 정서와 상황 간의 복잡한 관계를 더 많이 고려할 수 있다. 유아는 사회적 기준에 맞추어 정서를 통제하고 조절해야 한다는 것을 인식하며 정서조절(emotional regulation) 능력도 발달한다. 정서조절이란 환경에 적응하고 원하는 목표를 달성하기 위해 정서적 각성 상태를 효과적으로 조절하는 것을 의미한다(Eisenberg et al., 2002).

아동기에도 정서 발달이 지속되며, 정서이해에 대해 다음과 같은 변화가 이루어진다. 아동은 한 상황에서 하나 이상의 정서가 경험될 수 있다는 것을 이해한다. 또한 동일한 상황이 사람들로부터 서로 다른 정서를 유발할 수 있다는 사실도 이해하게 된다. 아동기에는 정서를 표현하는 규칙에 대한 이해도 증가한다(Underwood, Coie, & Herbsman, 1992). 유아보다는 아동이 실망스러운 선물을 받고 부정적 정서 표현을 덜 하며, 여아가 남아보다 자신의 정서를 더 잘 숨긴다(Gnepp & Hess, 1986; Saarni, 1984; Zeman & Garber, 1996). 아동은 경우에 따라 자신의 감정을 솔직하게 표현하지 않는 것이 좋다는 것을 이해한다. 또한 아동기에는 얼굴 표정이 상대방의 진짜 정서를 표현하는 것이 아닐 수도 있다는 사실을 이해한다(Gnepp, 1983). 6~12세에는 자랑스러움, 수치심 같은 자의식적 정서를 잘 이해하며 책임감을 느낀다. 또한 아동은 정서반응을 일으킨 사건을 더 잘 인지하고, 정서를 조절하기 위한 효과적 전략을 사용한다. 그리고 아동의 부정적 정서반응을 감추거나 억압할 수 있는 능력도 발달한다. 연령별 정서 발달을 정리하면 〈표 4-2〉와 같다.

표 4-2 연령별 정서 발달

연령	정서 발달의 특징
2~3세	• 정서어휘가 빠르게 증가한다. • 자신과 타인의 기본 정서를 명명하며 과거, 현재, 미래의 정서를 이야기한다. • 특정한 정서의 원인과 결과에 대해 말하고, 상황과 연합된 정서를 인지한다. • 가장놀이에 정서언어가 사용된다.
4~5세	• 정서를 언어로 표현하는 능력이 증가한다. • 정서와 상황 간의 복잡한 관계를 더 많이 고려할 수 있다. • 동일한 사건도 사람들에게 각기 다른 정서를 유발할 수 있고, 사건이 종결된 후에도 정서가 지속될 수 있다는 것을 이해한다. • 사회적 기준에 맞추어 정서를 통제하고 조절해야 한다는 것을 잘 인식한다.
6~12세	• 자랑스러움, 수치심 같은 자의식적 정서를 잘 이해하며 책임감을 느낀다. • 한 상황에서 하나 이상의 정서가 경험될 수 있다는 것을 이해한다. • 정서반응을 일으킨 사건을 더 잘 인지한다. • 부정적 정서반응을 감추거나 억압할 수 있는 능력이 발달한다. • 정서를 조절하기 위한 효과적 전략을 사용한다.

출처: 장휘숙(2013).

정서조절 동기와 전략은 성별에 따라 다르게 나타난다. 전통적으로 소년들은 정서를 억압하는 것을 학습하는 반면, 소녀들은 정서를 표현하도록 양육된다. 남아는 슬픔에 대해 자기보호적인 동기를 가지고 슬픔을 조절하는 반면, 여아는 슬픔이 사회적으로 수용되기 때문에 슬픔의 정서를 조절할 동기를 별로 느끼지 못하는 것으로 보인다. 그리고 여아는 남아에 비해 보다 관계지향적인 동기에 의해 분노를 조절한다(이지선, 유안진, 1999). 여아는 분노를 표현함으로써 상대방의 마음을 다치게 해서는 안 되기 때문에 분노를 조절하는 반면, 남아는 부정적인 결과를 회피하고자 분노를 조절한다.

2) 감정이입 발달

감정이입이란 타인의 정서 상태를 대리적으로 경험하는 것으로(Hastings, Utendale, & Sullivan, 2007), 상대방이 슬퍼하면 자기도 슬프고, 상대방이 행복해하면 자기도 행복하게 느끼는 것을 말한다. Hoffman(1977)은 감정이입 발달을 4단계로 나누어 설명하였으며, 매 단계에는 아동이 획득한 인지능력이 반영된다. 1단계(0~1세)에서 영아는 자신과 타인의 존재를 구분하지 못하므로 타인의 고통을 자신의 부정적인 감정과 혼동하여 다른 사람에게 일어난 일이 마치 자신에게 일어난 것처럼 행동한다. 2단계(1~2세)의 영아는 인간영속성(person permanence)의 개념을 획득하여 자신이 아니라 다른 사람이 고통을 경험한다는 것을 이해한다. 그러나 고통에 대한 반응으로 그 사람은 자신과 다른 감정이 있다는 것을 이해하지 못하기 때문에 상대방의 고통에 부적절하게 반응한다. 3단계(2~3세)에서 유아는 타인이 자신과는 다른 감정을 가질 수 있다는 것을 깨닫고, 이제 다른 사람이 겪는 고통의 원인을 찾아 해결하려고 한다. 그러나 이 단계에서는 고통받는 사람이 눈앞에 보일 때에만 감정이입이 가능하다. 4단계의 아동은 타인이 고통받는 것을 직접 보지 않고 상상하는 것만으로도 감정이입이 가능하다.

Damon(1988)은 영아기 초기와 1~2세, 유아기, 10~12세에 감정이입 능력에 변화가 일어난다고 하였다. 영아는 자기와 타인의 감정과 욕구를 구별하지 못하는 전체적 감정이입을 한다. 예를 들어, 넘어져서 다친 아기를 본 생후 10개월의 영아는 자신의 손가락을 빨면서 울고 어머니 무릎에 얼굴을 묻는다. 1~2세의 영아는 타인의 괴로움에 관심을 보인다. 유아기에는 사람들의 조망이 독특하고 사람은 동일한 상황에서 다른 반응을 보일 수 있다는 것을 인식하므로, 타인의 고통에 보다 더 적절하게 반응한다. 10~12세의 아동은 가난한 사람이나 장애를 가진 사람 혹은 사회적으로 소외된 사람들에게 감정이입을 하기 시작하며, 이러한 민감성은 이타적인 행동으로 이어질 수 있다. Damon(1988)의 감정이입 발달은 〈표 4-3〉과 같다.

표 4-3 감정이입 발달

연령	감정이입의 특징
영아기 초기	자기와 타인의 감정과 욕구를 구별하지 못하는 전체적 감정이입을 한다.
1~2세	타인의 괴로움에 대한 분화되지 않은 감정은 점차 순수한 관심으로 변화하지만, 아직 타인의 괴로움에 효과적으로 행동하지 못한다.
유아기	사람들은 개별적 상황에 각기 다르게 반응한다는 것을 인식하므로, 타인의 고통에 보다 더 적절하게 반응한다.
10~12세	아동은 불행한 상황에 처한 사람에게 감정이입을 하기 시작한다.

출처: Damon (1988).

3. 사회적 발달

개인은 또래관계를 포함한 여러 사회적 관계들 속에서 사회성이 발달되고, 이는 친사회적 행동으로 나타난다. 학생들은 각 발달단계에 따라 또래관계의 변화를 경험하며 이와 함께 사회성과 친사회적 행동도 발달되며 점차 성장해 나간다. 따라서 이 절에서는 사회성 발달과 또래관계 발달, 친사회적 행동 발달에 대해 알아보기로 한다.

1) 사회성 발달

사회성(sociality)은 사회에서 타인과의 공동생활을 원만히 해내고 잘 적응할 수 있는 인성적 특성을 말한다. 인간은 사회적 관계를 통해 사회적 판단과 자기통제 등의 사회적 행동을 습득하고 자신이 소속한 사회의 책임 있는 구성원으로서의 역할을 하게 된다. 유아는 최초로 사회적 관계를 부모와 맺기 시작하면서 사회성이 발달된다(정옥분, 2004). 아동은 자신의 에너지를 내면화하여 사회문화적 기술을 익히며 자신에 대한 개념을 형성한다. 초등학교에 들어가면서 아동의 활동반경이 가정을 벗어남에 따라, 부모, 형제뿐만 아니라 학교와 또래집단이 아동의 사회성 발달에 영향을 미친다. 청소년들은 가족으로부터 점차 멀어지며 점점 친구들에게 의존하기 시작한다. 청소년기 초반에는 동성 친구와의 관계에 초점을 두는 반면, 후반에는 이성 친구에게 관심을 가진다(Grotevant & Cooper, 1986).

(1) 사회성 발달단계

Rice(1998)는 유아기에서 청소년기를 거치는 과정에서 사회성이 발달한다고 보았으며, 이를 크게 3단계로 구분하였다. 사회적 관심은 초기에 자신에게 집중되다가 점점 타인으로 확대되며, 동성의 타인에서 이성의 타인으로까지 이동한다. 1단계에는 자기교제(autosociality)를 통해 즐거움과 만족을 자신에게서 찾으며, 영아는 자신에게 주된 관심이 있다가 2~7세부터 동성이나 이성 상관없이 친구들을 사귀기 시작한다. 2단계에는 동성교제(homosociality)를 통해 동성의 친구들과의 우정을 경험하면서 즐거움을 느끼며 정체감을 형성하는 바탕을 마련한다. 8~12세의 아동은 동성 친구들과 놀이를 즐기며 만족감을 느낀다. 13~14세에는 소년과 소녀가 서로에게 관심을 가진다. 3단계에는 이성교제(heterosociality)를 통해 동성과 이성 모두에게 관심을 가지며 친밀관계를 형성한다. 15~16세에는 일부 이성관계를 맺으며, 17~18세에는 대부분이 이성관계를 경험한다. Rice(1998)의 사회성 발달단계는 〈표 4-4〉와 같다.

표 4-4 사회성 발달단계

단계	연령	발달적 특징
1단계	영아기	자신에게 주된 관심이 있다.
	2~7세	동성, 이성의 여부와 관계없이 친구들을 사귀기 시작한다.
2단계	8~12세	동성 친구들과 놀이를 즐기며, 만족감을 느낀다.
	13~14세	소년, 소녀가 각각 상대에게 관심을 가진다.
3단계	15~16세	소년, 소녀 중의 일부는 이성관계를 맺는다.
	17~18세	대부분의 청소년들이 이성관계를 경험한다.

(2) 대인관계 욕구의 발달

Sulivan(1953)은 연령에 맞는 대인관계 욕구 발달단계가 있으며 각 단계를 통해 대인관계를 발달시킬 수 있다고 보았다. 유아기에는 주 양육자와의 접촉을 통해 사랑받고자 하는 욕구가 가장 크며, 부모를 통해 심리적 안정감을 느꼈을 때 욕구가 충족된다. 아동기에는 성인이 자신의 놀이에 참여해 주기를 원하며, 그들로부터 인정받을 때 욕구가 충족된다. 소년 및 소녀기에는 또래친구를 필요로 하며 협동심과 경쟁심을 배운다. 전청소년기에는 단짝친구를 필요로 하며 친구와 더 깊은 관계를 맺는다. 청년 초기에는 생리적 변화와 함께 성적 접촉의 욕구가 생기면서 이성친구와의 관계 욕구가 커지지만, 학생이라는 현실적 제약으로 인해 성적 욕구를 느끼는 동시에 의식적으로 억압하려는 욕구가 있기 때문에 심리적 갈등을 겪는다. 청년 후기에는 안정된 사회적 관계를 형성하려는 욕구가 높아지며, 인지 발달이 완성되어 가면서 관심 분야가 정치, 사회, 문화로 확장된다. 대인관계 욕구 발달단계는 〈표 4-5〉와 같다.

표 4-5 대인관계 욕구 발달단계

단계	연령	대인관계 욕구
유아기	~2, 3세	양육자로부터의 접촉 및 사랑받고 싶은 욕구
아동기	~6, 7세	놀이에 어른이 참여해 주기를 원함

〈계속〉

소년 및 소녀기	~8, 10세	또래친구를 얻고자 하는 욕구 형성
전청소년기	~12, 14세	동성 단짝친구를 통해 친밀감을 형성하려는 욕구
청년 초기	~17, 18세	성적 접촉 욕구 발달, 이성친구와의 친밀감 욕구 형성
청년 후기	~성인기	안정적인 사회적 관계를 형성하려는 욕구

출처: Sulivan (1953).

(3) 사회성 발달에 영향을 미치는 요인

사회성 발달에 영향을 미치는 요인으로는 부모와 형제자매, 교사, 또래집단이 있다.

부모는 유아의 초기 경험에 관계되는 절대적인 보호자로, 부모가 제공하는 환경은 유아의 사회성 발달에 큰 역할을 한다. 부모는 유아가 또래와 만날 수 있는 기회를 제공하고, 유아가 또래와 잘 놀 수 있도록 친사회적 행동을 늘리고 공격성을 낮추게 한다. 부모는 아동의 사회성 발달에 기여하고 또래와 교사들이 좋아하는 아동으로 성장할 수 있도록 돕는다(McDowell & Parke, 2009). 또한 부모-자녀 관계는 권위자와 관계를 맺는 방식을 학습할 수 있도록 한다. 청소년은 부모와 심리적으로 거리 두기를 시도하는 과정에서 갈등을 겪으며, 이러한 갈등은 중학교 때 가장 높고 고등학교 때 비슷한 수준을 유지하다가 17~20세경에 감소한다(장휘숙, 2013). Baumrind(1991)는 자녀의 사회성 발달에 영향을 미치는 부모의 양육방식을 기대와 반응이라는 기준에 따라, 권위적인(authoritative), 독재적인(authoritarian), 허용적인(permissive), 무관심한(uninvolved) 양육방식으로 나누어 설명하였다. 높은 기대와 반응을 나타내는 권위적인 양육방식은 정서적으로 감싸 주는 분위기에서 훈육하여 자녀의 사회성 발달에 효과적인 반면, 다른 세 가지 양육방식은 자녀의 사회성 발달에 문제를 일으킨다. 건강한 부모-자녀 관계를 중심으로 가족 간에 사랑이 넘칠 때 건강한 사회성이 발달될 수 있다.

형제자매 관계는 유아의 사회성 발달에 중요한 영향을 준다(장휘숙, 2010). 4세 이후의 유아는 형제자매와 함께 놀면서 형제자매에 대한 애착을 보인다. 그러나 유아는 동생에게 부모의 사랑을 빼긴다고 생각해서 사랑받으려는 노력으로 미성숙한 행동을 보인다(정옥분, 2004). 형제자매들과의 관계는 아동의 성별과 기질, 연령의 영향을 받는다(장휘숙, 2013). 이성보다 동성의 자매들이 더 애정 있는 관계를 형성하며, 기질적으로 부정적 정서성이 높으면 우호적인 관계를 형성하기 어렵다(Brody et al., 1994). 연령차가 적은 동성의 형제자매들 사이에서는 경쟁이 강하게 나타나는 반면, 연령차가 많거나 반대 성의 형제자매들은 서로 다른 흥미를 가지기 때문에 경쟁이 두드러지게 나타나지 않는다. 손위의 형제자매들은 동생에게 친구이자 양육자 혹은 교사, 성역할 동일시의 대상이 되기도 한다. 아동기에 애정 있고 친밀했던 형제자매들은 청소년기에도 우호적인 관계를 유지하는 반면, 말다툼이 많고 갈등관계를 형성했던 형제자매들은 청소년기에도 갈등이 많다(Dunn et al., 1994).

교사는 학령기 아동과 청소년의 사회성 발달에 중요한 영향력을 행사할 수 있다. 교사는 지식이나 기술을 전달할 뿐만 아니라 학생과의 개인적 접촉을 통해 사회 규범을 보여 준다. 학생은 교사를 절대적인 존재로 생각하기 때문에, 교사는 학생의 역할 모델이자 동일시 대상이 된다. 이로 인해 교사의 모든 말과 행동은 학생의 모방 대상이 될 수 있다. 교사가 가르치는 직접적인 내용이나 전문적인 지식보다는 교사가 보여 주는 인격이나 학생을 대하는 태도가 학생의 사회성 발달에 훨씬 큰 영향을 준다.

또래집단은 소속감을 얻는 원천이며, 사회화와 태도나 가치관의 형성, 정서적 안정감 제공, 인지 발달과 정보제공의 기능을 한다(정옥분, 2004). 아동은 성장과정에서 성격이나 흥미, 능력이 서로 다른 또래들을 만난다. 또래와 놀이를 통해 자유롭게 함께 상호작용을 하면서 또래집단이 형성된다. 또래집단은 이웃에 살거나 같은 학교에 다니며 연령이 비슷한 친구로 구성되며, 외모나 성숙도, 운동 기술, 학업성취, 지도력 등에 따라 서열이 생긴다. 또래집단은 상호 간에 강화와 모방을 통해서 서로에게 영향을 미치며, 적합한 사회적 행동에 대해 피드백하며 협력하는 법을 배우는 기회를 제공한다.

2) 또래관계 발달

또래란 서로 비슷한 연령이나 발달수준에 있는 친구를 일컫는 말이다. 또래들은 부모처럼 강화자의 역할을 하는 동시에 모델의 역할도 한다. 또래관계는 서로 동등한 단위로 상호작용하기 때문에, 아이들은 또래와의 상호 영향에 기초하여 관계를 형성하는 방식을 학습한다. 영아들도 서로를 응시하며 다른 영아에게 관심을 보이고, 일찍부터 또래지향성을 보인다(장휘숙, 2010). 또래관계의 발달을 유아기와 아동기, 청소년기로 나누어 살펴보면 다음과 같다.

(1) 유아기 또래관계의 발달

유아기 또래관계의 발달은 놀이를 통해 촉진되며, 유아는 놀이를 통해 사회적 관계를 형성하고 사회적 기술과 역할을 습득한다(장휘숙, 2010). 2세 유아들은 장난감을 서로 나누어 가지며 간단한 대화를 나누지만 대화의 양은 적다. 이때 또래들 간의 상호적 놀이와 긍정적 정서 교환이 이루어지면서 진정한 또래관계가 형성되기 시작한다. 3세 유아들은 언어능력이 발달함에 따라 또래와의 대화가 더 빈번해지고 상호작용의 양도 증가한다. 이 시기 유아들은 또래를 함께 놀이하는 사람으로 생각하고 친구와 친구가 아닌 사람을 구별한다(Howes, 2009). 4세 유아들은 또래와 더 많은 시간을 보내기 시작하며 또래와의 접촉이 증가한다. 유아가 성장함에 따라 또래관계는 보다 선택적으로 변화되며, 좋아하는 친구와 싫어하는 친구가 분명해지고 보다 따르면, 또래관계가 형성된다.

2세부터 5세까지 유아의 놀이를 관찰한 Parten(1932)에 따르면, 유아의 놀이는 연령에 따라 단계적으로 변화하며, 다음과 같은 네 가지 유형으로 분류된다.

- **혼자놀이**(solitary play): 혼자서 논다. 가까이 있는 또래들이 가지고 노는 장난감과는 다른 장난감을 가지고 혼자 논다. 또래들과 친해지기 위한 어떤 노력도 하지 않는다.
- **병렬놀이**(parallel play): 또래들이 가지고 노는 장난감을 가지고 또래 곁에서 독립적으로 논다. 유아들 사이에 행동은 연결되지 않으며 서로 상호작용하지 않는다.
- **연합놀이**(associative play): 장난감을 서로 나누어 가지며 대화하면서 논다. 사회적인 상호작용이 이루어지지만, 또래의 기분이나 욕구를 거의 고려하지 않는다. 또래들 사이에 공유된 목표가 없으며, 유아 자신의 뜻대로 논다.
- **협동놀이**(cooperative play): 공통의 놀이목표와 하나의 놀이과제를 가지고 함께 논다. 목표를 공유하며 서로 협동하고 역할을 분담하므로 진정한 사회적 상호작용이 이루어진다. 규칙에 따라 행동한다.

모든 유형의 놀이는 유아의 사회화에 중요한 역할을 한다. 유아가 어릴수록 놀이는 다른 사람의 참여도 적고 일관성 있는 규칙도 없다. 유아가 성장할수록 혼자놀이와 병렬놀이는 감소하고 연합놀이와 협동놀이는 증가한다. 유아가 놀이를 통해 또래들과 많이 접촉할수록 사회적 관계를 학습할 수 있는 기회를 더 많이 가질 수 있다. 유아가 아동으로 성장할수록 놀이는 또래들이 동의한 목표와 규칙을 가지게 되며, 협동놀이는 또래와의 상호작용 방법을 학습할 수 있는 풍부한 기회를 제공한다.

(2) 아동기 또래관계의 발달

아동은 또래들 간의 상보적 역할을 이해하게 되면서 규칙을 포함한 놀이를 할 수 있으며, 사교적인 남아는 다른 또래집단과도 어울리는 반면, 사교적인 여아는 한 소녀와 노는 경향이 있다. 아동기에 나타나는 다른 형태의 또래 상호작용인 난폭한 놀이(rough-and-tumble)는 서로 웃으면서 또래들과 레슬링하고, 구르고, 발로 차고, 서로 쫓는 행동을 말한다(장휘숙, 2010). 이러한 놀이는 서로 좋아하는 아동들 사이에서 주로 일어나며, 놀이 후에 또래들 간의 상호작용이 크게 증가한다.

아동기 또래관계는 동조성(conformity)의 특징을 가진다. 동조성은 개인이 집단의 압력에 일치하려는 경향을 의미하며, 승인욕구와 밀접한 관련성이 있다. 아동은 또래가 수용하는 방식으로 이야기를 하고 옷을 입으며 또래의 행동을 따라 한다. 또래집단으로부터 승인을 얻고자 하는 욕구는 또래동조성을 자극한다. 또래동조성은 아동 초기부터 증가하기 시작하며 11~13세경에 가장 강하게 나타난다(장휘숙, 2010). 남아보다 여아가 더 동조적이지만, 반사회적 행동에 대한 동조성은 남아들이 여아들보다 훨씬 더 높다(Costanzo & Shaw, 1966). 아동의 동조 경향성은 적응적인 행동이지만 극단적인 동조는 아동을 스스로 결정할 수 없는 무력한 존재로 만든다. 아동은 또래집단에 동조하면서 소속됨으로써 외로움에서 벗어나고 사교성이 증가하지만, 지도력이나 지배적 태도를 체득하기도 한다.

또래들 사이에서의 인기는 아동에게 특히 중요하며, 또래집단의 인기나 배척은 또래수용의 정도로서 평가될 수 있다. 또래수용(peer acceptance)이란 또래들에 의해 가치 있는 사회적인 파트너로 인식되는 정도를 말하며, 또래집단의 수용 정도는 또래집단에서의 인기도에 따라 다음과 같은 다섯 가지 범주로 분류된다(Asher & Dodge, 1986; East et al., 1991).

- **보통 아동**(acceptable child): 또래집단에 무난히 어울리는 아동으로, 아동의 반 정도가 이 유형에 속한다. 친구들이 특별히 좋아하지도 싫어하지도 않으며, 특히 인기가 있는 것도 아니다. 또래들이 싫어하고 좋아하는 정도가 극단적이 아닐 때 보통 아동으로 분류된다.
- **인기 있는 아동**(popular child): 좋아한다거나 친구가 되고 싶다는 반응을 많이 받는 아동이다. 일반적으로 신체적 매력이 있고, 머리가 좋고, 사교적이고, 유머감각이 뛰어나고, 행동적이며, 지도력이 있고, 자아존중감이 높고, 다양한 친구들과 어울

린다. 보통 인기 있는 아동들은 친사회적이지만, 공격행동 때문에 인기 있는 아동도 있으므로 다음과 같은 두 가지 유형으로 구분된다(장휘숙, 2010).

- 인기 있는 친사회적 아동(popular-prosocial children): 학업능력과 사회적 능력이 좋고, 타인에 민감하고 친절하며 협조적이고 적절히 자기주장적이다. 타인을 방해하는 방식으로 행동하지 않으며, 다른 아동의 행동을 이해할 수 없으면 설명을 요구한다. 운동능력이 뛰어난 경우도 많다. 놀이에 가담하고 싶을 때에는 또래들에게 맞춰 줄 수 있다(Cillessen & Bellmore, 2004).
- 인기 있는 반사회적 아동(popular-antisocial children): 거칠고 공격적이며 권위에 도전한다. 다른 아동을 무시하거나 의도적으로 배제시키고 헛소문을 퍼트림으로써 자신의 지위를 높이는 관계적 공격을 한다. 또래들은 이러한 유형의 아동이 가진 세련된 운동능력과 기술을 오히려 멋지다고 생각하지만, 연령이 증가할수록 이 유형의 아동은 점차 배척의 대상이 된다.

• **거부당하는 아동**(rejected child): 또래들이 가장 싫어하는 유형이다. 자기중심적이고 적대적이고 지나치게 공격적이며 충동적이고 정서통제 능력이 낮으며, 타인과 사회적 상황에 대한 민감성이 부족하다(McHale et al., 2003). 수업 분위기를 망치고, 학업성적도 좋지 않다. 연령보다 더 어리거나 더 나이 많은 사람처럼 행동한다. 거부당하는 아동들도 다음과 같은 두 가지 유형으로 구분된다(장휘숙, 2010).

- 거부당하는 공격적 아동(rejected-aggressive children): 거부당하는 아동의 대부분이 이 유형에 속한다. 적개심이 많고 과활동적이며 충동적이다. 부정적 정서를 조절하지 못하고 사회적 이해능력이 부족하다. 또래의 행동을 적대적으로 해석하고, 남 탓으로 돌리고 분노를 그대로 표출한다(Rubin et al., 2006).
- 거부당하는 철회적 아동(rejected-withdrawn children): 거부당하는 아동의 극히 일부가 이 유형에 속한다. 지나치게 수동적이고 정서를 잘 조절하지 못하며, 문제에 직면하면 당황하고 위축된다. 또래들이 자신을 싫어한다고 생각하며, 비웃음의 대상이 되거나 타인의 공격을 받을까 불안해한다.

• **고립되거나 무시당하는 아동**(isolated or neglected child): 거의 응답을 받지 못한 아동으로, 또래들의 관심 밖에 있어 친하거나 싫어하는 친구로 지명되지도 않는다. 수줍음을 잘 타고 소극적인 성격으로 인해 위축되기도 한다.

• **혼합형 아동**(controversial child): 좋아한다는 반응과 싫어한다는 반응을 비슷한 정도로 받는 아동이다. 자기주장이 강하고 지도력이 있다. 공격적이면서도 친사회적 행

동도 많이 하므로, 싫어하는 친구들도 많지만 인기 있는 아동만큼 친구들이 많다. 또래집단에서 이들을 좋아하는 사람도 많고 싫어하는 사람도 많아 친구들로부터 복합적인 반응을 유발한다.

(3) 청소년기 또래관계의 발달

청소년기의 핵심 발달과업 중 하나는 또래관계에서 친밀감을 형성하는 것이다. 청소년에게 친구는 정서적으로 의존할 수 있는 존재이므로, 청소년들은 자신과 생각을 공유하고 믿을 수 있는 친구를 선호한다(황혜정, 2002). 사회인지 능력의 발달로 타인의 욕구와 감정을 고려할 수 있는 청소년들은 우정을 통해 자신을 표현하고 타인을 이해한다. 청소년기 또래와의 우정은 피상적이고 활동 중심이던 관계에서 친밀하고 정서적인 상호관계로 변화된다(정옥분, 2004). 14~16세의 우정은 정서적으로 강렬하고 관계 중심적이며, 뜨거워졌다 차가워지는 갑작스러운 변화를 겪는다. 이때는 친구와 헤어지거나 배신당하는 것에 민감하다. 10대 후반에는 정서적으로 친밀하고 안정된 관계가 되며, 또래관계에서 많은 경험을 쌓았기 때문에 친구에게 아량이 넓어지고 친구가 자신과 다르다는 점을 인정한다.

청소년기에는 또래관계가 더 가까워지면서 또래에 대한 동조성도 발달한다. 청소년들은 또래집단이 자신에게 기대하는 것을 인식할 수 있는 지적 능력을 지니고 있다. 또래집단이 용감하고 사교적이며 자신감 있는 행동을 요구한다고 지각되면, 그들은 집단 동일시를 통해 긍정적인 자기상을 형성할 수 있다. 동조성이 높은 청소년은 집단의 압력을 자신과 일치시키고, 집단과 자신의 관계에서 집단의 인정을 얻으려고 행동한다. 그들은 같은 옷을 입고 같은 행동을 하려고 노력하며 유사한 성격 특성과 행동을 보인다. 그들은 또래집단의 요구에 일치시킴으로써 안정감을 얻을 수 있기 때문에 또래집단과의 유사성을 높이기 위해 노력한다. 그러나 또래집단의 기대와 자신의 가치관이 일치하지 않으면 긴장과 갈등이 초래된다.

청소년기의 또래관계는 성별에 따라 차이가 있다. 여성은 자신의 감정을 친구에게 이야기하고 공감을 얻음으로써 친밀감과 신뢰를 중심으로 우정을 형성한다(Bukowski & Kramer, 1986). 한편, 남성은 신체활동을 함께 하면서 친밀감을 형성하며, 여성에 비해 감정을 서로 나누는 경험은 적은 편이다(Camarena, Sarigiani, & Petersen, 1990). 남자 청소년의 우정은 또래와 함께할 수 있는 활동을 자주 할 수 있는지 여부가 중요하다.

청소년은 동성 친구들과 긴밀한 관계를 형성하지만, 호르몬 변화로 인해 이성 친구들도 중요한 의미를 가지기 시작한다. 청소년기의 이성교제는 다음과 같은 발달적 변화를 보인다(Roscoe, Diana, & Brooks, 1987). 초기와 중기의 이성교제는 자기중심적이고 오락적 기능이 목적이며, 상대방의 신체적 매력이나 또래 간의 인기를 통해 자신을 과시하려는 경향이 있다. 반면에 후기의 이성교제는 상호성과 친밀감 형성을 주된 기능으로 하며, 미래지향적으로 이성의 성격이나 미래에 대한 계획, 진로 등을 고려하는 경향을 보인다. 청소년기의 이성교제는 여러 문제행동과 연결될 수도 있지만, 성역할을 명백히 해 주고 남성이나 여성으로서 자신을 가치 있는 존재로 인식할 수 있도록 도와준다. 청소년의 이성교제는 다음과 같은 4단계를 거쳐 이루어진다(Connolly & Goldberg, 1999).

- **시작(initiation) 단계**: 이성교제를 시작하는 단계로서 매력과 욕구가 핵심 정서이지만, 이성과의 접촉은 제한적이다.
- **유친(affiliation) 단계**: 집단 상황에서 이성과 접촉하고 이성과 상호작용하는 방법을 학습하며 잠재적 파트너를 만난다.
- **친밀(intimate) 단계**: 특정한 개인과 커플관계를 형성하고 둘만의 관계에 정서적 에너지를 집중한다.
- **전념(committed) 단계**: 정서적 · 신체적 친밀성을 공유하고, 상호 간에 돌봄과 애착행동이 나타나며 양자는 서로에게 애착대상으로 기능한다. 고등학교를 졸업할 무렵이나 그 이후에 나타나며, 성인의 낭만적 관계와 유사한 강한 정서적 유대를 형성한다.

3) 친사회적 행동 발달

친사회적 행동(prosocial behavior)이란 돕기, 나누기, 타인 위로하기와 같이 다른 사람을 이롭게 하려는 의도를 가진 도덕적 행동으로(장휘숙, 2013), 자기 소유물을 나눠 주거나, 곤경에 처한 사람을 돕거나, 자기자랑보다는 남을 칭찬하고, 다른 사람의 복지 증진에 관심을 가지는 것을 포함한다(Hay, 1994). 정신분석이론은 성격 구조의 하나인 초자아가 발달함에 따라 친사회적 행동이 발달한다고 보며, 인지발달이론은 친사회적 행동이 역할수용이라는 사회인지 기술에 따라 단계적으로 발달한다고 본다. 그리고 사회학습이론은 친사회적 행동의 발달에서 강화와 처벌의 중요성을 강조한다.

유아들도 친사회적 행동을 할 수 있지만 아동보다는 청소년이 더 많이 친사회적 행동을 하며, 남성보다는 여성이 더 자주 친사회적 행동을 한다(Eisenberg, Spinrad, & Sadovsky, 2006). 일반적으로 더 높은 수준의 친사회적 추론을 하는 사람들은 그렇지 않은 사람들보다 더 큰 감정이입 능력과 동정심을 가지며 친사회적 행동을 더 많이 한다(Eisenberg et al., 2002). 그리고 타인의 정서를 대리적으로 경험하는 감정이입은 친사회적 행동을 촉진한다. 친사회적 딜레마 상황에서 4세 이상의 아동들을 연구한 결과, 친사회적 행동은 다음과 같은 수준으로 발달된다(Fabes & Eisenberg, 1998).

수준 1의 쾌락주의적 · 자기중심적 지향인 유아나 초등학교 저학년 아동은 자신의 욕구를 우선시하며 자신의 이익에만 관심을 가진다. 타인을 돕는 이유는 개인적인 이익이나 미래에 받을 보답을 위해서, 또는 사랑을 받기 위해서이다.

수준 2의 욕구 기초적 지향인 대부분의 유아와 많은 초등학교 아동은 다른 사람의 욕구와 복지에도 관심을 가진다. 이들은 타인의 욕구가 자신의 욕구와 갈등을 일으킬 때 타인의 물질적 · 심리적 욕구에 관심을 가지지만, 단순히 언어로 동정심을 표현할 뿐이다.

수준 3의 승인 혹은 정형화된 지향인 일부의 초등학교 아동과 청소년은 타인의 욕구에 대한 인식이 증가하고 사회적 승인을 받는 방식으로 행동하는 데 관심을 가진다. 친사회적 행동을 할 것인지 아닌지는 타인의 인정이나 선한 사람과 악한 사람에 대한 정형화된 이미지에 기초한다.

수준 4a의 자기반성적(self-reflective) 감정이입 지향에 있는 소수의 초등학교 고학년 아동과 많은 청소년은 타인의 인간됨에 관심을 가지며, 자기반성적 감정이입이나 조망수용의 증거를 나타낸다. 이들은 타인에 대한 동정심과 자신의 이기적 행동에 대한 죄책감을 경험하며 다양한 정도의 조망수용능력을 가진다.

수준 4b의 과도기에 있는 고등학교 이상의 청소년은 내면화된 가치와 규준, 의무 혹은 책임감에 따라 행동한다. 이들은 더 큰 사회적 상황에 관심을 가지거나 타인의 권리와 권위를 보호하는 것이 필요하다고 말하지만, 이러한 생각이 명확히 진술되지는 못한다.

수준 5의 강한 내면화 단계는 친사회적 행동 발달의 최상의 단계에 해당한다. 이 단계에 있는 소수의 고등학교 청소년들은 확고하게 내면화된 가치와 규준 혹은 책임감에 기초하여 행동한다. 이들은 자신의 규준에 맞추어 사는 것과 관련된 긍정적 혹은 부정적 정서를 경험하며, 개인적 · 사회적 계약 의무를 준수하고 사회를 개선시키려고 한다.

친사회적 행동 수준과 수준별 특징은 〈표 4-6〉과 같다.

표 4-6 친사회적 행동 수준

수준	특징
수준 1 쾌락주의적 · 자기중심적 지향	• 자신의 이익에만 관심을 가진다. • 유아, 초등학교 저학년 아동
수준 2 욕구 기초적 지향	• 타인의 욕구에 관심을 가지지만, 단순히 언어로 동정심을 표현할 뿐이다. • 대부분의 유아와 많은 초등학교 저학년 아동
수준 3 승인 혹은 정형화된 지향	• 사회적 승인이나 선한 사람과 악한 사람에 대한 정형화된 이미지에 기초하여 행동한다. • 일부의 초등학교 아동과 청소년
수준 4a 자기반성적 감정이입 지향	• 자기반성적 감정이입이나 조망수용이 나타난다. • 소수의 초등학교 고학년 아동과 많은 청소년
수준 4b 과도기	• 가치와 규준, 의무, 책임감에 따라 행동하지만, 큰 사회적 상황에 대한 생각은 명확하지 않다. • 보통 고등학교 이상의 청소년
수준 5 강한 내면화 단계	• 확고하게 내면화된 가치에 기초하여 행동하며, 사회적 의무를 준수하고 사회를 개선시키려 한다. • 소수의 고등학교 청소년

4. 심리사회적 발달과 학교폭력

앞서 살펴본 성격 발달과 정서적 발달, 사회적 발달의 특성은 학교폭력과 연관성이 높다고 볼 수 있다. 학생의 심리사회적 발달과 학교폭력이 서로 어떻게 연관되는지를 이해함으로써 학생의 이해에 좀 더 가까워질 수 있다. 따라서 이 절에서는 학생의 심리사회적 발달과 학교폭력을 성격 발달과 학교폭력, 정서 발달과 학교폭력, 사회적 발달과 학교폭력으로 나누어 살펴보기로 한다.

1) 성격 발달과 학교폭력

성격 발달 과정에서 심리사회적 위기를 적절히 해결하지 못하는 경우, 부정적인 자아개념이 형성되어 자신을 무능하고 필요 없는 존재로 규정하며 그 방향으로 삶을 이끌어 가는 학생들도 적지 않다. 이들은 아주 작은 문제도 해결하고자 하는 노력을 하지 않고 쉽게 폭력을 선택하여 공격행동을 한다. 학교폭력을 하는 학생들에게서 나타나는 개인 특성 중 가장 많은 부분을 차지하는 것이 공격성과 충동성이다(안재빈, 2018). 이들은 공격성이 강하기 때문에 자기의 욕구를 충족하기 위해 사회질서나 규칙을 고려하지 않고 행동한다. 다른 사람들과 원만한 인간관계를 형성하고 유지하는 사회적 기술이 부족하며, 모든 일을 자기중심적으로 판단하는 경향이 강하다. 이들은 스스로 분노를 조절하거나 화를 참는 능력이 부족하고 자신이 처한 상황에 대한 해석과 인식에 있어 많은 스트레스를 경험한다.

(1) 유아의 성격 발달과 학교폭력

Erikson(1950)의 심리사회적 발달단계 중 신뢰감 대 불신감 시기에 거칠고 무관심한 양육을 받아 세상에 대한 불신을 형성한 유아들은 외부 자극을 위협으로 받아들여 공격적인 성향과 폭력적인 태도를 보일 수 있다. 그리고 자율성 대 수치심 시기에 자신의 능력을 바탕으로 스스로 결정하는 자율성이 형성되지 못한 유아는 수치심을 경험한다. 이 시기에는 새로운 것을 탐색하고자 하는 호기심에 의해 활동성이 높게 나타나며, 유아의 과도한 활동이 공격성으로 이어질 수도 있다. 유아기에는 도구적 공격성과 적대적 공격성이 나타나며, 신체적 공격성은 여아에 비해 남아의 정도가 높다(이성복, 2011). 일반적으로 남아가 여아보다 높은 공격성을 보인다(박성연, 강지흔, 2005; Crick & Grotpeter, 1995; Maccoby & Jacklin, 1980).

부모의 심리적 통제가 높을수록 유아의 수치심이 높아지고, 수치심이 높을수록 분노가 높아지며 높아진 분노는 관계적 공격성을 증가시킨다(이서란, 2014). 부모의 심리적 통제로 인해 증가되는 수치심은 분노와 공격성에 영향을 미친다. 심리적 통제를 경험하는 자녀는 부모로부터 버림을 받을까 두려워 부모에게 의존하거나 자신을 비난하는 태도를 가진다(안희정, 2012). 따라서 부모로부터 심리적 통제를 많이 경험한 자녀일수록 수치심을 경험할 가능성이 높다(김혜인 외, 2011). 부모가 자녀의 자율성을 지지해 주기보다 과잉보호하는 경향이 높을 경우에는 개인이 지각한 통제소재가 외부에 있으며, 이러한 외적 통제가 공격성향을 더 증가시킬 수 있다(허준경, 이기학, 2013). 외부적인 요소에 의해 통제를 당한다고 느낄 경우에는 자율적인 경우보다 더 분노와 공격성이 유발되기 쉽다(Neighbors, Vietor, & Knee, 2002; Weinstein, Hodgins, & Ostvik-White, 2011).

생애 초기에 형성된 수치심이 성격 특성으로 개인의 내면세계에 자리 잡아 하나의 이미지나 상처럼 고정됨으로써 평생 동안 대인관계에 영향을 미치게 되는 수치심을 내면화된 수치심이라고 한다(이인숙, 최해림, 2005). 내면화된 수치심이 높을수록 분노반추를 더 많이 하게 되며(임진, 김은정, 2012), 분노반추가 높을수록 관계적 공격성으로 분노가 표출될 가능성이 높다(이철호, 2010; Peled & Moretti, 2007). 유아기에 형성된 수치심 경향성(proneness to shame)은 분노 각성과 관련이 높다. 수치심을 잘 느끼는 유아들은 그렇지 않은 유아들에 비해 분노를 잘 느낄뿐더러 분노를 해소하는 방식도 건설적이지 않다. 그들이 분노를 느낄 때 드러내는 공격성은 악의적인 의도를 띤다. 신체적·언어적·상징적·간접적 형태의 공격성, 모든 종류의 전치된 공격성, 자기 자신에 대한 공격성, 내재화된 분노 등의 여러 특성 또한 수치심을 잘 느끼는 사람들의 분노 반응의 특징이다. 그리고 그들은 자신을 분노하게 한 문제에 대해 그 대상과 직접 건설적인 대화를 통해 해결하기보다는 장기적으로 부정적인 결과를 가져오는 행동을 하는 경향이 있다.

(2) 아동의 성격 발달과 학교폭력

Erikson(1950)의 심리사회적 발달단계 중 주도성 대 죄책감 시기에 자기통제의 과도한 요구나 과잉보호를 받는 아동은 죄책감이 형성되고, 근면성 대 열등감 시기에 관계에 어려움을 겪는 아동은 열등감을 가지게 된다. Erikson(1950)에 따르면, 학령기에 아동이 부모, 교사, 또래집단과 상호작용하는 형태는 열등감이 형성되는 데 결정적인 역할을 한다. 이 시기에 아동은 지적 발달과 신체적 발달을 통해 사회적인 과제를 잘 해결할 경우에는 근면성을 발달시키는 반면에, 실패와 좌절을 반복적으로 경험하면 열등감을 형성한다. 이러한 열등감은 학령기 전 단계에서 발달과제를 성공적으로 해결하지 못할 때 주로 나타난다. 아동의 열등감이 높을수록 대인관계 성향 수준은 낮은 편이며, 그 중에서도 아동의 사회적 열등감과 지적 열등감이 높을수록 자기비하적이고 무책임하며, 거부적이고 폐쇄적인 경향을 가진다(신만철, 1992). 열등감 수준이 높으면 문제행동 태도 수준도 높으며, 특히 학업적 열등감은 일반 폭력과 높은 상관관계를 나타낸다(이순애, 2003).

열등감과 공격성은 밀접한 관계가 있다(Adler, 1956). 열등감이 내적인 불안정감을 유발하기 때문에 개인은 이러한 긴장감을 해소하기 위해 우월감을 향한 보상적 시도를 하게 된다. 열등감에 대한 반응 과정에서 사람들이 우월성을 추구할 수 있다(정민, 노안영, 2010). 부적응적인 경우에는 보상적 시도가 문제에 현실적으로 직면하기보다는 문제를 회피하거나 역효과를 내는 방향으로 이루어져 악순환을 초래한다. 열등감은 과도한 공격성을 보이는 것과 같은 부적응의 문제를 이해할 수 있는 중요한 열쇠이다.

공격성은 또래들로부터 거부를 일으키는 행동의 주요 원인이며 미래의 충동성과 반사회적 행동과 같은 문제행동을 예언해 주는 요인이다(Coie, Dodge, & Kupersmidt, 1990; Crick, 1996). 가해학생의 높은 공격성은 이미 많은 연구에서 확인되었다(박정은, 2002; 이은정, 2003; 정은희, 이미숙, 2004). 즉, 가해학생은 기본적으로 높은 공격성을 가지고 있을 가능성이 높으며, 교사나 부모, 또래에 대해 높은 공격성을 보이는 학생들이 학교폭력의 가해자가 될 가능성이 높다(Olweus, 1993c). 또한 공격성이 높은 개인이 학교에서 자신을 드러낼 수 있는 수단으로 공격적 행동을 선택할 가능성이 높다(Bernstein & Watson, 1997). 즉, 공격성은 학교폭력 목격과 피해 경험이 높은 집단의 가해행동을 더욱 부추기는 위험요인으로 작용한다.

아동기에 발달된 공격성은 청소년기에 학교폭력으로 이어질 수 있다(Farrington, 2005; Coie & Dodge, 1998). 아동기와 청소년기 또는 성인 초기(21세까지)에 보이는 공격성은 연속적인 특성이 있으며(Olweus, 1979), 발달의 측면에서 아동기의 공격성과 이후의 폭력행동은 유의미한 연속성을 가진다(Loeber & Hay, 1997; Moffitt, 1993; Nagin & Tremblay, 1999). 그래서 아동기의 공격적 성향은 폭력의 가능성이 높은 집단에게 폭력 예방 프로그램을 제공하기 위해 대상자를 선정할 때, 가장 일반적으로 사용하는 기준이 된다(Dishion & Kavanagh, 2000; Lochman & Wells, 2002). 따라서 교사는 학생의 공격성에 특히 주의를 기울일 필요가 있다.

(3) 청소년의 성격 발달과 학교폭력

Erikson(1950)의 심리사회적 발달단계 중 정체성 대 역할혼미 시기에 정체감을 형성하지 못한 청소년은 역할에 혼란을 경험한다. 이러한 청소년들의 정체성 혼란과 좌절감, 불안은 우울과 폭력, 비행 등의 문제로 표출된다(안영순, 2010). 정체감의 발달은 평생 동안 이루어지지만, 그중에서도 정체감이 발달하기 시작하는 청소년기가 특히 중요하다. 자아정체감은 나는 "누구인가?"라는 질문에서 시작하며, 청소년들은 자신이 어떤 사람인지 이해하고 탐색하는 과정에서 자신의 능력과 특징, 욕구, 가치, 역할, 책임에 대한 확신을 통해 자신이 타인과 구별되는 독특하고 고유한 존재임을 인식하게 된다. 청소년기의 정체감 발달은 청소년기 이후 심리사회적 발달에 영향을 주는 기저가 된다. 이렇게 중요한 시기에 학교폭력의 가해를 경험하게 되면 청소년들은 "나는 누구인가?" "나는 무엇을 할 것인가?" "나는 어떻게 살 것인가?" 등과 같은 자신에 대한 근본적인 질문에 대해 올바른 응답의 방향성을 잃거나 왜곡될 수 있다.

학교폭력 가해 경험이 있는 청소년의 정체감은 다음과 같이 이해된다. 청소년기는 급격한 생리적 · 신체적 · 지적 변화를 경험하며 정체감이 형성되는 시기이지만, 많은 청소년이 이러한 변화를 경험하며 수많은 충동과 무한한 호기심을 가지면서 정체감 위기를 경험한다. 이로 인해 청소년들은 수많은 좌절과 불신을 느끼고 많은 고민을 하며 방황하게 된다. 많은 청소년이 정체감을 발달시키지 못한 탓에 그들 자신에 대한 불확실한 이해와 인생목표의 상실로 고통받는다(김길정, 2003). 이렇듯 정체감 발달이 제대로 이루어지지 않았을 때 폭력 등의 문제행동이 나타난다(신건철, 변호순, 2012). 가해학생들은 겉으로는 강하고 공격적이지만 실제로는 좌절감이 많으며, 그 이면에는 낮은 자존감과 부정적인 자아정체감이 있다(박종효, 2007). 또한 가해학생들은 자아정체감뿐만 아니라 안정성과 자기수용성, 대인관계 수준이 낮으며, 피해학생들의 자아정체감도 낮아진다(이상진, 정옥분, 1999). 이렇듯 학교폭력 경험은 학교 적응과 정신건강, 사회정서 발달의 측면에서 청소년들의 정체감 발달에 부정적인 영향을 미친다(김희수 외, 2006).

청소년의 학교폭력은 공격적인 성향과도 밀접한 관련이 있다. 청소년기에는 사회적 비난을 지각하고 두려워하기 때문에 공격적인 행동의 표현에서 직접적인 공격성은 감소하는 반면, 간접적이고 잘 드러나지 않는 관계적 공격성이 증가한다(송혜란, 2014). 가해학생은 일반학생에 비해 공격적 행동을 더 많이 하는데, 이는 또래들의 감정을 무시하고 폭력을 이용해 피해학생을 지배하려는 욕구를 가지기 때문이다(박지도 외, 2001). 공격성은 타인에게 힘이나 영향력을 보이고 스스로에게도 자기과시적인 욕구를 충족시키는 기능을 하기 때문에, 가해학생은 피해학생을 공격함으로써 자신의 약점을 감추고 보완하게 함으로써 자신을 방어한다. 가해학생의 공격성은 가정환경 및 부모의 자녀 양육방식과 관련이 높고, 무엇보다 부모-자녀 관계에서의 안정감을 경험하는 것이 중요하다. Olweus(1993b)는 학교폭력 가해학생의 공격적 행동은 가정 내에서 발달된다고 보았으며, 다음과 같이 공격성의 요인을 제시하였다. 첫째, 기질적으로 공격적이다. 둘째, 자녀가 부모의 의지를 따르지 않거나 규칙을 어길 때, 부모가 때리거나 고함을 지르는 등의 공격적 방식으로 자녀를 대한다. 셋째, 자녀가 타인이나 부모에게 공격성을 보일 때, 부모가 적절히 개입하지 않는다. 따라서 교사는 정체감 혼란을 겪는 청소년의 기질적인 공격성뿐만 아니라 부모와의 관계도 고려해 볼 필요가 있다.

2) 정서 발달과 학교폭력

부정적 정서를 보이며 정서를 이해하고 조절하며 표현하는 능력이 부족한 학생은 타인의 감정을 고려하지 않고 공격적인 행동을 할 수 있다. 이는 또래와의 부정적인 상호작용을 증가시켜 또래관계를 어렵게 할 수 있다. 그리고 부정적인 정서성의 정도가 높고 행동억제의 정도가 낮을수록 신체적 공격성은 높다(이성복, 2011). 또한 정서조절 능력은 공격행동과 과잉행동과 같은 외현적인 행동문제와 밀접한 관계가 있다(한유진, 2004). 정서조절 능력이 낮은 사람은 자신의 정서를 적절히 조절하지 못하고 타인을 공격하는 등의 부적응적인 방식으로 분노를 표출할 수 있다. 이를 예방하기 위해서는 자신과 타인의 정서를 잘 인식하고 조절하며 표현하는 능력의 발달이 필요하다.

(1) 유아의 정서 발달과 학교폭력

자신의 감정을 잘 조절하고 관리하며 스스로 효율적으로 진정시킬 줄 아는 유아는 공격적 행동을 유발하는 상황에서 혼란을 느끼는 일이 드물다. 이러한 유아들은 친구들에게 인기가 있고 호감을 주며, 교사와 부모들에게는 사회적 능력이 뛰어난 유아로 비춰질 뿐만 아니라 무례함이나 공격성 같은 문제행동도 드물다(Gottman & Katz, 1989). 반면에 자기조절 능력이 낮은 유아는 충동적이며 공격적인 표현을 조절하는 능력이 결핍되어 있다(Caspi, Lynam, Moffitt, & Silva, 1993). 유아의 자기조절 능력이 낮을수록 공격성은 높게 나타난다(윤진주, 강신영, 이복주, 2005). 분노나 공격적인 행동을 유발하는 상황에서 기분 변화에 따라 자기조절을 하지 못하는 유아들은 다른 유아들보다 공격적 성향이 더 높다는 교사의 평가를 받았다(박혜경, 박성연, 2002).

유아의 감정이입 발달은 공격성을 효과적으로 통제할 수 있다(Feshbach, 1982). 유아가 자기중심성에서 탈피할 때 감정이입을 할 수 있게 된다(Chandler, 1973). 감정이입은 이타주의와 같은 친사회적 행동의 발달과 공격성과 같은 반사회적 행동의 감소를 설명한다(Chandler, 1973; Hoffman, 1975). 공격의 희생자를 관찰하는 사람의 감정이입적 고통(empathic stress)이 공격성을 제지한다(Feshbach, 1964). 보다 감정이입적인 사람은 비공격적인 목적 달성을 위한 도구적 공격행동이 제지되고, 특히 타인을 해치려는 목적 반응을 가진 적대적 공격성을 제지한다(Feshbach, 1964).

유아의 감정이입 능력 부족은 수치심이 공격성과 분노로 변모하는 것을 도와준다. 이 시기에 심리사회적 위기를 적절히 해결하지 못한 유아들은 수치심을 형성한다. 수치심은 다른 사람들이 자신을 비난할 것에 대한 정서이다. 수치심을 경험하는 상황은 주로 대인관계 상황이며 자신이 경험하는 수치심을 옆에 있는 사람에게 귀인하는 것은 자동적으로 일어난다. 수치심은 분노와 본질적인 연관성이 있다(Lewis, 1971). 수치심을 느끼는 사람의 적대감은 자신을 향하지만, 수치심이 너무나도 고통스러운 감정이기 때문에 비난과 적대감의 대상을 바꾸고자 하는 동기가 생겨 분노가 외부로 향하게 된다. 수치심을 경험하는 유아들은 자신에게 수치심을 느끼게 하는 다른 사람들에게 분노와 공격성을 표현하는 방법을 택하기도 한다. 반면에 감정이입 능력은 타인을 비난하고 분노를 표출하는 것을 제지하는 경향이 있다. 감정이입의 연령차에 대한 연구에서 유아와 아동을 대상으로 감정이입을 조사한 결과, 감정이입적 이해에 있어 유아보다 아동이 더 우세하게 나타났다(Hughes, Tingle, & Sawin, 1981). 아직 감정이입 능력이 발달되지 못한 유아들은 수치심과 함께 분노와 공격성을 나타낼 가능성이 높다(Tangney & Dearing, 2002).

(2) 아동의 정서 발달과 학교폭력

아동기에는 정서 표현과 정서 이해 능력이 급속하게 발달하게 된다(곽윤정, 1997). 이러한 능력을 바탕으로 타인의 정서에 대한 인식 능력이 확장되며 이는 타인과 의사소통을 하는 데 촉진제 역할을 한다. 따라서 자신과 타인의 다양한 정서에 대해 정확히 인식하고 적절히 표현하는 능력의 발달을 조력함으로써(김광수, 김해연, 2009), 공격성을 낮추고 학교폭력을 예방할 수 있다. 그러나 정서조절 능력이 부족한 아동들은 공격적인 행동을 할 수 있으며, 이는 후에 또래와의 부정적인 상호작용의 가능성을 증가시켜 또래관계 형성을 어렵게 할 수 있다(한유진, 2006).

정서지능의 발달은 학교폭력과 밀접한 관련이 있다. 정서지능은 자신이나 타인의 감정이나 느낌, 즉 정서를 인식하고 표현하고 조절할 수 있는 능력을 말하며, 다양한 경험과 교육에 의해 발달된다(Mayer & Salovey, 1997). 특히 정서지능은 유아기와 아동기에 가장 급속하게 발달한다(Katz & McClellan, 1997). 분노는 폭력행동으로 이어질 수 있는 정서로, 분노를 자기 내부로 억압하거나 타인에게 불쾌감이나 해를 끼치면서 표현하는 것은 바람직하지 않다. 동일한 분노 상황에서도 대처방식에 따라 성공적인 적응과 극단적인 적응으로 다르게 나타낼 수 있는데 이때의 대처 과정에서 기본이 되는 것이 정서조절 능력이다. 정서지능이 낮은 아동들은 분노 상황에서 자신의 화를 조절하지 못하고 타인에게 직접 표출함으로써 상황을 악화시킨다. 이들은 사회적으로 허용되지 않는 방식으로 분노를 표현해 관계에 어려움을 겪을 수 있으며(Yang, 2003), 이는 학교폭력으로 이어질 수 있다. 따라서 아동이 느끼는 분노를 정확히 인식하고 과장하거나 억누르지 않고 상황을 고려하여 적절하게 타인에게 표현하는 능력을 발달시킬 필요가 있다(장혜주, 임지영, 2012).

아동의 감정이입 발달수준이 낮을수록 공격성은 높게 나타난다(홍정주, 1988). 아동은 발달 초기에 그들이 목격한 사람에게서 야기된 정서반응과 비슷한 반응을 보인다(Murphy, 1937). 아동은 다른 아동에게 향한 공격행동을 목격함으로써 걱정하고 괴로워하게 될 것이다. 이로써 다른 아동의 경험에 대리적으로 반응하며, 다른 아동을 향한 공격행동을 관찰한 아동은 비록 자신이 공격행동의 유발자가 아닐지라도 괴로운 반응을 나타낼 수 있다. 이렇듯 감정이입이 높은 아동은 대체로 더 낮은 공격성을 나타내지만(Feshbach, 1964), 이와 반대로 감정이입이 낮은 아동은 타인의 고통을 대리적으로 경험하지 못하므로 높은 공격성을 보일 수 있다.

아동의 감정이입 발달은 분노 수준 또는 분노 표현양식과 밀접한 연관성이 있다. 감정이입 능력이 높을수록 분노 수준이 낮고 사건의 맥락과 사회적 관계를 고려하여 보다 이성적인 방법을 모색한다. 감정이입은 친사회적 행동과 관련이 있으며(유승희, 1993), 감정이입 능력의 발달은 사회적 관계 경험에 영향을 준다. 사고의 초점이 자신에게 과도하게 집중되어 있어 타인의 감정 상태에 공감하는 능력이 낮은 경우에는 대인관계 실패를 경험하게 될 확률이 높으며, 이는 학교폭력 가해자에게 나타나는 양상이다(구본용 외, 1993). 가해학생들은 학교폭력 상황에서 피해학생에 대한 공감능력이 결여되어 있는데, 이러한 결과를 통해 가해학생의 공격성과 폭력행동은 타인의 감정에 대한 낮은 이해 및 공감수준과 관련이 있다(Olweus, 2005).

(3) 청소년의 정서 발달과 학교폭력

청소년의 정서조절 능력은 사회 적응의 매우 중요한 요소로서 또래집단과 상호작용할 때 지나치게 정서적으로 각성되는 것을 조절할 수 있도록 해 주는 기능을 한다(Shields, Cicchetti, & Ryan, 1994). 그러나 정서조절에 결함이 있으면 행동억제의 결함과 즉각적 공격행동을 보일 수 있는데(Shields & Cicchetti, 1998), 이는 낮은 정서조절 능력이 개인에게 공격과 폭력에 대한 정서적 각성을 일으켜 유사한 상황에서 폭력을 행사할 가능성을 높일 것으로 추측된다. 정서조절의 실패가 학교폭력 가해행동으로 연결될 가능성이 높기 때문에 가해행동에 개입함에 있어 정서조절에 중점을 두는 것이 필요하다(김

소명, 현명호, 2004). 반응적 공격의 특성을 가진 가해학생들은 정서 및 행동 조절 능력이 부족하다(박종효, 2003). 또한 공격성이 높은 청소년들은 감정이입 수준이 낮다. 감정이입이 낮은 경우에는 희생자가 보일 때와 보이지 않을 때 공격성에 별 차이를 보이지 않는다(Chlopan, McCain, Carbonell, & Hagen, 1985).

청소년기에는 정체감 형성의 발달과정과 대인관계에서 심리적 스트레스를 많이 겪을 수 있으므로 우울감이 나타날 수 있다. 『정신질환의 진단 및 통계 편람(Diagnostic and Statistical Manual Disorders: DSM-5-TR)』에 따르면, 우울장애는 공허감, 슬픔 등의 기분과 함께 나타나는 신체적 및 인지적 증상으로 개인의 일상생활에서의 기능이 현저하게 저하된 상태를 의미한다. 우울 상태에 빠지게 되면 부정적이고 비관적인 사고 및 정서를 경험하며, 이로 인해 고립감, 죄책감, 절망감과 같은 감정을 지속적으로 느끼게 되어 일상에 어려움을 겪게 된다. 특히 학교폭력이 청소년에게 미치는 심리적 부적응의 영향은 심각하다. 지속적으로 폭력을 당한 피해자들은 우울과 불안, 분노가 증가하며(정규석, 2007), 심각한 경우 외상 후 스트레스로 인해 학교생활을 하지 못하게 된다. 청소년들의 우울감은 심리적 스트레스로 인한 증상이지만 다양한 요소들이 복합적으로 작용하기에 때문에 주의 깊게 살펴보아야 한다.

또래관계에서 부정적인 경험이 많고 또래들의 지지를 받지 못하는 청소년은 우울수준이 높다. 특히 학교폭력 피해학생은 일반학생들이나 가해학생에 비해 우울 정서를 많이 경험하며, 피해 경험은 우울 증상에 중요한 영향을 미친다(김혜원, 2011). 피해학생은 학교폭력 경험으로 인해 우울감 및 불안과 같은 부정적 정서를 느끼고 또래관계에서 고립감과 소외감을 경험하며 학교생활에 부적응하는 경우가 많다. 피해학생은 우울할 뿐만 아니라 자신을 스스로 낮게 평가하고 또래관계에서 자신이 유능하지 않다고 생각하며 스스로를 비난하고 무가치하다고 믿기 때문에 학교생활에 적응하기 어렵다(Macklem, 2003). 또한 학교폭력의 유형에 따라 우울 관련 정서가 다르게 나타난다. 또래관계에서 소외나 무시를 당하는 관계적 폭력을 경험할 때 우울을 느끼는 정도가 가장 높으며, 직접적인 폭력보다 간접적이며 관계적인 폭력을 경험할 때 우울과 외로움을 더 많이 느낄 수 있다(최미경, 2006; Van der Wal, De Wit, & Hirasing, 2003). 교사는 피해학생의 우울증이 더 심각해지지 않도록 힘써야 하며, 피해학생의 정서 상태를 세심하게 관찰해야 한다.

성인과 다르게 청소년들은 우울함 감정을 회피하기 위해 끊임없이 행동하고 더 활발하게 활동한다. 특히 청소년기에 겪을 수 있는 가면성 우울증(masked depression)은 성인에 비해 짜증이 심하고 '될 대로 되라.'는 식으로 희망이 없다는 생각을 주로 하는 특징을 가진다. 청소년들은 우울한 감정을 감추고 충동적이고 파괴적인 행동으로 감정을 표출한다. 청소년들의 우울은 공격행동과 같은 부적응적인 행동 양상으로 나타날 수 있으며, 이는 결석, 가출, 흡연, 음주 등과 같은 비행행동이나 불면증, 식욕 저하, 두통, 과다수면 등의 신체 증상으로 나타나기도 한다. 교사는 이러한 청소년 특유의 가면성 우울증은 학교폭력으로 이어질 수 있음을 염두에 두고 학생을 이해할 필요가 있다.

3) 사회적 발달과 학교폭력

사회성은 일반적으로 사회 적응성, 대인관계의 원만성 정도의 의미를 가지며, 사회화 과정에서 발달하게 된다. 사회성이 발달된 학생은 학교라는 집단에 잘 적응하고 학교나 사회의 규칙이나 규정 등을 잘 지키며 친구들을 잘 사귀고, 집단 안에서 타협적 · 협동적 · 동정적 태도를 가진다. 사회성의 발달수준이 낮은 학생들은 사교성, 활동성, 준법성 등의 결여로 인해 학교폭력 가해행동을 행할 가능성이 높을 뿐만 아니라 성인이 되어 사회생활을 하는 데 있어서도 동료집단과 쉽게 어울리지 못하는 어려움을 겪을 수 있다.

(1) 유아의 사회적 발달과 학교폭력

유아의 사회성 발달에는 양육자의 영향이 크다. 어머니가 지각하는 양육스트레스가 높을수록 거부적이고 권위주의적인 양육행동을 보이며, 이로 인해 발생한 스트레스가 자녀에게 가해지고 자녀는 좌절을 느끼며 공격성이 고조될 수 있다. 5세와 8세 아동을 대상으로 정상아동과 과잉행동아동을 비교한 연구를 보면, 과잉행동아동의 어머니의 경우 자아존중감이 낮고 스트레스 지각 정도가 높을수록 그 자녀들은 공격적 행동을 더 많이 보이는 것으로 나타났다(Mash & Johnston, 1983). 부모의 양육태도가 애정적이고 자율적일수록 유아의 공격성은 낮으며, 부모의 양육태도가 통제적이고 권위적이며 억제적일수록 유아의 공격성은 높게 나타난다(김민효, 2009).

어머니의 양육스트레스는 자녀와의 상호작용에 부정적이며, 유아의 공격성 발달과 폭력행동에도 영향을 준다. 어머니의 양육스트레스가 높을수록 유아의 부적응 행동과 공격성이 많이 나타나며 이는 유아의 사회 적응에 부정적인 영향을 미친다(정윤주, 2006). 어머니가 자신의 스트레스가 높거나 우울할 때 자녀가 부정적인 정서 표현을 하면 스트레스가 가중되어 자녀에게 벌을 주거나 처벌적인 정서반응을 하게 되고 이는 다시 유아의 부정적인 행동을 일으킨다. 어머니의 스트레스와 유아의 공격성은 서로 간에 영향을 주고받는 쌍방적인 관계로 볼 수 있다. 부적응 행동을 자주 일으키는 유아들은 자기조절의 행동억제 정도가 낮아 관계적 공격성의 성향이 높다. 이러한 관계적 공격성은 유아들 사이의 관계를 방해하여 배척되거나 소외되는 행위로 표현된다.

공격적인 성향을 보이는 유아는 학급 또는 또래 및 교사로부터 거부당하고 수용되지 못하며 이로 인해 심리사회적 부적응을 경험하게 된다(Ladd, Price, & Hart, 1990). 공격적 성향을 표출하는 유아는 또래와 원만한 상호작용을 하지 못하게 되므로(한유진, 2006), 사회적으로 유능한 행동을 배울 기회가 부족하고 교사와도 원만한 관계 형성에 어려움이 따르게 된다. 따라서 교사는 유아의 관계적 공격성과 관련된 요인들을 이해하고 이를 바탕으로 유아의 관계적 공격성을 조절할 수 있는 교수전략 측면에서의 대안을 모색할 필요가 있다. 또한 관계적 공격성이 또래집단에 영향을 미치는 하나의 힘으로 작용할 수 있으므로(이경희, 오경자, 1998), 교사들은 또래집단에서 맥락을 잘 파악하고 이러한 공격성에 지속적으로 피해자가 되는 유아들을 살펴볼 필요가 있다.

(2) 아동의 사회적 발달과 학교폭력

또래관계에서 긍정적 기능을 유지하는 것은 아동의 사회적 발달에서 무엇보다 중요하다. 학생들은 또래집단에 동조하며 소속됨으로써 외로움에서 벗어나지만, 지도력이나 지배적인 태도를 체득하기도 한다. 또래집단에 소속되지 못하거나 사회성 발달수준이 낮은 아동은 자신에 대해 부정적으로 지각하는 경향이 있다. 이러한 부정적인 자기평가는 학교폭력의 가해학생이 되는 데 중요한 요소로 작용할 수 있다(이경아, 2008). 가해학생은 부족한 자신을 숨기고 과장된 자기를 나타내기 위해 따돌림이나 폭력을 행하면서 또래들 사이에서 우월감을 느끼려 할 수 있다. 또한 이들은 학교에서 힘이 강한 또래집단에 소속되기 위해 공격적 성향의 또래집단에 동조하는 태도로 폭력행동을 나타낼 수 있다.

아동의 사회성 발달에서 주목할 특성은 또래동조성의 발달이다. 아동의 또래동조성은 학교폭력 가해행동에 부정적 영향을 미친다(이희경, 2003). 반사회적 상황에서 또래동조성이 더 높게 나타나며(Brown et al., 1986), 가해자 집단의 또래동조성은 집단괴롭힘의 지속과 장기화 현상에 영향을 준다(유귀순, 2001). 가해학생은 만약 괴롭힘에 참여하지 않으면 자신도 똑같이 괴롭힘 당할까 봐 두렵기 때문에 가해행동에 동참한다고도 한다. 또래동조성에 의해 학교폭력 피해자가 가해자로 전환될 수 있으며, 이를 차단하기 위해서는 반사회적 또래동조성이 높은 학생들을 주목하여 관리할 필요가 있다. 또한 학교폭력 상황에서 주변 또래 참여유형 가운데 가해 동조자, 방관자, 방어자 순으로 또래동조성이 높으며, 또래동조성이 높을수록 가해행동에 관여할 가능성이 높다. 따라서 아동의 학교폭력을 효과적으로 예방하기 위해서는 가해학생의 또래동조성을 고려할 필요가 있다.

아동의 사회성 발달에 영향을 미치는 요인 중 가족은 학교폭력과 연관이 있다. 예를 들어, 가족 내에서 적대적 상호작용을 학습한 아동들은 세상을 폭력적 조망에서 바라보기 때문에 공격적인 성향을 보인다. 그들은 타인이 자신에게 분노를 표출하고 신체적 힘으로 반응할 것이라고 생각하기 때문에, 적대적 의도가 전혀 없는 상황도 적대적으로 해석하여 정당한 이유 없이 타인을 공격한다. 가정폭력은 반사회적 행동을 일으키는 주요 요인이므로 학교폭력과 연관시켜 이해할 수 있다(Farrington, 1993). 아버지의 폭력을 목격한 자녀들은 폭력을 일반적인 방법이라고 배우고, 특히 남아는 가해자와 동일시하여 자신의 의견을 타인이 수용하게 만드는 방법이 폭력이라고 배워 공격적인 행동을 한다(Bandura, 1973).

(3) 청소년의 사회적 발달과 학교폭력

청소년기에 또래집단에의 소속은 청소년의 건전한 자아정체감 발달에 필수적이며(Erikson, 1968), 좋은 또래관계를 맺고 유지하는 것은 청소년의 사회적 발달에 중요하다(송영혜, 2012). 또래관계를 중시하는 청소년들에게 관계적 고립은 죽음과 같은 상태이며(김봉섭, 박종선, 감동은, 진상기, 2013), 이로 인해 동조 욕구가 더 높아진 청소년은 또래집단에 소속되기 위해 따돌림에 동조하거나 방관하는 경향이 있다(성윤숙, 2012). 이러한 또래동조성은 가치관이 혼란스러운 청소년기에 판단 기준이 불분명한 상황에서 자주 나타난다. 청소년의 또래동조성 정도는 나이에 따라 달라져 가며 개인차도 크다. 아동기 중반부터 나타나는 또래동조성은 대체로 12~15세에 급증하다가 15세 이후에는 점차 감소하는 편이지만, 또래동조성의 정도는 성별에 따라 다르며 친구와의 관계나 성격에 따라 달라질 수 있다.

또래집단에서 낮은 지위에 있거나 부정적인 자기개념을 가진 청소년들은 더 동조적이다. 이들은 집단동일시를 통해 긍정적인 자기개념을 형성하고자 하지만, 문제행동을 요구하는 또래집단에 동조하면서 오히려 부정적인 자기개념을 형성할 수 있다. 또래집단의 가치규범이 잘못 설정된 경우에는 집단 정체성과 동조압력에 의해 비행집단이 형성될 수 있다. 또한 가족과 학교와의 관계에서 자신의 가치를 형성하는 데 어려움을 지닌 청소년들은 반사회적 행동을 할수록 또래들에 의해 더 인정받을 것이라고 보고, 자신의 가치를 유지하기 위해 반사회적 행동에 개입할 가능성이 높다(오은경, 2005).

학교폭력 가해 청소년들은 또래집단의 동조압력으로 인해 친구의 문제행동이나 공격행동에 동조할 가능성이 높다. 청소년의 또래동조성은 일반적인 사회적 활동보다 반사회적 활동에서 더 높게 나타났다(왕지선, 2004). 중학생을 대상으로 한 연구에서 동조가 높을수록 가해자를 긍정적으로 인식하였으며(이희경, 2003), 또래동조성이 높을수록 가해 경향이 높게 나타났다(박정은, 2002). 가해학생들 자신이 원해서 피해학생을 괴롭히는 경우보다 또래들에게 심리적으로 수용되고 싶은 욕구로 인해 친구의 가해행동을 따라 한 경우가 더 많다(김혜원, 이해경, 2000). 학교폭력을 주도한 사람보다 또래의 동조압력에 의해 폭력을 행사하는 청소년이 더 잔인한 방법의 폭력을 사용하므로(한상철, 2001), 교사는 청소년들의 폭력행동에 대한 또래동조성의 위험성을 알고 있어야 한다.

청소년의 사회성 발달에 영향을 미치는 부모-자녀 관계는 자녀의 심리적 성장뿐만 아니라 학교폭력과도 밀접한 관련이 있다(조형정 외, 2017). 가해학생은 부모에게 적대적이며(박영신, 김의철, 2001), 그들의 공격성은 부모의 거부적이고 방임적인 양육태도와 관련이 높다. 이러한 양육태도로 인해 자녀는 양심이나 죄책감을 느끼지 못하며 규칙을 잘 지키지 않는다. 부모-자녀 간의 역기능적인 의사소통은 자녀의 분노조절 능력과 학교폭력 행동에 간접적으로 부정적인 영향을 주며(김명자, 2002), 가족 분위기가 민주적이지 않을수록 청소년들은 가해행동을 더 많이 한다. 그리고 부모의 자녀에 대한 심리적 통제는 청소년의 공격성을 설명하는 요인으로 주목받고 있다(이서란, 2014). 특히 정체성 형성이 주요 발달과제가 되는 청소년기에는 부모로부터 경험하는 심리적 통제가 심각한 자율성 침해로 경험되기 쉬우며 이는 정서와 욕구의 표현을 좌절시켜 분노와 공격성으로 나타난다(김희화, 2003; 박진경, 도현심, 2001). 교사는 이러한 청소년들의 분노와 공격성이 학교에서 폭력적인 행동으로 나타날 수 있다는 점을 고려할 필요가 있다.

청소년들의 이성 관계도 학교폭력과 연관시켜 생각해 볼 수 있다. 청소년들은 이성교제를 통해 동성뿐만 아니라 이성에게도 관심을 가지며 친밀관계를 형성한다(Rice, 1998). 청소년의 이성교제 경험이 사회적 관계에 미치는 영향에 관한 이명신(2009)의 연구결과에 따르면, 청소년의 이성교제 경험 횟수가 증가할수록 교사와의 관계는 안 좋아졌으며, 신체접촉의 정도가 높아질수록 사회적 관계에 부정적인 것으로 나타났다. 청소년들의 이성교제는 동성 또래와의 관계를 회복시키는 완충작용을 하는 효과를 가지지만, 성행동과 관련된 위험요인이 있으며 또래관계에도 부정적인 영향을 줄 수 있다. 이는 학교폭력뿐만 아니라 성폭력으로도 이어질 수 있다는 점에서 교사는 청소년의 이성교제에 주목해야 한다. 그러나 부모, 또래, 교사와의 관계 각각에서 이성교제에 대한 태도가 개방적일 때 관계가 좋아졌으며, 부모가 자녀의 이성교제 사실을 알고 있는 경우에는 청소년의 부모 및 또래와의 관계, 즉 사회적 관계 전반에 걸쳐 긍정적인 영향을 준다. 따라서 학교 현장에서 교사는 청소년 학생들과 이성교제에 대해 자연스럽게 대화할 필요가 있다.

친사회적 행동의 발달수준이 낮은 청소년들은 사회적으로 적응하기 어려우며, 이는 학교폭력으로 이어질 수 있다. 친사회적 수준의 발달이 쾌락주의적 · 자기중심적 지향 단계에 머무르는 경우에는 타인을 배려하지 못하고 자신의 욕구만을 충족시키기 위해 자기중심적인 행동 양상을 보일 수 있다. 자기중심적인 경향과 공격적인 성향을 가진 청소년들은 친사회적 추론을 하지 못하고 폭력적인 방식으로 자신을 표현할 수 있다. 친사회적 수준이 낮은 가해학생은 타인의 욕구에 민감하지 못하며 사회적 의무에 대한 인식이 부족하여 가해행동에 대해 죄책감을 느끼지 못 할 수 있다. 이는 지속적인 학교폭력으로 이어질 수 있으므로, 교사는 친사회적 행동의 발달수준이 낮은 청소년들에게 주의를 기울일 필요가 있다.

교사는 학생들의 성격 발달, 정서 발달, 사회적 발달 수준 및 양상을 바탕으로 학교폭력을 이해할 때 보다 효과적으로 학생들에게 개입할 수 있다. 또한 유아와 아동, 청소년의 발달수준은 집단 내에서 비슷할 수 있으나 학생들마다 개인차가 있으므로, 교사는 이러한 점을 고려하여 학생들을 이해할 필요가 있다.

정리하기

1. 성격 발달은 Erikson의 심리사회적 발달단계에 따라 이해될 수 있으며, 심리사회적 위기를 어떻게 해결하는지에 따라 개인의 독특한 성격이 형성된다. 공격성은 도구적 공격성과 적대적 공격성(신체적 공격, 언어적 공격), 관계적 공격성으로 분류되며, 연령과 성별에 따라 다른 양상을 보인다.
2. 정서 발달은 유아기부터 정서 이해와 정서 표현 및 정서조절의 발달이 이루어지며, 타인의 정서 상태를 대리적으로 경험하는 감정이입도 연령에 따라 변화된다. 발달과정에서 경험하는 스트레스로 인해 우울감이 나타날 수 있으며, 청소년기에는 가면성 우울증의 특징을 가진다.
3. 사회적 발달은 자기교제, 동성교제, 이성교제의 단계로 이루어지며, 부모와 형제자매, 교사, 또래집단의 영향을 받는다. 유아기의 또래관계 발달은 놀이를 통해 촉진되며, 아동기와 청소년기에 또래에 대한 동조성이 나타나고, 청소년기에는 이성관계가 발달된다. 친사회적 행동 수준은 쾌락주의적·자기중심적 지향, 욕구 기초적 지향, 승인 혹은 정형화된 지향, 자기반성적 감정이입 지향, 과도기, 강한 내면화 단계로 발달된다.
4. 성격 발달에서 부정적인 자기개념이 형성된 학생은 공격성을 나타낼 수 있다. 가해학생은 정서조절 능력과 감정이입 능력이 부족하고, 피해학생은 우울 정서를 경험한다. 또래관계에서 동조성은 가해학생의 폭력행동을 자극하거나 지속시킬 수 있다.

확인하기

1. Erikson의 심리사회적 발달단계에 따른 성격 발달에 대해 서술하시오.
2. 연령에 따른 정서 발달과 감정이입의 발달에 대해 서술하시오.
3. 사회성 발달과 친사회적 행동 수준의 발달에 대해 서술하시오.
4. 학교폭력 관련 학생을 이해하는 데 도움이 되는 심리사회적 발달 특성 다섯 가지를 쓰시오.
5. 〈생각 나누기〉 사례에서 성우가 왜 광진이를 때렸고 괴롭힘을 지속했는지에 대해 심리사회적 발달 특성과 연관 지어 서술하시오.

제5장

학교폭력에 대한 학교 차원의 예방 방안

학습목표

- 학교폭력을 예방하기 위한 학교의 예방교육 방안과 환경 조성에 대해 알 수 있다.
- 학교폭력 피해학생 및 가해학생의 징후를 발견하고 대처하는 방법을 알 수 있다.

학습내용

1. 학교의 학교폭력 예방 방안
   1) 학교폭력 예방교육
   2) 학교폭력 예방을 위한 학교환경 조성
2. 조기 발견 및 대처 방안
   1) 징후 관찰 방법
   2) 질문지를 통한 방법
   3) 징후 발견 시의 대처방법

생각 나누기

한 중학교의 교장은 "사소한 사건까지 포함하면 일어난 폭력 사건이 셀 수 없다."며 학생지도의 어려움을 호소하였다. 학교장 자체해결제의 도입으로 인해 경미한 사건의 경우 학교에서 관계회복을 통한 교육적 개입으로 자체해결 할 수 있는 개입 방안이 마련되었다. 학교폭력 사안은 발생하지 않도록 예방하는 것이 최우선 과제일 것이며, 조기에 발견하고 대처할 수 있는 방안을 찾는 것이 중요할 것이다.

학교폭력 문제를 예방하기 위해 학교 · 교사 차원에서 할 수 있는 개입방안은 무엇이 있을까?

앞선 사례에서 학교는 학교폭력의 심각성을 인식하고 다양한 노력을 기울였음에도 학교폭력이 줄지 않고 학생지도에 어려움을 보이고 있다. 학교폭력 예방을 위해 학교에서 어떻게 하는 것이 효과적일지 생각해 보자.

1. 학교의 학교폭력 예방 방안

학교는 많은 학생이 모여서 생활하는 공간으로 크고 작은 다툼이 수시로 발생할 수 있다. 그러나 일상적인 다툼에서 그치지 않고 학교폭력 문제로 드러난다면 학교에서는 이를 예방하기 위한 근본적인 대책을 강구해야 할 것이다. 이 절에서는 학교 차원에서 효과적으로 학교폭력을 예방할 수 있는 방안에 대해 알아본다.

1) 학교폭력 예방교육

교육부는 「학교폭력 예방 및 대책에 관한 법률」(이하 「학교폭력예방법」) 제6조에 따라 2005년부터 2020년까지 4차에 걸쳐 관계부처 합동 학교폭력 예방 및 대책 기본계획을 발표하고 사안 발생 이후 대책도 중요하지만 예방 관점에서 학교폭력을 선제적으로 접근해야 함을 강조하였다(교육부, 2020). 학교폭력 제3차 기본계획(2015~2019)과 제4차

기본계획(2020~204)을 통해 어울림 프로그램을 모든 학교에서 교육과정과 연계하여 학교폭력 예방교육을 내실화할 수 있도록 지원하고 있으며, 최근 「학교폭력예방법」 개정(2019. 8. 20.)으로 학교장 자체해결제가 시행되며, 학생 간 사소한 갈등이나 문제해결, 중재 · 조정 등으로 인해 어울림 프로그램을 활용한 교사의 예방 역량 함양이 더욱 중요해지고 있다.

(1) 학생 교육

학교폭력의 예방을 위한 학생 교육은 학교에서 자체적으로 진행하거나 학교폭력 전문기관과 연계하여 실시한다. 학교폭력의 개념, 실태 및 대처 방안을 포함하여 교육내용을 구성하고 교육 횟수, 시간 및 상사 등 세부적인 사항은 학교장이 정한다(「학교폭력예방법」 제15조). 교육은 학급 단위로 실시하는 것이 원칙이지만, 학교 여건에 따라 전체 학생을 대상으로 하여 한 장소에서 동시에 교육하는 것도 가능하다. 이때 강의와 토론, 역할연기 등 다양한 방법을 적용하도록 하며, 학생들이 친근하게 받아들일 수 있고 동기부여가 이루질 수 있는 자료를 활용하는 등 교육의 효과를 높이려는 노력을 해야 한다. 학생 교육은 교직원 및 학부모와 따로 실시해야 하지만 내용에 따라 함께 교육할 수 있다(「학교폭력예방법 시행령」 제17조).

학교폭력 예방 프로그램은 학교 내에서 발생하는 학생들의 문제행동을 감소시키고 문제행동에 대한 적절한 대안과 문제해결 방향을 제공하기 위해 실시한다(김경민, 노진아, 2013). 학교에서 실시하고 있는 정서 · 행동특성검사 결과는 예방 프로그램을 실시하기 위한 기초자료로 활용될 수 있다. 검사 결과, 학교폭력 관련 가해 및 피해 징후가 있는 학생이 발견되면 이에 초점을 맞추어 특화된 학교폭력 예방 프로그램을 적용한다. 이를 위해 학교는 학생 정서 · 행동발달 지원계획을 수립할 때 이를 학교교육과정 전반에 걸쳐 시행되도록 해야 한다. 학생 정서 · 행동발달 지원계획에 포함되는 구체적인 내용은 다음과 같다.

- 학년 초에 학생 정서 · 행동에 관한 특별 검사 실시
- 정서 · 행동 문제 및 학교폭력 가해 · 피해 징후 등이 있는 학생을 선별하여 추가 검사 실시
- 추가 검사 결과, 선별된 학생에 대한 심층 상담 등 지속적인 관리

학생 정서 · 행동특성검사 및 검사 결과의 효율적인 관리를 위해 학교에서는 관련부서 및 담당자들이 참여하는 학교 내 지원단을 구성하여 운영한다. 이와 같이 구성되는 학교 내 지원단의 업무 흐름의 예시는 [그림 5-1]과 같다. 보건 등 담당교사가 당해 연도 학생 정서 · 행동특성검사 실시계획을 수립하고 담임교사의 협조를 받아 교육부와 보건복지부에서 외부 용역을 통해 개발한 검사도구를 활용하여 1차 검사를 실시한다. 1차 검사 결과, 문제 징후를 보이는 학생들을 관심군으로 선별하여 2차 검사 및 상담을 제공한다(교육부, 2013c).

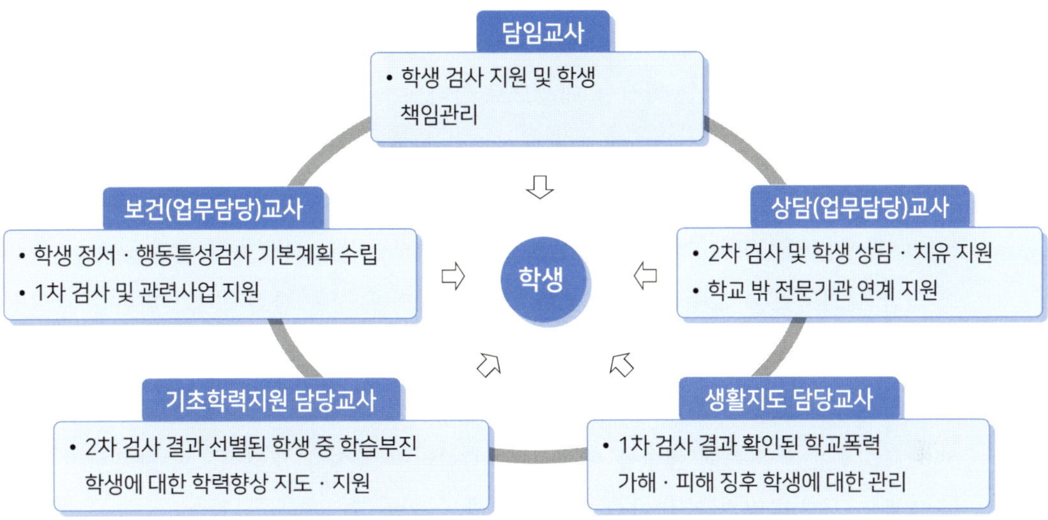

그림 5-1 교내 지원단 업무 흐름도(감사자료, 2013)

국가수준 학교폭력 예방 프로그램으로 '어울림 프로그램'이 있다. 어울림 프로그램은 학교폭력 예방 프로그램으로 학생, 교사, 학부모 등 학교 구성원의 능력을 향상시키고 단위 학교에 학교폭력 예방 문화를 조성하기 위한 프로그램이다. 어울림 프로그램은 2013년 교육부가 발표한 이후로 지속적으로 개정되어 왔으며, 학교 현장에 보급되어 그 효과가 입증되었다(박효정, 한미영, 김현진, 2016). 어울림 프로그램은 학교폭력을 예방하기 위해 대상(학생, 학부모, 교사)과 발달단계(초등학교 1~2학년, 초등학교 3~4학년, 초등학교 5~6학년, 중학생, 고등학생), 영역(공감, 의사소통, 갈등해결, 감정조절, 자기존중감, 학교폭력 인식 및 대처), 수준(기본, 심화)별로 개발된 맞춤형 프로그램으로 구성되어 있어 학교의 여건 및 상황에 따라 선택하여 활용 가능하다. 어울림 프로그램의 구성은 〈표 5-1〉과 같다.

표 5-1 어울림 프로그램의 구성

<table>
<tr><th>수준</th><th>내용</th><th>대상</th><th>학교급</th><th>영역</th></tr>
<tr><td>기본</td><td>일반학생 대상으로 학교폭력에 대응하는 심리사회적 예방 역량 강화</td><td>• 학생
• 교사
• 학부모</td><td rowspan="2">• 초등 1~2학년
• 초등 3~4학년
• 초등 5~6학년
• 중학교
• 고등학교</td><td rowspan="2">• 공감
• 의사소통
• 갈등해결
• 감정조절
• 자기존중감
• 학교폭력 인식 및 대처</td></tr>
<tr><td>심화</td><td>학교폭력 고위험군(가해 · 피해 경험 학생 또는 학교폭력 발생률이 높은 학급 및 학생) 대상</td><td>• 학생</td></tr>
</table>

기본 수준의 어울림 프로그램은 일반학생을 대상으로 하며, 심화 수준의 어울림 프로그램은 학교폭력 고위험군 학생을 대상으로 한다. 어울림 프로그램은 적용 대상을 기존 2단계에서 선택적 예방교육이 필요한 대상으로 확대하고 기본, 심화단계로 구조화하여 교과연계 어울림 프로그램 등 교육과정과 연계한 프로그램으로 다양화하였다(교육부, 2018). 학생을 대상으로 한 어울림 프로그램은 학교급별로 학교폭력 예방을 위한 학생의 공감과 의사소통, 갈등해결 등 여섯 가지 심리적 특성을 강화시키기 위한 프로그램으로 구성되어 있다. 교사 대상 프로그램은 학교폭력 예방을 위해 학생의 심리적 특성을 긍정적으로 변화시키기 위한 교사의 개입 및 지원 방안을 다루고 있으며, 학부모 대상 프로그램은 학교폭력 예방을 위해 자녀의 심리적 특성을 긍정적으로 변화시키기 위한 학부모의 개입 및 지원 방안을 다루고 있다.

그 밖에도 학교폭력 예방교육은 필요에 따라 학교 밖 전문기관과 연계하여 지원할 수 있는데, 교육(지원)청, 한국교육개발원 등의 여러 단체에서 개발해서 보급하는 프로그램을 활용할 수 있다. 또한 다양한 접근방법을 활용하여 멀티미디어 시청, 개인상담, 집단상담, 미술치료, 역할놀이, 봉사체험 등 상황에 맞는 교육을 제공하도록 한다. 그 밖에 온라인과 스마트폰을 통해서도 학교폭력 예방교육을 받을 수 있으며 그중 대표적인 프로그램은 〈표 5-2〉와 같다.

표 5-2 스마트폰을 활용한 학교폭력 예방교육

구분	프로그램	프로그램의 특징	제공처
온라인	솔리언 또래상담 프로그램	'또래친구'를 통한 현장상담 프로그램	• 한국청소년상담복지개발원 • www.kyci.or.kr
스마트폰 애플리케이션	세이프맘 (자녀용)	스마트폰 앱을 이용한 학교폭력 예방 · 상담	• 안드로이드마켓 또는 • 애플 앱스토어에서 다운

(2) 교직원 교육

교직원 대상의 학교폭력 예방교육은 학교폭력 관련 법령에 대한 내용, 학교폭력 발생 시 대응요령, 학생 대상 학교폭력 예방 프로그램 운영 방법 등을 포함하여 교육내용을 구성하며, 교육 횟수, 시간, 강사 등 세부적인 사항은 학교장이 정한다(「학교폭력예방법 시행령」 제17조). 학교폭력을 예방하고 대처하는 데 문제행동에 대한 지원에만 그치기보다 학교폭력 예방에 주요한 역할을 담당하고 있는 교사의 심리적 안녕감과 역량을 강화하는 것이 중요하다(김광수, 2013). 학교폭력에 대하여 학급 운영자로서의 교사는 불안감을 갖거나 스트레스로 인해 자신감을 상실하게 할 수 있다. 따라서 교사의 자신감을 회복할 수 있도록 개인적 자원과 강점을 찾아 강화하고 이를 토대로 학생들을 이해할 수 있도록 프로그램을 구성하는 것이 필요하다. 학교폭력 예방을 위한 교사 대상 프로그램에는 교사용 어울림 프로그램이 있다. 그 예로 초등학교 저학년 교사를 대상으로 한 어울림 프로그램은 〈표 5-3〉과 같다.

표 5-3 교사 대상 어울림 프로그램(초등학교 저학년 교사 대상)

영역	차시	프로그램명	학습목표
공감	1	입장 바꿔 생각해 봐	교사로서 학생들의 공감능력을 향상시키는 것이 중요함을 인지하고 사례를 통해 공감 멘토를 해 본다.
	2	속마음 읽기	인간관계의 뿌리인 공감능력을 향상하여 학부모 상담에 활용한다.
의사소통	1	마음으로 듣기	학생들의 특징 및 또래문화를 이해하고 학생들과 효과적인 의사소통 방법을 익힌다.
	2	교사와 학부모는 자전거의 두 바퀴	학부모총회, 상담주간을 이용해 학부모와의 의사소통을 시작하고, 학부모와 협력관계를 위한 의사소통 방법을 익힌다.
갈등해결	1	어떻게 도와줄까요?	초등학교 저학년들의 발달 특징에 따른 갈등 유형 및 대처방법을 살펴보고, 교사의 적절한 중재로 갈등을 해결하는 방법을 알아본다.
	2	이해하고 도와줄 수 있어요	학생들 간의 학교폭력 상황 해결 과정에서 발생하는 교사-학생 사이의 갈등을 이해하고, 교사의 효과적인 대처방법을 알아본다.
감정조절	1	감정이 어떻게 움직이나요?	다양한 상황에서의 감정의 발생 과정을 이해하고, 학생의 감정조절에 개입하는 기초 기법을 익힌다.
	2	감정조절 이렇게 도와 볼까요?	감정조절에 긍정적 영향을 주는 교사의 태도를 인식하고, 감정조절에 개입할 수 있는 대화법을 익힌다.

〈계속〉

자기존중감	1	아이의 미래가 바뀌는 자기존중감	자기존중감에 대하여 이해하고, 학생들의 문제행동에 대한 대처법을 찾을 수 있다.
	2	자기존중감을 키우는 학급 활동	학교에서 학생들의 자기존중감을 기를 수 있는 학급 활동을 알고 실천 의지를 가질 수 있다.
학교폭력 인식 및 대처	1	장난과 폭력	학교폭력에 대한 민감성을 높인다.
	2	담임의 대처능력 개선	학교폭력에 대한 대처능력을 향상시킨다.

출처: 한국교육개발원(2018).

(3) 학부모 교육

학부모 대상의 학교폭력 예방교육 내용에는 학교폭력 징후 판별, 학교폭력 발생 시 대응요령, 가정 인성교육에 관한 사항이 포함되어야 한다(「학교폭력예방법 시행령」 제17조). 학교는 모든 학부모가 편리하게 교육을 받을 수 있는 체계를 구축하며 학교폭력 예방교육 프로그램의 구성과 운용계획을 인터넷 홈페이지에 게시하는 등 다양한 방법으로 교육계획을 학부모에게 알릴 수 있도록 한다(「학교폭력예방법」 제15조). 학부모 교육 참여도를 높이기 위한 방안으로 교육을 일과 후에 실시하거나 가정통신문과 이메일을 통한 간접교육도 병행한다(교육부, 2008). 학부모를 대상으로 학기당 1회 이상 설명회를 운영하여 학교의 중요 교육 및 학생생활지도계획 등을 알리고 협의하는 시간을 통해 교사와 학부모가 소통할 수 있는 기회를 제공하는 것도 좋다(관계부처합동, 2012). 학교폭력 예방을 위한 학부모 대상 프로그램의 예로 학부모용 어울림 프로그램이 있다. 그 예로 초등학교 저학년 학부모를 대상으로 한 어울림 프로그램은 〈표 5-4〉와 같다.

표 5-4 학부모 대상 어울림 프로그램(초등학교 저학년 학부모 대상)

영역	차시	프로그램명	학습목표
공감	1	엄마, 아빠! 저의 감정을 읽어 주세요	공감의 필요성을 인식하고 자녀의 감정 표현을 도와준다.
	2	딸아, 아들아! 네가 느끼는 그대로를 존중한단다	공감을 통해 아이의 감정을 그대로 존중한다.

〈계속〉

의사소통	1	귀 기울여 주세요	자녀와의 의사소통을 위해 자녀들의 특징 및 또래 문화를 이해하고, 자녀들과 효과적인 의사소통 방법을 익힌다.
	2	우리 아이 잘 부탁해요	교사와의 의사소통을 위해 학급 담임교사의 위상을 인정하고, 교육공동체로서의 관계를 개선한다.
갈등해결	1	이해해 주세요	학교에서의 자녀의 갈등 상황을 이해하고, 자녀를 도울 수 있는 방법을 모색한다.
	2	도와주세요	자녀의 갈등 상황에 대한 대처방법을 익혀 자녀의 긍정적인 또래관계 형성을 돕는다.
감정조절	1	내 아이 감정조절 돕기	감정조절의 중요성을 인식하고, 부모의 변화 필요성을 느껴 감정조절을 도울 과제를 실천한다.
	2	감정조절 기술	학교폭력 예방을 위한 감정조절을 도울 수 있고, 자신의 감정과 생각을 표현하도록 돕는다.
자기존중감	1	자녀의 미래가 바뀌는 자기존중감	부모의 양육방식이 자녀의 자기존중감에 미치는 영향을 파악하고 자기존중감의 중요성을 인식할 수 있다.
	2	자녀의 자기존중감 키우기	자녀의 자기존중감을 키우기 위한 다양한 활동을 알아보고 실천 의지를 가질 수 있다.
학교폭력 인식 및 대처	1	설마 우리 아이가?	가해와 피해 징후를 알고 어른들이 협조할 수 있다.
	2	우리 아이의 올곧은 성장을 위하여	마음이 건강한 아이를 위해서는 가정과 학교의 공동 협조가 필수임을 알 수 있다.

출처: 한국교육개발원(2018).

2) 학교폭력 예방을 위한 학교환경 조성

학교폭력이 학교라는 공간에서 일어나는 사안이고 가해자와 피해자가 모두 학생이라는 점을 고려할 때, 학교폭력 발생에 영향을 미치는 요인에는 학급과 학교 분위기 등의 학교환경적 요인도 있다(김미영, 2007). 학교폭력은 학교 내부 분위기에 영향을 받을 수 있기 때문에 학교환경을 조절함으로써 학교폭력의 빈도를 감소시킬 수 있다(이은희, 2009).

(1) 안전한 시설 구축

깨진 유리창 이론(Broken Window Theory)에 따르면, 관리되지 않고 방치된 교실이나 건물은 학교폭력 가해학생의 주요 활동공간이 될 수 있다. 특히 소규모 학교에서는 체계적인 관리 · 운영의 미흡으로 학교 건물이 학교폭력의 장소로 사용될 가능성이 있으므로 점검에 철저를 기해야 한다(조민희, 이재민, 2012). 안전한 학교환경을 위해 학교폭력 발생비율이 높은 장소에 관심을 기울여야 한다. 학교 내 CCTV 운영 및 모니터링을 강화하고, 교실과 운동장 등 학교 내 주요 활동공간에서 사각지대 없이 관찰할 수 있도록 야간 조명을 설치하고 낮은 울타리를 조성하는 등 조경을 이용할 수 있다. 학교 주차장, 건물 뒤편 등 후미진 공간으로의 접근을 통제하는 방법도 적용할 수 있다. 학교 구성이나 지역 거주자와 통행자 등에 의한 인적 감시가 부족한 장소에는 기계적 감시체계를 동원하는 것과 같이 자연적 감시체계를 활용할 수 있다(조민희, 이재민, 2012).

(2) 정서적 지원 강화

학교교육에서 공부에 대한 압박과 스트레스는 학생들에게 개인주의 등 바람직하지 못한 가치관을 심어 주어 이러한 복합적인 요소들이 이루어져 폭력의 원인을 제공하게 된다(곽은자, 1997). 일부 학생들은 학교에서 누적된 욕구불만, 긴장과 불쾌감 등에 대해 질서를 파괴하는 난폭한 폭력행위를 통해 쾌감을 맛보게 된다. 이렇게 학습된 쾌감은 강화되어 보다 크고 잔인한 폭력행동으로 이어진다(이상균, 2000). 학교정책이 일관성 있고 학생에 대한 교사의 지지 수준이 높으며 의사결정과정에 학생이 참가하는 학교분위기는 학교폭력에 긍정적인 영향을 미친다(이은희, 2009). 학교폭력에 방관하는 학생들의 행동을 변화시키는 것도 중요하다. 이들의 변화된 행동은 집단규준 속에서 가해학생이 얻을 수 있는 보상과 영향력을 얻지 못하게 한다(김광수, 2013). 또한 또래활동을 장려하고 일반적인 또래집단이 폭력성을 띠지 않도록 하기 위해 학생들이 건전한 집단활동을 할 수 있는 여건이 마련되어야 한다.

(3) 학생생활규정 제정

학교규칙은 크게 '학교운영에 관한 사항'과 '학생생활에 관한 사항'으로 구성되어 있는데(「초 · 중등교육법 시행령」 제9조), '학생생활에 관한 사항'은 학생, 학부모, 교사가 의견을 수렴하여 학교별로 정할 수 있다(한국교육개발원, 2012). 학생생활규정은 학생생활과 관련한 제반사항을 세부적으로 규정하고 있다(「초 · 중등교육법」 제8조, 「초 · 중등교육법 시행령」 제9조). 여기에는 기본적인 품행에서부터 교우관계, 이성교제, 동아리 활동, 여가활동과 같은 규정과 학생들의 사이버 생활까지 규정할 수 있어 실제 학교공동체에 미치는 영향이 크다(김영길, 2007).

학생생활규정 개정 관련 안내문

학부모님의 댁내 평안과 행복을 기원합니다.

본교는 「초 · 중등교육법」 제8조 '학교규칙', 「학교폭력 예방 및 대책에 관한 법률」 제○조, 「초 · 중등교육법 시행령」 제○조, 「○○시 학생 인권 보장 및 증진에 관한 조례」에 근거하여 학생생활 규정을 붙임과 같이 개정하고자 합니다.

학생생활규정 개정 위원회의 협의를 거쳐 개정과 관련한 초안을 작성하였으니 살펴보시고 보완할 사항이 있으시면 의견란에 적어서 ○월 ○○일까지 학교로 보내 주시기 바랍니다. 이후에 학생생활규정 개정 위원회를 열어 학생 및 학부모님들의 의견을 반영하도록 하겠습니다.

또한 학생생활규정의 원안과 수정안은 학교 홈페이지에 올릴 예정이니 자녀 지도에 참고하시기 바랍니다. 감사합니다.

붙임: 학생생활규정 신 · 구 대조표

20 . . .

학 교 장

학생생활규정 개정

확인란: 'O' 표시 (*위 내용을 확인하였음)	의견란

_____학년 _____반 _____번 성명: _________

학부모 성명: ___________ (인)

그림 5-2 학생생활규정 개정 관련 안내문

학교폭력 예방을 위해 학생생활규정을 반드시 지켜야 할 핵심 사항 위주로 작성하며, 교사, 학생, 학부모의 충분한 협의과정을 거쳐 실천적인 인성교육을 추진하는 규칙을 제정해야 한다. 학생생활규정은 학생, 학부모, 교사가 함께 참여하여 타당하고 객관적이며 신뢰적인 과정을 거쳐 제정·개정되어야 실효성 있게 운영될 수 있다. 이러한 과정을 거칠 때 학생이 자율적으로 학교규칙을 준수하는 문화를 만들 수 있다(한국교육개발원, 2012). 학생생활규정의 개정을 위한 협의과정으로 [그림 5-2]와 같은 안내문을 활용할 수 있다.

(4) 다양한 소집단활동

학교폭력 예방을 위해 학생들이 관심을 갖고 자율적으로 참여하는 자치활동 및 다양한 소집단활동을 활성화하는 방안을 고려할 수 있다(관계부처합동, 2012). 구체적으로 학교폭력을 방관하거나 강화하는 행동을 조장하는 학급 분위기를 변화시키고 가해행동을 억제하고 가해행동에 대해서 방어를 하는 긍정적 학급 응집력, 집단 분위기, 집단 규범을 만들어 나가기 위해서는 동아리 활동 등을 활용할 수 있다(김광수, 2013). 다양한 놀이 활동을 통해 건전한 학교문화를 형성함으로써 학생들이 서로 이해하고 어울릴 수 있는 프로그램으로 〈표 5-5〉의 사례를 살펴볼 수 있다.

표 5-5 학교폭력 예방 우수사례(충남, 금곡초등학교)

주제	활동 내용
언어문화개선 프로그램	• 1~2학년: '나쁜말 휴지통', '나쁜말 종이비행기' 날리기 • 3학년: 친구에게 '예쁜말 하트엽서' 전하기 • 4학년: 친구에게 '사과의 마음나무'를 만들어 전달하기 • 5~6학년: 친구에게 마음을 담은 '손바닥 편지' 전하기
자신감 쑥쑥 칭찬하기	• 친구의 행동을 '칭찬카드'에 써서 칭찬 우편함에 넣기 • 칭찬쪽지를 써서 '칭찬나무' 만들기 • 학교 누리집의 '칭찬합니다' 게시판에 친구를 칭찬하는 글쓰기
인성교육주간 프로그램	• 1~2학년: 생명존중, 친구, 가족에게 편지 쓰기 • 3~4학년: 독서사랑 및 나라사랑 교육, 칭찬상장 만들기 • 5~6학년: 자치법정에서 상벌제 만들기, 우리 학급 규칙 만들기
Healing 通 내 마음이 들리니?	• 감정이나 느낌을 자유롭게 표현하여 '힐리통' 우편함에 넣기 • 힐링봉사동아리 회원, 교사들이 희망메시지 댓글 달기

〈계속〉

자연과의 만남, 생태체험	• 학년별 생태체험주제 추출하여 다양한 생태체험 놀이
어울林 프로그램	• 자연놀이 활동, 협동심을 기르는 자연체험 오리엔티어링 운영 • 학교텃밭을 활용한 생태체험 프로그램 운영
학교 스포츠클럽 운영	• 다양한 학교 스포츠클럽 운영: 플라잉디스크, 바이크, 피구, 줄넘기, 줄다리기, 축구, 피구 등 • 금곡 K-리그 대회: 학급 대항 경기를 통해 협동심을 기르고, 학급 스포츠클럽 활성화
학생 동아리활동	• 토요 학생동아리 활성화: 토요 상설 학생예술 동아리, 토요 우쿨렐레 동아리, 토요 고불서당 • 상설동아리 활성화 • 꿈이룸! 학생동아리: 9개의 동아리가 지역교육지원청으로부터 예산지원 받아 운영

출처: 교육부, 청소년폭력예방재단(2013).

학교폭력 예방을 위한 소통과 배려, 협력의 학교문화를 만들기 위해서는 학생, 교사, 학부모가 상호 협력하고 배려하는 공동체적 학교 분위기가 형성되어야 한다. 또한 학생 인성을 중시하고 가정 및 관련기관의 참여와 협력이 권장되며 민주적이고 참여적인 의사결정이 가능한 문화가 조성되어야 한다(한국청소년정책연구원, 2012b). 즉, 학교폭력을 예방하기 위해 폭력적 관계문화는 개선되어야 한다. 부모 및 교사로부터 존중받고 배려받는 경험을 한 학생들은 공격적이거나 폭력적이지 않다. 반면, 학교폭력은 학생 스스로가 존중받지 못하고 타인을 존중하는 법을 제대로 배우지 못해 일어난다고 볼 수 있다. 따라서 교사가 학생의 권리를 존중하고 부모가 자녀의 권리를 존중한다면 학생들은 타인을 존중하게 되며 타인의 인권을 침해하는 폭력행위를 하지 않게 된다.

2. 조기 발견 및 대처 방안

학교폭력은 교사가 발견하기 어려운 장소 및 시간대에 발생하거나, 뒤늦게 발견하여 문제가 커지는 경우가 많다. 가해학생의 공격성이 피해학생을 향해 지속적이고 반복적으로 행해져 결국 가해학생과 피해학생 모두에게 치명적인 상처가 되는 커다란 사건으로 이어질 수 있다. 그러므로 문제가 심각해지기 전에 학교폭력의 징후를 발견하는 것은 추후에 더 큰 문제로 가는 길을 막을 수 있는 최선의 예방 방안이다. 이 절에서는 피해학생과 가해학생이 보이는 학교폭력의 징후를 살펴보고 징후 파악 시의 대처 방안에 대해 살펴본다.

1) 징후 관찰 방법

학교폭력 피해학생은 자신이 당하고 있는 피해에 대해 부모와 교사, 친구들에게 표현하지 않는 경우가 많다. 이들은 누구에게 어떻게 도움을 요청할 것인지, 그 상황에 어떻게 대처할 것인지 등에 관해 잘 모르고 혼자서 끙끙 앓는 경우가 많기 때문에 피해 징후를 발견하기 어렵다. 학교생활에서 발견되는 피해학생의 징후를 가장 잘 파악할 수 있는 사람은 하루 일과의 대부분을 학생들과 함께하는 교사이다. 대부분의 학교폭력이 같은 학교, 같은 학년, 같은 반에서 발생하는 경우가 많기 때문에 교사는 피해학생에게서 발견될 수 있는 징후에 관심을 가지고 주의 깊게 관찰할 필요가 있다. 교사가 학교에서 수업시간, 점심시간과 쉬는 시간, 등하교 시간에 발견할 수 있는 피해 징후는 〈표 5-6〉과 같다.

표 5-6 피해학생의 징후

구분	징후
수업시간	• 지우개나 휴지, 쪽지가 특정 학생을 향한다. • 특정 학생을 빼고 다른 학생들이 이유를 알 수 없는 웃음을 짓는다. • 평상시와 달리 수업에 집중하지 못하고 불안해 보인다. • 자주 등을 만지고 가려운 듯 몸을 자주 비튼다. • 코피가 나거나 얼굴에 생채기가 있어도 별일 아니라고 한다. • 옷이 젖어 있거나 찢겨 있어도 별일 아니라고 한다. • 옷 등에 낙서나 욕설이나 비방이 담긴 쪽지가 붙어 있다. • 교과서나 필기도구, 준비물이 없다. • 교과서와 노트, 가방에 낙서가 많다. • 종종 무슨 생각에 골몰하는지 정신이 팔려 있는 듯이 보인다.
점심시간, 쉬는 시간	• 자주 점심을 먹지 않거나 혼자 먹을 때가 많고 빨리 먹는다. • 친구들보다 선생님과 어울리려 한다. • 자기 교실에 있기보다 이 반, 저 반 다른 반을 떠돈다. • 교실 안보다 교실 밖에서 시간을 보내려 한다.

〈계속〉

등하교 시간	• 자주 지각을 하거나 무단결석을 한다. • 다른 학생보다 빨리 혹은 아주 늦게 학교에서 나간다. • 수련회, 수학여행 및 체육대회 등 학교 행사에 참석하지 않는다. • 작은 일에도 예민하고 신경질적으로 반응한다.
사이버 폭력	• 스마트폰을 보는 학생의 표정이 불편해 보인다. • 불안한 기색으로 정보통신기기를 자주 확인하고 민감하게 반응한다. • 단체 채팅방에서 집단에게 혼자만 반복적으로 심리적 공격을 당한다. • 용돈을 많이 요구하거나 온라인 기기의 사용요금이 지나치게 많이 나온다. • 부모가 자신의 정보통신기기를 만지거나 보는 것을 극도로 싫어하고 민감하게 반응한다. • 온라인에 접속한 후, 문자메시지나 메신저를 본 후에 당황하거나 정서적으로 괴로워한다. • 사이버상에서 이름보다는 비하성 별명이나 욕으로 호칭되거나 야유나 험담이 많이 올라온다. • SNS의 상태, 글귀나 사진 분위기가 갑자기 우울하거나 부정적으로 바뀐다. • 컴퓨터 혹은 정보통신기기를 사용하는 시간이 지나치게 많다. • 잘 모르는 사람들이 학생의 이야기나 소문을 알고 있다. • 학생이 SNS 계정을 탈퇴하거나 아이디가 없다.

출처: 교육부(2018b); 조정실, 차명호(2010).

가해학생의 징후는 공격적이고 적극적인 특성상 친구들이나 학급 분위기에 많은 영향을 주기 때문에 소극적인 피해학생보다 더 쉽게 발견될 수 있다. 가해학생들은 옳고 그름을 판단하는 능력이나 타인의 마음을 헤아리는 능력이 부족하여 감정적이고 충동적으로 행동하며, 이유 없이 싸우고 친구들을 괴롭히거나 위협한다. 이렇게 드러나는 경우도 있지만 특별히 문제가 없는 학생인 것 같은 데도 가해자가 되기도 한다. 교사가 없을 때만 공격성을 드러내는 학생이나 공격성을 가진 학생 옆에서 조종하는 학생과 같은 경우에는 가해학생의 징후를 발견하기 어려울 수 있다. 이들은 성인들의 눈을 피해 폭력을 가할 수 있으므로 교사는 학생들의 행동을 주의 깊게 봐야 한다. 교사가 학교에서 수업시간, 점심시간과 쉬는 시간, 등하교 시간에 발견할 수 있는 가해 징후는 〈표 5-7〉과 같다.

표 5-7 가해학생의 징후

구분	징후
수업시간	• 교사와 눈길을 자주 마주치며 수업 분위기를 독점하려 한다. • 교사의 질문에 다른 학생이 대답하게끔 유도한다. • 야외 활동 시간에는 친구들과 과격한 싸움을 하려는 행동을 보인다. • 친구들에게 화를 잘 내고, 왜 그러냐고 물으면 이유와 핑계가 있다. • 교사의 권위에 도전하는 행동을 종종 나타낸다.
점심시간, 쉬는 시간	• 고가의 물건을 선물 받았다고 하면서 많은 학생 앞에서 자랑한다. • 다른 학생들을 자주 괴롭히거나 위협한다. • 쉽게 흥분하고 다른 학생들을 때리며 힘을 과시하려는 행동을 보인다. • 마음속에 항상 저항과 분노를 품고 규칙을 지키지 않는 행동을 한다. • 반에서 특정한 학생들과 논다.
등하교 시간	• 손이나 팔에 붕대를 감고 등교한다. • 등하교 시 책가방을 들어 주는 친구나 후배가 있다. • 지각 및 결석을 자주한다.
사이버 폭력	• SNS상에 타인을 비하, 저격하는 발언을 거침없이 개시한다.

출처: 교육부(2018b); 문용린 외(2006).

이와 같은 가해학생들은 타인에 대한 배려가 없을 뿐만 아니라 자신에 대한 자아존중감도 결여되어 있어서 자신뿐만 아니라 타인과 주변에까지 좋지 않은 영향을 미치게 된다. 따라서 교사는 가해학생이 가지고 있는 잘못된 에너지의 방향을 올바르게 이끌어 주는 역할을 해야 할 것이다.

2) 질문지를 통한 방법

학교폭력은 학교에서 일어나는 일인데도 불구하고 교사가 나중에서야 알아차리는 경우가 많다. 현실적으로 교사가 한꺼번에 많은 학생을 개별적으로 만나 대화를 통해 그들의 생각과 그들의 생활을 알아내기는 힘들다. 따라서 평소 주의 깊은 관찰을 통해 학생들을 효율적으로 파악하고 질문지를 적절하게 활용한다면 학교폭력을 조기에 감지할 수 있다. 교사용 및 학부모용 질문지와 피해학생, 가해학생, 방관학생의 징후를 감지할 수 있는 질문지를 활용하는 방법과 구체적인 내용은 다음과 같다.

(1) 교사용 질문지

교사용 질문지는 학급 집단의 위험도를 파악하는 것을 목적으로 하며, 학교폭력 조기 감지를 위한 교사용 질문지를 활용할 수 있다. 이 질문지의 실시 방법은 15문항의 질문을 읽어 보고 해당 문항에 체크한다. 각각의 문항은 수업시간, 출결 상황, 학생들 간에 발생하는 폭력 상황 등에 관하여 질문하고 있다. 질문지 해석 방법은 체크된 개수가 평균 7개 이상이면 고위험 집단으로 분류할 수 있으며, 이는 학급 내 학교폭력의 위험에 처한 학생이 많이 있다는 것을 의미한다. 이러한 경우에는 즉시 상담을 통해 학교폭력의 징후에 대해 확인해야 한다. 학교폭력 조기 감지를 위한 교사용 질문지는 [그림 5-3]과 같다.

※ 다음 중 학급 내에서 발생하는 문제에 체크해 주세요.

번호	내용	체크
1	수업시간을 학생들이 엄수하지 않는다.	
2	학생들 간에 언어폭력이나 신체폭력이 일어나고 있다.	
3	학교규칙 위반을 하는 학생이 있다.	
4	결석을 자주 하는 학생이 있다.	
5	학교 물건을 파손하는 학생이 있다.	
6	물건을 도둑맞는 경우가 종종 있다.	
7	학생들 간에 힘 싸움이 있다.	
8	옷이 자주 망가지는 학생이 있다.	
9	안색이 안 좋고 평소보다 기운이 없어 보이는 학생이 자주 있다.	
10	친구가 시키는 대로 그대로 따르는 학생이 있다.	
11	주변의 학생이 험담을 해도 반발하지 않는 학생이 있다.	
12	성적이 갑자기 떨어지는 학생이 있다.	
13	비싼 옷이나 운동화 등을 자주 잃어버리는 학생이 있다.	
14	몸에 다친 상처나 멍 자국이 발견되고, 물어보면 그냥 넘어졌다거나 운동하다 다쳤다고 말하는 경우가 있다.	
15	교과서나 일기장에 "죽어라" 또는 "죽고 싶다"와 같은 폭언이나 자포자기식의 표현이 있다.	

그림 5-3 학교폭력 조기 감지를 위한 교사용 질문지

출처: 문용린 외(2006).

(2) 학부모용 질문지

학부모용 질문지는 가정에서 학교폭력의 징후를 발견하는 것을 목적으로 하며, 실시 방법은 12문항의 질문을 읽어 보고 '있다/없다'에 체크하도록 한다. 해석 방법은 체크한 문항이 1~3개이면 학부모의 자녀에 대한 지속적인 관심과 사랑이 필요하다고 볼 수 있다. 체크한 문항이 4~6개인 경우 학부모는 교사의 도움을 요청한다. 문항이 7~12개이면 자녀가 어려움을 겪고 있으므로 부모는 자녀의 마음을 공감해 주고 학교와 해결책을 찾는다. 교사는 학부모를 통해 자녀에게서 발견되는 민감한 변화를 잘 감지하고, 함께 연계하여 피해학생을 도와야 한다. 학교폭력 조기 감지를 위한 학부모용 질문지는 [그림 5-4]와 같다.

※ 다음 중 가정 내에서 자녀에게 보이는 모습에 해당하는 것을 체크해 주세요.

번호	문항	있다	없다
1	비싼 옷이나 운동화 등을 자주 잃어버리거나 망가뜨리는 경우가 있습니까?		
2	몸에서 다친 상처나 멍자국을 자주 발견하게 되며, 물어보면 그냥 넘어졌다거나 운동하다 다쳤다고 대답하는 경우가 많습니까?		
3	교과서나 공책, 일기장 등에 "죽어라" 또는 "죽고 싶다"와 같은 폭언이나 자포자기 표현이 쓰여 있는 것을 본 적이 있습니까?		
4	용돈이 모자란다고 하거나 말없이 집에서 돈을 가져오는 경우가 있습니까?		
5	풀이 죽고 맥이 없거나 입맛이 없다고 하면서 평소 좋아하던 음식에도 손을 대지 않습니까?		
6	두통, 복통 등 몸이 좋지 않다고 호소하며 학교 가기를 싫어하는 경우가 많습니까?		
7	자기 방에 틀어박혀 나오려 하지 않거나 친구에게 전화 오는 것조차 싫어합니까?		
8	친구, 선배들에게 전화가 자주 걸려 오거나 통화 후 불려 나가는 경우를 본 적이 있습니까?		
9	갑자기 전학을 보내 달라고 자주 말하곤 합니까?		
10	갑자기 짜증이 많아지고, 엄마나 동생처럼 만만한 상대에게 폭력을 쓰거나, 공격적으로 변합니까?		
11	학교생활, 교우관계 및 자신의 신변에 대한 가족과의 대화를 회피합니까?		
12	평소보다 갑자기 성적이 떨어지고 있습니까?		

그림 5-4 학교폭력 조기 감지를 위한 학부모용 질문지

출처: 한국청소년상담원(2009).

(3) 학교폭력 실태 조사 질문지

학교폭력 실태 조사는 2017년 교육부에서 온라인으로 실시한 설문으로 학교폭력 피해유형 및 발생 장소, 학생의 학교폭력 목격 경험과 피해 경험, 가해 경험 및 신고 등을 파악할 수 있다. 이 질문지의 대상은 전국 초등학교 4학년부터 고등학교 3학년 학생이며, 전반적인 학교폭력 실태를 조사하기 위해 실시한다. 이 질문지는 최근 사이버폭력 등의 변화하는 학교폭력 양상을 반영하고, 피해학생의 심리를 고려하여 조사 문항들이 설계되었다. 또한 학생의 발달단계 및 인식수준을 고려하여 초등용과 중등용 문항을 분리하였다. 문항 수는 최소 3개에서 최대 48개이며, 목격 경험, 피해 경험, 가해 경험 및 신고 문항으로 총 4개 영역으로 구성되었다. 사이버폭력 경험이 구분되어 폭력유형별 하위항목으로 재배치되었으며, 각 피해유형별 세부 분석이 가능하도록 힘든 정도, 피해 빈도, 가해자유형, 피해 장소 및 시간 등의 세부문항을 각 폭력유형별 하위항목으로 구성하였다. 학교폭력 실태 조사 질문지는 〈부록 2〉에 제시하였다.

(4) 학교폭력 피해학생용 질문지

피해학생용 질문지는 초·중학생을 대상으로 하고, 학교폭력 피해학생의 실태를 파악하기 위함을 목적으로 한다. 비밀 보장이 이루어질 수 있는 상황에서 실시하고, 질문지는 반드시 교사가 직접 수거하여 학생들의 응답 내용이 노출되지 않도록 해야 한다. 실시할 때 특히 주의해야 할 사항은 학생들을 시험 대형으로 배치하여 피해학생이 방해 없이 작성할 수 있는 조건을 만들어야 한다. 학교폭력 피해학생용 질문지는 [그림 5-5]와 같다.

(5) 학교폭력 가해학생용 질문지

가해학생용 질문지는 초·중학생을 대상으로 하고 그 목적은 가해학생의 신체적 공격성, 언어적 공격성, 흥분성, 적의성, 수동적 공격성, 죄의식 등 6개의 영역에서 가해자의 특징들을 파악하는 데 있다. 실시 방법은 총 75문항으로 구성된 각각의 문항에 대해 '예'와 '아니요'로 체크하고, '예'라고 반응한 경우 1점, '아니요'로 반응한 경우 0점으로 계산한다. 채점 시 주의할 것은 전체 75개의 문항 중 도치되어 있는 15개 문항(1, 10, 17, 20, 27, 34, 39, 50, 55, 63, 66, 67, 71, 72, 74)은 평정의 점수를 거꾸로 환산하여 채점해야 한다. 합계점수가 높을수록 학교폭력의 가해 가능성이 높다. 가해학생용 질문지는 〈부록 3〉과 같다.

◈ 학년: ( ) 학년 ( )반 이름:

◈ 성별: □ 남 □ 여

1. 학생은 1년 동안 학교폭력 피해 경험이 있습니까?
   ① 없다 ② 1회 있다 ③ 2~3회 있다 ④ 4~5회 있다 ⑤ 6회 이상
   (피해 경험이 있다면, 아래 2~5번도 체크해 주세요.)
2. 어디에서 피해를 당했나요?
   ① 교실 ② 화장실 ③ 복도 ④ 학교 밖 ⑤ 기타 ________
3. 누가 피해를 주었나요?
   ① 같은 반 친구 ② 다른 반 친구 ③ 학교 선배 ④ 학교 후배
   ⑤ 다른 학교 학생 ⑥ 기타 ________
4. 피해를 준 사람은 몇 명인가요?
   ① 1명 ② 집단(2~5명) ③ 집단(6명 이상)
5. 어떤 학교폭력을 당했나요? (여러 개를 선택해도 됩니다.)
   ① 신체 부위를 맞았다. ② 돈이나 물건 등을 빼앗겼다.
   ③ 말로 협박이나 위협을 당했다. ④ 메일이나 문자로 욕 관련 내용을 받았다.
   ⑤ 억지로 심부름을 시키는 등 괴롭힘을 당했다. ⑥ 성적인 괴롭힘을 당했다.
   ⑦ 학교 일진이나 노는 학생들이 위협적인 말이나 행동을 했다.
6. 폭력을 당했거나 목격하거나 들은 경우, 신고한 경험이 있습니까?
   (신고 경험이 있다면, 아래 7~9번도 체크해 주세요.)
   ① 있다 ② 없다
7. 신고 경험이 있다면, 누구에게 신고했나요?
   ① 교사 ② 부모님 ③ 친구 ④ 기타 ________
8. 폭력을 당하거나 목격하거나 들은 경우 신고하지 않았다면, 그 이유는 무엇입니까?
   ① 신고할 정도로 심하지 않아서
   ② 보복이 두려워서
   ③ 신고하여도 해결에 별 도움이 되지 않을 것 같아서
   ④ 어떻게 신고하는지 몰라서
   ⑤ 기타 ________________
9. 앞으로 학교폭력을 당하거나 목격하거나 듣는다면, 누구에게 신고하시겠습니까?
   ① 담임교사 ② 학교폭력 책임교사 ③ 부모님 ④ 경찰
   ⑤ 기타 ________________
10. 더 쓰고 싶은 것을 써 주세요.

그림 5-5 학교폭력 피해학생용 질문지

출처: 교육과학기술부, 청소년폭력예방재단(2011).

(6) 방관자적 태도 감지용 질문지

방관자적 태도 감지용 질문지는 초등학생을 대상으로 하고 방관자적 태도를 측정하는 것을 목적으로 한다. 실시 방법은 19문항에 대하여 4점 척도로 반응하도록 한다. 해석 방법은 1~8개는 자기방어적 태도, 9~14개는 무관심한 태도, 15~19개는 방관자적 태도를 나타낸다. 체크 항목의 개수가 많을수록 집단따돌림 등, 학교폭력에서의 방관자적 태도가 높다고 볼 수 있다. 방관자적 태도 감지용 질문지는 [그림 5-6]과 같다.

*다음 질문에서 괴롭힘이란 같은 반에서 여러 명의 친구가 한 명을 반복하여 놀리기, 조롱하기, 욕하기, 협박하기, 때리기, 따돌리기, 심한 장난하기 등으로 괴롭히는 것을 말합니다.

번호	질문 내용	전혀 그렇지 않다 1	대체로 그렇지 않다 2	대체로 그렇다 3	매우 그렇다 4
1	내가 말해서 더 안 좋은 일이 일어날까 봐 아무 말도 안 한다.				
2	괴롭히는 장면을 보고 모르는 척 자리를 피한다.				
3	나도 괴롭힘을 당할까 봐 무서워 가만히 있는다.				
4	괴롭힘 상황에서 아이들이 뭐라고 할까 봐 아무 말도 안 한다.				
5	괴롭히는 아이들의 보복이 두려워 가만히 있는다.				
6	괴롭히는 쪽의 숫자가 더 많아서 겁이 나기도 한다.				
7	괴롭힘 상황에서 다른 아이들의 눈치를 살핀다.				
8	괴롭힘 당하는 아이와 아는 사이가 아니어서 쳐다보기만 한다.				
9	괴롭힘이 나와는 관계없는 일이라고 생각한다.				
10	괴롭힘 상황에서 내 할 일을 한다.				
11	괴롭히는 장면을 보아도 평소대로 행동한다.				
12	괴롭힘에 별 관심이 없다.				
13	괴롭힘 상황이 내가 모르는 일이면 가만히 있는다.				
14	괴롭힘 장면을 보고도 그냥 지나친다.				
15	괴롭히는 아이와 당하는 아이 양쪽 모두 문제가 있다고 생각한다.				
16	괴롭히는 아이와 당하는 아이가 서로의 잘못을 알아야 한다고 생각한다.				
17	괴롭히는 아이와 당하는 아이의 수준이 똑같다고 생각한다.				
18	괴롭히는 아이와 당하는 아이가 서로의 행동을 조심해야 한다고 생각한다.				
19	괴롭히는 아이는 괴롭히지 말고 당하는 아이는 성격을 고쳐야 한다고 생각한다.				

그림 5-6 방관자적 태도 감지용 질문지

출처: 김현주(2003).

3) 징후 발견 시의 대처방법

학교폭력 징후를 조기에 발견하는 것이 중요하지만 징후 발견 시 적절한 대처도 필요하다. 교사는 징후 발견 시 어떻게 대처하는 것이 보복이나 제3자를 통한 괴롭힘 등의 문제로 확대되지 않을지 고민한다. 학교폭력은 조기에 징후를 발견할 때 학교폭력 예방뿐 아니라 현재 학생 개개인이 경험하고 있는 문제에 관해 알게 되어 학생 생활지도와 문제해결에도 도움이 될 것이다. 징후 발견 후 교사의 대처방법은 〈표 5-8〉과 같다.

표 5-8 징후 발견 후 대처방법

피해학생	가해학생	방관학생
• 피해학생을 보호하라. • 사실을 객관적으로 파악하라. • 피해학생을 상담하라. • 학교폭력 여부를 지속적으로 확인하라.	• 따뜻한 관심으로 마음을 열라. • 폭력의 심각성을 알려라. • 행동의 변화를 고려하라.	• 상황을 알리도록 인식시켜라. • 피해자를 지원하도록 하라.

(1) 피해학생에 대한 대처방법

교사가 학교폭력 피해학생을 조기 감지하였을 때에는 즉각적이고 적극적인 대처를 통해 피해학생이 더 큰 피해를 입지 않도록 도와주어야 한다. 학교라는 공간을 통해 피해학생을 보호하고 사실을 확인하여 문제를 해결할 수 있도록 도와야 한다. 따라서 교사는 학교폭력 조기 감지 후 피해학생에 대해 다음과 같은 대처를 할 필요가 있다.

첫째, 피해학생을 보호하라. 피해 상황을 알게 되면 교사가 가장 먼저 해야 할 일은 피해학생의 상태 파악 및 신변보호를 고려하는 것이다. 불안한 피해학생의 마음을 정서적으로 지지하는 상담자로서의 역할을 수행하되 객관성을 잃지 않는 것이 중요하다.

둘째, 사실을 객관적으로 파악하라. 피해학생의 이야기를 들으며 사실을 파악 할 때에는 육하원칙에 의거하여 자세하고 객관적인 진술을 기록해야 한다. 폭력의 범위와 원인, 형태 등을 자세히 파악해야 하며, 다른 학생들 중에서 이러한 사실을 알고 있는 경우가 있는지 추가적으로 파악하는 것도 중요하다.

셋째, 피해학생을 상담하라. 교사는 상담에 임할 때 학생이 이야기하고 싶어 하는 부분에 주의 깊은 관심을 가지고 들어 주어야 한다. 교사는 피해학생과의 공감대 형성에 먼저 주력해야 하며 피해학생에게 폭력을 당할 위험요인이 있는 경우에도 이를 지적하기보다는 따뜻한 지지와 공감을 바탕으로 문제해결의 의지를 보여 줘야 한다. 이러한 과정을 통해 학생은 마음을 열고 근본적인 해결을 위해 교사와 이야기할 수 있다.

넷째, 학교폭력 여부를 지속적으로 확인하라. 학교폭력 문제가 원만하게 해결되지 않거나 관련 학생들에게 명확하고 구체적인 조치가 이루어지지 않으면 폭력행위는 재발하고 그 강도가 더 심해진다. 그러므로 교사는 피해학생을 보호하면서 학생들을 주의깊게 살피고 학교폭력 징후를 지속적으로 확인해야 한다.

(2) 가해학생에 대한 대처방법

교사는 추가적인 피해학생의 발생 및 학교폭력의 확장을 막기 위해 가해학생과의 면담을 통해 적극적인 조치를 취해야 한다. 가해학생은 가해행동을 하게 된 개인적 · 환경적 이유들이 있기 때문에 올바른 교육 이전에 따뜻한 관심이 필요하다. 학교폭력 조기감지 후 가해학생에 대해 교사는 다음과 같이 대처하는 것이 좋다.

첫째, 따뜻한 관심으로 마음을 열어라. 교사는 가해학생의 성장과정, 가족과의 관계, 부모의 양육태도와 대화방법 등을 파악하기 위해 학생이 마음 편히 이야기할 수 있는 공간을 마련하고 진솔한 대화를 나누도록 한다. 폭력적인 행동을 보이는 학생일수록 외로움을 느껴 사람을 그리워하므로, 교사가 따뜻한 관심으로 진지하게 접근하면 시간이 걸리더라도 가해학생은 의외로 쉽게 마음을 열 수 있다.

둘째, 폭력의 심각성을 알려라. 가해학생을 지도할 때는 스스로가 생각하기에 장난처럼 사소한 행위라 하더라도 엄연한 폭력행위가 되고 법적 문제가 될 수 있다는 사실을 알려 주어 폭력행위의 범위와 심각성을 파악할 수 있도록 돕는다.

셋째, 행동의 변화를 고려하라. 가해학생의 행동만 처벌하기보다는 잘못을 인정하고 다시는 그런 행동이 발생하지 않도록 변화시키는 것이 중요하다. 그들이 상담을 통해 피해학생들의 마음을 이해하고 인생에 의미 있는 행동을 할 수 있도록 도와야 한다. 가해학생에 대해 무조건적 처벌보다는 자신의 행동에 대한 반성의 시간과 심리치료를 제공하여 궁극적인 행동의 변화를 도모할 필요가 있다.

(3) 방관학생에 대한 대처방법

방관학생은 학교폭력에 직접 개입하지 않지만 폭력 상황을 목격하면서도 그대로 묵인하여 사태를 더욱 악화시킬 수 있다. 나아가 방관학생은 잠재적인 피해학생 또는 가해학생이 될 수 있기 때문에 그들에게는 다음과 같은 대처가 필요하다.

첫째, 상황을 알리도록 인식시켜라. 학교폭력을 목격한 학생이 목격한 것을 즉시 교사에게 알리는 것은 중요하다. 학교폭력은 인권을 무시하는 비겁한 행위이며 이 사실을 묵인하는 것도 비겁한 행위라는 것을 인식시켜 줄 필요가 있다. 자신이 당한 일이 아니라고 방관하는 태도는 옳지 않으며 자신도 동일한 피해 상황에 처할 수 있다는 사실을 깨닫도록 도와야 한다. 학교폭력 사실을 알리는 것은 고자질이 아니라 희생자에게 동정심을 표시하고 도와주는 의미임을 알도록 지도해야 한다.

둘째, 피해자를 지원하도록 하라. 다수의 방관자가 학교폭력의 발생 및 확산을 차단하는 역할을 하고 피해자를 지원할 수 있도록 하는 것이 중요하다. 그 어떤 폭력도 용납하지 않는 학급 분위기가 만들어질 때 궁극적으로 학교폭력을 해결할 수 있을 것이다.

정리하기

1. 학교폭력 예방을 위해 학생, 교직원, 학부모에 대한 예방교육이 우선 실시되어야 하며, 이는 지속적으로 실시될 수 있도록 해야 한다. 학교폭력을 예방하기 위하여 학급 및 학교 분위기 등 학교환경을 안전하게 조성하는 일이 중요하다. 안전한 시설을 구축하는 일 뿐만 아니라 건전한 또래활동을 위한 정서적 지원이 강화되어야 한다.
2. 학교폭력의 징후는 피해학생의 징후와 가해학생의 징후로 나누어 볼 수 있다. 피해학생은 특별한 이유 없이 지각, 결석, 등교거부 등의 현상이 나타나고, 친구관계에서 소극적이며 신체적 외상 흔적이 있을 수 있고 심리적으로 불안한 모습을 보인다. 가해학생은 일탈행동을 자주 일으키고 자신의 힘을 과시하려는 행동을 엿보이는 경우가 많다. 학교폭력을 조기에 감지하기 위해서 질문지를 적절하게 활용할 수 있다.
3. 학교폭력 조기 발견 시 교사의 대처방법은 세 가지로 나누어 볼 수 있다. 피해학생에게는 가장 먼저 신변보호를 최우선으로 하고 객관적 사실을 기록해야 하고, 가해학생에게는 문제의 심각성을 알리고 문제행동의 원인을 파악하며, 방관학생에게는 목격한 사실을 알리는 것의 중요성에 대해 지도하는 것이 중요하다.

확인하기

1. 학교폭력 예방을 위한 학교의 지원방안 중 건전한 학생문화 조성에 기여하며 특히 학생의 관심과 자율적 참여를 높일 수 있는 활동 방안에 대해 생각하고 구체적인 계획을 작성하시오.
2. 학교폭력 피해학생 및 가해학생의 징후에 대해 서술하고, 학교폭력을 조기에 감지했을 때 교사는 피해학생, 가해학생, 방관학생에 대하여 각각 어떻게 대처해야 하는지 쓰시오.
3. 학교폭력 예방을 위하여 학교 차원에서 교육적 지원을 하고자 할 때 중요하게 고려해야 할 내용에 대해 기술하시오.

제 6 장

학교폭력에 대한 교사의 예방 방안

학습목표

- 학교폭력에 대한 교사의 예방 방안을 파악할 수 있다.
- 전문상담교사와 연계한 학교폭력의 예방 방안을 이해할 수 있다.

학습내용

1. 학급운영을 통한 예방 방안
   1) 학급 목표 및 규칙 만들기
   2) 역할 분담하기 및 일상생활 점검하기
   3) 공감적 소통하기
   4) 학급 단위 예방 프로그램 운영
2. 수업과 연계한 예방 방안
   1) 초등 국어 수업, 도덕 수업과 연계한 예방 방안
   2) 중등 기술 · 가정 수업, 미술 수업과 연계한 예방 방안
3. 어울림 프로그램을 활용한 예방 방안
4. 전문상담교사와 연계한 예방 방안
   1) 또래활동을 통한 예방 활동
   2) 학부모 교육

생각 나누기

김 교사는 어느 날 학부모로부터 전화를 받게 되었다. 자녀인 지민이가 본인이 최근에 사 준 스마트폰을 친구에게 빌려주었다고 하는데 돌려받지 못하고 있는 눈치라는 것이다. 조사 결과, 학급 짱인 영철이가 지민이의 스마트폰을 사용하고 있었는데, 영철이는 지민이에게 스마트폰을 빌린 것이고 곧 돌려줄 것이라며 오히려 당당한 태도를 보였다. 지민이 역시 자신이 영철이에게 빌려준 것이 맞다고 주장하였으며 학급의 다른 아이들은 방관하는 모습을 보였다.

김 교사는 이것이 학교폭력의 징후임을 인식하고 더 큰 학교폭력으로 이어지지 않도록 학급 분위기를 개선해 보기로 결심하였다. 김 교사는 어떤 예방적 접근을 실시할 수 있겠는가?

교사는 학교폭력의 발생을 사전에 예방하고 경미한 학교폭력 상황이 감지되었을 때 더 큰 학교폭력 상황으로 이어지지 않도록 적절하게 개입해야 한다. 이 장에서는 학교폭력에 대한 교사의 예방 방안과 전문상담교사와 연계한 예방 방안에 대하여 살펴보겠다.

1. 학급운영을 통한 예방 방안

학교폭력에 대한 교사의 예방 방안은 크게 학급운영을 통한 예방 방안과 수업과 연계한 예방 방안으로 구분하였다. 먼저 학급운영을 통한 예방 방안을 살펴보겠다.

학급은 교사와 학생, 학생과 학생이 연결된 하나의 사회적 조직이며 그 안에서 학생들은 다양한 인간관계를 경험하기 때문에 때로는 학생들 개개인의 성향, 학급 분위기, 학급 내 갈등 상황 등으로 인하여 학교폭력이 발생할 수 있다. 이에 교사는 서로를 인정하고 배려하며 존중하는 학급 분위기를 형성하여 학교폭력으로부터 안전한 학급을 만들기 위해 노력해야 한다. 따라서 이 절에서는『교실 평화프로젝트』(박종철, 2013)와『폭력 없는 평화로운 학교 만들기』(조정실, 차명호, 2010)를 참고로 재구성하여 학교폭력의 예방을 위한 학급운영 방안을 제시하였는데, 학급 목표 및 규칙 만들기, 역할 분담하기 및 일상생활 점검하기, 공감적 소통하기, 학급 단위 예방 프로그램 운영 등으로 나누어 차례로 살펴보겠다.

그림 6-1 학급운영을 통한 예방 방안

1) 학급 목표 및 규칙 만들기

학년 초가 되면 학생들은 새로운 환경에 대한 부담감과 담임교사 및 급우들과 잘 지낼 수 있을지에 대한 두려움을 가질 수 있다. 이에 담임교사는 이러한 학생들의 걱정을 읽어 주고 학생들이 생활하면서 겪을 수 있는 어려움과 맞닿아 있는 학급의 목표를 정함으로써 학생들이 안심하고 생활할 수 있도록 분위기를 만들어 줄 필요가 있다. 구체적인 방법으로 담임교사는 학생들에게 "우리 반이 어떤 반이 되기를 원하는지 생각해 보고 평화롭고 화목한 교실을 만들기 위해 노력하자는 의미가 담겨 있는 구체적인 목표를 정해 보자."라고 안내하고 예시를 들어 줄 수 있다. 예를 들어, '왕따 없는 반이 되자.' '서로 잘 어울리는 반이 되자.' '단합이 잘 되는 반이 되자.' 등 자신이 생각하는 어떤 것이라도 괜찮다고 안내한다. 그리고 최종적으로 학생들이 원하는 학급 목표를 선정하고 반 전체가 함께 공유하도록 하며 한 해 동안 학급 목표를 잘 지킬 수 있도록 노력할 것을 당부해야 한다.

학급 규칙을 정하는 것도 중요한데, 학급 규칙은 담임교사의 지도방법에 일관성을 부여해 주는 기준점이 되고 학생에게는 자신의 행동에 대한 기준점을 알게 하고 책임감을 갖게 한다. 정해진 규칙은 학급 전체가 서명하여 모두의 동의하에 선정하고, 학급 구성원 모두 볼 수 있도록 게시하는 것이 좋다. 학급 규칙에는 평화로운 학급을 만들기 위해 하지 말아야 할 행동만이 아니라 해야 할 행동도 함께 정하여 학생들이 긍정적이고 능동적으로 규칙을 지킬 수 있도록 하고 학급 규칙을 관리하고 실천하는 것도 학생들 스스로 할 수 있도록 해야 한다. 이렇게 정해진 학급 규칙은 변경에 대한 요구가 있을 때에는 학급 내에서 주기적으로 규칙을 검토하고 개정할 수 있도록 하고, 아울러 규칙 위반 시 처리 사항 등의 내용도 포함하는 것이 좋다.

2) 역할 분담하기 및 일상생활 점검하기

학교폭력의 원인 중 하나는 자신이 가지고 있는 힘을 다른 친구들에게 발휘하여 인정을 받고 싶어 하거나 자기보다 약한 친구들을 지배하려는 마음에서 비롯된다. 따라서 학급의 불평등한 권력구조를 깨고 평등하고 평화로운 관계를 유지하도록 해야 하는데, 이는 학생들이 서로 영향력을 나누어 서로를 인정하고 존중하는 마음을 갖도록 함으로써 해소될 수 있다. 그 실천 방안으로 학급 구성원 모두가 1인 1역할을 갖도록 하는 방법이 있다. 1인 1역할 갖기는 학급 내에서 모든 학생 개개인이 자신의 강점을 활용할 수 있는 역할을 통하여 책임감과 소속감을 느끼는 것은 물론 학급 전체에 기여함으로써 각자의 역할을 인정받게 되며 서로를 인정하고 배려하는 학급 문화를 만들 수 있게 된다.

한편, 학급에서는 끊임없이 장난과 놀이를 가장한 폭력적 행동들이 일어나는데, 이는 자신의 행동이 다른 친구를 괴롭히고 있다는 사실을 인지하지 못하는 데에서 기인한다. 따라서 담임교사는 학생들의 일상생활에서 폭력과 연관된 행동이 있는지를 확인할 필요가 있고, 학생들도 자신이 무심코 행동한 것이 폭력과 연관되어 상대방을 힘들게 하지 않았는지 점검할 필요가 있다. 학생들의 행동 중 폭력과 관련된 일상생활을 점검하는 하나의 방법으로 [그림 6-2]와 같은 생활점검 체크리스트를 활용할 수 있다. 이러한 생활점검 체크리스트 결과를 바탕으로 학생들은 자신의 행동을 돌아보게 되고 담임교사는 이와 같은 행동에 대하여 자신은 장난이나 무심코 했던 행동이지만 타인을 괴롭히는 행위가 될 수 있음을 교육하고 재발하지 않도록 지도하여야 한다.

다음은 한 주일 동안 자신의 행동을 점검해 보는 체크리스트입니다.
자신은 장난으로 한 행동이 타인에게 불쾌감을 주지는 않았는지 자신이 한 행동을 돌이켜 보고 솔직하게 ✓ 표시해 봅시다.

생활점검 체크리스트

_____학년 _____반 _____번 이름: _________

내용	전혀 하지 않았다	약간 했다	많이 했다	매우 많이 했다
가만히 있는 친구를 괴롭히기				
귀찮게 하기				
별명 부르기				
심부름시키기				
체육복 바지 내리기				
남의 물건 던지기				
욕하기				
발로 차거나 찌르기				
싫어하는 행동 고의로 하기				
돈 빌리기				
남의 물건 망가뜨리기				

※ 이 외에도 자신이 했던 좋지 않은 행동이 있다면 빈칸에 솔직하게 적어 봅시다.

그림 6-2 생활점검 체크리스트(예시)

출처: 교육부(2008).

3) 공감적 소통하기

학생들 간에 의사소통 패턴을 보면 서로 친하지 않은 급우에게는 관심을 가지지 않고 친한 친구끼리만 관계를 맺고 소통하는 것이 보통이며, 서로 서열이 매겨져 우월한 집단과 열등한 집단으로 나뉘어 타인을 괴롭히는 행위도 심심찮게 벌어진다. 따라서 담임교사는 서로를 공감적으로 이해하고 수용하며 활발한 소통이 이루어져 평화로운 학급 분위기가 조성될 수 있도록 다양한 소통의 기회들을 마련해야 한다. 그 구체적인 방안은 담임교사의 역량에 따라 여러 가지가 있을 수 있겠으나 몇 가지만 예시로 들어 보겠다.

첫째, 학급 신문 만들기 및 학급 홈페이지 운영이다. 학급 신문이나 학급 홈페이지를 통하여 학생 개개인의 일상적인 삶, 친구와의 갈등, 학교생활에 대한 불만, 미래에 대한 고민 등을 풀어 나갈 수 있는 의사소통의 공간을 마련하는 것이다. 실천 방안으로는 일주일에 1회씩 각자가 자신의 일상 경험이나, 느낌, 고민 등을 적어서 제출하고 학급 신문 담당자가 이를 편집하여 신문으로 만들거나, 학생들 각자가 자신의 이야기를 학급 홈페이지에 올려 공유함으로써 서로를 이해하고 수용할 수 있는 기회를 만들 수 있다. 학급 신문이나 학급 홈페이지 운영의 또 다른 방법은 학급 신문 및 홈페이지에 게재될 주제를 선정해 주고 이에 대한 의견을 쓰도록 하여 우리 반 학생들이 어떤 생각을 가지고 있는지 함께 공감하는 기회를 갖게 하는 것이다. [그림 6-3]은 학급 신문 및 학급 홈페이지의 주제로 선정하기에 적당한 것들이다.

이번 주 학급 신문 주제

- '나댄다'는 말의 의미 생각해 보기
- 가시선인장 허그 프로젝트: 사람과 포옹을 하고 싶어 하는 가시선인장이 어떻게 하면 바라는 바를 이룰 수 있을지 상상해 보는 활동
- 마니또에 대해 생각해 보기: 일주일 동안 마니또 프로그램을 운영하고, 그에 대한 학생들 생각을 적게 하기
- 뒷담화 문화에 대해 생각해 보기
- 배려를 주제로 한 4컷 만화의 마지막 칸을 비우고 상상해 그리기
- 체육대회 반 티셔츠 제작 과정에서 생긴 갈등에 대해 생각해 보기
- 친하지 않은 친구와도 화목하게 지내는 방법 생각해 보기
- 우리 반 친구들에 대해 쓰기

그림 6-3 학급신문 주제(예시)

둘째, 우리 학급만의 놀이문화 만들기이다. 이는 어울림을 증진시킬 수 있는 프로그램으로 담임교사 수준에서 전문적 지식이 없이도 실시할 수 있다. 담임교사는 그 학급만이 할 수 있는 독특한 놀이 프로그램을 재량활동 시간 등을 활용하여 구상하고 실천해 볼 수 있다. 학급 구성원 모두가 참여하여 프로그램을 구상하고 실제로 정해진 프로그램을 실행해 봄으로써 보람을 얻을 수 있으며 서로 친밀해지는 경험을 가질 수 있다. 또한 이러한 프로그램을 구상하고 실행할 때 평소 친하지 않았던 친구나 대화할 기회가 없었던 친구들과 함께할 수 있도록 구성한다면 서로 친근감을 형성할 수 있고 이를 통해 학급 전체의 응집력이 강해지는 계기가 될 것이다.

셋째, 학교폭력에 대한 정기적인 토론회를 개최하는 것이다. 이러한 방법은 학생들에게 학교폭력에 관한 올바른 인식을 심어 주는 데 효과적인 방안이 될 수 있다. 학교폭력의 가해자와 피해자, 방관자, 중재자, 교사, 학부모 등의 입장으로 나누어 역할극을 구성해서 발표해 보고 이에 대해 토의해 보도록 하는 것도 좋은 방법일 것이다. 학급에서 활용할 수 있는 역할극에 대한 예시는 [그림 6-4]와 같다.

◎ 역할극 사례

2학년 4반 담임인 김 교사는 학부모로부터 자녀인 지민이가 최근에 사 준 스마트폰을 친구에게 빌려주었다고 하는데, 돌려받지 못하고 있다고 걱정하는 전화를 받게 되었다. 조사 결과, 학급 짱인 영철이가 지민이의 스마트폰을 사용하고 있었는데 영철이는 자신이 스마트폰을 빌린 것이며 곧 돌려줄 것이라며 오히려 당당한 태도를 보였고, 지민이 역시 자신이 영철이에게 빌려준 것이 맞다고 주장하였으며, 학급의 다른 아이들은 방관하는 모습을 보였다.
김 교사는 더 큰 학교폭력 상황이 발생하는 것을 막기 위해 학급 분위기를 개선해 보기로 결심하였다. 김 교사는 어떤 예방적 접근을 실천할 수 있겠는가?

위의 사례를 읽고 역할극을 구성할 수 있도록 조원의 배역을 정해 보고, 역할극을 구성하였다면 시연해 봅시다.

☞ 역할극을 마치고 자신이 맡은 배역을 하면서 느낀 점을 적어 봅시다.

☞ 본 활동을 통하여 어떤 생각이 들었는지 소감을 적어 봅시다.

그림 6-4 학교폭력 역할극 활동지(예시)

김 교사는 더 큰 학교폭력 상황이 발생하는 것을 막기 위해 학급 분위기를 개선해 보기로 결심하였다. 김 교사는 어떤 예방적 접근을 실천할 수 있겠는가?

4) 학급 단위 예방 프로그램 운영

교사는 재량활동 등의 시간을 이용하여 학급 단위 학교폭력 예방 프로그램을 실시할 수 있다. 일반적으로 학급 단위의 예방 프로그램은 학급 구성원 전체가 프로그램의 참여자로 활동하게 되므로 교사는 집단상담 참여자들 간의 상호작용을 촉진할 수 있도록 해야 한다. 학급 단위 집단상담 프로그램에서 다루어졌던 주제는 자연스럽게 학생들의 일상생활 이야기로 확대되어 집단상담의 효과가 증대되는 후속 효과가 나타날 수 있다. 〈표 6-1〉은 학급 단위로 운영할 수 있는 학교폭력 예방 프로그램으로 학교폭력 유형 중 그 심각성이 높다고 알려진 언어폭력과 집단따돌림 예방 프로그램의 예이다.

표 6-1 학급 단위 학교폭력 예방 프로그램

대상	프로그램명	회기	관련 원인	출처
초등학생	초등학교 고학년의 언어폭력 예방 프로그램	10회기	• 타인에 대한 배려심 부족 • 부적절한 갈등해결 방법 • 자기중심주의 • 언어폭력에 대한 허용적 분위기	이수영 (2010)
초 · 중학생	집단따돌림 예방 프로그램	8회기	• 상호 존중과 배려의식 부족 • 공감능력 부족	교육부, 한국교육개발원 (2012)

프로그램 내용을 구체적으로 살펴보면, 먼저 〈표 6-2〉 언어폭력 예방 프로그램은 욕설 및 조롱을 당하는 상황을 간접 경험하고 그 심각성을 인식하게 한다. 그다음 이러한 상황에 대해 어떻게 대처할 것인지 생각해 보고 욕설 대신 다른 해결 방법에 대해 알아본 후 실천의지를 다지는 내용으로 구성되어 있다. 그리고 〈표 6-3〉은 집단따돌림 예방 프로그램으로 타인의 마음을 공감하고 타인을 존중하고 배려하는 마음을 갖도록 하며 방관적 태도가 잘못된 것임을 인식하도록 돕고 자발적으로 따돌림 방지를 위한 규칙을 정해 보도록 구성되어 있다.

표 6-2 초등학생을 위한 언어폭력 예방 프로그램(예시)

프로그램 명	초등학교 고학년의 언어폭력 예방 프로그램
대상	초등학생
목표	욕설, 조롱, 희롱, 협박 등의 행동 감소를 통한 언어폭력 예방하기
특징	역할놀이를 활용하여 타인 공감능력을 증진시킬 수 있도록 구성하였다.

프로그램 과정

회기	단계	회기 목표	활동 내용
1	도입	프로그램 목적과 진행방식 알기	• 프로그램의 목적 및 진행방식 안내 • 활동을 위한 약속 정하기 • 생각과 느낌 나누기
2	전개	욕설 상황의 대처 방법 알기	• 욕설의 악영향에 관한 동영상 감상 • 역할극 상황을 정하고 실연하기 • 경험의 공유 및 일반화
3		욕설 행동을 줄이는 의지 다지기	• 욕설을 하게 되는 원인을 알아보기 • 토론과 평가
4		욕설을 했던 상황에서 다른 해결방법 찾기	• 욕설에 대한 대안행동 역할극 꾸미기 • 경험의 공유 및 일반화
5		조롱하는 말을 줄이는 의지 다지기	• 배려에 관한 동영상 감상 • 조롱하는 상황에 대한 역할극 꾸미기 • 경험의 공유 및 일반화
6		조롱을 당하는 상황의 대처방법 알기	• I-메시지 표현해 보기 • I-메시지 표현을 위한 역할극 꾸미기 • 경험의 공유 및 일반화
7		희롱을 당하는 상황의 대처방법 알기	• 폭력에 관한 동영상 감상 • 희롱을 하는 상황에 대한 역할극 꾸미기 • 경험의 공유 및 일반화
8		협박을 당하는 상황의 대처방법 알기	• 주장적 · 소극적 · 공격적 행동에 관한 프레젠테이션 • 협박을 하는 상황에 대한 역할극 꾸미기 • 경험의 공유 및 일반화
9		저주의 말을 했던 상황에 대한 다른 해결방법 찾기	• 사람의 성격을 표현하는 말 알아보기 • 저주를 하는 상황에 대한 역할극 꾸미기 • 경험의 공유 및 일반화
10	정리	실천의지 다지기	• 변화에 대한 동영상 감상 • 토론과 평가
출처 및 자료 접근방법	• 이수영(2010). • http://www.riss.kr		

표 6-3 집단따돌림 예방 프로그램(예시)

프로그램 명	집단따돌림 예방 프로그램
대상	초등학생, 중학생
목표	초등학교 및 중학교 학생들의 집단따돌림을 사전에 예방한다.
특징	담임교사가 학급 학생 전체를 대상으로 운영할 수 있도록 구조화되어 있다.

프로그램 과정

회기	단계	회기 목표	활동 내용
1	도입	프로그램의 필요성 및 규칙 이해	• TV를 통해 본 집단따돌림 • 내가 본 집단따돌림
2	전개	인식 점검, 이해 돕기, 경각심 일깨우기	• O, X 단체퀴즈 • 결과 예상해 보기
3		다른 사람의 입장에서 생각해 보고 생각을 표현하기	• 사례를 읽고 뇌 활동지 채우기 • 사례의 주인공들에게 댓글 달기
4		따돌림 피해자의 마음을 이해하고 이를 표현하기	• 나-전달법 이해하기 • 따돌림 상황을 나-전달법으로 표현하기 • 역할극을 통해 따돌림 피해자의 마음을 이해하고 표현
5		다름을 인정함으로써 친구를 존중하고 배려하는 마음 학습하기	• 다른 점 찾기 • 내 절친의 이야기
6		방관자에 대한 감정이해 및 방관적인 태도가 잘못된 것임을 알고 행동지침 학습하기	• 모르는 척하기 • 아는 척하기
7		학급회의를 통해 따돌림 방지를 위한 규칙 정하기	• 따돌림의 두 얼굴 • 우리 반을 위한 규칙 정하기 • 같이 약속하기
8	정리	사례를 통해 프로그램 회기 정리	• 생각하고 느끼고 행동하기
출처 및 자료 접근방법			• 교육부, 한국교육개발원(2012). • http://www.wee.go.kr

2. 수업과 연계한 예방 방안

「학교폭력예방법」에서는 학교폭력 예방교육을 학기당 1회 이상 실시하도록 규정하고 있지만, 인성교육 강화 측면이라는 보다 거시적인 관점에서 학교폭력을 예방하기 위해서는 교과 수업과 연계한 학교폭력의 예방적 접근이 필요하다. 이 절에서는 초등 국어 수업, 도덕 수업시간과 연계한 학교폭력 예방 방안과 중등 기술 · 가정 수업, 미술 수업시간과 연계한 학교폭력 예방 방안을 살펴보겠다.

1) 초등 국어 수업, 도덕 수업과 연계한 예방 방안

초등학교 수준에서 가장 문제가 되는 학교폭력의 영역을 언어폭력, 신체폭력, 사이버폭력, 집단따돌림이라고 보았을 때, 이 중 언어폭력과 관련해서는 국어 수업과 연계한 예방 방안을 구상해 볼 수 있고, 그 외에 신체폭력, 사이버폭력, 집단따돌림 등은 도덕 수업과 연계한 예방적 접근을 시도할 수 있다. 국어 수업과 연계한 예방 프로그램의 경우 학년별 학생들의 언어 사용 실태를 고려해야 하며, 국어라는 특수성을 감안하여 언어 습관 형성 교육에 초점을 두어야 한다. 도덕 수업과 연계한 예방 프로그램의 경우도 인성교육의 핵심교과인 도덕과의 특성을 반영한 프로그램이어야 하며, 두 경우 모두 관련 단원 학습 시간 예방 프로그램을 적절히 활용할 수 있도록 해야 한다.

(1) 국어 수업과 연계한 예방교육

최근 학생들 간의 폭력적 언어 습관은 또래친구 간의 대화뿐 아니라 사이버 공간에서도 빈번하게 발생하고 있어 학교 현장에서는 학생들의 바른 언어 습관 형성을 위한 체계적이고 실질적인 교과 수업 형태의 지도가 필요하다. 이에 언어폭력의 심각성을 인식하고 적절히 대응하여 바른 언어를 사용하는 습관을 형성할 수 있도록 국어 수업과 연계한 예방적 접근이 이루어진다면 효과적일 것이다. 국어 수업과 연계한 예방 프로그램은 〈표 6-4〉와 같으며, 학년별로 사용할 수 있는 프로그램으로 감정을 조절하며 말하기, 사과 · 위로의 말하기, 경청하고 공감하는 대화하기, 욕설이나 거친 말 하지 않기, 통신언어 예절 지키기 등으로 구성되어 있다.

표 6-4 국어 수업과 연계한 예방 프로그램

학년군	단원명	차시명	주요 내용 요소	학습목표
1, 2 학년군	고운 말을 나누어요	1. 이럴 땐 이런 고운 말	상황에 알맞은 고운 말 하기	고운 말을 해야 하는 까닭을 알고, 상황에 알맞게 실천할 수 있다.
		2. 화내는 말은 싫어요	감정을 조절하며 말하기	감정을 조절하며 말해야 하는 까닭과 방법을 알고, 실천할 수 있다.
		3. 용기를 주는 칭찬하는 말	칭찬하는 말 하기	칭찬하는 말 하기의 좋은 점을 알고, 이를 실천할 수 있다.
		4. 놀리지 않고 말해요	놀리지 않고 말하기	놀리는 말을 하지 않아야 하는 까닭을 알고, 이를 실천할 수 있다.
3, 4 학년군	공감하며 대화해요	1. 용기 있고 따뜻한 말	사과, 위로의 말 하기	상황에 알맞은 사과, 위로하는 말의 필요성을 알고, 실천할 수 있다.
		2. 기분 좋게 대화해요	듣는 사람의 기분을 상하게 하는 말 하지 않기	듣는 사람의 기분을 상하게 하는 말의 문제점을 알고, 기분을 상하게 하지 않는 말로 대화할 수 있다.
		3. 마음을 나누는 대화	경청하고 공감하며 대화하기	다른 사람의 말을 경청하고 공감하며 대화할 수 있다.
		4. 부드럽게 말해요	욕설이나 거친 말 하지 않기	욕설이나 거친 말을 사용하지 않고 대화할 수 있다.
5, 6 학년군	마음을 헤아리며 대화해요	1. 배려하며 말해요	배려하며 말하기	다른 사람을 배려하며 말하는 방법을 알고, 실천할 수 있다.
		2. 말 속에 숨은 차별	차별하는 말 하지 않기	차별하지 않고 대화하는 태도를 기르고, 실천할 수 있다.
		3. 통신언어도 예의 있게	통신언어 예절 지키기	통신언어를 사용할 때 지켜야 할 언어예절을 알고, 이를 실천할 수 있다.
		4. 내 말에 상처받았나요?	상처 주는 말 하지 않기	상대방에게 상처를 주는 말을 하지 않으면서 대화할 수 있다.

(2) 도덕 수업과 연계한 예방교육

도덕과의 특성을 반영한 프로그램의 내용은 도덕적 판단 능력 및 문제해결 능력 향상, 폭력 예방을 위한 정서 능력(공감, 정서조절, 자아존중감) 함양, 평화적인 갈등해결을 위한 사회적·도덕적 기능(의사소통 및 의사결정 기능 등) 향상을 주 목적으로 하고 있다. 도덕 수업과 연계한 예방교육의 내용은 초등학교 수준에서 가장 문제가 되는 영역인 폭력에 대한 이해, 신체폭력, 사이버폭력, 집단따돌림의 네 가지 영역에 대해 중점적으로 개입할 수 있다. 폭력에 대한 이해에서는 폭력의 나쁜 점과 생활 주변의 폭력문화를 알아보고 자신의 생활태도 속에 있는 폭력 요소를 제거하며 학교폭력에 대해 명확히 알고 학교폭력이 발생하였을 때 대처 요령에 대해 교육하도록 한다. 신체폭력에 대해서는 나와 타인을 존중하고 나의 장난이 친구에게는 폭력이 될 수 있음을 이해하도록 하며 신체폭력에 해당하는 행위에 대해 구체적으로 알아보고 신체폭력을 당했을 때 대처 요령에 대해 교육하도록 한다. 사이버폭력에 대해서는 사이버폭력이 무엇인지 알아보고 사이버폭력의 종류와 내용을 알도록 하며 사이버폭력에 대처하는 방법을 배우도록 교육한다. 집단따돌림에 대해서는 집단따돌림의 나쁜 점을 이해하고 집단따돌림에 해당하는 행동을 알아보며 집단따돌림을 이겨 내는 행동을 알아보도록 교육한다. 구체적인 내용은 〈표 6-5〉와 같다.

표 6-5 도덕 수업과 연계한 예방 프로그램

학년군 \ 영역		폭력에 대한 이해	신체폭력	사이버폭력	집단따돌림
1, 2 학년	주제	폭력과 평화	나의 몸과 친구의 몸 소중히 여기기	전화와 인터넷을 바르게 사용하기	모든 친구와 사이좋게 지내기
	활동 내용	• 폭력의 나쁜 점 알아보기 • 평화 알아보기 • 학교폭력 대응 요령 게임하기	• 내 몸을 소중하게 여기기 • 나쁜 행동 피하기 • 서로 존중하기(타인의 신체와 의사 존중)	• 사이버폭력에 대하여 알아보기 • 휴대전화에서 문자메시지 바르게 사용하기 • 인터넷을 잘 활용하기	• 집단따돌림의 나쁜점 이해하기 • 약자 배려하기 • 친구 만들기(친해지고 싶은 친구 만들기)
3, 4 학년	주제	폭력 바이러스	몸을 아프게 하는 것은 장난이 아니야!	이것도 폭력인가요?	먼저 실천하는 용기
	활동 내용	• 생활 주변에 있는 폭력문화 알아보기 • 자신의 생활태도 속에 있는 폭력 요소 제거하기	• 나의 장난이 친구에게는 폭력이 될 수 있음을 알기 • 장난하기 전에 친구의 마음 헤아려 보기 활동	• 사이버폭력의 여러 모습 이해하기 • 사이버폭력에 대한 대처방법 익히기	• 집단따돌림에 관련된 나의 책임 이해하기 • 집단따돌림을 이겨내는 마음 다지기

〈계속〉

5, 6 학년	주제	학교폭력, 함께 이겨 냅시다	몸에도 마음에도 상처가 되는 신체폭력	되돌릴 수 없는 상처, 사이버폭력	누구나 피해자가 될 수 있는 집단따돌림
	활동 내용	• 학교폭력에 대해 알아보기 • 학교폭력이 되는 행동 퀴즈 • 학교폭력이 발생했을 때 대처요령 • 학교폭력을 함께 이겨 내는 방법	• 신체폭력이 되는 행동 알아보기 • 신체폭력을 당했을 때 대처 요령 알아보기 • 분노를 조절하고 다스리는 연습하기	• 사이버폭력의 종류와 내용 알기 • 사이버폭력에 대처하는 방법 배우기 • 사이버폭력에 대처하는 방법 연습하기	• 집단따돌림의 의미 알기 • 집단따돌림에 해당하는 행동 알아보기 • 집단따돌림을 이겨 내는 학급 행동 규칙 알아보기 • 친구를 사귀는 10가지 방법 배우기

2) 중등 기술 · 가정 수업, 미술 수업과 연계한 예방 방안

다음에 제시할 중등 기술 · 가정 수업과 연계한 예방 프로그램은 기술 · 가정 교과서의 해당 단원과 연계하여 진행할 수 있는 프로그램으로 구성되었고, 미술 수업과 연계한 예방 프로그램은 미술 작품을 만들면서 분노 등의 감정 표출을 통한 학교폭력 예방에 중점을 두고 있다. 두 경우 모두 학교폭력 유형에 대한 직접적인 개입보다는 학교폭력의 보호 요인에 대한 강화를 통해 접근한 특징이 있는데 이를 자세히 살펴보겠다.

(1) 기술 · 가정 수업과 연계한 예방교육

기술 · 가정 수업과 연계한 예방교육 방안으로는, 먼저 기술 · 가정 교과서 단원 중 '가족의 이해' 단원에서 원만한 가족관계 형성을 위해서 바람직한 의사소통 방법과 원만한 갈등해결 방법을 제시하고 있는데, 이는 모든 대인관계에서 기본적으로 갖추어야 할 역량으로 이를 학교폭력 예방교육의 내용으로 구성할 수 있다. 그리고 기술 · 가정 교과서의 '청소년의 이해' '청소년의 생활' 단원 등에서도 학교폭력 예방과 관련한 내용 요소를 확인할 수 있다. 이러한 기술 · 가정 수업과 연계하여 학교폭력 예방 프로그램을 구성한 예시는 〈표 6-6〉과 같다. 이 프로그램은 중학생을 대상으로 기술 · 가정 교과 수업시간에 학급 단위로 진행할 수 있는데, 학교폭력 인식변화, 자아존중감 향상, 타인과 관계 맺기, 배려와 나눔 실천, 실천의지 다지기에 중점을 두고 있다. 프로그램을 통한 궁극적인 기대효과는 학교폭력의 개념 및 심각성을 인식하기, 갈등해결 기술 향상, 긍정적 자아개념 형성 및 나와 타인에 대한 존중과 배려 태도 형성, 비폭력 의사소통 방법을 익혀 원만한 친구관계 형성하기, 배려와 나눔의 생활 실천을 통한 학교폭력의 예방이다.

표 6-6 기술 · 가정 수업과 연계한 예방 프로그램(예시)

<table>
<tr><th colspan="2">프로그램 명</th><td colspan="2">학교폭력 예방을 위한 중학교 기술 · 가정 교과와 연계한 교육 프로그램</td></tr>
<tr><th colspan="2">대상</th><td colspan="2">중학생</td></tr>
<tr><th colspan="2">목표</th><td colspan="2">기술 · 가정 교과와 연계한 학교폭력 예방 활동 강화</td></tr>
<tr><th colspan="2">특징</th><td colspan="2">기술 · 가정 교과 시간을 활용하여 지속적으로 학교폭력 예방교육을 실시할 수 있다.</td></tr>
<tr><th colspan="4">프로그램 과정</th></tr>
<tr><th>회기</th><th>단계</th><th>회기 목표</th><th>활동 내용</th></tr>
<tr><td>1</td><td>도입</td><td>폭력에 대한 인식 개선</td><td>• 학교폭력의 개념과 심각성 인식하기</td></tr>
<tr><td>2</td><td rowspan="7">전개</td><td>평화적 문제해결 방법 모색</td><td>• 방관하지 않고 피해학생을 적극적으로 돕기</td></tr>
<tr><td>3</td><td>긍정적 자아개념 형성</td><td>• 나의 자아상 파악하기
• 자신의 매력을 긍정적으로 표현하기</td></tr>
<tr><td>4</td><td>외모에 대한 긍정적 태도 형성</td><td>• 자기 외모의 특징을 설명하기
• 이상적 외모와 관련한 사회문화적 요인 이해 및 비판적 수용</td></tr>
<tr><td>5</td><td>나와 타인을 존중, 이해하는 태도 형성하기</td><td>• 자신의 장점을 세 가지 이상 말하기
• 나와 다른 친구를 이해하고 수용하기</td></tr>
<tr><td>6</td><td>감정을 표현하고, 소통 방법 익히기</td><td>• 다양한 의사소통의 종류 알아보기
• 상대방의 표정이나 몸짓을 보고 감정 알아차리기
• 자신의 현재 느낌을 감정말로 표현하기</td></tr>
<tr><td>7</td><td>비폭력 대화 방법 익히기</td><td>• 상대방의 말에 반영적 경청하기
• 나-전달법을 사용하여 나의 마음 표현하기</td></tr>
<tr><td>8</td><td>갈등의 원인과 해결방안 찾기, 문제해결하기</td><td>• 갈등의 의미와 갈등해결의 중요성 알기
• 나의 갈등 대처유형 알기
• 건설적인 갈등해결 방법 알기</td></tr>
<tr><td colspan="4">중략</td></tr>
<tr><td>15</td><td>정리</td><td>폭력 없는 학교 만들기를 위한 실천의지 다지기</td><td>• 역할극을 통한 상대방의 입장 공감하기
• 평화적 갈등해결방법을 찾고 실천하기</td></tr>
<tr><td colspan="2">출처 및 자료 접근방법</td><td colspan="2">• 손주영(2013).
• http://www.riss.kr</td></tr>
</table>

(2) 미술 수업과 연계한 예방교육

폭력성은 분노를 감소시키기 위한 행동이므로 분노를 억누르기보다는 적절하게 표출해야 한다는 가정하에 미술 교과가 학교폭력 문제를 해결하는 긍정적 효과를 가져올 수 있다(최예나, 2013). 미술 교과의 표현 행위를 통한 학교폭력 예방교육의 구체적인 지도 방안으로는 감성 개발에 초점을 둔 '관찰과 표현을 통한 정서 개발'과 '상상과 표현을 통한 공감능력 개발', 분노 표출에 초점을 둔 '자화상을 통한 평면적 분노 표출 표현'과 '소조를 통한 입체적 분노 표출 표현' 등으로 나눌 수 있다. 자세한 내용은 〈표 6-7〉과 같다.

표 6-7 미술 수업과 연계한 예방 프로그램(예시)

주제	차시	학습목표
관찰과 표현을 통한 정서 개발	1	• 학교폭력과 원예활동을 통한 정서 개발과의 연관성을 이해하기 • 자연을 체험하고 특징을 찾아내는 관찰능력을 기르기 • '나의 나무'를 지정하고 이것을 아끼고 보호하는 책임감을 갖기
	2	• 아트북 제작에 사용 가능한 다양한 제본방법을 안다 • 아트북 제작 시 다양한 재료를 사용하여 독창적으로 표현할 수 있는 능력을 기른다.
	3	• 1, 2차시 수업과정을 정리하여 발표함으로써 자신의 감정을 인지하고, 친구 작품의 감상을 통해 타인의 감정을 이해하기 • 작품의 의도와 자신의 생각을 조리 있게 말할 수 있는 능력을 기르기 • 친구들이 작품을 발표할 때 경청하는 태도를 갖기
상상과 표현을 통한 공감능력 개발	1	• 공감의 개념과 폭력과의 연관성에 대해 이해하기 • 다른 생명체가 되는 상상을 통해 공감능력을 기르기 • 타자의 입장을 공감하며 이해하는 태도를 갖기
	2	• 상대방의 마음을 읽고 공감을 통해 타인을 이해하기 • 다른 생명체의 입장에서 느끼는 감정과 시선을 표현하면서 공감능력을 기르기 • 자신의 감정을 최대한 배제하고, 표현하려는 개체의 감정을 그대로 느끼고 표현하는 적극적인 태도를 갖기
	3	• 1, 2차시 수업과정을 정리하여 발표함으로써 자신의 감정을 인지하고, 친구 작품의 감상을 통해 타인의 감정을 이해하기 • 작품의 의도와 자신의 생각을 조리 있게 말할 수 있는 능력을 기르기 • 친구들이 작품을 발표할 때 경청하는 태도를 갖기

〈계속〉

자화상을 통한 평면적 분노 표출 표현	1	• 프리다 칼로의 〈자화상〉을 감상하고 도상해석학에 대해 이해하기 • 도상학의 학습을 통해 미술가가 의도한 의미를 탐색할 수 있는 능력을 기르기 • 분노를 예술로 승화시킴으로써 내면에 잠재된 폭력성을 완화시키려는 적극적인 태도를 기르기
	2	• 본래의 이미지를 그대로 제시하는 것과 상징적으로 표현하는 것의 차이를 이해하기 • 자신의 내면을 상징적으로 표현할 수 있는 능력을 기르기 • 다양한 재료를 사용하여 표현해 보려는 능동적인 태도를 갖기
	3	• 1, 2차시 수업목표와 내용을 인지하고 상기하며, 수업의 목적에 대해 이해하기 • 발표할 때 본인 작품의 의도와 자신의 생각을 조리 있게 밀힐 수 있는 능력을 기르기 • 친구들이 작품을 발표할 때 경청하는 태도를 갖기
소조를 통한 입체적 분노 표출 표현	1	• 소조의 개념과 예술의 승화 개념을 이해하기 • 형태 표현에 있어서 아이디어를 구상하고 적용하는 능력을 기르기 • 내면에 억눌렀던 감정을 숨기지 말고 잘 표현하려는 적극적인 태도 갖기
	2	• 소조를 통한 분노완화 효과를 알고 본 수업의 목적에 대해 이해하기 • 자신의 감정을 작품으로 표현할 수 있는 능력을 기르기 • 슈팅페인팅 행위를 통해 분노유발 원인에 벌을 가했다고 생각하고 분노를 완화시켜 긍정적인 태도를 갖도록 하기
	3	• 1, 2차시 수업목표와 내용을 인지하고 상기하며, 수업의 목적에 대해 이해하기 • 발표할 때 본인 작품의 의도와 자신의 생각을 조리 있게 말할 수 있는 능력을 기르기 • 친구들이 작품을 발표할 때 경청하는 태도를 갖기

출처: 최예나(2013).
자료 접근방법: http://www.riss.kr

3. 어울림 프로그램을 활용한 예방 방안

교사는 어울림 프로그램을 활용하여 학교폭력을 예방할 수 있다. 학생을 대상으로 한 어울림 프로그램은 학교급(초등학교 1~2학년, 초등학교 3~4학년, 초등학교 5~6학년, 중학교, 고등학교)별로 학교폭력 예방을 위한 학생의 심리적 특성(공감, 의사소통, 갈등해결, 감정 조절, 자기존중감, 학교폭력 인식 및 대처)을 강화시키기 위한 프로그램으로 구성되어 있다. 교사는 정규 교육과정에서 교과수업이나 창의적 체험활동 등을 활용하여 학생들을 대상으로 어울림 프로그램을 운영할 수 있다. 도란도란 학교폭력예방교육 홈페이지에서는 교육부와 한국청소년정책연구원에서 개발한 교과연계어울림 프로그램, 학교폭력 예방교육을 위한 지도안과 활동지 등 다양한 교육 자료를 제공하고 있다. [그림 6-5]는 도란도란 학교폭력 예방교육 홈페이지의 예시이며, 주소는 https://doran.edunet.net이다.

그림 6-5 도란도란 학교폭력예방교육 홈페이지

교사가 학교 현장에서 활용할 수 있는 학생용 어울림 프로그램의 예시로 초등학교 저학년용 기본 수준의 어울림 프로그램을 제시하면 〈표 6-8〉과 같다.

표 6-8 초등학교 저학년을 위한 어울림 프로그램(기본) 내용(예시)

영역	차시	프로그램명	학습목표	활동 내용
공감	1	어, 나도 그래	타인의 표정과 상황을 통해 감정을 이해하고 공감하는 힘을 기른다.	• 마음 열기 • 표정 알아맞히기 • 어, 나도 그래 카드놀이
	2	공감 이야기 나누기	여러 가지 상황에서 정서적인 공감을 느끼며 남의 이야기를 경청하는 것에서 공감이 출발함을 안다.	• 손가락 공감 놀이 • 내가 좋아하는 동물 찾기 • 모서리로 모여라 • 이야기를 통해 공감해 보기
	3	말랑말랑 마음 만들기	이야기를 통한 공감 경험하기 연습을 한다.	• 표정 전달하기 • 마음 만들기 • 말랑말랑 마음 만들기 • 공감! 이래서 좋아!
	4	공감 교실 만들기	다양한 공감활동을 하며 공감능력을 높여 학교폭력 상황을 예방한다.	• 공통점 찾기 • 친구의 장점 찾기 • 공감하고 행동하기 • 역할극 대본에 다짐 댓글 넣기
의사소통	1	이런 말들이?	친구를 아프게 하는 말을 찾고 사용하지 않도록 약속한다.	• 동기부여 • 우리를 아프게 하는 말 찾기 • 우리를 아프게 하는 말들을 쓰레기통에 버리기 • 약속하기
	2	말하기 보다 귀한 것	듣기 위해 침묵해야 하는 필요성을 알고 친구의 이야기를 경청할 수 있다.	• 탈무드 이야기 • 듣기의 기본은 침묵 • 발표시간에 서로 이야기 경청하기 • 활동 느낌 쓰기
	3	마음을 부드럽게	역할극을 통해 친구와 싸움이 일어날 수 있는 상황을 살펴보고 나의 마음을 부드럽게 표현하는 말하기를 할 수 있다.	• 여섯 고개 • 나의 마음 표현하는 방법 알아보기 • 대표 역할극 하기 • 짝 역할극 하기 • 부드럽게 표현하기 연습
	4	같이 놀자	놀이를 하기 위해 지켜야 할 약속에 따라 말하고 교실의 놀이 문화를 만들 수 있다.	• 놀이 중 싸우기 사례 살펴보기 • 쉬는 시간 놀이 종류 및 인원 정하기 • 점심시간 놀이 종류 및 인원 정하기 • 놀이 중간에 끼어들 때 말하기 규칙 정하기 • 실제 놀이를 통해 의사소통하기

〈계속〉

갈등 해결	1	갈등과 친구가 되어 보아요	갈등의 개념을 알고, 갈등의 긍정적인 측면을 이해한다.	• 공 던지기 • 갈등해결 나무 완성하기 • 갈등은 좋은 모습도 있어요
	2	갈등! 이렇게 해 봐요	갈등해결 방법을 익혀 갈등 상황 속에서 바르게 대처한다.	• 경민이의 필통 • 갈등! 이렇게 해 봐요. • 친구를 도와줘요. • 갈등해결 'O, X' 퀴즈
	3	갈등! 풀 수 있어요!	갈등 상황 속에서 문제해결을 통해 긍정적인 또래관계를 형성한다.	• 행동 되돌아보기 • 도움이 되는 말, 걸림이 되는 말 • 생각 모아 6단계 • 아침활동시간(생각 모아 6단계 적용)
	4	모두 다 행복한 선택	갈등 상황에 대처하는 방법을 익혀 학교폭력을 예방한다.	• '둥글둥글 친구야' • 갈등해결 방법 • 자리 바꾸기 • 행복한 선택 • 행복한 선택 다짐
감정 조절	1	감정은 내 친구	다양한 활동을 통해 감정을 인식하고 이해의 폭을 넓힌다.	• 마음의 문을 두드려 보아요 • 감정단어 스무고개 • 내 마음을 맞춰 봐 • 내 마음의 파이
	2	이럴 때는 어떻게 할까요?	상황에 따른 자신의 감정을 인식하고 표현하며 행동에 대한 평가를 통하여 적응적인 행동을 연습한다.	• 이런 행동은 어떻게 느껴지나요? • 상황 주사위 놀이 • '내 마음은 이래요'
	3	감정 조절은 나에게 맡겨라	감정 조절을 위한 나의 환경, 감정, 행동 자원을 탐색하고 행동적 감정조절 능력을 기른다.	• '욱이'에게 필요한 것은? • 나의 행복 나무 • 이럴 땐 이렇게
	4	상황에 따른 나의 대처법	다양한 상황들에 대한 세 가지 대처법을 비교하고, 행복한 학교생활을 위한 적응적인 대처방법을 선택하여 익힌다.	• 이런 내가 되고 싶어요 • 나의 바라는 바를 멋지게 표현하기! • 화나거나 짜증이 날 때 어떻게 할까?
자기 존중감	1	자랑스러운 나	친구의 장점을 찾아 칭찬해 주는 활동을 통해 자신의 장점을 발견하여 보고 자신에 대해 긍정적인 마음을 갖는다.	• 숨겨진 자신감 찾기 • 친구에게 칭찬샤워를 • 나의 장점을 찾아라 • 칭찬은 ○○이다

〈계속〉

자기 존중감	2	자신감을 심어 주어요	자신감을 심어 주는 말과 행동을 알고 실천하는 태도를 갖는다.	• 속담으로 생각해 보아요 • 친구에게 자신감을 주는 말과 행동과 상처는 주는 말과 행동 • 사랑의 말로 친구를 치료해 주어요 • 다짐의 시간
	3	자신감 넘치는 내 모습을 표현해요	현재 자신의 모습을 알고 앞으로 자신감 넘치는 나의 모습을 표현하여 자신감 넘치는 모습으로 생활하는 태도를 갖는다.	• 나의 자신감은 어느 정도일까요? • 자신감 넘치는 모습 만들어 보기 • 자신감의 다리 건너기 • 자신감 있는 내 모습 그리기
	4	자신감 넘치는 나로 바꾸어요	나의 달라진 모습을 발견하여 보고 앞으로 자신감 넘치는 모습으로 생활할 것을 다짐한다.	• 친구사랑 카드 게임 • 이렇게 실천하겠어요! • 나는 이런 사람이야! • 나의 변화된 모습
학교 폭력 인식 및 대처	1	장난이라고?	다툼과 학교폭력의 시작이 되는 사소한 장난을 학교폭력으로 인식하고 서로 의견 나눔 활동을 통해 장난과 폭력의 차이점을 알 수 있다.	• 동기유발 • 장난 vs 폭력 • 장난과 폭력의 다른 점 알기
	2	날 보호해 줘	신체접촉 활동과 놀이를 활용하여 학교폭력의 다양한 사례를 구체적으로 알 수 있다.	• 흥미 유발 술래놀이 • 보물 캐기 놀이 • 퀴즈를 통해 다양한 형태의 학교폭력에 대해 자세히 알아보기
	3	함께 "그만"이라고 말해요	언어폭력, 사이버폭력 사례에서 폭력 상황을 멈출 수 있는 적절한 대응 말과 대응 글을 사용할 수 있고 이를 실천할 수 있다.	• 언어폭력 물리치기 • 언어폭력의 대응방법 • 사이버 언어폭력(악플)의 대처 사례
	4	평화로운 우리 교실	여러 가지 활동을 통해 우리 반을 평화로운 학급을 만든다.	• 전기 놀이 • 〈푸른 눈, 갈색 눈〉 동영상 시청하기 • 〈평화로운 우리 반 만들기〉 프로젝트

출처: 한국교육개발원(2018).

4. 전문상담교사와 연계한 예방 방안

학교폭력 예방을 위해 보다 전문적인 프로그램을 진행하기 위해서는 전문상담교사의 역할이 필수적이다. 따라서 담임교사를 비롯한 일반교사들은 학교폭력의 예방을 위한 전문상담교사의 역할을 지원하고 협력관계를 구축하여 적절한 예방적 접근이 이루어질 수 있도록 해야 한다. 이 절에서는 일반교사가 전문상담교사와 연계하여 진행할 수 있는 보다 전문적 영역의 학교폭력 예방 방안으로 또래상담 및 또래조정을 통한 예방 활동, 학부모 교육에 관하여 살펴보겠다.

1) 또래활동을 통한 예방 활동

학교폭력 예방 방안의 일환으로 또래상담 및 또래조정과 같은 또래활동을 통한 예방적 접근을 활용할 수 있다. 또래상담은 또래가 상담자가 되어 동료학생의 눈높이에서 고민을 상담하고 함께 문제를 해결하는 데 도움을 주는 활동이다. 최근에는 학생들 사이에서 일어나는 갈등을 '또래' 학생이 조정자가 되어 대화를 통해 해결하도록 돕는 또래조정 활동도 활발히 진행되고 있다. 또래들의 적극적인 갈등 조정 역할을 통해 학교폭력 발생 단계에 이르기 전에 학생 간 갈등을 대화, 토론 등의 합리적인 절차에 의해 해결함으로써 학교폭력을 예방함은 물론 건전한 또래문화를 조성할 수 있다. 단, 또래상담자와 또래조정자는 갈등 당사자들을 판단하거나 결론을 제시하는 것이 아니라 당사자들이 자율적으로 자신들의 문제를 대화를 통해 풀 수 있도록 대화의 과정을 안내하는 역할을 담당한다.

따라서 전문상담교사는 이러한 또래상담 및 또래조정의 역량을 갖춘 학생을 선발하여 체계적인 또래상담 및 또래조정자 교육을 실시하여 학교폭력을 예방하는 데 적극 활용할 수 있다. 또래조정에 대한 이해를 돕기 위해 또래조정 우수사례(교육과학기술부 보도자료, 2012)를 제시하면 [그림 6-6]과 같다.

또래조정 과정

1단계–준비 단계
(사건에 대한 정보 수집, 정보 분석, 조정 참여 의사 확인, 조정 과정에 대한 이해, 의사소통 방법 안내, 신뢰 형성)

2단계–소개와 대화규칙 만들기
(인사와 소개, 조정목적 등 설명, 조정 과정에 대한 동의, 규칙 정하기)

3단계–이야기 나누기
(말하고 듣기: 갈등 원인, 쟁점 등에 대해 문제 배경, 느낌, 욕구에 맞추어 말하도록 함, 의사소통 기술 적용, 감정 반영하기)

4단계–풀어야 할 문제 찾기
(갈등 원인의 비슷한 점과 다른 점 정리, 실제로 원하는 것 찾기, 욕구에 대한 쟁점 정리)

5단계–해결책 찾기
(새로운 문제해결 방법 찾기, 창의적이고 서로 만족할 수 있는 여러 대안 모색, 공정한 의사결정 방법으로 문제해결책 결정)

6단계–합의/약속
(합의서 작성과 서명, 이후 모임 제안, 최종 확인)

그림 6-6 또래조정의 과정

2) 학부모 교육

가정환경적 요인도 학교폭력의 한 원인으로 작용하기 때문에 학부모도 학교폭력에 대한 책무성을 갖고 학교와 연계하여 학교폭력의 예방에 적극적으로 동참해야 한다. 학부모 교육은 어울림 프로그램 중 학부모용 자료를 활용할 수도 있고 부모교육 훈련 프로그램들을 활용할 수도 있다. 그러나 집합식 교육은 학부모가 학교에 정기적으로 방문해야 하는 현실적인 어려움과 많은 학부모가 참여할 수 없는 한계가 있기 때문에, 실질적으로 모든 학부모가 활용할 수 있는 교육내용을 다양한 방식으로 전달하려는 노력도 필요하다. 학교폭력 조기 감지와 예방 방안, 학교폭력 사안이 발생하였을 때 대처 요령, 바람직한 자녀양육 방법, 자녀와 소통하는 방법 등에 대한 실질적인 교육내용을 가정통신문, 학교 홈페이지 탑재, 학교설명회 또는 학부모 회의 시, 학부모 상담주간 등을 이용하여 적극적으로 안내하고 교육할 수 있다. 그리고 보다 전문적인 학부모 교육을 받을 수 있는 외부기관을 안내하여 학부모들이 이용할 수 있도록 정보를 제공해야 한다. 이렇게 학교 차원에서 학부모 교육을 실시할 수 있는 여건을 조성하고, 전문상담교사 및 담임교사는 실질적인 학부모 교육이 이루어질 수 있도록 프로그램을 마련하고 적극적으로 홍보해야 한다.

정리하기

1. 교사의 학교폭력 예방을 위한 학급운영 방안으로는 학급 목표 및 규칙 만들기, 역할 분담하기 및 일상생활 점검하기, 공감적 소통하기, 학급 단위 예방 프로그램 운영 등을 들 수 있다.
2. 교사는 학교폭력을 예방하기 위하여 수업과 연계한 학교폭력 예방교육에 지속적인 노력을 기울어야 한다.
3. 전문상담교사와 연계한 학교폭력 예방 방안은 또래상담 및 또래조정을 통한 예방 활동, 학교폭력 예방 어울림 프로그램 운영, 학부모 교육 등 보다 전문적이고 심층적인 접근이라 할 수 있다.

확인하기

1. 만일 자신이 〈생각 나누기〉의 김 교사의 입장이라면 어떻게 대처할 수 있겠는가?
2. 학교폭력의 예방을 위한 학급운영 방안에는 어떠한 것들이 있는지 설명하시오.
3. 전문상담교사와 연계한 학교폭력 예방 방안에 대해 구체적으로 설명하시오.

제7장

학교폭력 관련 기관

학습목표

- 학교폭력 전담기구의 구성과 역할을 이해할 수 있다.
- 학교폭력 제로센터의 구성과 역할을 이해할 수 있다.
- 학교폭력대책심의위원회의 구성과 역할을 이해할 수 있다.

학습내용

1. 학교폭력 관련 위원회
   1) 학교폭력대책위원회
   2) 학교폭력대책지역위원회
   3) 학교폭력대책지역협의회
2. 학교폭력 관련 기관
   1) 학교폭력 전담기구의 구성과 역할
   2) 학교폭력 제로센터의 구성과 역할
3. 학교폭력대책심의위원회
   1) 심의위원회의 구성
   2) 심의위원회의 제척 · 기피 및 회피
   3) 소위원회의 구성 및 운영
   4) 심의위원회의 운영

생각 나누기

교실에서 남학생 5명이 다른 남학생 1명을 강제로 의자에 앉혀 놓고 성행위를 연상하게 하는 행동을 했다. 피해학생을 포함하여 6명의 학부모 모두 "아이들끼리의 장난이었다. 부모 간 합의를 했으니 학교폭력대책심의위원회를 열지 말아 달라."고 요구했다. 담임교사는 학생들 간의 성추행으로 판단하여 심각한 학교폭력 사안으로 받아들였으나 피해학생조차 장난이었다고 말을 하여 상당히 혼란스러웠다.

이럴 경우에 담임교사는 어떻게 해야 할까?

학교폭력이 발생하였을 때 피해학생 측과 가해학생 측이 사안의 처리를 원하지 않거나 혹은 개인적인 합의가 이루어졌다면 문제가 해결된 것처럼 보이기 때문에 학교폭력대책심의위원회(이하 '심의위원회')를 개최하는 것이 불필요하게 여겨질 수도 있다. 이런 경우 학교폭력 관련 사안을 어떻게 처리해야 하는지 법적 근거를 살펴보고, 학교폭력과 관련된 기관과 학교폭력대책심의위원회의 역할에 대해 알아보겠다.

1. 학교폭력 관련 위원회

학교폭력은 일선 학교에서 예방 활동과 사안 처리만으로 대응할 수 있는 문제가 아니기 때문에 관련된 주체 모두가 참여하여, 보다 다각적이고 종합적인 차원에서 접근해야 한다. 정부 관계부처에서는 학교폭력의 중요성과 심각성이 강조됨에 따라 기존의 학교폭력 대책이 갖는 한계와 문제점을 반영한 학교폭력 근절 종합대책을 발표하였으며(관계부처합동자료, 2012. 2. 6.), 정부 관계부처 간 유기적인 협조체계를 구축하고자 하였다. 이는 학교폭력을 사소한 일탈이나 청소년의 반항 행동 등으로 여기지 않고 개인 차원을 넘어서 국가 차원에서 다루어야 할 사회적 문제로 인식한 결과이다.

즉, 국가 및 지방자치단체는 학교폭력을 예방하고 근절하기 위해 필요한 조치를 마련하고 관련 민간단체의 학교폭력 예방 활동과 피해학생 보호 및 가해학생 선도, 그리고 교육 활동을 장려한다. 이러한 조치의 일환으로 국가 및 지방자치단체는 학교폭력과 관련된 위원회를 설치하여 운영하고 있으며, 각 특별시 · 광역시 · 도 · 특별자치도에 학교폭력 전담부서를 두고 있다. 또한 학교폭력에 대한 상담 및 신고를 할 수 있는 긴급전화(117학교폭력신고센터)를 운영하여 실효성을 높이고자 하고 있다. 「학교폭력예방법」에서 규정하고 있는 정부 및 지역의 설치기구는 [그림 7-1]과 같다.

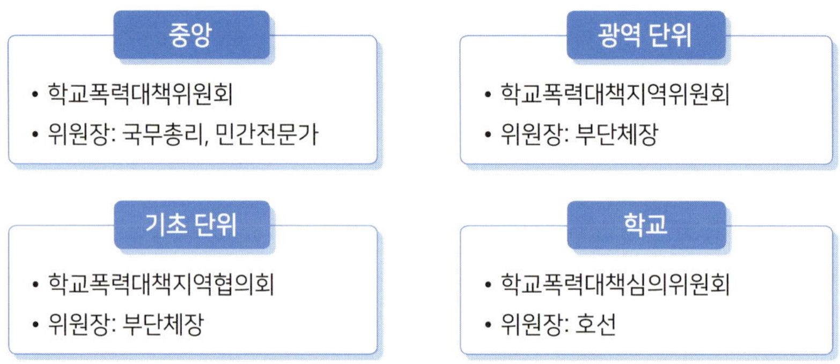

그림 7-1 학교폭력 관련 위원회

1) 학교폭력대책위원회

학교폭력대책위원회는 학교폭력 예방 및 대책에 관하여 설정된 정책의 목표와 방향을 심의하는 기능을 하며(「학교폭력예방법」 제7조), 교육(지원)청 및 심의위원회 등에서 학교폭력의 예방 및 대책에 관해 요청하는 사항을 심의한다.

2) 학교폭력대책지역위원회

학교폭력대책지역위원회는 지역의 학교폭력 문제를 해결하기 위한 장치로 피해학생에 대한 심리상담 및 조언, 일시보호 또는 가해학생에 대한 상담 · 치료 및 교육을 담당할 기관을 지정하는 역할을 담당한다. 이렇게 상담 · 치료 · 교육 기관이 지정되면 교육감은 인터넷 홈페이지에 해당기관의 명칭, 소재지, 업무를 게시하여 필요에 따라 활용할 수 있도록 해야 한다(「학교폭력예방법」 제10조).

3) 학교폭력대책지역협의회

학교폭력대책지역협의회는 학교폭력 예방 대책을 수립하고 기관별 추진계획 및 상호 협력 · 지원 방안 등을 협의하기 위하여 시 · 군 · 구에 설치된 기구로서(「학교폭력예방법」 제10조의2) 위(Wee)센터, 각 지역의 청소년상담복지센터, 자율방범대, 자원봉사센터 등 민간단체와 연계하여 지역 단위 학교폭력 예방 사업을 추진한다.

(1) 위(Wee)센터

학교폭력 가해 · 피해학생 등 위기 학생에 대한 진단, 상담, 치유 등을 위해 체계적인 관리 및 지도를 위해 교육지원청 단위에 설치된 학생상담지원센터(교육부 훈령 제274호)

(2) 청소년상담복지센터

위기청소년의 보호 지원을 위한 프로그램으로 지역사회 시민 및 청소년 관련 기관, 단체들이 연계망을 형성하여 위기 상황에 빠진 청소년을 발견, 구조, 치료하는 데 참여하며 이들을 지원하기 위해 협력하는 지역사회 청소년 통합 지원체계

(3) 청소년꿈키움센터

학교폭력 가해학생 및 보호자 특별교육, 찾아가는 학교폭력 예방교육 등 운영

(4) 푸른나무재단

학교폭력 관련 전화 및 사이버 상담 실시, 학교폭력 피해학생 및 가족 대상 통합지원, 학교폭력 SOS지원단에서 화해 · 분쟁조정 지원, 사안 처리 진행 자문 및 컨설팅 지원

여기서 잠깐!

'Wee'는 'We(우리들)+education(교육)' 'We(우리들)+emotion(감성)'의 이니셜로 성인들은 나(I)와 너(you) 속에 우리(we)를 발견할 수 있도록 사랑(♥)으로 지도하고, 학생은 감성과 사랑이 녹아 있는 Wee 공간에서 자신의 잠재력을 찾아내자는 의미이다.

위(Wee) 프로젝트는 학교안전통합시스템(Wee Project)으로서 위기 학생의 진단, 상담, 치료와 교육을 통한 학교생활 적응력을 높여 주기 위해 도입되었다. 위(Wee) 프로젝트는 개별 학생의 부적응 상태와 정도에 따라 맞춤형 프로그램을 제공하기 위하여 단위 학교의 위(Wee)클래스, 지역교육지원청의 위(Wee)센터, 시 · 도 교육청의 위(Wee)스쿨 '기숙형 장기교육학교'를 서로 유기적으로 연계하는 시스템이다. 위(Wee)클래스는 초 · 중 · 고등학교에 설치되어 위기 상황에 있는 학생들을 대상으로 1차적으로 상담과 치유를 실시하는 곳으로 학교 차원에서 잠재적 위기 상황의 학생

을 대상으로 상담중심의 선도 및 치유를 담당하고 있다. 위(Wee)센터는 지역의 교육지원청에 설치되어 학교에서 선도와 치유가 어려운 위기 상황의 학생들을 대상으로 전문상담교사, 임상심리사 등 전문가를 투입하여 '진단-상담-치료'의 체계적 접근을 통해 위기 상황에 처한 학생의 문제를 해결하고 예방하는 역할을 하고 있다. 위(Wee)스쿨은 기숙형 위탁교육기관으로 전문가와 함께 교육, 치유, 적응을 도와주는 역할을 담당한다.

청소년안전망이란 지역사회청소년통합지원체계로 위기청소년의 보호 지원을 위한 프로그램으로서 지역사회 시민 및 청소년 관련 기관, 단체들이 위기 상황에 빠진 청소년을 발견, 구조, 치료하는 데 참여하여 건강한 민주시민으로 성장하도록 지원하기 위해 협력하는 연계망으로, 위기청소년 지원을 위한 사회안전망이라고 볼 수 있다. 청소년안전망 사업은 지역사회 청소년 관련 기관 간의 네트워킹을 통한 통합 지원체계 구축과 위기청소년에 대한 전화상담, 구조, 보호, 치료, 자립, 학습 등 서비스 제공을 통해 위기청소년의 건강한 성장과 삶의 역량을 강화하는 것을 주요 목적으로 하고 있다.

2. 학교폭력 관련 기관

학교폭력이 발생하면 학교폭력 사안 조사를 위해 학교·교육(지원)청 단위로 조사가 이루어진다. 학교 단위의 기관은 학교폭력 전담기구, 교육지원청 단위의 기관은 학교폭력 제로센터가 있다.

1) 학교폭력 전담기구의 구성과 역할

학교폭력 전담기구의 구성권자는 학교장이며 구성원은 교감, 전문상담교사, 보건교사 및 책임교사(학교폭력 문제를 담당하는 교사), 학부모 등으로 학교폭력 문제를 담당하는 전담기구를 구성한다(「학교폭력예방법」 제14조 제3항). 학부모는 구성원의 1/3 이상 이

그림 7-2 전담기구 구성 예시

학교폭력 전담기구 심의결과 보고서

* 사안번호: (　　　　)학교　20○○-(　)호

1. 일　시:　　　년　　월　　일(　요일)　　시　　분
2. 장　소:
3. 참석자

○○○　○○○　○○○　○○○

○○○　○○○　○○○　○○○

4. 심의 주제: 사안번호 20○○-○○호 (　　　)에 대한 학교장 자체해결 부의 여부 심의

5. 심의 내용

※ 사안 조사 내용

-
-
-

※ 필수 확인 사항

- 법률 제13조의2 제1항 제1호~제4호 판단하여 해당 여부 체크

학교장 자체해결 가능 요건	해당 여부 (O, X)
1. 2주 이상의 신체적 · 정신적 치료를 요하는 진단서를 발급받지 않은 경우	
2. 재산상 피해가 없는 경우 또는 재산상 피해가 즉각 복구되거나 복구 약속이 있는 경우	
3. 학교폭력이 지속적이지 않은 경우	
4. 학교폭력에 대한 신고, 진술, 자료제공 등에 대한 보복행위(정보통신망을 이용한 행위를 포함한다)가 아닌 경우	

- 학교장 자체해결 동의서 제출 여부 체크

피해학생 및 그 보호자의 학교폭력대책심의위원회 개최 요구 의사 확인 (학교장 자체해결 동의서 제출 여부)	(O, X)

6. 결정 사항

-
-

그림 7-3 학교폭력 전담기구 심의결과 보고서(예시)

어야 한다. 전담기구를 구성하는 학부모는 학교운영위원회에서 추천한 사람 중 학교장이 위촉하며 전담기구 심의방법, 업무분장, 학부모 구성원 임기 등 운영에 필요한 사항은 학교장이 정한다. 전담기구의 역할은 사안접수 및 보호자통보, 학교폭력 사실확인, 교육(지원)청 보고, 학교장 자체해결 부의 여부 심의, 학교장 긴급조치여부 심의, 집행정지 결정에 따른 가해학생과 피해학생 분리 심의, 졸업 전 가해학생 조치사항 삭제 심의, 집중보호 또는 관찰대상 학생에 대한 생활지도, 학교폭력 실태조사이다. 전담기구 구성의 예시는 [그림 7-2]와 같다. 전담기구는 학교폭력에 관한 사안을 조사하고 심의하며 학교장 자체종결이 가능한지 여부를 심의한다. 심의결과 보고 예시는 [그림 7-3]과 같다.

2) 학교폭력 제로센터의 구성과 역할

학교폭력 제로센터는 피해 · 가해학생 간의 관계회복, 피해학생의 치유, 피해학생에 대한 법률자문 등 통합지원 업무를 수행하는 교육(지원)청 내 전담부서(「학교폭력예방법 시행령」 제8조 제1항)로 학교폭력 전담조사관, 피해학생전담지원관, 관계개선지원단, 법률지원단으로 구성된다. 학교폭력 제로센터장은 교육감(장)이 임명하며 시 · 도 교육청의 여건에 따라 구성 및 운영은 달라질 수 있다. 구성 예시는 [그림 7-4]와 같다. 학교폭력 사례회의는 학교폭력 제로센터장, 장학사, 주무관, 해당 사안 전담조사관, 학교전담경찰관(School Police Officer: SPO), 외부전문가 등으로 이루어지며, 운영방법은 정례화, 수시, 연간 운영계획 수립 등의 방법으로 교육(지원)청이 정하는 바에 따라 운영된다. 제로센터에 대한 자세한 내용은 제11장에서 다루겠다.

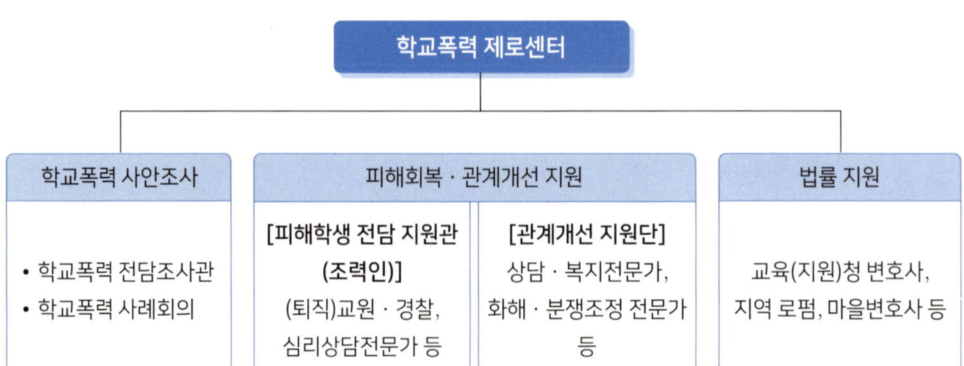

그림 7-4 학교폭력 제로센터 구성(예시)

(1) 학교폭력 전담조사관의 요건

교육감 또는 교육장은 조사·상담 업무를 수행하기 위해 학교폭력 조사·상담 관련 전문가(학교폭력 전담조사관)를 임명 또는 위촉할 수 있다(「학교폭력예방법 시행령」 제8조 제2항). 조사관의 역할, 요건, 수당 지급 등 세부사항은 교육감이 정한다(「학교폭력예방법 시행령」 제8조 제3항). 조사관의 요건은 교원으로 재직했던 사람으로서 학교폭력 또는 생활지도 업무경력이 2년 이상인 사람, 경찰로 재직했던 사람으로서 학교폭력·선도 업무 또는 조사·수사 업무경력이 2년 이상인 사람, 그 밖에 학교폭력 예방 및 청소년 보호에 대한 지식과 경험이 풍부하다고 교육장이 인정한 사람으로 임기는 1년이다. 심신 장애로 인해 직무 수행이 불가한 경우, 비위사실이 있는 경우, 직무태만, 품위손상이나 그 밖의 사유로 인해 조사관으로 부적합한 경우 임명을 철회하거나 해촉할 수 있다.

(2) 학교폭력 전담조사관의 역할

조사관의 역할은 학교폭력 사안조사, 사안조사보고서 작성 및 결과보고, 사례회의 참석 및 결과보고, 학교전담경찰관과의 정보공유 및 조사에 대한 자문요청, 그 밖에 교육감·교육장이 필요하다고 판단할 시 학교폭력 사례회의 및 심의위원회에 참석한다. 학교폭력 전담조사관이 자료관리 대장의 예시는 [그림 7-5]와 같다.

3. 학교폭력대책심의위원회

학교폭력은 예방뿐만 아니라 발생 후 대처에 이르기까지 모든 영역에서 그 중요성이 강조된다. 따라서 학교폭력에 관련한 모든 처리 절차는 법적 근거에 따라 운영되는데 이로써 학교폭력에 대한 객관적이고 공정한 처리를 보장할 수 있기 때문이다. 학교폭력대책심의위원회(이하 '심의위원회')는 학교폭력 예방 및 대책에 관련된 사항을 심의하는 교육지원청 내 법정위원회이다. 심의위원회 위원의 구성과 제척·기피 및 회피에 관한 내용은 다음과 같다.

1) 심의위원회의 구성

학교폭력 예방 및 대책에 관한 사항을 심의하기 위해 교육지원청은 학교폭력대책심

학교폭력 전담조사관 자료 관리 대장

* 사안번호: (   )학교   20○○-(   )호

책임교사: 김○○ (서명) 담당 조사관: 박○○ (서명)

연번	자료명	구분	자료 형식	자료 분량	제공일	제공 방법	제공자	자료 폐기	
								폐기일	폐기자
1	추가 학생 작성 확인서 사본	피해 (이○○)	인쇄물	2쪽	20○○. 3. 15. (금)	직접	책임교사 김○○	20○○. 12. 20. (금)	책임교사 김○○ 조사관 박○○
2	추가 학생 작성 확인서 사본	가해 (정○○)	인쇄물	1쪽	20○○. 3. 13. (금)	직접	책임교사 김○○	20○○. 12. 20. (금)	책임교사 김○○ 조사관 박○○
3	보호자 확인서	가해 학부모	PDF	2쪽	20○○. 3. 13. (금)	이메일	책임교사 김○○	20○○. 12. 20. (금)	책임교사 김○○ 조사관 박○○
4									
5									
6									
7									
8									

[참고]

- 관련 학생이 많은 경우, 확인서 등을 묶어서 기재 가능
- 책임교사는 위 대장을 작성하고 관리함
- 사안 종료 후 조사관은 모든 자료를 해당 학교를 방문하여 폐기하고 서명함

그림 7-5 학교폭력 전담조사관 자료관리 대장(예시)

의위원회를 두어야 한다(「학교폭력예방법」 제12조). 심의위원회를 구성하기 위하여 갖추어야 하는 심의위원의 자격기준과 위원의 위촉 방법에 관하여 알아보겠다.

(1) 심의위원 구성

심의위원회는 10명이상 50명 이내 위원으로 구성하되, 전체위원 1/3 이상의 해당 교육지원청 관할 구역 내 학교에 소속된 학생의 학부모로 위촉해야 한다. 심의위원회 위원과 위원장은 교육장이 임명하거나 위촉한다. 학교폭력 피해 및 가해학생이 각각 다른 교육지원청에 재학 중인 경우 교육감의 보고를 통해 둘 이상의 교육지원청이 공동으로 심의위원회를 구성할 수 있다.

① 위원 · 위원장

심의위원회의 위원은 다음 각 호에 해당하는 사람 중 교육장이 임명하거나 위촉한다(「학교폭력예방법 시행령」 제14조).

- 해당 교육지원청 생활지도 업무 담당 국장 또는 과장
- 교원으로 재직하고 있거나 재직했던 사람으로서 학교폭력 업무 또는 학생생활지도 업무 담당 경력 2년 이상인 사람(반드시 포함해야 함)
- 해당 교육지원청의 관할 구역을 관할하는 경찰서 소속 경찰공무원 또는 학교폭력 예방 및 근절을 위해 학교폭력 업무 등을 전담하는 경찰관(이하 학교전담경찰관)
- 청소년 선도 및 청소년 보호활동을 2년 이상 전문적으로 담당한 사람, 학교 조교수 이상 또는 청소년 관련 연구기관에서 재직하고 있거나 재직했던 사람
- 학부모 · 판사 · 검사 · 변호사 · 의사 자격이 있는 사람
- 그 밖에 학교폭력 예방 및 청소년 보호에 대한 지식과 경험이 풍부한 사람

위원의 임기는 2년으로 하며 사임 등으로 새로 위촉되는 위원의 임기는 전임위원 임기의 남은 기간으로 한다. 교육장은 위원의 기능을 하지 못하는 사안이 발생할 시 심의위원회 위원이 해당 위원을 해임하거나 해촉할 수 있다. 심의위원장은 위원 중 교육장이 임명하거나 위촉하는 사람이 되며 임기는 2년으로 한다.

② 간사

심의위원회의 위원장은 해당 교육(지원)청 소속 공무원 중 심의위원회의 사무를 처리할 간사 1명을 지명한다. 간사의 역할은 회의록을 작성하고 일반적인 사무처리를 담당하는 것이며, 심의위원회의 회의에 출석한 위원에게 수당과 여비를 지급할 경우에는 관련 업무를 처리한다.

2) 심의위원회 위원의 제척 · 기피 및 회피

(1) 제척

심의위원회 위원은 피해학생과 가해학생에 대한 조치를 요청하는 경우와 분쟁을 조정하는 경우 다음 각 호의 어느 하나에 해당하면 해당 사건에서 제척된다.

- 위원이나 그 배우자 또는 배우자였던 사람이 해당 사건의 피해학생 또는 가해학생의 보호자인 경우
- 위원이 해당 사건의 피해학생 또는 가해학생과 친족이거나 친족이었던 경우
- 그 밖에 위원이 해당 사건의 피해학생 또는 가해학생과 친분이 있거나 관련이 있다고 인정되는 경우

(2) 기피 및 회피

- 학교폭력과 관련하여 공정한 심의를 기대하기 어려운 사정이 있다고 인정할 만한 사유가 있을 때 분쟁당사자는 심의위원회에 그 사실을 서면으로 소명하고 기피신청을 할 수 있음
- 기피신청을 받으면 의결로써 해당 위원의 기피여부를 정해야 하며, 기피신청 대상이 된 위원은 그 의결에 참여하지 못함
- 심의위원회 위원이 위 사항 중 자신이 해당 사건을 맡지 못하는 사유가 있다고 판단할 경우 스스로 해당 사건을 회피할 수 있음

3) 소위원회의 구성 및 운영

심의위원회의 업무를 효율적으로 수행하기 위해 심의위원회에 소위원회를 둘 수 있

다(「학교폭력예방법 시행령」 제14조 제2항). 소위원회 위원은 심의위원회의 위원으로 구성하고 필요한 경우 심의 사항을 소위원회에 위임할 수 있으며 소위원회에서 심의 · 의결된 사항은 심의위원회에서 심의 · 의결된 것으로 본다. 심의가 끝나면 결과를 심의위원회에 보고해야 한다. 소위원회 설치 · 운영에 필요한 사항은 교육장이 정한다. 학교전담경찰관(SPO)은 반드시 심의(소)위원회 위원으로 위촉해야 한다.

4) 심의위원회의 운영

교육(지원)청에서 운영되는 심의위원회의 운영과 심의 방식, 심의위원회 절차에 따른 학교의 역할과 조치결정 이후의 절차는 다음과 같다.

(1) 심의위원회 운영

심의위원회는 학교폭력 예방 및 대책, 피해학생의 보호, 가해학생에 대한 교육, 선도 및 징계, 피해학생과 가해학생 간의 분쟁조정에 대해 심의하며, 위원장은 다음의 각 호의 어느 하나에 해당하는 경우 회의를 소집해야 한다.

- 심의위원회 재적위원 1/4 이상의 요청
- 학교장이 요청하는 경우
- 피해학생 또는 그 보호자가 요청하는 경우
- 학교폭력이 발생한 사실을 신고받거나 보고받은 경우
- 가해학생이 협박 또는 보복한 사실을 신고받거나 보고받은 경우
- 그 밖에 위원장이 필요하다고 인정하는 경우

심의위원회는 심의 과정에서 소아청소년과 의사, 정신건강의학과 의사, 심리학자, 그 밖의 아동심리와 관련된 전문가를 출석하게 하거나 서면 등의 방법으로 의견을 청취할 수 있고, 피해학생이 상담 · 치료 등을 받은 경우 해당 전문가 또는 전문의의 의견을 청취할 수 있다. 다만, 심의위원회는 피해학생 또는 그 보호자의 의사를 확인하여 요청이 있는 경우 청취해야 한다. 심의위원회 회의는 재적위원 과반수의 출석으로 개의하고, 출석의원 과반수의 찬성으로 의결한다.

① 심의위원회 개최

학교장 자체해결이 불가능한 학교폭력 사안의 경우 학교에서는 교육(지원)청으로 의뢰하여 학교폭력대책심의위원회를 개최해야 한다. 학교장은 교육(지원)청에 심의위원회 개최를 위해 공문으로 의뢰하며, 예시는 [그림 7-6]과 같다. 학교장 자체해결로 종결된 사안인 경우에도 피해학생이 심의위원회 개최를 요청할 경우에는 [그림 7-7]과 같이 개최 요청서를 작성하여 의뢰할 수 있다.

○○중학교

수신 ○○교육지원청(학교통합지원센터)
(경유)
제목 ○○교육지원청 학교폭력대책심의위원회 개최 요청

1. 관련
 가. 「학교폭력 예방 및 대책에 관한 법률」 제13조 제2항
 나. ○○○○학교-○○○○(20○○.○○.○○.)호(※관련 내부공문)
2. ○○교육지원청 학교폭력대책심의위원회 개최를 다음과 같이 요청하오니, 협조하여 주시기 바랍니다.

구분	소속학교	학년/반	이름	학교 사안번호	학생선수 여부 [가해(관련) 학생에 한함]	비고
피해학생	○○중학교	3-1	○○○	○○중 20○○-1		예시
가해학생	○○중학교	3-1	○○○	○○중 20○○-1	✓	학생선수의 생년월일
가해학생	○○고등학교	1-2	○○○	○○고 20○○-2		예시

붙임 1. 피해 · 가해학생 확인서 ○부.
2. 보호자 확인서 ○부.
3. 목격학생 확인서 ○부.
4. 학교폭력 사안조사 보고서 1부.
5. 피해 · 가해학생 긴급조치 보고서 ○부.
6. 전담기구 심의결과 보고서 ○부.
7. 피해 · 가해학생 보호자 개인정보(우편번호, 주소, 보호자명, 학생과의 관계, 휴대폰 번호 등)
8. 학생선수 확인을 위한 관련 서류(학교장 확인서, 선수등록증명서, 학생선수 확인서 중 1가지 이상)
 ※ 교육부 교수학습평가과-3830(20○○. 8. 3.) 참조, 가해학생이 학생선수가 아닐 경우 필요하지 않음
9. 기타 심의위원회 심의 · 의결에 필요한 서류 각 1부. 끝.

기안자 검토자 결재자
협조자 (학생선수 사안일 경우 학생선수 담당자 협조 결재)

그림 7-6 심의위원회 개최 요구 공문(예시)

학교폭력대책심의위원회 개최 요청서

(학교장 자체해결로 종결 후 심의위원회 개최를 요청할 수 있는 경우)

* 사안번호: ( )학교 20○○-( )호

<table>
<tr><td rowspan="2">신청인</td><td>소속학교</td><td>학년/반</td><td>학생성명</td><td>보호자성명</td></tr>
<tr><td></td><td></td><td></td><td></td></tr>
<tr><td rowspan="2">신청사유</td><td colspan="4"><table><tr><th>요건</th><th>해당 여부
(O, X)</th></tr><tr><td>1. 해당 학교폭력사건으로 인한 재산상 손해를 가해학생 및 그 보호자가 복구하기로 약속하였으나 이행하지 않은 경우</td><td></td></tr><tr><td>2. 해당 학교폭력 사건의 조사과정에서 확인되지 않았던 사실이 추가적으로 확인된 경우</td><td></td></tr></table></td></tr>
<tr><td colspan="4">구체적 사유를 기술</td></tr>
<tr><td colspan="5">위와 같이 신청합니다.

20○○. ○○. ○○.

피해학생: (서명 또는 인)
피해학생 보호자: (서명 또는 인)</td></tr>
</table>

[참고] 해당 요청서는 학교장이 접수하여 개최 요구 공문에 첨부함

그림 7-7 심의위원회 개최 요청서

② 심의위원회 개최 취소 요청

심의위원회 개최를 의뢰한 후 요구 취소의사를 학교에서 서면으로 표명 시 학교장은 심의위원회 개최 요청을 취소할 수 있다. 이 경우 학교장 자체해결로 간주하여 별도의 자체해결 심의 절차 및 보고는 생략한다. 심의위원회 개최 취소 요청서는 [그림 7-8]과 같다. 가해학생이 학생이 아니고 피해학생 보호조치를 원하지 않을 경우 학교폭력 대책 심의위원회를 요청하지 않을 수 있다. 이 경우 [그림 7-9]와 같이 심의위원회 미개최 동의서를 작성하여 교육(지원)청에 보고를 해야 한다.

학교폭력대책심의위원회 개최 요구 취소 요청서

* 사안번호: (　　　　)학교　20○○-(　)호

신청인	소속학교	학년/반	학생성명	보호자성명

이 사안에 대해서 학교폭력대책심의위원회 개최 요구를 취소하며
학교장 자체해결에 동의합니다.

20○○. ○○. ○○.

피해학생:　　　　(서명 또는 인)
피해학생 보호자:　　　　(서명 또는 인)

[참고] 해당 요청서는 학교장이 접수하여 개최 요구 공문에 첨부함

그림 7-8 심의위원회 개최 취소 요청서

학교폭력대책심의위원회 미개최 동의서

(가해자가 학생이 아니고 피해학생 보호조치를 원하지 않는 경우)

* 사안번호: (　　　　　　)학교　20○○-(　)호

<table>
<tr><td rowspan="2">피해(관련)학생</td><td>소속학교</td><td>학년/반</td><td>학생성명</td><td>보호자성명</td></tr>
<tr><td></td><td></td><td></td><td></td></tr>
<tr><td>신고 내용</td><td colspan="4"></td></tr>
<tr><td colspan="5">가해자가 학생이 아니고, 피해학생 보호조치를 원하지 않아
학교폭력대책심의위원회 미개최에 동의합니다.

20○○. ○○. ○○.

피해학생:　　　　(서명 또는 인)
피해학생 보호자:　　　　(서명 또는 인)

○○학교장 귀중</td></tr>
</table>

[참고]

- 가해자가 학생이 아니고, 피해학생과 그 보호자가 피해학생 보호조치를 원하지 않는 경우, 학교장은 학교폭력대책심의위원회 개최를 요청하지 않을 수 있음
- 피해학생과 그 보호자의 미개최 동의서(본 양식)을 받아 교육지원청에 보고

그림 7-9 심의위원회 미개최 동의서

③ 회의록 작성

심의위원회는 회의의 일시, 장소, 출석위원, 토의내용 및 의결사항 등이 기록된 회의록을 작성·보존해야 한다(「학교폭력예방법」 제13조), 심의위원회의 회의는 공개하지 않는다. 다만, 피해 및 가해학생 또는 보호자가 회의록의 열람·복사 등 회의록 공개를 신청한 경우 학생과 가족의 성명, 주민등록 및 주소, 위원의 성명 및 개인정보에 관한 사항을 제외하고 공개해야 한다(「학교폭력예방법」 제21조 제3항). 회의록은 심의위원회의 간사가 작성하며 회의의 일시, 장소, 출석위원의 성명 및 신원에 관한 사항, 회의내용, 의결사항 등을 기록한다. 회의내용 중 심의위원들이 발언한 내용을 기록하는 방법은 요약하거나 의미를 파악하여 기록하는 것이 아니라 다음의 예시에서와 같이 사실 그대로 진술하도록 한다.

④ 심의 방식

심의위원회의 심의 방식은 대면 심의를 원칙으로 하며, 피해학생과 가해학생 및 그 보호자가 심의위원회에 직접 출석하여 진술해야 한다. 대면 심의가 진행됨에 따라 학생들의 학습권 침해를 최소화하기 위해 특별한 주의가 요구된다. 만약 결석이 불가피한 경우, 학교장의 허가를 받아 출석 인정으로 처리될 수 있도록 해야 한다. 심의위원회에서는 대면 심의의 원칙에 따라 피해학생과 가해학생의 불필요한 접촉을 방지하기 위해 각각의 대기실을 분리하고, 관련 학생들에게 서로 다른 참석 시간을 안내하는 절차를 마련한다. 또한 피해 및 가해학생 측의 요구나 도서 지역 등 특별한 여건을 고려할 필요가 있을 경우, 전화, 화상, 서면 등의 대체 심의 방식을 활용할 수 있으므로 이러한 사항을 관련 학생과 학부모에게 충분히 안내하는 것이 필요하다.

⑤ 심의기간

심의위원회는 학교의 요청이 있는 경우, 21일 이내에 개최하는 것을 원칙으로 하되 상황에 따라 7일 이내에서 연장이 가능하다. 학교의 요청은 공문으로 개최 요청서가 접수된 시점을 기준으로 하며, 시험 등 학사일정, 사안조사 과정에서 새로운 증거 발견, 관련 학생 및 보호자 의견 진술 기회 부여 등 뚜렷한 이유가 있는 경우에 한해 연기가 가능하다. 사실관계 확인이 어려운 사안의 경우(경찰 수사 진행 중인 사건, 성폭력 사건 등)에는 기한 내에 심의위원회를 개최한 후, 조치결정을 유보하는 의결이 가능하다.

(2) 심의위원회 절차에 따른 학교의 역할

학교에서는 학교장 자체해결 사안이 아닌 학교폭력에 대해 관할 교육지원청으로 심의위원회 개최 요청을 한다. 심의위원회 개최 과정은 학교폭력 사안조사 보고서와 관련 서류를 구비하여 교육지원청에 공문을 발송하여 요청을 하고 사례회의를 통해 정보를 보완 조사를 한 후 심의위원회를 개최를 통해 심의·의결한다. 심의위원회 결정에 따른 학교의 역할은 [그림 7-10]과 같다.

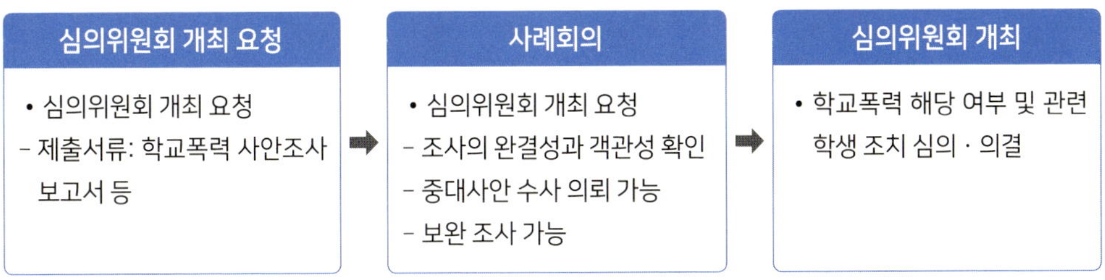

그림 7-10 심의위원회 결정에 따른 학교의 역할

① 심의위원회 요청에 따른 학교의 협조 사항

학교는 사례회의에서 해당 사건을 의뢰하거나 보완 조사하기로 결정 시 제로센터에 협조할 필요가 있다. 학교는 심의위원회 요청에 따라 관련 자료 제출 또는 출석에 협조를 해야 한다. 심의위원회는 해당 지역에서 발생한 학교폭력에 대해 학교장 및 관할 경찰서장에게 관련 자료를 요청할 수 있다(「학교폭력예방법」 제12조 제3항). 심의위원회는 필요하다고 인정할 때 학교폭력이 발생한 해당 학교 소속 교원이나 관련 분야 전문가 등을 출석하게 하거나 서면 등의 방법으로 의견을 들을 수 있다. 학교의 여건 및 사안의 특성에 따라 출석 진술 이외에도 심의위원회 요청에 따라 서면 제출, 통화, 사전면담 등 다양한 방법으로 협조할 수 있다.

② 조치결정 이후 절차

피해 및 가해 측에 대한 조치결정 통보를 할 때 교육장은 심의위원회 조치결정 후 피해 및 가해 측에 서면으로 조치결정을 통보한다. 사안이 복잡하거나 여러 학교가 관련되어 심의가 어려운 경우, 감염병 전염 및 확산 등으로 관련 학생의 진술이 불가능할 경우 심의위원회는 조치결정을 유보하고 추가 조사 등을 한 후 심의위원회를 다시 개최하여 의결할 수 있다. 이때 조치결정이 유보된 사실과 사유에 대해 피해·가해 측에 서면으로 통보해야 한다. 학교장에 대한 조치결정 통보를 할 때 교육장은 조치결정 후 학교에 공문으로 조치결정을 통보한다. 이때 학교장은 조치결정에 따른 조치의 이행에 협조해야 한다(「학교폭력예방법」 제19조 제1항). 학교장은 가해측이 조치결정 통보를 받은 후 조치이행이 이루어질 수 있도록 한다. 조치를 이행한 후 교육(지원)청에 결과를 보고한다(「학교폭력예방법」 제19조 제3항). 가해학생이 조치를 통보받은 날로부터 3개월 내에 미이행할 경우 미이행 학생 명단을 교육장(심의위원회)에 보고한다.

정리하기

1. 학교폭력 관련 기관은 학교 단위로는 학교폭력전담기구, 교육청 단위로는 학교폭력 제로센터, 학교폭력대책심의위원회가 있다.
2. 심의위원회는 위원장 1인을 포함하여 50명 이내의 위원으로 구성하되, 법률에 따라 전체 위원 1/3 이상을 해당 교육지원청 관할 구역 내(고등학교 포함)에 소속된 학부모로 위촉하여야 한다(「학교폭력예방법」 제13조 제1항). 위원장은 위원 중 교육장이 임명하거나 위촉하는 사람으로 임명되며, 위원의 임기는 2년으로 한다.
3. 심의위원회를 통해 심의하는 내용은 학교폭력의 예방 및 대책 수립을 위한 학교체제 구축, 피해학생의 보호, 가해학생에 대한 선도 및 징계, 피해학생과 가해학생 간의 분쟁조정을 비롯하여 학교폭력 예방 및 대책과 관련하여 학교장이 건의하는 사항에 대해 심의한다.

확인하기

1. 학교폭련 관련 기관 중 학교폭력전담기구의 구성과 역할에 대해 설명하시오.
2. 심의위원회의 역할에 대해 설명하시오.
3. 심의위원회 절차에 따른 학교의 역할은 무엇인지 설명하시오.

제8장

학교폭력 사안 처리 절차

학습목표

- 학교폭력 사안 접수 과정과 유의 사항에 대해 설명할 수 있다.
- 학교폭력 사안 조사과정 및 학교장 자체해결 부의여부 심의에 대해 설명할 수 있다.
- 학교폭력 사안 심의 절차와 유의 사항에 대해 설명할 수 있다.

학습내용

1. 학교폭력 사안 접수 및 초기 대응
   1) 학교폭력의 감지 · 인지
   2) 학교폭력의 신고 및 접수
   3) 즉각적인 조치 실행
2. 학교폭력 사안 조사 및 심의
   1) 학교폭력 사안 조사
   2) 학교폭력전담기구 심의
   3) 학교폭력 사례회의
3. 학교폭력 사안 해결 및 조치결정
   1) 학교장 자체해결
   2) 학교폭력대책심의위원회 조치결정

생각 나누기

김 교사의 학급에서 학교폭력 사안이 발생하였다. 김 교사는 피해학생과 가해학생을 즉각적으로 분리하는 등의 조치를 취하였으나, 이후 학교폭력 사안 처리 절차에 대해서는 평소에 충분히 알아보지 못하여 막막함을 느꼈다. 또한 피해학생과 가해학생의 학부모가 이러한 사안 처리 과정에 대해 문의하였을 때도 명확한 답변을 제공하기 어려웠다. 학교폭력 전담조사관이 해당 사안에 대한 조사를 위해 담임교사인 김 교사의 협조를 요청하였으나, 지연되는 상황이 발생하였다.

이러한 사태를 방지하기 위해, 학교폭력 사안 발생 이후 사안 처리 절차에서 반드시 알아 두어야 할 사항과 유의해야 할 점은 무엇이 있을까?

학교폭력 사안 처리는 학교폭력 사건이 발생하고 신고가 접수되는 순간부터 시작되며, 이 과정에서 학교를 비롯한 다양한 기구가 각기 특정한 역할을 수행하게 된다. 각 기구의 역할에 대한 세부 사항을 숙지하는 것 또한 중요하지만, 학교폭력 사안 처리의 전반적인 맥락을 직관적으로 이해하는 것은 각 기구의 기능과 협력 관계를 명확히 인식하게 하여 신속하고 효과적인 대응을 가능하게 한다. 이에 학교폭력 사안 처리의 핵심 과정을 요약하여 나타내면 [그림 8-1]과 같다.

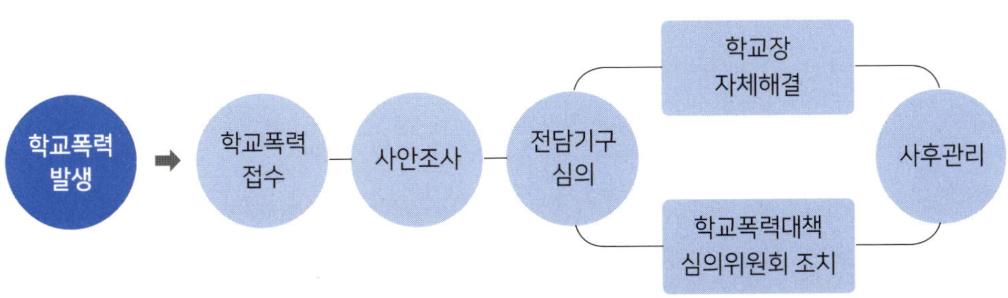

그림 8-1 학교폭력 사안 처리의 핵심 과정

학교폭력 사안 처리를 좀 더 구체적으로 살펴보면, 학교폭력 사안은 주로 학교, 학교폭력 제로센터, 학교폭력대책심의위원회라는 세 가지 기구를 중심으로 진행된다. 이 과정은 대략적으로 사안 접수 및 초기대응, 사안 조사 및 심의, 사안 해결 및 조치결정의 단계로 구성된다. 특히 최근의 변화로, 사안 조사 과정에서 학교폭력으로 인한 악성 민원으로부터 교사를 보호하고, 외부 전문가를 통해 학교폭력 업무의 객관성을 강화하기 위한 학교폭력 전담조사관 제도의 도입이 주목할 만하다. 또한 학교폭력에 대한 학교의 교육적 해결 기능을 강화하기 위해 학교장 자체해결제가 도입된 것도 중요한 변화로 평가된다.

이러한 학교폭력 사안 처리의 전반적인 흐름 속에서 담임교사, 학교폭력 책임교사 등은 각 단계에서 특정한 역할을 수행하게 된다. 이들 역할이 정확히 이행될 때, 학교폭력 사안은 신속하고 공정하게 처리될 수 있다. 특히 학교폭력 사안 처리 절차는 사회적 변화와 학교 현장의 요구를 반영하기 위해 지속적으로 개정되므로, 최신의 절차를 숙지하는 것도 필수적이다. 따라서 이 장에서는 학교폭력 사안 처리 과정(교육부, 2024)의 구체적인 단계와 각 단계에서 유념해야 할 사항들을 사안 접수 및 초기대응, 사안 조사 및 심의, 사안 해결 및 조치결정의 단계로 나누어 구체적으로 살펴보겠다. 학교폭력 사안 흐름도의 내용은 [그림 8-2]와 같다.

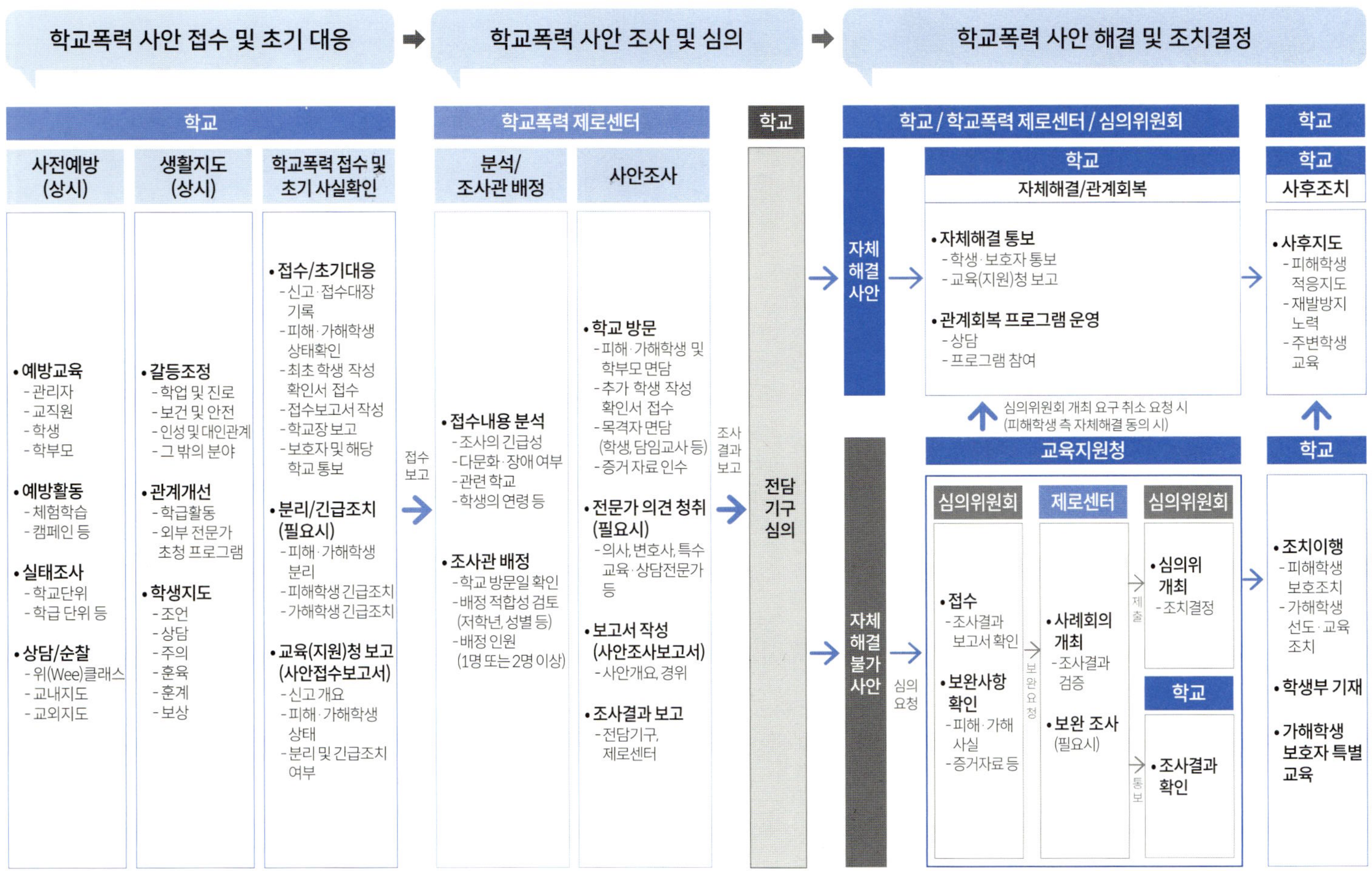

그림 8-2 학교폭력 사안 처리 흐름도

1. 학교폭력 사안 접수 및 초기 대응

학교폭력 문제에서는 예방도 중요하지만, 사안이 발생했을 때의 신속하고 체계적인 대응 역시 결정적인 역할을 한다. 특히 학교폭력의 조기 감지와 신속한 접수, 그리고 이후의 공정한 처리 과정은 피해학생의 고통을 줄이고 폭력의 확산을 막는 핵심 요소가 된다. 이에 학교폭력 사안의 처리 과정을 감지와 인지, 신고 및 접수, 즉각적 조치의 세 단계로 나누어 상세히 살펴보고자 한다.

1) 학교폭력의 감지 · 인지

우선 학교폭력의 감지와 인지를 구분하여 살펴보면, 학교폭력의 감지는 교사가 학생들의 행동이나 교실 내 분위기를 관찰함으로써 학교폭력의 가능성을 느끼고 인지하는 과정을 의미한다. 반면, 학교폭력의 인지는 학생이나 학부모의 직접적인 신고, 목격자의 증언, 제3자의 신고, 관련 기관의 통보, 언론 및 방송 보도, 상담 등을 통해 학교폭력 사안에 대한 정보를 얻게 되는 과정을 지칭한다. 이러한 학교폭력의 감지와 인지의 의미에서 알 수 있듯이, 학교폭력은 교사, 학생, 학부모, 제3자 등 다양한 주체에 의해 그 징후가 파악될 수 있다.

학교폭력은 초기 단계에서 감지 · 인지가 이루어져야 하며, 이를 통해 학교폭력 사안이 더욱 악화되지 않고 신속하고 공정하게 해결되는 것이 중요하다. 이를 위해 교사는 다양한 경로를 통해 학교폭력이 감지 · 인지될 수 있도록 적극적으로 노력해야 한다. 이러한 방법으로는 학교 및 학급 단위에서 정기적으로 학교폭력 실태조사를 실시하거나, 학교폭력 신고함, 학교 홈페이지의 비밀게시판, 담임교사의 문자 및 이메일 등을 활용하여 다양한 신고 체계를 마련하는 것이 포함된다. 또한 학교폭력 징후를 보이는 학생이 없는지 세심하게 관찰하고, 점심시간, 쉬는 시간, 방과 후 시간 등 취약 시간대에 순회 지도하는 것도 효과적인 방법이 될 수 있다. 특히 최근 증가하는 사이버폭력의 경우, 학교 내외에서 시공간의 제약 없이 발생하므로 주변인의 세심한 관찰과 관심으로 징후를 파악할 수 있도록 해야 한다.

담임교사가 학교폭력을 먼저 감지했을 때는 체계적이고 전문적인 대응이 필요하다. 우선 구체적인 관찰과 사실 확인을 통해 정보를 수집해야 한다. 이때 다수 학생이 있는 공개적인 장소에서 사실 확인을 하는 것은 피하고, 관련 학생들과 개별적으로 면담하여 비공개로 진행하는 것이 바람직하다. 진술이 서로 불일치하더라도 추궁이나 강요는 하지 말아야 하며, 대신 객관적인 증거 확보에 집중해야 한다. 사안이 명확히 확인된 경우에는 일련의 즉각적 조치가 이어져야 한다. 우선 가해학생과 피해학생의 즉각적 격리, 피해학생에 대한 응급조치가 이루어져야 하며, 관련 학부모에게 정확하고 구체적인 사실관계를 전달해야 한다. 이와 함께 학교장과 전담기구에 보고하는 것은 필수적이며, 특히 성폭력 관련 사안의 경우 수사기관 신고가 의무화되어 있다. 또한 전담기구나 학교장의 요청이 있을 경우 추가적인 사안 조사를 실시하고, 그 결과를 관련 기관과 공유하여 체계적인 사후 관리가 이루어지도록 해야 한다.

담임교사나 전담기구 소속 교사가 학생의 학교폭력 신고를 통해 이를 인지한 경우, 신고한 학생에게 학교폭력이 발생했음을 알리고 도움을 요청하는 것이 자신을 보호하는 정당한 권리임을 인식시켜야 한다. 또한 보복에 대한 두려움을 덜어 주기 위해 신고 사실에 대한 비밀 보장을 철저히 하여 신고한 학생의 신변을 안전하게 보호해야 한다. 한편, 학부모가 먼저 학교폭력을 인지하고 신고한 경우, 교사는 우선 학부모의 감정이 격앙되어 있음을 이해하고 이를 수용하며 이야기를 경청해야 한다. 이후 학생의 현재 상태에 대해 질문하고, 학부모에게 정서적 지지를 제공하는 것이 중요하다. 또한 학부모가 언급하는 학생의 피해 사실에 대해 객관적으로 인지하고 이를 구체적으로 메모해야 한다. 그런 다음, 피해학생과 학부모가 현재 무엇을 원하는지 정확하게 묻고, 추후 처리 과정에 대해 상세히 설명해야 한다. 이 과정에서 진실과 사실에 근거하여 문제를 해결할 것임을 약속하고, 학생의 보호와 안정, 그리고 학교생활 적응을 위해 최선을 다할 것임을 분명히 할 필요가 있다.

2) 학교폭력의 신고 및 접수

학교폭력 신고의무에 따라 학교폭력 현장을 보거나 그 사실을 알게 된 자(교직원, 학생, 보호자, 관련 학생 형제자매, 친척, 주민)는 학교 등 관계기관에 이를 즉시 신고하여야 한다(「학교폭력예방법」 제20조). 그러나 학생들은 자신이나 친구가 겪은 학교폭력 사안에 대해 신고를 주저하는 경향이 있다. 이는 첫째, 보복에 대한 두려움 때문이다. 학생들은 자신의 신고 사실이 가해학생이나 그 친구들에게 알려지면 보복을 당할 수 있다는 두려움을 가지고 있다. 둘째, 학생들은 신고를 하더라도 교사나 부모가 학교폭력 사실을 심각하게 받아들이지 않거나, 적절히 대응하지 않을 것이라는 회의적인 생각을 갖는 경우가 많다. 따라서 피해학생이나 사건을 인지·목격한 학생이 학교폭력 사안을 신고했을 때, 교사는 반드시 비밀을 보장하고 최선을 다해 적절한 대처를 할 것임을 인식시켜야 한다. 특히 구두, 이메일, 홈페이지, 핸드폰 등을 통해 신고를 받을 때는 이러한 요소에 더욱 유의해야 할 필요가 있다.

학교폭력 신고를 접수한 학교폭력전담기구는 신고 및 접수된 내용을 반드시 신고 대장에 기록하여 보관해야 한다. 특히 이러한 신고 접수 대장에 기록된 정보는 학교폭력 은폐 여부를 판단하는 중요한 자료로 활용될 수 있으므로, 사소한 학교폭력 사안으로 간주될지라도 모든 신고된 사안은 접수 대장에 기록하는 것이 필수적이다. 학교폭력 사안 접수 보고서는 사안과 관련된 학생의 정보(성명, 성별 등)와 즉각적인 조치가 실행된 경우 해당 내용을 포함하여 기록해야 한다. 이렇게 기록된 내용은 학교장에게 보고되며, 담임교사 및 가해학생과 피해학생의 학부모에게도 알려야 한다. 특히 사안이 중대한 경우에는 학교장 및 심의위원회 위원장에게 즉시 보고해야 하며, 신고 및 접수 후 48시간 이내에 시·도 교육청에 보고하는 것이 원칙이다.

학교폭력을 신고할 때 유의해야 할 사항으로는, 첫째, 교사가 학교폭력을 인지하였음에도 불구하고 이를 보고하지 않고 임의로 사건을 조사하거나 가해학생과 피해학생 간의 합의를 조율하거나 가해학생에 대한 조치를 취하는 행위는 엄격히 금지된다. 이러한 경우 반드시 전담기구에 신고해야 하며, 이는 법률에 따른 신고 의무로서 이를 위반할 경우 과태료 부과 또는 의무 위반에 따른 징계를 받을 수 있다. 또한, 신고자에 대한 비밀 누설 금지 의무에 따라 교원 등은 학교폭력 신고자와 관련된 자료(개인정보 등)를 누설해서는 안 된다(「학교폭력예방법」 제21조). 이러한 규정은 신고자의 안전과 신고 환경의 신뢰성을 확보하기 위한 중요한 장치로 작용하므로, 교사는 법적 의무를 철저히 준수하고 신고자 보호에 만전을 기해야 한다.

학교폭력 신고 방법!

- 학교폭력신고센터 117: 국번 없이 117을 누르면 되고, 24시간 운영된다.
- 핸드폰 문자 신고 #0117: 받는 사람을 #0117로 하고 상황을 정확하고 자세히 쓰고 전송한다.
- 인터넷 사이트 '안전 Dream(www.safe182.go.kr)' 접속: '학교폭력' 클릭 → 신고서 작성 → '등록' 클릭
- 기타: 교내 학교폭력 신고함, 담당교사 이메일 및 휴대전화를 통한 신고

둘째, 외부 기관에서 학교폭력 신고를 접수하면 가해학생 및 피해학생의 보호자와 소속 학교의 장에게 해당 사실을 통보해야 한다. 이때 학교장은 이 사실을 전담기구에 즉시 알리고, 절차에 따라 사안을 처리하도록 해야 한다. 이는 외부 기관이 피해학생에 대한 치유 및 조치를 시행하였더라도, 피해학생과 가해학생의 소속 학교에서 학교폭력 사안을 파악하고 적절히 대응하여 관련 학생들이 학교생활에 원활히 적응할 수 있도록 지원하기 위함이다. 셋째, 보호자가 학교폭력을 신고한 경우, 사안을 보다 구체적이고 객관적으로 파악할 수 있도록 해야 한다. 이는 보호자가 보유한 정보가 학생들로부터 들은 간접 정보일 경우 사실과 차이가 발생할 수 있기 때문이다. 넷째, A 학교의 교사가 A 학교 학생들을 조사하는 과정에서 B 학교 학생이 관련된 사실을 발견하였다면, B 학교에 즉시 그 사실을 통보하여 B 학교에서도 적절한 절차를 밟아 사안을 처리할 수 있도록 해야 한다. 이는 학교폭력 신고 의무에 해당하는 경우로서, 정당하거나 합리적인 이유가 없을 때는 지체 없이 해당 학교에 관련 내용을 알려야 한다.

3) 즉각적인 조치 실행

학교폭력이 인지되어 신고가 접수되면, 학교에서는 추가적인 피해를 예방하고 학교폭력 사안을 효과적으로 처리하기 위해 신속하고 적절한 초기 대응을 실시할 필요가 있다. 특히 이러한 학교 차원의 대처는 문서화하여 기록으로 남기는 것이 중요하다. 이는 문서화된 기록이 추후 발생할 수 있는 불필요한 분쟁을 예방하는 데 기여할 수 있기 때문이다.

학교폭력 사안을 인지한 후 가장 먼저 취해야 할 조치는 피해학생의 반대 의사 등 대통령령으로 정하는 특별한 사정이 없는 한, 지체 없이 가해자(교사를 포함한다)와 피해학생을 분리하는 것이다. 이는 2차적인 폭력 사태를 예방하고, 사안 조사를 위해 가해학생과 피해학생의 심리적 및 신체적 상태를 회복하도록 지원하기 위한 조치이다. 따라서 사안 조사 기간 동안 가해학생과 피해학생 간의 접촉이 이루어지지 않도록 분리 대상, 기간, 공간 등 분리 방법을 전담기구 또는 소속 교원의 협의를 통해 학교장이 결정하여 실행해야 한다(「학교폭력예방법」 제16조). 이때 가해학생의 분리는 분리 방법 결정 시점으로부터 최대 7일 이내에 실시하며, 제도의 취지, 기간, 출결 등에 대해 가해학생과 보호자에게 명확히 통보해야 한다.

학교에서 취해야 할 즉각적인 조치를 주요 대상별로 좀 더 구체적으로 살펴보면, 먼저 피해학생에 대해서는 심리적 안정을 도모하고 신변 안전을 확보하는 것이 긴급한 과제라고 할 수 있다. 학생의 피해 상태를 면밀히 파악하여, 가벼운 상처는 학교 보건실에서 1차적으로 치료하고, 상처의 정도가 심각해 보건실에서 치료가 불가능할 경우에는 신속히 병원으로 이송해야 한다. 특히 성폭력 피해학생의 경우, 즉각적으로 병원으로 이송하고 증거를 보존하기 위해 경찰에 신고하는 등의 추가적인 조치가 이행되어야 한다.

가해학생에 대한 조치로는, 피해학생의 상태가 위중하거나 외상이 심한 경우, 가해학생 역시 충격을 받아 예측하지 못한 돌발행동을 할 가능성이 있으므로 각별한 주의를 기울여 대화를 시도할 필요가 있다. 이러한 대화 과정에서는 질책이나 지나친 맞장구를 삼가고, 중립적인 입장에서 가해학생의 입장을 경청하는 것이 바람직하다. 만약 가해학생이 대화를 원치 않는 경우, 그 마음을 존중하고 이후 조사에는 협조할 수 있도록 안내하는 것이 필요하다. 또한 학교장은 가해학생의 선도가 긴급하다고 판단할 경우, 학교장 긴급조치 사안으로서 가해학생에게 서면 사과, 접촉금지, 교내봉사, 특별교육, 출석정지 등의 조치를 부과할 수 있다(「학교폭력예방법」 제17조). 특히 출석정지 조치는 네 가지 조건이 충족되는 경우에만 부과될 수 있다. 이러한 조건에는 2명 이상의 학생이 고의적 · 지속적으로 폭력을 행사한 경우, 학교폭력을 행사하여 전치 2주 이상의 상해를 입힌 경우, 학교폭력에 대한 신고 및 진술, 자료 제공 등에 대한 보복을 목적으로 폭력을 행사한 경우, 그리고 학교장이 피해학생을 가해학생으로부터 긴급히 보호할 필요가 있다고 판단한 경우가 포함된다(「학교폭력예방법 시행령」 제21조).

보호자에 대한 조치로는, 신속하게 보호자에게 연락하여 해당 시점에서 파악된 사건의 내용을 침착하게 전달할 필요가 있다. 이 과정에서 보호자의 학교 방문이 필요하거나 가능한 경우, 자녀와 만날 장소와 시간을 협의하는 것이 중요하다. 보호자는 학교폭력 사건 처리 과정에서 정서적 혼란을 경험할 가능성이 높으며, 학교 측의 신속하고 적극적인 대처를 기대하기 때문에 학교 측의 대응 계획을 명확히 안내하고 이후 조사관의 조사 과정에 협조를 부탁하는 것이 바람직하다. 또한 학생이 귀가했을 때 심리적 안정을 취할 수 있도록 당부하는 것도 중요하다.

목격 학생 및 주변 학생에 대한 조치로는, 현장 접근을 통제한 후 목격 학생과 주변 학생의 충격 수준을 면밀히 평가할 필요가 있다. 이들이 폭력 사건에 직간접적으로 노출되어 심리적 고통을 경험하고 있는 경우, 지도 교사가 배치된 안전한 공간에서 휴식과 진정을 취할 수 있도록 안내하는 것이 중요하다. 또한 학교폭력 사건과 관련된 학생들에게 낙인이 찍히지 않도록 하고 왜곡된 사실이 공유되지 않도록 교육하는 것도 필요하다. 필요시 학교폭력 사안 처리 과정을 체계적으로 정리하여 전달함으로써 학생들의 불안 요소를 해소할 수 있도록 조치를 취하는 것이 도움이 될 수 있다.

2. 학교폭력 사안 조사 및 심의

학교폭력 사안 조사 및 심의 절차는 발생한 학교폭력 사건에 대해 구체적이고 객관적인 사실을 확인하는 과정으로, 해당 사건의 경중을 판별하고 향후 학교폭력 사안 처리에 중요한 근거를 제공하는 필수적인 절차이다. 특히 사안 처리 결과에 따라 피해학생이나 가해학생 측은 결과가 편중되었다고 오해할 수 있는 가능성이 존재하므로, 결과에 대한 신뢰를 확보하는 것이 매우 중요하다. 따라서 학교폭력 사안이 조사되고 심의되는 과정에서 학교폭력전담기구와 학교폭력 제로센터는 각각 어떤 기능을 수행하며, 각 기구에 소속된 책임교사, 담임교사, 전담조사관 등이 어떤 역할을 맡고 있는지를 구체적으로 살펴보겠다.

1) 학교폭력 사안 조사

학교폭력 사안에 대한 조사는 그간 교장, 교감, 보건교사, 학교폭력 전담교사, 학부모 등으로 구성된 단위 학교 내 학교폭력전담기구가 1차적으로 피해 · 가해 사실 여부를 확인하고, 중대한 사안의 경우 교육지원청 차원의 학교폭력대책심의위원회에 심의를 요청하는 절차로 진행되어 왔다. 그러나 이 과정에서 피해 · 가해 학부모가 교사들의 업무를 방해하고 교권을 침해하는 사례가 발생하며, 정확하고 신속한 학교폭력 사안 조사가 지연되는 문제가 지속적으로 나타났다. 이러한 문제를 해결하기 위해 학교폭력 제로센터가 출범하여 학교폭력 사안에 대한 조사 업무를 전문적으로 수행하게 되었다.

학교폭력 사안 조사 과정에서 학교폭력 제로센터는 단위 학교로부터 학교폭력 사안 발생에 대한 접수 보고와 함께 전담조사관 배정 요청을 받게 된다. 이때 사안의 성격, 관련 학생들의 학년 및 성별, 조사가 가능한 시간 등을 종합적으로 고려하여 적합한 전담조사관을 1인 또는 2인 이상 배정한다. 배정 통보를 받은 전담조사관은 학교폭력 책임교사, 담임교사 등과 면담 가능 시간 및 장소, 관련 학생 조사가 가능한 시간과 장소를 협의하여 학교에 방문한 후, 학교폭력 사안에 대한 구체적인 조사를 시작한다. 조사 과정에서 전담조사관은 관련 학생의 면담, 주변 학생 조사, 설문조사, 객관적인 입증 자료 수집 등의 역할을 수행한다. 또한 전담조사관은 해당 사안이 학교장 자체해결의 객관적 요건을 충족하는지, 피해학생 측이 학교장 자체해결에 동의하는지를 함께 파악한다. 이러한 과정을 통해 구체적인 학교폭력 사안에 대한 조사가 완료된 전담조사관은 수집한 결과를 토대로 육하원칙에 따라 사안 조사 보고서를 작성하고 이를 학교장 및 학교폭력 제로센터에 보고한다.

이러한 사안 조사를 수행할 때는 다음과 같은 점들을 특히 유의해야 한다. 첫째, 피해학생과 가해학생의 학습권 및 인권이 최대한 보호되어야 한다. 따라서 사안 조사는 가능한 수업 시간 외의 시간을 활용하여 수업에 지장을 주지 않도록 수행되어야 한다. 둘째, 학교폭력 전담조사관이 사안 조사를 진행할 때 학생들이 심리적 부담을 느낄 수 있으므로, 학교 측에서는 교원을 배석시키거나 관련 자료를 제공하는 등의 편의를 제공할 필요가 있다. 셋째, 사안과 관련된 증거 자료는 전담조사관이 인수하며, 전담조사관은 학교폭력 사안에 대한 비밀 유지 의무를 철저히 이행해야 한다. 특히 성폭력 사안의 경우, 이러한 비밀 유지 의무에 대해 더욱 특별한 주의를 기울여야 한다. 넷째, 장애 학생 및 다문화 학생에 대한 사안 조사의 경우, 특수 교육 전문가를 참여시켜 이들의 진술 기회를 확보하고 필요한 조력을 제공하는 것이 중요하다.

학교폭력 전담조사관 제도가 시행된 이후 교사의 학교폭력 관련 업무가 경감되고, 신속하고 공정한 사안 조사가 이루어지는 등의 긍정적인 변화의 목소리도 있는 반면, 모든 사안에 조사관이 투입됨에 따라 학교가 자체적으로 해결할 수 있는 사안까지 공식화되어 사안 처리가 더 복잡해지거나, 조사관 투입과 조사를 위한 일정 조율에 시간이 많이 소요되는 등의 문제도 지적되고 있다. 이에 따라 이러한 학교 현장의 요구를 수용하고자 일부 교육청에서는 경미한 사안에 대해 학교가 요청하면 조사관을 투입하지 않고 자체적으로 처리할 수 있도록 제도를 개선하는 숙의 과정을 진행하고 있다. 따라서 학교폭력 사안 조사의 처리가 학교 현장의 요구에 기반해 탄력적으로 개선되는 과정임을 이해하고, 지속적으로 이러한 사안 조사 과정에 관심을 기울이는 것이 필요하다.

2) 학교폭력 전담기구 심의

학교장 자체해결 제도는 경미한 학교폭력 사안까지도 학교폭력대책심의위원회의 심의 대상이 되어, 생활지도를 통한 교육적 해결이 곤란하다는 지적에 따라 도입되었다. 이에 따라 전담조사관이 수행한 학교폭력 사안 조사 결과를 보고받으면, 단위 학교 내 학교폭력 전담기구는 이러한 사안에 대해 학교장 자체해결 부의 여부를 심의하게 된다. 이때 학교장 자체해결로 처리되려면 두 가지 조건을 모두 충족해야 한다. 첫째,「학교폭력예방법」에 따른 자체해결의 네 가지 요건을 모두 만족해야 하며, 둘째, 피해 관련 측이 자체해결에 동의해야 한다. 학교폭력 전담기구는 이러한 두 가지 조건이 충족되는지를 반드시 서면으로 확인해야 한다.

학교장 자체해결제의 네 가지 요건을 구체적으로 살펴보면, 첫째, 2주 이상의 신체적 또는 정신적 치료를 요하는 진단서를 발급받지 않아야 하고, 둘째, 재산상 피해가 없거나 즉각적으로 복구되거나 복구 약속이 있는 경우여야 하며, 셋째, 학교폭력이 지속적이지 않아야 하고, 넷째, 학교폭력에 대한 신고, 진술, 자료 제공 등에 대한 보복행위가 아닌 경우여야 한다. 만약 피해학생이 여러 명인 경우, 각 피해학생별로 학교장 자체해결의 적합성을 판단해야 한다. 반면, 피해학생이 한 명이고 가해학생이 여러 명인 경우, 학교장 자체해결 요건을 충족하더라도 피해학생이 모든 가해학생에 대해 자체해결로 처리하는 것에 동의한 경우에 한하여 학교장 자체해결이 가능하다. 학교장 자체해결의 충족 요건은 [그림 8-3]과 같다.

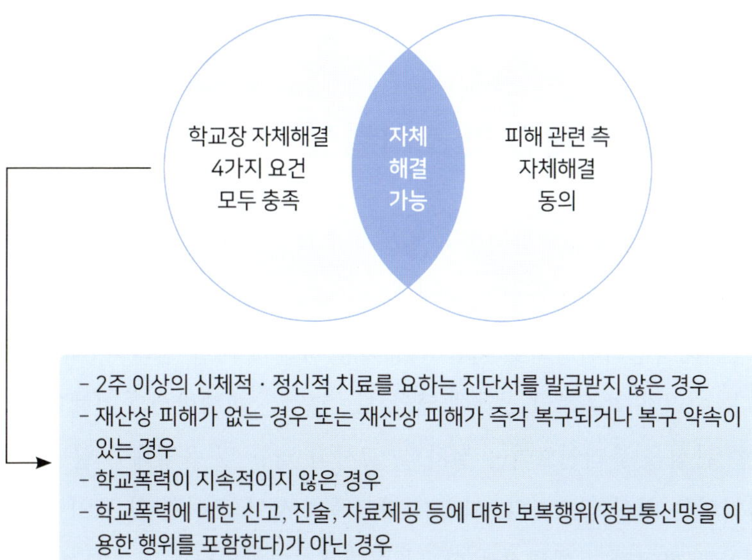

그림 8-3 학교장 자체해결의 충족 요건

3) 학교폭력 사례회의

학교폭력전담기구에서 학교장 자체해결 요건을 충족하지 못한 사안이나 피해학생 측이 학교장 자체해결에 동의하지 않은 사안은 학교폭력대책심의위원회에 심의를 요청하게 된다. 이때, 심의위원회는 요청받은 사안에 대해 즉시 심의를 진행하지 않고, 학교폭력 제로센터에 사례회의를 요청한다. 이는 조사관의 조사 결과를 면밀히 검토하고 보완하여 사안의 완결성과 객관성을 제고하기 위한 목적이 있다. 또한 다양한 학교폭력 사안을 분석하여 체계화 및 사례화의 기능을 수행하고, 학교폭력 문제에 대한 심층적 이해를 도모하는 데 기여하고자 하는 목적도 포함된다.

학교폭력 사례회의에는 학교폭력 제로센터장, 장학사, 주무관, 해당 사안의 전담조사관, 학교전담경찰관(SPO), 외부 전문가 등이 참석하게 된다. 가능하면 교육(지원)청 내부 구성원 중심으로 운영하되, 성폭력이나 언론 보도와 같은 중대 사안에 대해서는 학교전담경찰관이나 외부 전문가의 참석을 허용할 수 있다. 학교폭력 사례회의에서는 사안 조사 보고서를 바탕으로 확인된 내용과 쟁점 등을 면밀히 검토한다. 조사 결과가 충분히 이루어졌다고 판단될 경우, 심의위원회에 사안 조사 보고서를 즉시 제출하지만, 조사 내용에 불명확한 부분이 있다고 여겨질 경우에는 전담조사관에게 보완 조사를 지시하여 추가 조사를 실시하도록 한다.

3. 학교폭력 사안 해결 및 조치결정

학교폭력 사안에 대한 학교폭력전담기구의 심의 결과에 따라 해당 사안은 학교장 자체해결 과정으로 진행될 수 있으며, 만약 학교장 자체해결의 조건이 충족되지 않는 경우에는 학교폭력대책심의위원회로 이관되어 해당 사안에 대한 심의 후 적절한 조치를 결정하게 된다. 이러한 최종적인 결과에 해당하는 과정은 피해학생과 가해학생 양측 모두에게 민감한 관심을 불러일으키는 절차로, 교사의 역할 및 유념해야 할 사항들을 보다 정확히 파악하는 것이 필요하다. 따라서 학교폭력 사안의 해결 및 조치 과정에서 진행해야 할 절차를 학교장 자체해결과 학교폭력대책심의위원회의 조치결정으로 구분하여 구체적으로 살펴보겠다.

1) 학교장 자체해결

「학교폭력예방법」의 제정 초기에는 학교폭력 사안이 접수되면 심의 절차를 모두 거쳐야만 가해학생에 대한 처분이 집행되었다. 이러한 방식은 경미한 사안조차도 복잡한 처리 과정을 요구하게 되어 교사의 업무가 과중해지는 결과를 초래하였다. 또한 가해학생에 대한 교육과 선도가 아닌 처분에 초점이 맞춰져 사안이 처리되는 경향이 있었다. 이러한 문제를 해결하기 위한 「학교폭력예방법」의 개정 필요성이 강조되었으며, 이에 따라 일정한 기준을 마련하여 학교장이 권한을 가지고 사안을 해결할 수 있도록 하는 학교장 자체해결제가 도입되었다.

학교장 자체해결의 절차를 살펴보면, 우선 학교폭력 사안 조사 이후 학교폭력 전담기구에서 해당 사안이 학교장 자체해결 요건에 부합하는지 심의하게 된다. 만약 요건이 모두 충족되는 경우, 관련 학생 및 보호자와의 협의를 통해 학교장 자체해결을 결정한다. 이 과정에서 유의해야 할 점은 피해학생과 그 보호자에게 학교장 자체해결을 강요해서는 안 된다는 것이다. 학교폭력 전담기구는 객관적이고 공정한 입장에서, 관련 학생 및 보호자가 어떤 과정을 통해 해당 학교폭력 사안이 처리되기를 원하는지를 명확히 파악할 필요가 있다.

학교장 자체해결로 결정된 사안은 교육(지원)청에 보고되며, 관련 학생과 보호자에게 통보된다. 학교장 자체해결이 시행되면, 필요한 경우 가해학생을 대상으로 상담 및 캠페인 활동 등 다양한 별도의 교육 프로그램을 운영할 수 있으며, 관련 학생 간의 관계 개선 의지와 동의 여부에 따라 관계회복 프로그램을 실시할 수도 있다. 이는 학교장 자체해결의 본래 취지, 즉 교육적 해결을 통해 피해학생과 가해학생 간의 관계 갈등을 해소하는 데 기여하기 위함이다.

한편, 학교장 자체해결로 사안이 종결된 경우, 피해학생 및 그 보호자가 다시 심의위원회 개최를 요청할 수 없다. 다만, 해당 학교폭력 사건으로 인해 피해학생 및 그 보호자가 입은 재산적 손해를 가해학생 및 그 보호자가 복구하기로 약속하였으나 이행하지 않은 경우, 그리고 조사 과정에서 확인되지 않았던 새로운 사실이 추가적으로 밝혀진 경우에는 예외적으로 심의위원회 개최를 요구할 수 있다. 또한 학교장 자체해결의 요건을 모두 충족하였으나 피해학생과 그 보호자가 이에 동의하지 않아 심의위원회 개최가 요청된 경우, 피해학생과 그 보호자는 심의위원회의 조치 의결 이전에 서면으로 심의위원회 개최 요구를 취소할 의사를 학교에 명확히 표명할 수 있다. 이 경우, 학교장은 심의위원회 개최 요청을 취소할 수 있으며, 이는 학교장 자체해결로 간주된다. 따라서 학교폭력 사안을 접수하거나 조사하는 과정에서 이러한 사항을 관련 학생 측에 명확히 안내하는 것이 중요하다. 이를 통해 피해학생의 권리가 적절히 보호되고, 학교폭력 문제의 해결 절차가 원활하게 진행될 수 있도록 해야 한다. 학교장 자체해결 사안 처리 흐름도는 [그림 8-4]와 같다.

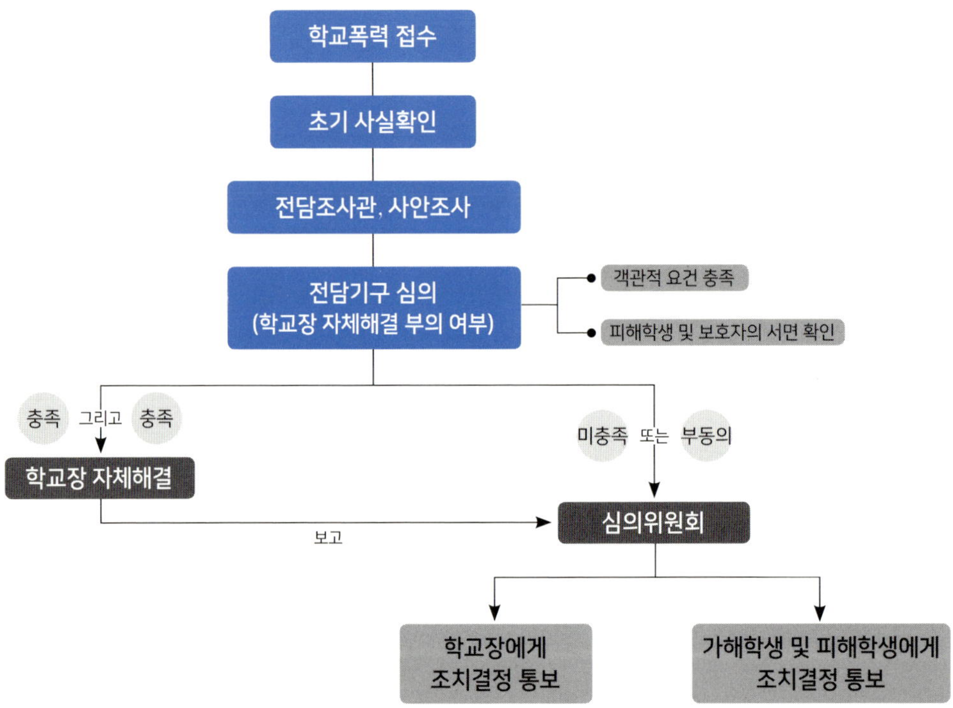

그림 8-4 학교장 자체해결 사안 처리 흐름도

2) 학교폭력대책심의위원회 조치결정

학교폭력대책심의위원회(이하 심의위원회)는 학교폭력 예방 및 대책에 관한 사항을 심의하는 교육(지원)청 내의 법정 위원회이다. 심의위원회는 학교폭력전담기구의 심의 결과 학교장이 자체해결 요건을 충족하지 못하거나, 요건을 충족하더라도 피해학생과 보호자가 요청하는 경우에 회의를 개최하여 해당 사안에 대해 적절한 조치결정을 의결한다. 심의를 통해 결정된 조치는 피해학생 및 가해학생 측에게 서면으로 통보한다. 이때 통보되는 내용은 관련 학생에게 내려진 조치뿐만 아니라, 조치가 내려진 근거와 이유를 함께 제시해야 한다(「행정절차법」 제23조). 가해학생이 여러 명인 경우에는 가해학생별로 조치결정 사항을 기재하여 통보하고 학교장에게도 조치결정을 통보한다. 만약 사안이 복잡하거나 감염병 확산 등으로 관련 학생의 진술이 불가능하여 조치결정이 유보된 경우에는 이러한 조치결정이 유보된 사유 등을 피해 및 가해 측에게 서면으로 통보해야 한다.

학교장에게 조치결정이 통보된 이후, 학교장은 교육장의 조치결정에 따른 조치 이행에 적극 협조해야 한다(「학교폭력예방법」 제19조). 학교장은 가해학생 측의 조치가 원활하게 이행될 수 있도록 조치를 취하며, 조치 이행 완료 후에는 교육(지원)청에 그 결과를 보고한다. 만약 가해학생 측이 통보받은 조치를 3개월 이내에 이행하지 않는 경우, 학교장은 미이행 학생 명단을 교육장(심의위원회)에 보고해야 한다.

참고

학교폭력 사안 처리에 필요한 양식은 부록 참고

정리하기

1. 학교폭력의 감지는 교사가 학생 행동을 관찰하거나 학생 및 학부모의 신고를 통해 이루어진다. 교사는 정기적인 실태조사와 신고 시스템을 구축하여 조기에 감지해야 한다. 신고 내용은 반드시 기록으로 보관하고, 피해학생과 가해학생을 신속히 분리하며, 피해학생의 안전을 확보하기 위한 조치를 즉시 취해야 한다.
2. 학교폭력 사안이 접수되면, 학교폭력 제로센터는 전담조사관을 배정하여 조사를 실시한다. 조사관은 보고서를 작성하고, 학교폭력 전담기구는 이를 바탕으로 학교장 자체해결 가능성을 심의한다. 자체해결이 불가능할 경우, 학교폭력대책심의위원회에 심의를 요청한다. 심의위원회는 사례회의를 통해 조사 결과를 검토하고 필요시 보완 조사를 지시하여 사안의 완결성과 객관성을 높인다.
3. 학교폭력 전담기구의 심의에 따라 학교장 자체해결로 협의된 사안은 교육청에 보고되고, 관련 학생과 보호자에게 통보된다. 가해학생은 상담 및 교육 프로그램을 받으며, 관계회복 프로그램도 실시할 수 있다. 심의위원회의 의결에 따라 조치가 결정되고, 관련 학생에게 서면으로 통보된다. 학교장은 조치 사항의 이행을 지속적으로 관리해야 한다.

확인하기

1. 학교폭력 사안에 대한 초기 대응 시 피해학생, 가해학생, 보호자에게 취해야 할 즉각적인 조치를 설명하시오.
2. 전담조사관에 의해 학교폭력 사안 조사가 이루어지는 과정에서 학교 차원에서 유의해야 할 점을 설명하시오.
3. 학교폭력 사안이 학교장 자체해결로 의결되기 위해 필요한 요건을 설명하시오.

제9장

학교폭력 피해 및 가해학생에 대한 조치 방안

학습목표

- 학교폭력 피해학생에 대한 조치 방안을 이해할 수 있다.
- 학교폭력 가해학생에 대한 조치 방안을 이해할 수 있다.

학습내용

1. 피해학생에 대한 조치 방안
   1) 조치의 종류
   2) 조치의 이행 방법
   3) 조치 시 유의사항
2. 가해학생에 대한 조치 방안
   1) 조치의 종류
   2) 조치의 이행 방법
   3) 조치 시 유의사항
3. 조치에 대한 불복절차
   1) 행정심판
   2) 행정소송

생각 나누기

준호는 학급의 약한 친구에게 지속적으로 욕설을 하고 금품을 갈취하는 등의 학교폭력 가해행위를 하였다. 이에 전담기구의 심의를 거쳐 심의위원회의 조치 심의 · 의결에 따라 피해학생에 대한 서면 사과와 학교에서의 봉사 조치를 받게 되었다. 아울러 부가적으로 보호자와 함께 특별교육을 이수해야 하는 조치를 받았는데 이 사실을 접한 준호의 아버지는 보호자가 교육을 받아야 하는 상황을 받아들이지 못하고 학교의 조치를 회피하였다.

이러한 경우에 학교에서는 어떻게 조치해야 할까?

앞의 내용은 학교폭력 가해학생과 그 보호자에게 내려진 조치와 관련된 것이다. 이 장에서는 학교폭력대책심의위원회 개최 이후 현행 「학교폭력예방법」상 피해학생과 그 보호자에게는 어떠한 보호 조치가 이루어지며, 가해학생과 그 보호자에게는 어떠한 교육 및 선도 조치가 취해지는지 자세하게 알아보겠다.

1. 피해학생에 대한 조치 방안

학교폭력이 발생하면 피해학생을 최우선으로 보호하고 학교생활에 잘 적응할 수 있도록 도와야 한다. 특히 피해학생 보호 조치의 요청이 있는 경우에 교육장은 피해학생 보호자의 동의를 받아 7일 이내에 해당 조치를 취해야 한다(「학교폭력예방법」 제16조 제3항). 이 절에서는 「학교폭력예방법」에 따라 피해학생에 대한 조치의 종류와 그 이행 방법에 대해 알아보고, 2024년 교육부의 『학교폭력 사안 처리 가이드북』 내용을 참고하여 피해학생에 대한 조치 방안을 구체적으로 살펴보며, 조치 시 유의해야 할 점에는 어떤 것들이 있는지 살펴보겠다.

1) 조치의 종류

피해학생에게 취할 수 있는 보호 조치로는 [그림 9-1]과 같이 심리상담 및 조언, 일시보호, 치료 및 치료를 위한 요양, 학급교체, 그 밖에 피해학생의 보호를 위하여 필요한 조치가 있다. 심의위원회는 피해학생의 보호를 위하여 필요하다고 인정할 때는 하나 또는 여러 개의 조치를 교육장(교육장이 없는 경우 조례로 정한 기관의 장)에게 요청할 수 있다. 다만 학교의 장은 학교폭력 사건을 인지하였을 때 피해학생의 반대 의사 등 대통령령으로 정하는 특별한 사정이 없으면 바로 가해자(교사를 포함)와 피해학생을 분리해야 한다. 그리고 피해학생이 긴급 보호를 요청할 때는 제1호부터 제3호까지 및 제6호의 조치를 할 수 있다. 이 경우 학교의 장은 심의위원회에 즉시 보고를 해야 한다(「학교폭력예방법」 제16조 제1항). 심의위원회는 피해학생에 대한 조치를 요청하기 전에 피해학생 및 그 보호자에게 의견진술의 기회를 부여하는 등 적정한 절차를 거쳐야 한다. 심의위원회에서 피해학생에 대한 조치 요청이 있을 때, 교육장은 피해학생의 보호자의 동의를 받아 7일 이내에 해당 조치를 시행해야 한다.

제1호	학내외 전문가에 의한 심리상담 및 조언
제2호	일시보호
제3호	치료 및 치료를 위한 요양
제4호	학급교체
제5호	삭제됨(전학 권고)
제6호	그 밖에 피해학생의 보호를 위하여 필요한 조치

그림 9-1 피해학생에 대한 조치의 종류

한편, 피해학생에 대한 보호 조치 중 제5호는 전학 권고 조치로 지속적인 학교폭력 상황에서 벗어나도록 하기 위한 조치로 취해졌었지만, 학교폭력 피해학생은 전학 권고보다는 학교 측으로부터 우선 보호를 받을 수 있도록 해야 한다는 측면에서 삭제되었다(2012. 3. 21.부터 적용).

2) 조치의 이행 방법

피해학생 측에 조치결정을 통보할 때 피해학생에 대한 조치를 이행하기 위해서 교육장(조치권자)은 심의위원회의 조치결정 후, 피해 및 가해학생 측에 서면으로 조치결정을 통보해야 한다. 행정청이 처분을 할 때에는 다른 법령 등에 특별한 규정이 있는 경우를 제외하고는 문서로 하여야 하며, 전자문서로 할 때에는 당사자 등의 동의가 있어야 한다. 관련 학생에게 조치결정을 통보할 때는 내려진 조치뿐만 아니라, 조치가 내려진 근거와 이유를 제시해야 한다(「행정절차법」 제23조 제1항). 가해학생이 다수일 때에는 가해학생 별로 따로 조치결정을 기재하여 통보하여 각자의 통보 결과를 확인할 수 있도록 한다. 경우에 따라 조치결정이 유보되기도 하는데, 사안이 복잡하거나 여러 학교가 관련되어 있어 심의가 어려운 경우, 감염병 전염 및 확산 등으로 관련 학생의 진술이 불가능할 경우 등 심의위원회는 조치결정을 유보하고 추가 조사 등을 한 후 심의위원회를 다시 개최하여 의결할 수 있다. 이때 조치결정이 유보된 사실과 유보된 사유 등을 피해 및 가해 측에 서면으로 통보하게 된다.

교육장은 조치결정 후 학교에 공문으로 조치결정을 통보한다. 이때 학교장은 교육장의 조치결정에 따른 조치 이행에 협조해야 한다. 피해학생이 보호 조치결정을 받으면 학교는 피해학생과 보호자에게 학교폭력 피해학생 전담 지원기관에 대한 정보, 학교폭력 피해 관련 지원 프로그램, 학교폭력 화해 분쟁조정 기관에 대한 정보의 사항을 안내하여 지원받을 수 있도록 한다.

(1) 학내 · 외 전문가에 의한 심리상담 및 조언

심리상담 및 조언은 피해학생이 학교폭력으로 인하여 받은 심리적 · 정신적 충격으로부터 회복할 수 있도록 심리상담을 받게 하는 조치로 학교 내외의 심리상담 전문가에게 심리상담 및 조언을 받도록 하는 조치이다. 교내 심리상담 전문가가 있는 경우 피해학생의 성향과 피해 유형, 현재 상황을 종합적으로 검토하여 직접 상담을 시행할 것인지 혹은 보다 전문적인 상담 기관에 의뢰하여 피해학생의 심리적 안정을 도울지를 결정해야 한다. 교내 상담전문가가 상담을 진행할 때는 피해학생이 심리적 · 정서적 회복과 안정을 위하여 지속적인 상담을 시행하는 것이 바람직하다. 학교 내 상담교사가 없을 시 지역 내 피해학생 전담 지원기관, 위(Wee)센터, 정신건강복지센터, 청소년상담복지센터, 전문 상담 기관 등 외부 기관을 통하여 진행할 수 있다. 외부 상담 기관에 피해학생에 대한 심리상담을 의뢰하면 외부 기관과 유기적으로 협력하여 피해학생의 회복 정도와 진행 상황을 파악할 수 있다.

(2) 일시보호

일시보호는 피해학생이 지속적인 폭력이나 보복을 당할 우려가 있을 때 일시적으로 보호시설이나 집, 학교 상담실 등에서 보호를 받도록 하는 조치이다. 담당자는 피해학생을 일시보호 할 수 있는 장소를 정해야 하는데, 학교 내에서는 위(Wee)클래스에서 일시보호 조치를 실행할 수 있고 방과 후에는 가정에서 보호받는 것이 안정적일 수 있으나 가정에서 피해학생을 보호하기 어려운 경우에는 지역아동센터, 청소년쉼터 등 일시보호 조치가 가능한 기관을 이용할 수 있다. 피해학생이 일시보호시설을 안정적으로 이용할 수 있도록 직접 입소 · 퇴소 시 동행하거나 일시보호시설에 동행을 요청할 수 있다.

(3) 치료 및 치료를 위한 요양

치료 및 치료를 위한 요양은 학교폭력으로 인하여 생긴 신체적 · 정신적 상처의 치유를 위하여 일정 기간 출석을 하지 않고 의료기관 등에서 치료를 받도록 하는 조치이다. 피해학생이 보호 조치로 집이나 요양기관에서 신체적 · 심리적 치료를 받을 때는 치료기간이 명시된 진단서 또는 관련 증빙자료를 첨부하여 학교에 제출하도록 보호자에게 안내할 수 있다. 담임교사는 피해학생이 치료 및 치료를 위한 요양을 하는 동안 학습을 지속할 수 있도록 자료를 제공하거나 적절한 학습 방법을 안내함으로써 피해학생의 학습권을 보장하고 다시 학교에 돌아왔을 때 학습 결손을 최소화하여 학교 및 학급에 잘 적응할 수 있도록 도울 수 있다.

(4) 학급교체

학급교체는 지속적인 학교폭력 상황 및 정신적 상처에서 벗어나게 하도록 피해학생을 동일 학교 내의 다른 학급으로 소속을 옮겨 주는 조치이다. 피해학생의 입장에서는 새로운 학급에 적응해야 하는 부담이 있는 조치이므로, 조치결정에 있어 피해학생과 보호자의 의견을 적극 반영하는 것이 바람직하다.

(5) 기존 전학 권고 조치는 삭제됨

전학 권고 조치는 피해학생을 보호하고, 가해학생의 교육적 개입을 강화하기 위해서 삭제되었다. 그러나 학교의 장이 학생의 교육환경을 바꾸어 줄 필요가 있다고 인정하는 경우, 다른 학교로 전학을 추천할 수 있다. 초등학교의 경우 보호자 1인의 동의를 얻어야 한다. 성폭력 범죄에 의한 피해학생의 전학 요청 시 학교장은 반드시 교육감(장)에게 학교 배정을 요청하여야 하고, 이때 배정된 학교장은 전학을 거부할 수 없다(성폭력 방지 및 피해자보호 등에 관한 법률 제2조 및 제7조).

(6) 그 밖에 피해학생 보호를 위하여 필요한 조치

학교폭력 피해 유형 및 연령 특성 등을 고려하여 적절한 조치를 내린다. 필요시 해바라기센터 지정 병원 등 의료기관 연계, 대한법률구조공단과 같은 법률 구조기관, 학교폭력 관련 기관 등에 협조와 지원요청 등을 할 수 있다. 담당자는 피해학생의 신체적·심리적 피해 정도를 파악하여 적절한 의료기관에 연계해야 하고, 피해학생 보호를 위하여 필요한 조치 중 담당 교사가 직접 관여하여 실행하기 어려운 조치인 법률적 조치나 신변 보호 지원 등은 외부 기관과 연계하여 피해학생의 보호에 최선을 다해야 한다.

3) 조치 시 유의 사항

피해학생에 대한 보호 조치 실행 시 유의해야 할 점은 먼저 출석 일수 인정과 관련하여 학교장은 심의위원회에서 결정한 조치에 따른 피해학생의 보호 조치로 인한 결석을 출석으로 처리할 수 있다(「학교폭력예방법」 제16조 제4항)는 것이다. 학교장은 피해학생이 보호 조치를 받음으로써 성적 평가에 불이익을 받지 않도록 해야 하는데, 일시보호나 치료를 위한 요양 조치 등으로 인하여 피해학생이 장·단기간 결석하게 되어 부득이하게 평가를 위한 시험에 응하지 못하게 된 경우에도 학교 학업성적 관리 규정에 따라 불이익이 없도록 조치해야 한다(「학교폭력예방법」 제16조 제5항). 그리고 피해학생이 전문가로부터 제1호부터 제3호까지의 규정에 따른 상담 등을 받는 데에 사용되는 비용은 가해학생의 보호자가 부담하여야 한다. 피해학생의 비용지원 범위는 교육감이 정한 전문 심리상담 기관에서 심리상담 및 조언을 받는 데 드는 비용과 교육감이 정한 기관에서 일시보호를 받는 데 드는 비용, 「의료법」 등에 따라 개설된 의료기관, 「지역보건법」에 따라 설치된 보건소·보건의료원 및 보건지소, 「농어촌 등 보건의료를 위한 특별조치법」에 따라 설치된 보건진료소, 「약사법」에 따라 등록된 약국 및 같은 법 제91조에 따라 설립된 한국 희귀·필수 의약품센터에서 치료 및 치료를 위한 요양을 받거나 의약품을 공급받는 데 드는 비용이 해당한다. 피해학생의 신속한 치료를 위하여 학교의 장 또는 피해학생의 보호자가 원할 때는 「학교안전사고 예방 및 보상에 관한 법률」의 제15조에 따른 학교안전공제회 또는 시·도 교육청이 부담하고 이에 대한 상환청구권을 행사하거나, 「학교안전사고예방 및 보상에 관한 법률」(약칭 「학교안전법」) 제34조의 공제급여를 학교안전공제회에 직접 청구할 수 있다. 피해학생 치료비 지원시스템에 대한 자세한 내용은 [그림 9-2]에서 참고할 수 있다.

- 피해학생이 전문단체나 전문가로부터 제1항 제1호부터 제3호까지의 규정에 따른 상담 등에 사용되는 비용은 가해학생의 보호자가 부담하여야 한다. 다만, 피해학생의 신속한 치료를 위하여 학교의 장 또는 피해학생의 보호자가 원하는 경우에는 학교안전공제회 또는 시·도 교육청이 부담하고 이에 대한 구상권을 행사할 수 있다(「학교폭력예방법」 제16조 제6항).
- 지원 범위(「학교폭력예방법 시행령」 제18조)

구분		내용	인정기간
제1호	학내외 전문가에 의한 심리상담 및 조언	교육감이 정한 전문심리상담기관에서 심리상담 및 조언을 받는 데 드는 비용	2년(보상심사위원회 심의로 1년 범위에서 연장 가능)
제2호	일시보호	교육감이 정한 기관에서 일시보호를 받는 데 드는 비용	30일
제3호	치료 및 치료를 위한 요양	「의료법」에 따라 개설된 의료기관, 「지역보건법」에 따라 설치된 보건소·보건의료원 및 보건지소, 「농어촌 등 보건의료를 위한 특별조치법」에 따라 설치된 보건진료소, 「약사법」에 따라 등록된 약국 및 같은 법 제91조에 따라 설립된 한국희귀의약품센터에서 치료 및 치료를 위한 요양을 받거나 의약품을 공급받는 데 드는 비용	2년(보상심사위원회 심의로 1년 범위에서 연장 가능)

「학교안전법 시행규칙」 제9조의3(집행 기준 등)

① 법 제53조 제2항에 따라 학교폭력 피해학생의 상담 및 치료기간은 2년으로 하고, 일시보호의 기간은 30일로 한다. 다만, 추가적인 치료 등을 위하여 학교폭력 피해학생 및 보호자가 요청하는 경우에는 법 제58조 제1항에 따른 학교안전공제보상심사위원회의 심의를 거쳐 1년의 범위에서 상담 및 치료기간을 연장할 수 있다.

② 제1항에 따른 학교폭력 피해학생 및 보호자는 치료비 등 청구서를 작성하여 공제회에 제출하여야 한다.

③ 공제회는 학교폭력 피해학생에 대한 치료비 등의 지급을 결정하기 전에 학교장이 제출한 자료 등을 통하여 사실관계를 확인하여야 하고, 필요한 경우에는 관련 전문가의 자문을 받을 수 있다.

④ 공제회는 학교폭력 피해학생에 대한 치료비 등의 지급을 결정한 때에는 지급하기 전에 학교폭력 가해학생 및 보호자에게 알려야 한다.

그림 9-2 피해학생 치료비 지원시스템

(1) 장애 학생의 보호

누구든지 장애 등을 이유로 장애 학생에게 학교폭력을 행사해서는 안 된다. 따라서 장애 관련 비하 발언, 장애로 인한 개인의 정신적 · 신체적 불편함을 의도적으로 자극하거나 공격하는 행위는 허용될 수 없다. 하지만 장애학생의 경우에도 사안 처리 과정은 일반학생과 동일하다. 「학교폭력예방법」에서는 장애 학생에 대하여 '신체적 · 정신적 · 지적 장애 등으로 「장애인 등에 대한 특수교육법」(약칭 「특수교육법」) 제15조에서 규정하는 특수교육이 필요한 학생'으로 정하고 있으며 그 범위는 [그림 9-3]과 같다. 그러나 특수교육을 받지 않는 학생이라 하더라도 이러한 장애가 다소 있는 학생의 경우는 입법 취지를 고려하여 보다 세심한 주의를 기울여야 할 대상이라는 점을 유의해야 한다. 장애 학생이 피해 · 가해학생인 경우, 장애로 인한 피해를 방지하기 위하여 전담기구의 사안 조사 및 심의위원회의 심의 때 특수교육 전문가(위원 또는 참고인)를 참여시켜 장애학생의 의견진술의 기회를 확보하거나, 진술을 조력할 수 있다. 심의위원회는 학교폭력으로 피해를 당한 장애학생의 보호를 위하여 특수교육 및 장애인 전문 상담, 또는 장애 전문 치료기관의 요양 조치를 학교장에게 요청할 수 있다. 피해 · 가해학생이 장애 학생일 때 추가로 고려해야 하는 사항은 다음 [그림 9-4]와 같다.

• 시각장애 • 청각장애 • 지적장애 • 지체장애 • 정서 · 행동장애 • 자폐성장애(이와 관련된 장애를 포함)
• 의사소통장애 • 학습장애 • 건강장애 • 발달지체 • 그 밖에 대통령령으로 정하는 장애

그림 9-3 「특수교육법」에서 규정하는 특수교육을 필요로 하는 학생의 범위

① 피해학생 또는 가해학생이 장애학생인 경우 전담기구 및 심의위원회에 특수교육 전문가(위원 또는 참고인)를 참여시켜 장애학생의 장애정도, 특성 등에 대한 의견을 참고하는 것이 바람직하다.
② 피해학생이 장애학생이고 가해학생이 일반학생인 경우에는 해당 가해학생에 대하여 보다 엄격하게 심의하여 조치하여야 하며, 해당 가해학생에게 「학교폭력예방법」 제17조 제1항 제5호 및 제3항에 의한 특별교육 이수 조치를 할 때는 장애에 대한 이해 및 인식개선이 가능한 특별교육 프로그램을 이수하도록 하는 것이 바람직하다.
③ ①에서 특수교육전문가란 특수교육 교원, 특수교육 전문직, 특수교육지원센터 전담인력, 특수교육 관련 교수 등을 말한다.

그림 9-4 피해학생 또는 가해학생이 장애 학생일 때 추가 고려 사항

(2) 다문화 · 탈북학생의 보호 및 지원

다문화학생(중도 입국 · 외국인 학생 등)과 탈북학생도 기본적인 사안 처리는 일반학생과 동일하다. 그러나 다문화학생(중도 입국 · 외국인 학생 등)과 탈북학생은 문화적 · 언어적 차이로 인해 사안 처리 과정에서 세심한 주의가 필요한 대상이라는 점을 유의해야 한다. 초기 대응, 사안 조사 등 사안 처리 과정에서 한국어 능력이 부족하여 의사소통에 어려움이 있는 다문화 학생(중도 입국 · 외국인 학생 등), 제3국 출생 탈북학생의 경우 명확한 상황 전달과 자기표현을 위해 통역의 활용 또는 관련 담당 교사를 참여시켜 충분한 통번역이 이루어지도록 해야 한다. 피해학생 또는 가해학생이 다문화 학생(중도 입국 · 외국인 학생 등), 탈북학생일 때 전담기구 및 심의위원회에 전문가(예비학교 담당자, 탈북 교육담당자 다문화학생(중도 입국 · 외국인 학생 등)과 탈북학생의 문화적 특성 등에 대한 의견을 참고하도록 한다. 피해학생이 다문화 학생(중도 입국 · 외국인 학생 등) 또는 탈북학생이고, 가해학생이 일반학생일 때 「학교폭력예방법」 제17조 제1항 제5호 및 제3항에 의한 특별교육 이수 조치를 할 때는 다문화 또는 탈북학생에 대한 이해 및 인식개선이 가능한 내용을 포함한 특별교육 프로그램을 이수하도록 하는 것이 바람직하다.

2. 가해학생에 대한 조치 방안

학교폭력 사안이 발생하여 심의위원회가 개최되면 심의위원회에서는 가해학생의 조치별 적용 기준인 학교폭력 사안의 심각성 · 지속성 · 고의성, 가해학생의 반성 정도와 선도 가능성, 피해학생 및 보호자와 화해 정도, 피해학생이 장애 학생인지 아닌지 등을 고려하여 가해학생에 대한 조치를 결정하게 되며(「학교폭력예방법 시행령」 제19조), 가해학생 선도 조치 요청이 있는 경우 [그림 9-5]와 같이 교육장은 14일 이내 해당 조치를 가해학생이나 그 보호자에게 서면으로 알려야 한다. 학교장은 가해학생이 해당 조치를 이행할 수 있도록 협조해야 한다. 이 절에서는 「학교폭력예방법」에 의거하고 『학교폭력 사안 처리 가이드북』(교육부, 2024)의 내용을 참고하여 가해학생에 대한 조치의 종류와 그 이행 방법 및 조치 시 유의 사항에 대해서 자세히 살펴보도록 하겠다.

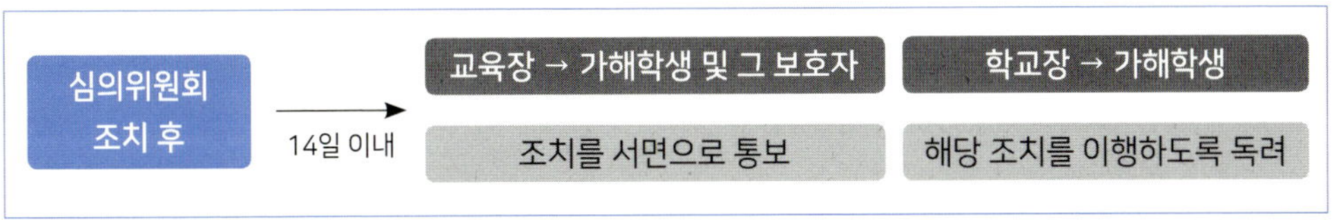

그림 9-5 가해학생 조치 시일 및 이수 시간

1) 조치의 종류

가해학생에게 취할 수 있는 조치로는 [그림 9-6]과 같이 피해학생에 대한 서면 사과, 피해학생 및 신고·고발 학생에 대한 접촉, 협박 및 보복 행위의 금지, 학교에서의 봉사, 사회봉사, 학내외 전문가에 의한 특별교육 이수 또는 심리치료, 출석정지, 학급교체, 전학, 퇴학 처분이 있다. 심의위원회는 피해학생의 보호와 가해학생의 선도 및 교육을 위해서 가해학생에 대한 조치의 종류 중 어느 하나에 해당하는 조치를 할 것을 교육장에게 요청하게 되는데, 가해학생에 대한 조치를 취하려는 이유가 피해학생 및 신고·고발 학생에 대한 협박 및 보복 행위 때문인 경우에는 제6호(출석정지)부터 제9호(퇴학처분)까지의 조치를 동시에 부과하거나 조치 내용을 가중 할 수 있다(「학교폭력예방법」 제17조 제1항, 제2항). 가해학생 조치를 거부하거나 기피하는 경우 심의위원회는 추가조치가 가능하며 거부 시 학교장이 교육지원청으로 공문을 발송한다. [그림 9-5]에서 가해학생에 대한 조치의 종류에서 같은 법 제17조 제5항 제1호, 제3호, 제6호, 제7호는 심의위원회에 보고 및 추인을 받아야 한다. 같은 법 제17조 제6항 제6호, 제7호는 전담기구 심의 후 심의위원회에 보고하고 추인을 받는다. 제6호 출석정지 조치는 미인정결석으로 처리하며, 제7호 학급교체 조치에 따른 학적 변동은 심의위원회에서 추인된 이후 반영하며 학급교체 조치는 해당 학년도까지 유효하다. 학교장 긴급조치는 학교장 자체해결, 추인 부결 등이 될 수 있으므로 신중하게 조치해야 한다. 심의위원회는 가해학생이 특별교육을 이수할 경우 해당 학생의 보호자도 함께 교육을 받게 해야 하며, 피해학생이 장애학생일 경우 장애 인식개선 교육 내용을 포함하여야 한다. 다만, 퇴학 처분은 의무 교육과정에 있는 가해학생에게는 부과할 수 없으므로 의무 교육과정에 있는 가해학생에게는 적용하지 않는다(「학교폭력예방법」 제17조 제1항).

<table>
<tr><td>제1호</td><td>제2호</td><td>제3호</td><td rowspan="2">제4호</td><td rowspan="2">제5호</td><td rowspan="2">제6호</td><td rowspan="2">제7호</td><td rowspan="2">제8호</td><td rowspan="2">제9호</td></tr>
<tr><td colspan="3">조치이행 기간 명시
(조건부 기재 유보)</td></tr>
<tr><td rowspan="2">서면
사과</td><td rowspan="2">접촉 · 협박 및
보복행위의
금지</td><td>학교에서의
봉사</td><td>사회
봉사</td><td>특별교육 이수
또는 심리치료</td><td>출석
정지</td><td rowspan="2">학급
교체</td><td rowspan="2">전학</td><td rowspan="2">퇴학
처분</td></tr>
<tr><td colspan="3">출석 인정</td><td>출석
미인정</td></tr>
</table>

그림 9-6 가해학생에 대한 조치의 종류

가해학생에 대한 조치 제1호, 제2호, 제3호 조치를 결정할 때는 조치 이행 기간을 명시한다. 가해학생이 심의위원회에서 정한 이행 기간 내에 해당 조치를 완료하고 동일 학교급(초등학교는 조치를 받은 날로부터 3년)에서 다른 학교폭력 사안으로 조치를 받지 않은 경우, 최초 1회만 조건부로 제1호, 제2호, 제3호 조치는 학교생활기록부 기재를 유보한다. 가해학생 조치별 세부 기준 고시 내용은 [그림 9-7]과 같다(「학교폭력예방법 시행령」 제19조).

가해학생이 조치를 통보받은 날부터 3개월 이내에 이행하지 않을 때 학교장은 미이행 학생 명단을 교육장(심의위원회)에게 보고한다. 보고 방법 및 시기는 교육(지원)청의 자체 계획에 따른다. 제2호 조치(접촉금지) 위반의 경우 학교장은 새로운 학교폭력 사안으로 접수하여 사안을 처리한다. 제3호에서 제9호 조치의 미이행 시 교육장(심의위원회)은 학교장의 보고를 받은 3주(21일) 이내에 해당 학생이나 그 보호자에게 조치(「학교폭력예방법」 제17호 제1항 제1호 조치 제외)를 1개월 이내에 이행할 것과 미이행 시 거부 · 기피에 따른 추가 조치가 있을 수 있음을 서면으로 안내한다. 단, 조치 이행 기간 내에 조치를 이행할 수 없는 객관적인 사유(병원 입원, 소년원 입소 등)가 있는 경우에는 학교장이 교육장에게 조치이행 기간 변경을 요청할 수 있다.

<table>
<tr><td colspan="5" rowspan="2"></td><td colspan="5">기본 판단 요소</td></tr>
<tr><td>심각성</td><td>지속성</td><td>고의성</td><td>반성정도</td><td>화해정도</td></tr>
<tr><td colspan="4" rowspan="5">판정 점수</td><td>4점</td><td>매우높음</td><td>매우높음</td><td>매우높음</td><td>없음</td><td>없음</td></tr>
<tr><td>3점</td><td>높음</td><td>높음</td><td>높음</td><td>낮음</td><td>낮음</td></tr>
<tr><td>2점</td><td>보통</td><td>보통</td><td>보통</td><td>보통</td><td>보통</td></tr>
<tr><td>1점</td><td>낮음</td><td>낮음</td><td>낮음</td><td>높음</td><td>높음</td></tr>
<tr><td>0점</td><td>없음</td><td>없음</td><td>없음</td><td>매우높음</td><td>매우높음</td></tr>
<tr><td rowspan="9">가해학생에 대한 조치</td><td colspan="2" rowspan="3">교내 선도</td><td>제1호</td><td>서면 사과</td><td colspan="5">1~3점</td></tr>
<tr><td>제2호</td><td>접촉금지</td><td colspan="5">피해학생 보호에 필요하다고 심의위원회가 의결할 경우</td></tr>
<tr><td>제3호</td><td>교내봉사</td><td colspan="5">4~6점</td></tr>
<tr><td colspan="2" rowspan="2">외부 기관 연계 선도</td><td>제4호</td><td>사회봉사</td><td colspan="5">7~9점</td></tr>
<tr><td>제5호</td><td>특별교육 이수 또는 심리치료</td><td colspan="5">가해학생 선도(교육)에 필요하다고 심의위원회가 의결할 경우</td></tr>
<tr><td rowspan="4">교육 환경 변화</td><td rowspan="2">교내</td><td>제6호</td><td>출석정지</td><td colspan="5">10~12점</td></tr>
<tr><td>제7호</td><td>학급교체</td><td colspan="5">13~15점</td></tr>
<tr><td rowspan="2">교외</td><td>제8호</td><td>전학</td><td colspan="5">16~20점</td></tr>
<tr><td>제9호</td><td>퇴학처분</td><td colspan="5">16~20점</td></tr>
<tr><td colspan="2">부가적 판단요소</td><td colspan="8">• 선도가능성 고려: 출석위원 과반수의 찬성으로 가해학생에 대한 조치를 가중 또는 경감할 수 있음(선도가능성에 해당 학교급 내에서 학교폭력 재발 여부를 고려할 수 있음. 2021년 신설)
• 장애학생 여부: 피해학생이 장대학생인 경우 가해학생에 대한 조치를 가중할 수 있음
- 신체적, 정신적, 지적 장애 등으로 「특수교육법」 제15조에서 규정하는 특수교육을 필요로 하는 학생</td></tr>
<tr><td colspan="2">유의사항</td><td colspan="8">• 심의위원회는 반드시 가해학생 조치별 적용 세부기준에 따라 조치 결정
• 기본 판단 요소별로 위원 협의에 의해 판정 점수 결정(개별 점수 부과 후 평균점수 산출 금지)
• 제2호, 제5호 조치는 판정 점수에 따른 조치가 아니며 필요성에 따라 출석위원 과반수로 결정

1차 평가 (제1, 3, 4, 6, 7, 8, 9호 조치결정) ➡ 2차 평가 (제2, 5호 조치 심의, 단독조치 가능) ➡ 3차 평가 (부가적 판단요소 심의)

• 가해학생 긴급조치가 내려진 경우, 긴급조치 사항을 고려할 수 있음</td></tr>
<tr><td colspan="2">이행강제 (개정)</td><td colspan="8">• 법률 제17조 제1항 제2호부터 제9호까지의 처분을 받은 학생이 해당 조치를 거부하거나 기피한다고 인정되는 경우 심의위원회는 해당 가해학생으로부터 추가적인 확인서를 받는 등 의견진술 기회를 부여한 후 추가조치 여부를 결정한다(「학교폭력예방법」 제17조 제15항).</td></tr>
</table>

[참고] 점수 계산 오류로 인한 행정심판, 행정소송 패소 건 발생 유의

그림 9-7 학교폭력 가해학생 조치별 적용 세부 기준 고시

2) 조치의 이행 방법

가해학생 조치 이행시 특별한 경우, 예를 들어 방학 기간 중, 자율학습, 졸업예정 등을 제외하고는 학기 중에 이행할 수 있도록 하는 것이 바람직하다. 심의위원회가 제1호, 제2호, 제3호 조치를 결정할 때는 조치이행 기간을 명시해야 한다. 조치이행 기간 내 조치를 이행할 수 없는 객관적 사유(병원입원, 소년원 입소 등)가 있는 경우에는 학교장은 교육장에게 조치이행 기간 변경을 요청할 수 있다. 「학교폭력예방법」 제17조 제1항 제3호(학교에서의 봉사), 제4호(사회봉사), 제5호(특별교육 이수 또는 심리치료) 조치 및 제17조 제3항의 부가조치(특별교육 이수 또는 심리치료)는 시간단위로 결정한다. 같은 법 제17조1항 제3호부터 제5호까지의 규정에 따른 조치를 받은 경우 이와 관련된 결석은 학교의 장이 인정하는 경우 이를 출석일수에 포함하여 계산할 수 있다. 학교폭력 사안이 신고된 때부터 같은 법 제17조에 따른 조치 이행이 완료될 때까지 원칙적으로 가해학생의 신청에 의한 학적변동은 제한다. 다만, 가해학생에게 같은 법 제17조 제1항 제8호(전학)에 따른 조치와 함께 수 개의 조치가 동시에 부과된 경우 교육장은 제8호(전학)의 조치를 우선적으로 시행할 수 있다. 조치를 미이행한 가해학생이 전출 또는 상급학교 진학 시 원적교에서는 전입교 또는 상급학교에 조치 이행 협조를 요청해야 하고, 요청을 받은 학교는 가해학생 조치가 이행되도록 협조해야 한다.

조치 이행을 위한 안내 자료가 있는 경우에는 같이 첨부하여 조치의 이행에 도움을 준다. [그림 9-8]과 같이 조치결정 통보서에는 피해 · 가해학생에 대한 조치결정이 명시된다. 가해학생에 대한 조치의 유형과 유형별 이행 방법을 자세히 살펴보면 다음과 같다.

(공동)학교폭력대책심의위원회 조치결정 통보서

「학교폭력 예방 및 대책에 관한 법률」 제16조, 제17조에 의거 학교폭력대책심의위원회에서 아래와 같이 조치가 결정된 바, 조치 사항을 성실히 이행하여 주시기 바랍니다.

1. 피해학생명: ○○학교 ○○학년 ○○반 ○○○

2. 가해학생명: ○○학교 ○○학년 ○○반 ○○○

3. 사안개요: 육하원칙에 의거하여 개인별로 해당되는 사안을 기입

4. 심의위원회 개최일: ○○○○년 ○○월 ○○일(조치결정 통보일 아님)

5. 학교장 긴급조치 사항(있는 경우만 기재)

① 피해학생: 제16조 제1항 제1호 학내외 전문가에 의한 심리상담 및 조언 ○○회기 등

② 가해학생: 제17조 제5항 제6호 출석정지 5일(추인 5일) (3일만 추인된 경우 3일로 기재)

6. 의결 및 집행요청 사항(학교장 긴급조치 사항을 반드시 포함하여 기입)

① 피해학생: 제16조 제1항 제1호 학내외 전문가에 의한 심리상담 및 조언 ○○회기 등

② 가해학생: 제1호 서면 사과(○○○○. ○○. ○○.까지 이행)

제6호 출석정지 10일(학교장 긴급조치 5일 + 심의위원회 조치 5일)

• 가해학생 추가 조치: 제17조 제13항 특별교육 ○○시간, 심리치료 ○○회기

• 가해학생 보호자 조치: 제17조 제13항 특별교육 ○○시간

7. 결정의 이유: 학교폭력대책심의(소)위원회 위원들이 본 사안을 심의한 결과, 가해학생의 폭력 행위가 하급생을 대상으로 지속적, 반복적으로 이루어져, 그 행위가 중하며, 피해학생이 극심한 정서적 불안을 호소하고 있고 가해학생의 전학을 강력히 원하고 있다는 점, 그리고 학교폭력 행위에 대한 경각심 고취 및 가해학생의 변화를 위해 교육적 환경 전환이 필요하다는 점 등을 종합적으로 고려하여, 전학 조치를 결정하는 바임

▸ 피해학생 정보 제공: 피해학생은 전출 또는 상급학교 진학 시, 지속적인 보호 · 지원을 위하여 학교폭력 피해학생 관련 정보를 전입교 또는 상급학교에 제공하도록 재학 중인 학교에 요청할 수 있음

▸ 조치거부 · 기피: 가해학생이 조치를 거부 · 기피하는 경우 추가로 다른 조치를 받을 수 있음

▸ 과태료 부과: 가해학생 보호자가 보호자 특별교육 이수 조치를 따르지 아니하는 경우 300만 원 이하의 과태료 부과

【행정심판(소송) 안내】

① 피해학생: 교육장이 제16조 제1항 및 제17조 제1항에 따라 내린 조치에 대하여 이의가 있는 피해학생 또는 그 보호자는 처분이 있음을 알게 된 날부터 90일 이내, 처분이 있었던 날부터 180일 이내에 행정심판을 청구할 수 있음(「학교폭력 예방 및 대책에 관한 법률」 제17조의2)

② 가해학생: 교육장이 제17조 제1항에 따라 내린 조치에 대하여 이의가 있는 가해학생 또는 그 보호자는 처분이 있음을 알게 된 날부터 90일 이내, 처분이 있었던 날부터 180일 이내에 행정심판을 청구할 수 있음(「학교폭력 예방 및 대책에 관한 법률」 제17조의2)

③ 행정소송: 피해 · 가해학생은 처분이 있음을 안 날로부터 90일 이내, 처분이 있은 날로부터 1년 이내에 행정소송을 제기할 수 있음(「학교폭력 예방 및 대책에 관한 법률」 제17조의3)

(담당자: ○○○, TEL: ○○○-○○○-○○○○)

년 월 일(내부결재일자 기입)

○○교육지원청 교육장(직인)

그림 9-8 학교폭력대책심의위원회 조치결정 통보서

(1) 피해학생에 대한 서면 사과

서면 사과는 자기의 잘못을 인정하고 용서를 구할 때 말로만 하지 않고 문서를 통해 사과하는 것이다. 즉, 피해학생에게 서면으로 그동안의 폭력 행위에 대하여 사과하도록 하는 조치이다. 책임교사는 가해학생에게 진심 어린 사과의 중요성을 인식시키고 가해학생이 무엇을 잘못했는지, 앞으로는 어떻게 생활하는 것이 좋겠는지 등을 생각해 보게 하여 이를 글로 잘 표현하도록 지도한다.

(2) 피해학생 및 신고 · 고발 학생에 대한 접촉, 협박 및 보복 행위의 금지

피해학생 및 신고 · 고발 학생에 대한 접촉, 협박 및 보복 행위의 금지는 가해학생의 접근을 막아 더 이상의 폭력이나 보복 행위를 막기 위한 조치이다. 학교장이 학교폭력 사안을 인지한 경우 모든 사안에 지체없이 제2호 접촉금지 조치를 의무적으로 시행해야 한다. 피해학생에게 의도적으로 접근하는 것을 금지하는 조치로 인터넷, 휴대전화 등 정보통신망을 이용한 의도적 접촉 행위도 해당한다. 협박은 직접적인 접촉을 통해 이루어지기도 하나 휴대전화 문자, 온라인 메신저, 블로그 등을 통해 이루어지는 경우가 많으며, 보복 행위도 학교 밖에서 은밀히 이루어지는 경우가 많으므로 협박이나 보복 행위의 발생 여부를 확인해야 한다. 그러나 교육활동 및 일상생활 가운데 의도하지 않은 접촉에 대해서 모두 금지하는 것은 아니다. 즉, 가해학생을 다른 공간으로 분리하는 조치가 아니다. 다만, 무의도성을 이유로 빈번하게 접촉이 이루어지거나, 무의도성을 가장해 피해학생에게 접촉할 경우, 「학교폭력예방법」 제17조 제15항에 따라 다른 조치를 추가할 수 있다. 심의위원회에서 '접촉 등 금지' 조치를 결정할 경우 그 기간을 정하는 것이 바람직하다. 만일 기간을 정하지 않은 경우 해당 학교급의 졸업 시점까지 '접촉 등 금지'가 유효하다.

(3) 학교에서의 봉사

학교에서의 봉사는 교내에서 봉사활동을 통해 자신의 행동을 반성하는 기회를 주기 위한 조치이다. 가해학생에게 단순한 훈육 차원으로 가해지는 조치가 아니라 봉사의 진정한 의미를 알고 학생 스스로 잘못을 깨달을 수 있는 봉사 방법을 선정하여 선도적 · 교육적 목적으로 이루어져야 한다. 학생의 수업권을 보장하는 범위 내에서 선도(교육)적 차원의 봉사 방법을 선정해야 한다. 예를 들어, 학교폭력 예방 홍보 및 캠페인활동, 학생회 주관 행사 도우미, 장애 학생의 등교 도우미, 학교 내 환경정화 활동 등이 해당한다. 지도교사를 다양하게 구성할 수 있으며, 학교에서의 봉사 조치를 부과할 경우 봉사 시간을 명확하게 제시하는 것이 필요하다.

(4) 사회봉사

사회봉사는 학교 밖 행정 및 공공기관 등 관련 기관에서 사회 구성원으로서의 책임감을 느끼게 하고, 봉사를 통해 자신의 행동에 대한 반성의 기회를 줄 수 있는 조치이다. 사회봉사는 지역 행정기관에서의 환경미화와 교통안내, 공공기관에서의 우편물 분류, 도서관 업무보조 및 노인정, 장애시설, 사회복지관 등 사회복지기관에서의 봉사 등을 들 수 있는데, 예를 들어 '사회봉사 3일'의 조치가 내려졌다면, 가해학생은 학교에 출석하지 않고 앞에서 나열한 기관에서 3일간 봉사활동을 수행하고 학교로 돌아오게 되며 이때의 결석에 대해서는 출석으로 인정될 수 있다. 학교에서는 1365 나눔포털, VMS(봉사실적 인증관리 시스템), DOVOL(청소년자원봉사 시스템) 등에 등록된 기관을 활용하여 사회봉사가 가능한 기관을 사전에 파악해 두고 가해학생에게 적합한 사회봉사 기관을 선정하여 의뢰해야 하며, 사회봉사가 가능한 기관과 업무협조를 긴밀히 하고, 각종 확인 자료와 담당자 간의 통신을 통해 사회봉사가 실질적으로 이루어질 수 있도록 관리해야 한다.

(5) 특별교육 이수 또는 심리치료

가해학생이 봉사활동 등을 통하여 스스로의 행동을 반성하는 것이 어려워 보이는 경우에 전문가의 도움을 받아 학교폭력에 대한 인식을 개선하고 스스로의 행동을 반성하게 하는 조치이다. 따라서 특별교육 이수 또는 심리치료는 해당 학생에게 맞는 전문적 교육 프로그램의 적용과 심리 치료적 접근을 통해 가해학생을 치유 및 선도해야 할 목적이 있을 때 부과되는 조치이다. 학내외 전문가, 교육감이 정한 기관에서 특별교육이수 또는 심리치료를 이수하여야 하며, 그 기간은 심의위원회에서 정한다. 심리치료는 우울증, 정서장애 등의 경향성을 보이는 가해학생에게 병원 치료를 받도록 하는 조치이므로 심리상담 전문가 의견을 청취하는 등 신중하게 조치하여야 한다. 가해학생이 담임교사 및 생활교육 담당교사 등과 나누기 어려운 부분을 상담전문가와 이야기 나눔으로써, 자신의 폭력적인 행동의 원인을 생각해 보고 문제행동을 개선하려고 노력할 때 교육적 의미를 지닌다. 한편, 가해학생이 특별교육 이수 또는 심리치료로 부득이 결석을 하게 될 경우는 출석으로 인정될 수 있다.

(6) 출석정지

출석정지는 가해학생을 수업에 출석하지 못하게 함으로써 가해학생에게는 반성의 기회를 주고, 일시적으로나마 가해학생과 피해학생을 격리시킴으로써 피해학생을 보호하기 위한 조치로 등교정지와는 다르다. 이때 가해학생에 대한 출석정지 기간은 출석일수에 포함하지 않는다. 학교장은 학사일정을 고려하여 기간을 정하고 출석정지 동안 필요한 교육 방법을 마련해야 한다. 출석정지의 교육 방법으로 자율학습, 가정학습, 위탁교육 등을 내부 결제를 거쳐 활용할 수 있다. 학교생활기록부 기재 요령을 참고하여 출석정지는 미인정 결석으로 처리한다.

출석정지 조치가 단순히 학교에서 가해학생을 일시적으로 격리하는 의미뿐만 아니라 선도적 측면에서 적절한 교육을 받을 수 있도록 하는 것이어야 하므로 폭력 사안 유형을 고려하여 제1, 3, 5, 6호 및 7호 조치를 각각 또는 동시에 부과할 수 있다.

(7) 학급교체

학급교체는 가해학생을 피해학생으로부터 격리하고 가해학생의 교육환경 변화를 위하여 같은 학교 내의 다른 학급으로 옮기는 조치이다. 교체할 학급을 결정할 때는 교실의 위치, 담임교사의 역량, 학급 구성원의 특성, 학급 인원 등을 충분히 고려하여 학교 차원에서 결정이 이루어져야 한다. 그러나 학교폭력 사건은 이미 학교에 소문이 나 있는 경우가 많으므로 학급교체 시 가해학생이 가게 되는 학급의 담임교사는 가해학생이 다른 학생들로부터 낙인이 찍히지 않도록 주의해야 하며, 가해학생이 새로운 학급에 잘 적응할 수 있도록 도와주는 한편, 새로운 학급에서 다시 폭력 상황이 재현되지 않도록 학교폭력 예방교육을 실시하는 것이 좋다.

(8) 전학

전학 조치는 가해학생이 피해학생에 대해 더 이상의 폭력 행위를 하지 못하도록 다른 학교로 소속을 옮기는 조치이다. 가해학생이 다른 학교로 전학을 한 이후에는 전학 전의 피해학생이 소속 학교로 다시 전학을 올 수 없도록 하여야 한다. 교육장으로부터 전학 조치결정을 통보받은 학교의 장은 교육감 또는 교육장에게 즉시(7일 이내) 해당 학생이 전학할 학교의 배정을 요청해야 한다. 정학 처분 시 교육감 또는 교육장은 동일 지역 및 동일계열 배정 원칙에 따라 전학할 학교를 정원 외로 배정한다. 만약 전학 조치된 가해학생과 피해학생이 상급학교에 진학할 때는 각각 다른 학교를 배정해야 하는데,

이 경우 피해학생이 입학할 학교를 우선적으로 배정해야 한다(「학교폭력예방법 시행령」 제20조 제4항). 전학조치를 받은 경우, '주소지 이전 등으로 자발적 전학' '자퇴'처리가 불가능하며, 불가피하게 자퇴하려는 경우는 전학 조치 이행 후 전학 간 학교에서 자퇴 처리할 수 있다.

(9) 퇴학처분

퇴학처분은 가해학생을 선도 및 교육할 수 없다고 인정될 때 취하는 조치지만, 의무교육 과정에 있는 가해학생에 대해서는 적용되지 않는다. 교육감은 퇴학 처분을 받은 학생에 대하여, 해당 학생의 선도 정도, 교육의 가능성 등을 종합적으로 고려하여 「초·중등교육법」 제60조의3에 따른 대안학교로의 입학 등 학생의 건전한 성장에 적합한 대책을 마련해야 한다. 가해학생에 대한 조치 및 재입학 등에 필요한 세부 사항은 교육감이 정한다. 학교는 학생 및 보호자와 진로상담을 하고, 대안학교 또는 직업교육훈련기관 등을 연결하는 데 노력해야 한다. 퇴학 조치를 받았으면 전학 및 자퇴 등 처리는 불가능하다.

3) 조치 시 유의 사항

가해학생에 대한 조치 실행 시 유의해야 할 사항을 조치결정에 거부·기피할 때, 이행강제절차와 가해학생 및 보호자 특별교육 이수에 대해 알아보겠다.

(1) 가해학생이 조치결정에 거부·기피할 경우 이행강제

가해학생이 「학교폭력예방법」 제17조 제1항 제2호부터 제9호까지의 처분에 따른 조치를 거부하거나 기피하는 경우 심의위원회는 추가로 다른 조치를 할 것을 교육장에게 요청할 수 있다. 그 과정을 살펴보면 다음과 같다. 교육장은 심의위원회 조치 후 14일 이내에 가해학생 및 그 보호자에게 해당 조치를 서면으로 통보하고 학교장은 가해학생이 해당 조치를 이행할 수 있도록 협조하여야 한다. 그러나 가해학생이 조치를 통보받은 날로부터 3개월 내에 미이행 할 경우, 학교장은 [그림 9-9]와 같이 미이행 학생 명단을 교육장(심의위원회)에게 보고한다(「학교폭력예방법」 제17조 제15항). 그러나 제1호 조치는 관련법에 따라 거부(기피)에 따른 추가 조치 대상에서 제외되며, 제2호 조치는 미이행이 아닌 위반이기 때문에 새로운 학교폭력 사안으로 접수하여 처리하므로 미이행 명단 보고에서 제외한다. 보고 방법은 교육(지원)청 자체계획에 따른다. 제3호~제9호 조치 미이행의 경우 교육장(심의위원회)은 학교장의 보고를 받은 21일 이내에 해당 가해학생 및 그 보호자에게 조치를 1개월 이내에 이행할 것과 미이행 시 거부·기피에 따른 추가 조치가 있을 수 있음을 서면으로 안내하게 된다. 조치 미이행 보고 절차는 [그림 9-9]와 같다.

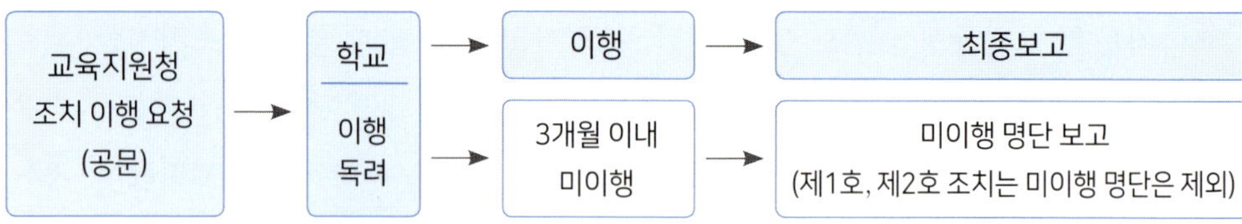

그림 9-9 조치 미이행 가해학생 명단 보고

학교로부터 미이행 명단을 보고받은 교육지원청은 21일 이내에 [그림 9-10]의 사항을 가해학생 측에게 서면으로 안내한다.

안내 사항	• 가해학생 및 그 보호자에게 가해학생 조치를 1개월 이내에 이행할 것 • 조치를 이행하지 않을 경우, 거부 · 기피에 따른 추가 조치가 있을 수 있음을 안내

그림 9-10 조치 미이행 학생 안내 사항

(2) 가해학생 및 보호자 특별교육

가해학생 특별교육은 '조치로서의 특별교육'(「학교폭력예방법」 제17조 제1항 제5호)과 '부가된 특별교육'(같은 법 제17조 제3항) 두 가지로 구분된다. 같은 법 제17조 제1항 제2호부터 제4호까지 및 제6호부터 제8호까지의 처분을 받은 가해학생은 교육감이 정한 기관(대안교육기관을 포함)에서 특별교육을 이수하거나 심리치료를 받아야 하며, 그 기간은 심의위원회에서 정한다. 이때 심의위원회는 학교폭력 재발 여부를 고려하여 그 기간을 늘릴 수 있다. 단, 조치로서의 특별교육은 학교생활기록부 기재 대상이지만, 부가된 특별교육의 경우 기재 대상이 아니다. 가해학생 특별교육 부과 사항은 [그림 9-11]과 같다.

교육장은 심의위원회에서 가해학생에게 '조치로서의 특별교육'(같은 법 제17조 제1항 제5호)또는 '부가된 특별교육'(같은 법 제17조 제3항)을 내린 경우 가해학생의 보호자에게

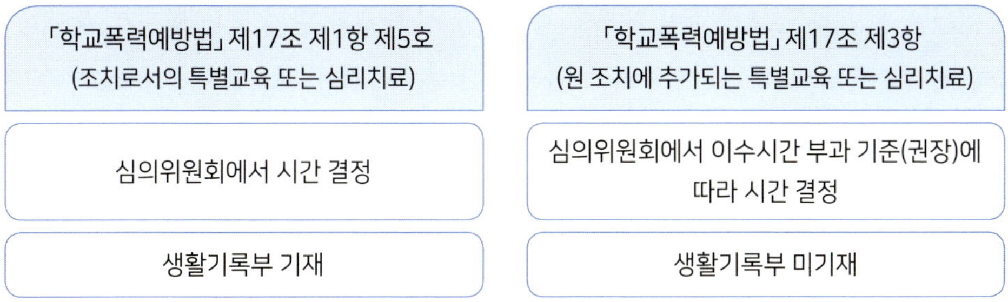

그림 9-11 가해학생 특별교육 부과 사항

도 특별교육을 이수하도록 서면으로 통보해야 한다(같은 법 제17조 제13항). 통보 방법은 심의위원회의 요청에 따라 교육장이 서면으로 통보하게 되며 이수기간은 통보를 받은 날로부터 3개월 이내에 이수해야 한다. 피해학생이 장애학생일 경우 장애인식 개선 교육내용을 포함하여야 한다. 그러나 보호자가 특별교육에 불응한 경우, 교육감은 법률에 의하여 300만 원의 과태료가 부과됨을 안내하고, 특별교육을 이수할 것을 재통보해야 하며, 이를 불응한 경우 법률에 의거하여 과태료를 부과·징수하게 된다(같은 법 제23조, 「학교폭력예방법 시행령」 제35조). 가해학생 보호자 특별교육 이수 조치 내용은 [그림 9-12]와 같다.

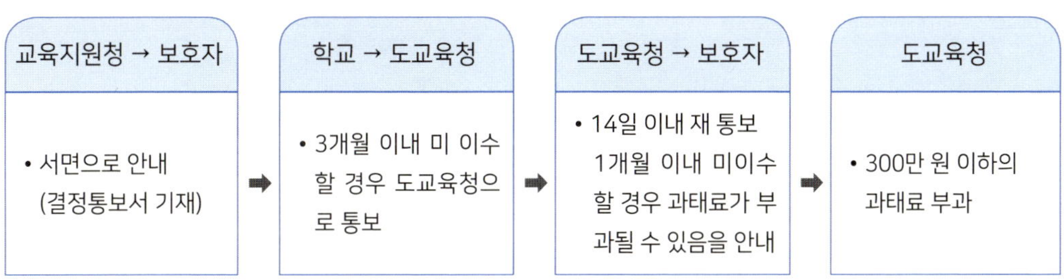

그림 9-12 가해학생 보호자 특별교육 이수 조치

가해학생 보호자의 특별교육은 기관의 특성, 학교폭력의 유형 등을 고려하여 다양한 교육 프로그램 마련을 통해 가해 유형별 사례관리 및 추수 관리가 이루어진다. 위(Wee)센터 또는 위(Wee)클래스에서는 원적교와 협력하여 상담의 효과성을 제고한다. 이때 보호자들의 특별교육 참가율을 높이기 위해 주말이나 야간 교육 개설을 권장한다. 대면 연수를 원칙으로 하되, 예외적으로 시·도 교육청이 인정하는 범위(보호자 타 시·도 거주 등)에서 온라인 원격연수 방식의 보호자 특별교육 이수가 가능하다. 자녀의 심리상태 이해 등을 위해 보호자 특별교육의 개인상담 시 학생과 함께 또는 별도로 실시가 가능하다. 개인상담의 경우 특별교육에 일정 시간 부과하거나 필요한 경우 위탁도 가능하다. 교육 내용은 학교폭력에 대한 전반적 이해를 통한 예방 및 대처 방안, 바람직한 학부모상 등 자녀이해 교육, 가해학생의 심리 이해 및 학교·학부모 간의 공동 대처 방안 협의로 운영한다. 교육대상의 처분이 보복행위금지, 학교봉사의 경우 4시간 이내, 사회봉사, 특별교육, 출석정지, 학급교체, 전학의 경우 5시간 이상으로 부과하며, 교육 운영은 교육감 지정기관 프로그램 및 개인상담 이수로 진행한다. 교육청은 전국 시·도 학부모지원센터(교육부·평생교육진흥원), 위(Wee)센터, 청소년꿈키움센터(법무부), 청소년상담복지센터(여가부), 평생교육센터(지자체) 등 부처 산하기관, 대안교육기관, 학교폭력 관련 기관 및 단체(푸른나무재단, 평화여성회 등)등의 다양한 프로그램을 검토하여 특별교육 이수기관을 선정하고 학부모에게 안내한다. 학생·학부모에 따라 부과되는 특별교육 이수시간 기준은 [그림 9-13]과 같다.

가해학생 조치	특별교육		심리치료		학생 및 학부모 이수 시간 부과 기준(권장)
	제17조 제3항	제17조 제3항	제17조 제3항	제17조 제3항	
	학생	보호자	학생	보호자	
제1호(서면 사과), 제9호(퇴학)	×	×	×	×	-
제2호(접촉금지), 제3호(교내봉사)	○	○	○	×	학생 및 학부모 4시간 이내
제5호(특별교육 이수)	×		×	×	학부모 5시간 이상 (5~8시간 권장)
저5호(심리치료)	×	×	×	×	-
제4호(사회봉사), 제5호(출석정지), 제7호(학급교체), 제8호(전학)	○	○	○	×	학생 및 학부모 5시간 이상(5~8시간 권장)

- 학부모 특별교육 이수 시간 부과 시 생업 등 고려[가급적 1일(6시간) 이내 권장]
- 학생의 경우 특별교육이 더 필요하다고 판단될 경우는 제17조 제1항 제5호로 추가 부과 가능
- 단위 학교에서는 특별교육·심리치료 이수 기관에 유선으로 이수 일정을 협의한 후 신청서를 이수 예정 기관과 도교육청 해당과에 제출
- 대면 교육을 원칙으로 하되 예외적으로 교육지원청이 인정하는 범위(보호자 타 시·도 거주 등)에서 온라인 원격연수 방식의 보호자 특별교육 이수 가능

그림 9-13 학생 학부모에 따라 부과되는 특별교육(심리치료) 이수시간 부과 기준

3. 조치에 대한 불복절차

이 절에서는 학교폭력 사안에 대한 조치에 불복 시 어떤 절차가 있는지 알아보고자 한다.

1) 행정심판

행정심판이란 행정청의 위법하거나 부장한 처분이나 부작위로 권리 또는 이익을 침해받은 국민이 이를 회복하기 위하여 행정기관에 제기하는 권리구제제도를 말한다. 학교폭력사안에 대해 피해학생 또는 그 보호자 혹은 가해학생 또는 그 보호자는 교육장의 조치에 대하여 행정심판을 청구할 수 있다. 행정청인 교육장의 처분에 대한 불복절차이므로 학교의 설립 형태가 국립이나 공립 또는 사립에 관계없이 행정심판을 청구할 수 있다. 행정심판은 교육장의 조치에 대하여 처분이 있음을 알게 된 날부터 90일 이내, 처분이 있었던 날부터 180일 이내에 행정심판을 청구할 수 있다. 이 두 기간 중 어느 하나라도 넘기면 행정심판 청구를 할 수 없게 된다. 단, 무효 확인 심판은 청구 기간이 없으나 무효는 처분의 위법성이 중대하고 명백한 경우에만 인정된다. 행정심판은 해당 교육청의 행정심판위원회에 청구하게 된다. 행정심판의 절차는 [그림 9-14]와 같다. 피해·가해학생 측이 행정심판위원회에 행정심판 청구 집행정지 신청을 하게 된다. 행정심판위원회는 교육지원청에 청구서(신청서)를 접수하고 답변서를 송달 및 요청한다. 교육지원청은 행정심판위원회에 행정심판시스템으로 10일 이내에 답변서를 제출하게 된다. 행정심판위원회는 피해·가해학생과 교육지원청에 심리기일을 통지하고 구술심리를 안내한다. 행정심판위원회는 심리를 서면이나 구술로 하게 되며 접수일로부터 60일 이내에 재결하여 결정(재결)서를 작성한다. 행정심판위원회는 피해·가해학생 및 교육지원청에 결정(재결)서를 송부하고, 교육지원청은 변경 조치를 공문으로 학교로 안내하고 피해·가해학생 측에 결정서를 통보·변경한다. 변경 사항이 있을 시 학교는 생활기록부를 수정하며 변경 조치를 이행한다.

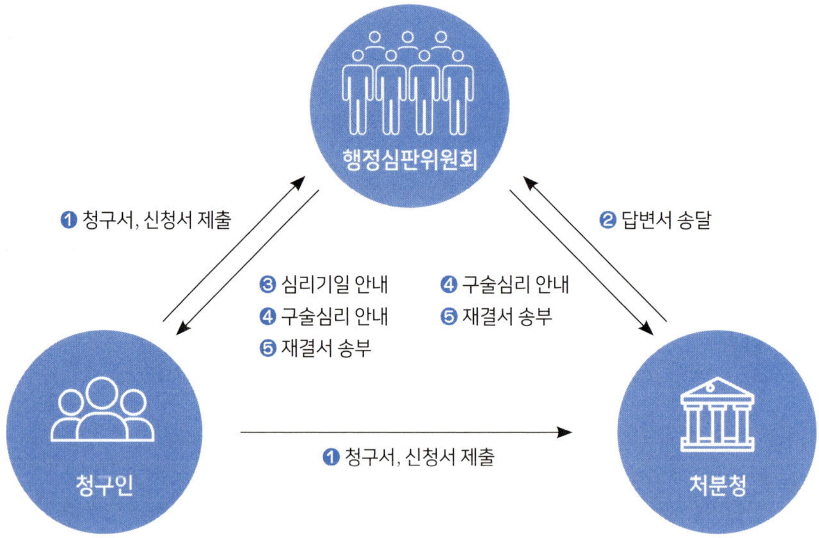

그림 9-14 행정심판의 절차

행정심판의 청구는 처분의 효력이나 그 집행 또는 절차의 속행에 영향을 주지 않으므로 처분의 효력, 처분의 집행 또는 절차의 속행을 정지하려면 행정심판위원회의 집행정지 결정이 있어야 한다. 행정심판위원회 및 법원이 「학교폭력예방법」 제17조 제1항에 따른 조치에 대해 「행정심판법」 제30조 또는 「행정소송법」 제23조에 따른 집행정지 결정을 하려는 경우에는 피해학생 또는 그 보호자의 의견을 청취해야 한다. 다만, 피해학생 또는 그 보호자가 의견진술의 기회를 포기한다는 뜻을 명백히 표시한 경우 등에는 의견청취를 하지 않을 수 있다. 행정심판위원회는 피해학생 또는 그 보호자의 의견을 듣고자 할 때는 피해의 정도 및 결과, 가해학생에 대한 조치에 관한 의견, 그 밖에 해당 사건에 관한 의견을 진술할 기회를 주어야 한다(「학교폭력예방법 시행령」 제24조 제2항). 행정심판위원회는 피해학생 또는 그 보호자가 가해학생 또는 그 보호자를 대면하여 진술할 경우 충분히 진술할 수 없다고 인정하는 경우에는 가해학생 또는 그 보호자를 퇴장하게 한 후 진술하게 하거나 피해학생 또는 그 보호자에게 서면으로 의견을 제출하게 할 수 있다(「학교폭력예방법 시행령」 제24조 제3항). 피해학생 또는 그 보호자가 서면으로 의견을 제출한 경우, 행정심판위원회는 가해학생 측의 방어권을 보장하기 위하여 피해학생 측 의견서가 제출되었다는 취지를 서면, 전화, 휴대전화, 문자전송 등의 방법으로 통지할 수 있다(「행정소송규칙」 제10조의2 제7항 참고). 교육감 또는 교육장은 행정심판위원회 또는 법원으로부터 집행정지 신청 사실 및 그 결과를 통보받은 경우 피해학생 또는 그 보호자 및 피해·가해학생의 소속 학교에 그 사실 및 결과를 통지해야 한다. 「학교폭력예방법」 제17조 제1항에 따른 조치에 대한 집행정지 신청이 인용된 경우, 피해학생 및 그 보호자는 학교의 장에게 가해학생과의 분리를 요청할 수 있고, 학교의 장은 전담기구 심의를 거쳐 가해학생과 피해학생을 분리해야 한다. 절차는 [그림 9-15]와 같다.

집행정지 신청 인용	➡	전담기구 심의	➡	가해학생 분리
• 피해학생 및 보호자의 분리요청		• 분리방법 결정 ▶ 예시: 소속학급 내 자리배치 변경, 피해·가해학생 동선 분리 및 생활지도 계획 수립 등 ▶ 집행정지 신청이 인용된 점을 고려하여, 피해학생 보호뿐만 아니라 가해학생 학습권이 침해되지 않도록 함		• 피해·가해학생 및 보호자에게 통보(유선통화 등)

그림 9-15 집행정지 인용 결정에 따른 피해학생의 분리요청

2) 행정소송

행정소송이란 행정청의 위법한 처분 그 밖에 공권력의 행사·불행사 등으로 인한 국민의 권리 또는 이익의 침해를 구제하고, 공법상의 권리관계 또는 법 적용에 대한 다툼을 적정하게 해결하기 위하여 법원이 행하는 재판절차이다. 교육장의 조치에 대하여 이의가 있는 당사자는 「행정소송법」 제18조 제1항에 따라 행정심판을 거치지 않고 바로 행정소송을 제기할 수 있다. 제소기간(「행정소송법」 제20조)은 취소소송은 처분이 있음을 안 날부터 90일 이내에 제기하여야 하며, 처분이 있은 날로부터 1년이 지나면 제기할 수 없다. 행정심판을 거쳐 행정소송을 제기하면 '행정심판 재결서의 정본을 송달받은 날'부터 기간을 계산한다.

처분의 취소 또는 무효를 구하는 학생이 원고가 되고(미성년자일 때에는 법정대리인이 대리하여야 함) 교육장이 피고가 된다. 취소소송의 제기는 처분 등의 효력이나 그 집행 또는 절차의 속행에 영향을 주지 아니하므로 처분의 절차 또는 효력을 정지하기 위해서는 집행정지 결정이 있어야 한다(「행정소송법」 제23조).

행정소송의 청구는 처분의 효력이나 그 집행 또는 절차의 속행에 영향을 주지 않으므로, 처분의 효력, 처분의 집행 또는 절차의 속행을 정지하려면 법원의 집행정지 결정이 있어야 한다. 행정심판위원회 및 법원이 제17조 제1항에 따른 조치에 대하여 「행정심판법」 제30조 또는 「행정소송법」 제23조에 따른 집행정지 결정을 하려는 경우에는 피해학생 또는 그 보호자의 의견을 청취하여야 한다. 다만, 피해학생 또는 그 보호자가 의견진술의 기회를 포기한다는 뜻을 명백히 표시한 경우 등에는 의견청취를 하지 않을 수 있다. 법원이 집행정지 결정을 하기 위하여 피해학생 또는 그 보호자의 의견을 청취해야 하는 경우에는 심문기일을 지정하여 피해학생 등의 의견을 청취하는 방법으로 하되, 특별한 사정이 있는 경우에는 기한을 정하여 피해학생 등에게 의견의 진술을 갈음하는 의견서를 제출하게 하는 방법으로 할 수 있다(「행정소송규칙」 제10조의2 제1항). 심문기일을 통지받은 피해학생 등은 해당 사건에 대한 의견 등을 기재한 서면을 법원에 제출할 수 있다(「행정소송규칙」 제10조의2 제6항) 피해학생 등이 「행정소송규칙」 제10조의2 제1항에 따른 의견서 또는 같은 조 제6항의 서면을 제출한 경우 법원은 가해학생에게 피해학생등의 의견서 또는 서면이 제출되었다는 취지를 서면, 전화, 휴대전화 문자 전송, 전자우편, 팩시밀리 또는 그 밖에 적당하다고 인정되는 방법으로 통지해야 한다(「행정소송규칙」 제10조의2 제7항). 교육감 또는 교육장은 행정심판위원회 또는 법원으로부터 집행정지 신청 사실 및 그 결과를 통보 받은 경우 피해학생 또는 그 보호자 및 피해 · 가해학생의 소속 학교에 그 사실 및 결과를 통지하여야 한다. 「학교폭력예방법」 제17조 제1항에 따른 조치에 대한 집행정지 신청이 인용된 경우, 피해학생 및 그 보호자는 학교의 장에게 가해학생과의 분리를 요청할 수 있고, 학교의 장은 전담기구 심의를 거쳐 가해학생과 피해학생을 분리해야 한다.

정리하기

1. 피해학생에 대한 조치에는 학내외 전문가에 의한 심리상담 및 조언, 일시보호, 치료 및 치료를 위한 요양, 학급교체, 그 밖에 피해학생 보호를 위하여 필요한 조치가 있다.
2. 가해학생에 대한 조치로는 피해학생에 대한 서면 사과, 피해학생 및 신고·고발 학생에 대한 접촉, 협박 및 보복 행위 금지, 학교에서의 봉사, 사회봉사, 각종 특별교육 이수 또는 심리치료, 출석정지, 학급교체, 전학, 퇴학처분이 있으며, 초·중학교는 의무교육이기 때문에 퇴학처분을 내릴 수 없다.
3. 가해학생에 대한 조치에는 피해학생에 대한 서면 사과, 피해학생 및 신고·고발 학생에 대한 접촉, 협박 및 보복행위(정보통신망을 이용한 행위 포함)의 금지, 학교에서의 봉사, 사회봉사, 학교 내외 전문가, 교육감이 정한 기관에 의한 특별교육 이수 또는 심리치료, 출석정지, 학급교체, 전학, 퇴학처분이 있다.

확인하기

1. 〈생각 나누기〉의 사례와 같이 보호자가 특별교육을 거부하였을 때 어떤 조치를 취할 수 있는지 설명하시오.
2. 피해학생과 가해학생에게 취할 수 있는 조치를 순서대로 정리해 보시오.
3. 가해학생에 대한 조치 중에서 보호자에게도 특별교육을 부과해야 하는 경우는 언제인지 설명하시오.

제10장

학교폭력 관계회복 및 분쟁조정

학습목표

- 피해학생과 가해학생의 학교 및 일상생활 회복을 위한 관계회복 프로그램에 대해 이해할 수 있다.
- 분쟁조정의 개념, 주체, 대상, 절차에 대해 설명할 수 있다.

학습내용

1. 관계회복 프로그램의 이해
   1) 관계회복의 개념과 목적
   2) 관계회복의 대상 및 방법
   3) 관계회복의 운영 주체
   4) 관계회복의 운영 적용 시기
   5) 관계회복 프로그램
2. 분쟁조정의 이해
   1) 분쟁조정의 개념과 주체
   2) 분쟁조정의 대상
   3) 분쟁조정의 관할권
   4) 분쟁조정의 공정성 확보
   5) 분쟁조정의 절차

생각 나누기

A 중학교에서 같은 반 학생 간에 학교폭력이 발생하여 피해학생 및 그 보호자는 심의위원회 개최를 원한다. 그러나 이 과정이 진행되자 가해학생과 그 보호자는 과도한 조치라며 항의를 하고 있다. 피해학생의 보호자는 가해학생에게 무조건적인 사과와 치료비, 위자료 등 금전적 손해배상을 원하고 있다.

이와 같은 경우에 학교 및 교사는 문제를 어떻게 해결할 수 있을까?

학교폭력 사안이 발생하면 피해학생 및 가해학생 측이 불만을 가지거나 상호 간의 분쟁이 지속되는 경우가 발생할 수 있다. 따라서 관련 당사자 사이의 관계를 회복하고, 문제해결을 위한 관계회복 및 분쟁조정이 필요하다. 관계회복을 통해 일상생활로 돌아갈 수 있는 관계회복 프로그램과 분쟁조정이 어떠한 절차에 따라 진행되는지 살펴보겠다.

1. 관계회복 프로그램의 이해

학교폭력 사안이 발생하고 접수부터 전담기구의 심의 및 결정의 과정이 이루어지는 동안 피해자와 가해자를 분리하여 사안을 처리하게 되므로 양측의 관계회복이 충분히 이루어지지 못하는 단점을 지니고 있다. 훼손된 관계를 개선하고 회복하기 위하여 개발된 관계회복 프로그램에 대해 자세히 알아보고자 한다.

1) 관계회복의 개념과 목적

학교폭력 사안이 발생하고 사안을 처리하는 과정에서 서로를 이해하고 소통하고 대화하는 과정을 통해 피해학생 측 입장을 충분히 고려하기 위한 관계회복 프로그램이 운영될 수 있다. 진심 어린 사과(화해)와 가해학생 측의 반성에 대한 올바른 인식 정립을 하고, 나아가 관계 개선을 통한 회복을 도모하기 위한 관계회복 프로그램에 대해 살펴보겠다.

(1) 관계회복의 개념

관계회복이란 학교폭력 사안 후 둘 이상의 관련 당사자들이 발생 상황에 대하여 이해, 소통, 대화 등을 통해 원래 상태 또는 서로 일상생활로 돌아가도록 최선의 상태를 되찾기 위해 함께 노력하는 것을 의미한다. 「학교폭력예방법」 제13조의2 제3항에서 학교의 장은 제1항에 따른 경미한 학교폭력에 대하여 피해학생 및 그 보호자가 심의위원회의 개최를 원하는 경우 피해학생과 가해학생 사이의 관계회복을 위한 프로그램(이하 '관계회복 프로그램')을 권유할 수 있도록 하였다. 「학교폭력예방법 시행령」 제14조의3에서 학교의 장은 법 제13조의2 제1항에 따라 학교폭력 사건을 자체적으로 해결하는 경우 피해학생과 가해학생 간에 학교폭력이 다시 발생하지 않도록 노력해야 하며, 필요한 경우에는 피해학생 · 가해학생 및 그 보호자 간의 관계회복을 위한 프로그램을 운영할 수 있다고 정하였다.

(2) 관계회복의 목적

현행 학교폭력 대책의 접근 방법은 가해학생을 선도 교육하기 위하여 엄격한 조치를 부과하는 무관용 주의에 기초한 응보적 접근을 취하고 있다. 이처럼 무관용 주의에 기초한 학교폭력 예방 및 대책은 양적인 측면에서는 학교폭력의 발생 비율이 눈에 띄게 줄어드는 실효성을 보였다. 하지만 해마다 학교폭력 심의 건수가 증가하고, 가벼운 폭력 상황에도 엄격하게 규칙을 적용하면서 학교폭력 관련 학생이 스스로 갈등을 해결할 기회를 놓치는 경우도 발생하였다. 해당 학생 간 관계는 화해와 용서의 과정을 충분히 거치지 못하기 때문에 분노와 반목의 단계에서 오히려 관계가 악화하는 우려를 낳고 있다. 이렇게 관계가 훼손된 채 사안이 마무리되면 학급과 학교 공동체는 편안하고 안전한 분위기를 형성하기 어렵고, 결과적으로 모든 학생의 사회성 발달에 부정적인 영향을 미치게 된다.

이러한 문제점을 해결하기 위해 관계회복 프로그램은 학교폭력 관련 학생의 훼손된 관계를 개선하고 회복하기 위하여 구조화된 교육적 개입 방법을 제공하고자 하였다. 관련 학생 간 오해를 풀고, 가해학생의 진실한 사과와 피해학생의 용서를 통해 서로가 화해할 기회를 제공함으로써 결과적으로 둘 사이의 관계를 개선하고 회복시키기 위하여 개발되었다. 그러나 관계회복 프로그램은 화해를 종용하기 위한 절차가 아니며, 소통을 일차적 목적으로 한다.

따라서 관계회복 프로그램은 관련 당사자 사이에 발생한 사안을 중심으로 개입하여 양측 관계를 회복시키는 것을 목적으로 한다. 이 과정은 상호 이해 및 소통, 대화를 통해 가해학생이 피해학생 측 입장을 충분히 고려하여 진심 어린 사과를 하고, 반성에 대해 바르게 인식하며, 올바른 인식 정립을 하고 나아가 관계개선을 통한 회복을 도모하게 한다. 나아가, 심리적 · 정서적 안정 및 학교와 일상생활, 또래(교우)관계 등의 안정적 적응과 신속한 복귀, 회복을 돕는다.

2) 관계회복의 대상 및 방법

「학교폭력예방법」 제13조의2 제3항에 따라 학교폭력사안이 발생한 관련 학생(피해 · 가해 측)을 대상으로 관계회복 프로그램을 권유할 수 있다. 사전 개별면담에서 양측의 학생을 개별적으로 면담하여 각각의 욕구와 사안에 대한 해결방식, 심리적 · 정서적 상태 등을 탐색한다. 양측 학생이 준비와 동의가 되었을 때, 서로 직접 대면하여 소통의 과정을 통해 관계를 회복하도록 조력한다. 학교폭력 관계회복은 일반학생이 아니라 사안이 발생한 관련 학생(피해 · 가해 측)을 대상으로 진행하며 관련 학생 중 관계회복 프로그램 진행에 동의한 학생이 참여 학생이 된다. 사안에 관련된 학생 모두가 관계회복 프로그램에 참여하지 않을 수도 있어서 관련 학생과 참여 학생으로 명명한다.

3) 관계회복의 운영 주체

관계회복은 가해학생의 진심이 담긴 사과와 피해학생의 온전한 용서를 통해 폭력으로 훼손된 관계가 개선 및 회복되고 화해에 이를 수 있도록 돕는 것에 초점을 둔다. 학교에서는 사안에 따라 누가 어떤 역할을 수행할 것인지에 대해 논의하게 된다. 사안에 관한 내용 및 학생들의 상황을 잘 인지하고 있으며, 중립적인 제삼자의 관점에서 관련 학생의 요구를 민감하게 인식하고 공정하게 관계 개선의 과정을 이끌 수 있는 교사가 개입하는 것이 효과적이다. 학교의 사정에 맞게 가장 적합한 교사에게 역할을 배정하되, [그림 10-1]의 역할 예시를 참고할 수 있다.

일반적으로 가해학생과 피해학생은 상충하는 요구를 하게 된다. [그림 10-2]에 제시한 것과 같이, 서로 어긋나는 요구를 조정하는 것은 쉽지 않은 일이다. 따라서 중립적이면서도 관련 학생의 갈등해결의 경험과 전문성을 가진 교사의 역량이 중요하다. 따라서 어느 한쪽에 치우치지 않고 중립성을 유지할 수 있는 교사를 선택하는 것이 중요하다.

교장	• 관계회복 프로그램 운영의 총괄
교감	• 관계회복 프로그램 운영 관리 • 외부 연계가 필요한 경우 진행
담임교사	• 학생 및 학부모에게 안내, 동의 확인 진행 및 협의 • 관계회복 프로그램 이후 사후 관리 진행 및 협의 • 관계회복 프로그램 진행
책임교사	• 사안에 대한 파악 및 공유 • 관계회복 프로그램 진행
상담교사	• 심리적 · 정서적 개입 및 진행 • 기타 정서적 위기 상황에서의 자문 • 관계회복 프로그램 진행

그림 10-1 관계회복 프로그램 운영 시 역할 예시

또한 학급 내에서 사안이 발생하였을 때 담임교사의 관점에서 공정성을 유지하기가 힘들기 때문에 프로그램 실행 교사 선정 시 특별한 주의가 필요하다. 관계회복 진행 시 유의 사항은 [그림 10-3]에 제시하였다.

피해학생의 요구	가해학생의 요구
자신뿐만 아니라 가족을 비롯하여 주변 사람들이 받은 고통을 가해학생에게 직접 알리고 싶다.	피해학생뿐만 아니라 가족 등 주변 사람들과의 관계를 정상적으로 회복하고 싶다.
알려지지 않은 가해학생의 의도적 폭력행동을 직접 알리고 싶다.	사회로부터 '죄인'으로 낙인찍히고 싶지 않다.
학교폭력으로 인해 초래된 물질적 · 신체적 · 정신적 피해에 대한 손해 배상을 받고 싶다.	사람들이 자신을 비난하기 보다는 이해해 주기를 바라며, 제2의 기회가 주어지기를 바란다.
자신의 잘못이 없다는 것을 인정받고 재발 방지를 약속받고 싶다.	잘못에 대한 책임을 지되 피해학생에게 직접 상황을 설명하고 싶다.

그림 10-2 피해학생 · 가해학생의 요구

- 관계회복 프로그램은 양측 학생이 동의할 경우에만 진행할 수 있다.
- 관계회복 프로그램은 한 명이 중단하고 싶으면 중단될 수 있다.
- 관계회복 프로그램을 했다고 해서 갑자기 사이가 좋아지거나 개선이 되지 않을 수도 있다.
- 학교 및 교사는 사전에 가급적 보호자와 면담을 진행하여 프로그램 취지를 잘 이해할 수 있도록 한다.
- 서로 소통함으로써 안전한 학교생활을 할 수 있도록 하는 것임을 안내한다.
- 관계회복 프로그램은 양측 학생이 학교 및 일상생활과 또래와의 관계에 잘 적응할 수 있도록 돕는 것임을 안내한다.
- 피해학생에 대하여 모든 단계 시작 시 현재 마음과 생각, 2차 피해(재발 및 보복 등), 참여 의사 등을 확인함으로써 관계회복 프로그램 진행이 강제적인 것이 아닌 피해학생 의사를 우선으로 고려하여 진행됨을 확인시켜 주는 것이 중요하다.

그림 10-3 관계회복 진행 시 유의사항

4) 관계회복의 운영 적용 시기

학교폭력 관계회복 프로그램은 학교폭력이 발생한 이후 사안 처리 전 과정에서 양측의 참가의사와 피해 측의 준비 및 동의 여부를 확인하면서 전반적으로 활용할 수 있다. [그림 10-4]와 같이 사안 발생 후 어떤 단계나 시기에서라도 관계회복이 필요한 경우 양측의 동의 여부를 확인한 후 프로그램을 실시할 수 있다.

학교의 장의 자체해결 이후 관계회복 프로그램을 진행하는 것이 가능하지만, 이 경우 학교의 장의 자체해결 동의와 별개로 관계회복 프로그램의 진행에 대한 동의를 확인해야 한다. 학교폭력대책심의위원회로 진행될 경우, 심의위원회 조치가 결정된 이후 관계회복 프로그램이 학생들에게 도움이 된다고 판단하는 경우 프로그램을 실시할 수 있다. 관계회복 프로그램 진행은 사안 처리를 갈음하거나 심의위원회의 조치 결과를 대신 진행, 조치 변경 또는 경감 등의 조건부로 진행할 수 없다. 따라서 학교 및 교사는 사전에 보호자와 면담을 진행하여 프로그램 취지를 잘 이해할 수 있도록 해야 한다. 관계회복 프로그램은 사안 처리 전 과정에서 운영할 수 있으나 사안 처리를 대신할 수 없으며, 관계회복 프로그램 참여 여부와 상관없이 학교폭력대책심의위원회의 진행이 이루어질 수 있다.

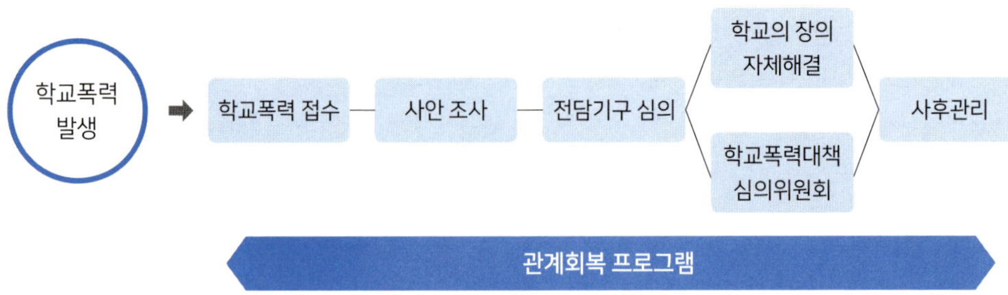

※ 사안 처리 전 과정에서 필요시 관계회복 프로그램을 운영할 수 있다.

그림 10-4 관계회복 프로그램의 운영 흐름도

5) 관계회복 프로그램

전체 과정은 [그림 10-5]와 같은 순서로 '사전안내-사전 개별면담-관계회복 프로그램 구성-관계회복 프로그램 진행-종결 및 사후관리'로 진행되며, 사전개별면담 이후 관계회복 프로그램을 맞춤형으로 구성하여 진행한다. 상황에 따라 사전 개별면담이나 종결 및 사후관리의 단계에서도 이 프로그램을 사용하여 관계회복을 촉진할 수 있다.

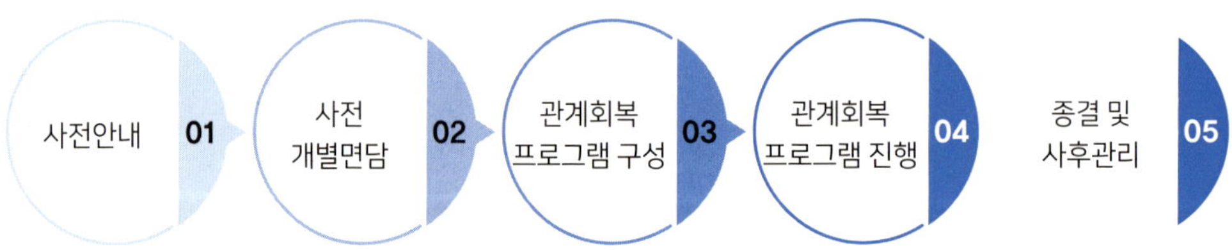

그림 10-5 관계회복 프로그램의 운영 단계

(1) 사전안내

학교는 사안에 따라 누가 어떤 역할을 수행할 것인지에 대해 논의한다. 사안에 대한 내용 및 학생들을 잘 알고 있는 교사가 개입하는 것이 효과적이다. 교사는 참여 학생들에게 프로그램의 목적에 대해 충분히 안내하는 것이 중요하다. 서로 갈등 상황에 대해 소통할 기회를 얻고 서로의 감정에 공감하고 갈등을 해결하는 것을 배울 수 있음을 안내해야 한다. 프로그램 진행에 대한 양측의 동의는 중요한 확인 과정이기 때문에 신청 동의서를 작성하도록 한다.

(2) 사전 개별면담

교사는 관계회복 프로그램 진행 전에 반드시 참여 학생들을 개별로 면담하여 관계회복 욕구와 의사를 확인하며, 이를 사전 개별면담이라 한다. 참여 학생별 면담은 가급적 동일한 시간이 소요되도록 하며, 피해학생 측을 우선적으로 면담하도록 한다. 일정을 조율할 때는 가급적 수업 시간이 아닌 방과 후 시간을 활용하는 것이 좋으나 부득이하게 수업이나 다른 활동 시간과 중복되는 경우 사전에 안내 및 동의를 확인하는 것이 좋다. 관계회복 프로그램은 중립적이면서도 관련 학생의 갈등해결의 경험과 전문성을 가진 교사의 역량이 중요하다. [그림 10-6]에 제시된 관계회복 프로그램 진행 시 면담 팁을 활용할 수 있다. 교사는 일방적으로 화해를 강요하는 방식이 아니라 학교폭력 관련 학생이 화해의 주도성을 갖도록 촉진자 역할을 해야 한다.

① 피해상황에 있는 학생

- 학교폭력 피해로 인한 심리적 어려움에 대해 공감하는 것이 중요하다.
- 피해학생의 각각의 사안과 상태에 따라 개별 맞춤형 접근을 하는 것이 효율적이다.
- 면담 시 신체적 · 정서적 안정감을 주는 것이 우선되어야 한다.
- 어떤 도움이 필요한지에 대한 탐색을 통해 피해학생이 원하는 것이 무엇인지를 파악한다.
- 피해학생 스스로 폭력의 원인이 자신에게 있다고 생각하는 등 자신을 비난하지 않도록 돕는다.
- 심리적인 피해가 심각한 상황일 경우 필요에 따라 전문 상담을 연계하는 등 추가적인 조치를 취하도록 한다.
- 가족(보호자 및 형제 등)의 상태나 상황, 조력하고 도울 수 있는지에 대한 확인을 하여 이에 대한 개입도 함께 할 수 있다.

"힘들고 속상했겠어요."
"선생님이 최선을 다해 도와줄게요."
"어떤 상황이었는지 이야기해 줄 수 있을까요?"
"피해 상황은 절대 우리 친구의 잘못이 아니에요."
"다른 도움이 필요하면 선생님에게 이야기해 주세요."

② 가해행동을 한 학생

- 학교폭력 가해행동에 대해 그러한 사실이 있는지에 대한 확인을 하고 반드시 발생한 상황에 대해 확인하는 절차를 가진다.
- 폭력을 왜 가하게 되었는지, 이들이 폭력이라는 방법을 선택하게 된 다양한 요인들을 면밀히 탐색하는 것이 이후 사안의 해결이나 2차적인 가해행동을 예방하는 데 효과적일 수 있다.
- 행위에 대한 일방적 평가나 훈계는 가해학생에게 저항, 반발심, 무기력 등 역효과를 줄 수 있으므로 비난하거나 심문조의 질문은 하지 않는 것이 좋다.

"어떤 일이 있었는지 이야기해 줄 수 있나요?"
"○○학생도 당황스러울 수 있을 것 같아요. 선생님은 ○○학생의 진솔한 이야기를 듣고 이 문제를 잘 해결될 수 있도록 도와주려고 하는 거예요."
"폭력적인 행동을 한 것은 잘못된 것이지만 같은 행동을 반복하지 않는 것이 더 중요해요."
"그렇다면 앞으로는 어떻게 행동하는 게 좋을 것 같나요?"

그림 10-6 관계회복 진행 시 면담 팁

(3) 관계회복 프로그램 구성

교사는 사전 개별면담의 결과를 바탕으로 효과적인 개입 프로그램 전략을 세운다. 구체적인 프로그램 구성은 관계회복 프로그램 매뉴얼을 참고한다. 관계회복 프로그램의 모듈 구성 및 진행방식은 [그림 10-7]에 제시되어 있다. 관계회복 프로그램은 학교폭력 관련 학생의 관계를 개선하고 유도하여 학교폭력으로 인한 2차 피해를 최소화하고 학교폭력의 재발 방지를 목적으로 한다. 따라서 관련 학생이 서로의 상처를 치유하고, 긍정적인 회복을 경험하며, 학교폭력의 재발을 막고 예방한다는 측면에서 학교폭력을 근절시키는 과정에 초점을 두고 구성한다.

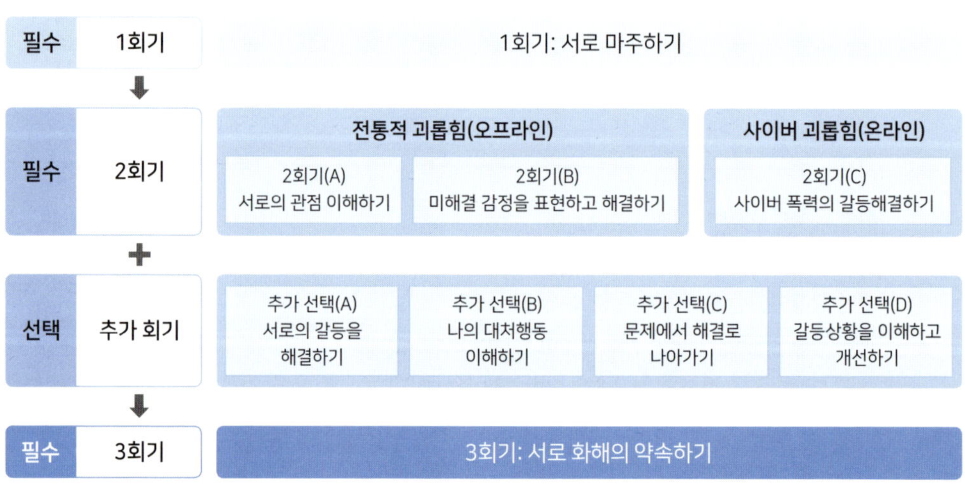

그림 10-7 관계회복 프로그램의 구성 및 진행 방식

(4) 관계회복 프로그램 진행

관계회복 프로그램 진행 전에 개별적으로 다시 한번 참여 의사를 확인한다. 프로그램 참여 전에 학교폭력 관련 학생이 프로그램 참여 규칙들을 정하도록 하고, 그 규칙대로 대화가 이루어질 수 있도록 진행해야 한다. 서로에 대한 반감이 심화되거나 관계가 심각하게 훼손되기 전에 선제적으로 개입해야 효과가 높아질 수 있다. 관계회복 프로그램은 한 명이라도 참여를 원치 않으면 중단될 수 있다. 단, 관계회복 프로그램을 실시했다고 해서 갑자기 사이가 좋아지거나 개선되지 않을 수 있다는 것에 유의해야 한다. 교사는 참여 학생이 프로그램의 결과에 긍정적인 기대를 갖고 참여할 수 있도록 격려한다. 상대방과의 관계회복 성립 여부는 스스로 선택할 수 있으며, 언제라도 중지 의사를 표현할 수 있음을 안내한다. 프로그램은 총 3회기로 구성되며, 3회기 안에 포함되는 내용은 학교폭력 참여 학생들이 경험한 갈등 사건 및 갈등 내용에 맞추어 교사가 맞춤형 프로그램으로 구성하여 진행할 수 있다.

(5) 종결 및 사후관리

프로그램 개입 이후 참여 학생들 간의 관계는 얼마나 개선되었는지, 프로그램의 효과가 유지되고 있는지를 평가한다. 보호자를 대상으로도 프로그램 진행 절차 및 내용에 대해 안내한다. 해결되지 않은 참여 학생의 어려움이나 쟁점이 있다면 지역사회 내의 관계기관이나 네트워크를 활용하여 연계할 수 있다.

2. 분쟁조정의 이해

학교폭력 관련 당사자들은 학교폭력 발생 후 사안에 대한 심의위원회의 처리 결과에 수긍하지 못하고 불만을 가질 수 있다. 나아가, 양측에서 서로의 입장만을 주장하여 분쟁으로 이어지는 때도 있다. 이 절에서는 이러한 학교폭력 관련 당사자 간 분쟁을 조정하기 위한 학교폭력 분쟁조정에 대해 자세하게 알아보겠다.

1) 분쟁조정의 개념과 주체

학교폭력 사안 처리와 관련하여 분쟁이 발생하였을 때 이를 조정하기 위한 제도적 장치인 학교폭력 분쟁조정 제도의 개념과 주체에 대해 알아보자. 분쟁조정이란 피해 및 가해학생 간 또는 그 보호자 간의 손해배상에 관련된 합의조정 및 그 밖에 심의위원회가 필요하다고 인정하는 사항에 대한 심의위원회 또는 교육감의 조정을 의미한다. 「학교폭력예방법」 제18조 제1항, 제6항, 제7항에서는 학교폭력과 관련하여 분쟁이 있는 경우에 심의위원회 또는 교육감이 그 분쟁을 조정할 수 있도록 정하고 있다. 심의위원회는 분쟁조정을 위하여 필요하다고 인정하는 때에는 관계기관의 협조를 얻어 학교폭력과 관련한 사항을 조사할 수 있다(「학교폭력예방법」 제18조 제4항). 분쟁조정은 피해, 가해 측의 동의가 확인된 후 진행되어야 하며, 조정의 객관성, 공정성, 중립성을 기반으로 전문적인 조정을 위해 기관의 협조를 얻을 수 있다(푸른나무재단 학교폭력 화해 · 분쟁조정 지원사업, https://www.schooljikim.net).

2) 분쟁조정의 대상

「학교폭력예방법」 제18조 제3항에 따라 피해 및 가해학생 간 또는 그 보호자 간의 손해배상에 관련된 합의조정을 의미한다. 피해학생 측에서 치료비, 위자료 등 금전적 손해에 대한 배상을 요구하는 경우, 가해학생 측에서 치료비, 위자료 등 금전적 손해배상을 통해 합의하고자 하는 경우가 해당한다. 또한 그 밖에 심의위원회가 필요하다고 인정하는 사항에 대해서 분쟁조정이 이루어진다. 심의위원회의 조치만으로는 해결이 불가능한 갈등이 있는 경우가 있으며, 제3의 전문기관을 통한 객관적 · 전문적이고 공정한 개입이 필요한 경우이다.

3) 분쟁조정의 관할권

피해 및 가해학생이 같은 교육지원청 소속일 경우에는 심의위원회에서 분쟁을 조정한다. 그러나 다른 교육지원청 소속일 경우 동일한 시 · 도 교육청 관할이라면 해당 시 · 도 교육감이 분쟁을 조정하고, 관할 구역이 다른 시 · 도 교육청이라면 각 지역의 교육감 간에 협의를 거쳐 분쟁을 조정한다.

4) 분쟁조정의 공정성 확보

분쟁조정은 제삼자의 주선으로 당사자 간의 갈등을 원만하게 해결하기 위한 수단으로, 분쟁조정을 위해서는 분쟁을 조정하는 제삼자, 즉 심의위원회 또는 교육감의 공정성이 무엇보다도 중요하다. 따라서 심의위원회 위원이 공정하고 중립적인 역할을 하지 못할 우려가 있는 경우 「학교폭력예방법 시행령」 제26조에 의해 위원회에서 배제된다. 분쟁조정 과정에서 공정성을 의심받는 심의위원회 위원을 배제시키기 위한 방안으로 제척, 기피, 회피가 있으며, 각각의 의미와 요청 주체, 의결 여부는 [그림 10-8]에 제시하였다.

	의미	요청 주체	의결 필요 여부
제척	법률이 정한 사유에 해당되면 해당 사건에서 자동적으로 배제되는 것	법에 의해 자동 배제	×
기피	분쟁당사자의 신청과 심의위원회의 의결로 배제되는 것	분쟁 당사자의 요청	○
회피	위원이 자발적으로 탈퇴하는 것	해당 위원의 요청	×

그림 10-8 제척, 기피, 회피의 의미 및 의결 필요 여부

제척이란 법률이 정하는 사유에 해당하면 본인의 의사나 심의위원회의 결정 등과 무관하게 자동으로 심의위원회 위원에서 배제되는 것을 말하며, 「학교폭력예방법 시행령」 제26조 제1항에 따라 자동으로 배제되므로 의결을 필요로 하지 않는다. 이러한 제척이 성립되기 위한 법률적 요건은 [그림 10-9]에 제시한 것과 같다.

- 위원이나 그 배우자 또는 그 배우자였던 사람이 해당 사건의 피해학생 또는 가해학생의 보호자인 경우 또는 보호자였던 경우
- 위원이 해당 사건의 피해학생 또는 가해학생가 친족이거나 친족이었던 경우
- 그 밖에 위원이 해당 사건의 피해학생 또는 가해학생과 친분이 있거나 관련이 있다고 인정하는 경우

그림 10-9 제척의 요건

학교폭력과 관련하여 심의위원회를 개최하는 경우 또는 분쟁이 발생한 경우 심의위원에게 공정한 심의를 기대하기 어려운 사정이 있다고 인정할 만한 상당 사유가 있을 때 분쟁 당사자는 심의위원회에 그 사실을 서면으로 소명하고 기피신청을 할 수 있다. 심의위원회는 기피신청을 받으면 의결로써 해당 위원의 기피 여부를 결정해야 한다. 이 경우 기피신청 대상이 된 위원은 그 의결에 참여하지 못한다.

심의위원회 위원은 자신이 제척 또는 기피 사유에 해당하는 경우, 스스로 해당 분쟁조정 사건을 회피할 수 있다. 분쟁 당사자로부터 기피 요구를 받은 위원이 의결로 기피가 되지 않은 경우, 해당 위원이 스스로 회피를 해서 불필요한 오해를 줄이는 것도 하나의 방법이라고 할 수 있으며, 이 경우는 의결을 필요로 하지 않는다.

5) 분쟁조정의 절차

(1) 분쟁조정의 신청과 기한

분쟁조정은 분쟁 당사자인 피해 및 가해 측이 신청할 수 있다. 당사자는 분쟁조정 신청서를 작성하여 심의위원회나 교육감에게 신청한다. 분쟁 당사자가 구두로 분쟁조정을 요청하는 의사를 밝힌 경우에는 분쟁조정 신청서를 작성할 수 있도록 안내해 주어야 한다. 학교폭력 처리 절차에서 관계회복 프로그램이나 분쟁조정 방안이 있다는 것을 모르는 경우가 많으므로 학교나 심의위원회는 당사자들에게 분쟁조정 제도가 있다는 사실을 반드시 알려야 한다. 신청서 양식은 [그림 10-10]에 제시하였다. 이때 신청서에는 신청인의 주소 및 성명(보호자가 있는 경우에는 그 주소 및 성명)과 신청 사유가 기재되어야 한다. 학교는 적절한 안내를 통해 분쟁 당사자들이 제도를 충분히 활용할 수 있도록 해야 한다. 즉, 학교폭력 사건의 신고 또는 통보를 받은 학교는 피해 및 가해학생의 보호자에게 사건에 관한 통보와 더불어 분쟁조정 제도에 관해 안내해 주어야 한다. 「학교폭력예방법 시행령」 제27조 제1항 분쟁조정의 개시에 따르면 분쟁조정은 심의위원회 또는 교육감이 분쟁조정의 신청을 받으면 5일 이내 분쟁조정을 시작해야 한다. 심의위원회 또는 교육감은 분쟁조정의 당사자에게 일시 및 장소를 통보하고, 피치 못할 사정으로 출석하지 못할 때는 분쟁조정의 연기를 요청할 수 있다. 이 경우 심의위원회 또는 교육감은 분쟁조정의 기일을 다시 잡아야 한다. 심의위원회 또는 교육감은 심의위원회 위원 또는 지역위원회 위원 중에서 분쟁조정 담당자를 지정하고 외부 전문기관에 분쟁에 관한 자문 등을 할 수 있다. 단, 분쟁조정의 기간은 1개월을 넘지 못한다(「학교폭력예방법」 제18조 제2항).

분쟁조정 신청서

* 사안번호: (   )학교 2024-(   )호

학생	성명	(남/여)			
	주소				
	소속	학교 학년 반			
보호자	성명		관계		전화번호	
	주소				

신청사유

위와 같이 분쟁조정을 신청합니다.

신청일: 년 월 일

신청인: (서명)

그림 10-10 분쟁조정 신청서 양식

(2) 분쟁조정의 진행단계

학교폭력 화해·분쟁조정을 통한 푸른나무재단의 관계회복 프로그램 선행 사례를 살펴보고자 한다. 관계회복 화해조정의 경우, 학교폭력으로 인한 대상자 간 갈등 발생 시 [그림 10-11]과 같이 이해, 공감, 소통, 치유를 기반으로 한 맞춤형 프로그램 단계에 따라 진행할 수 있다.

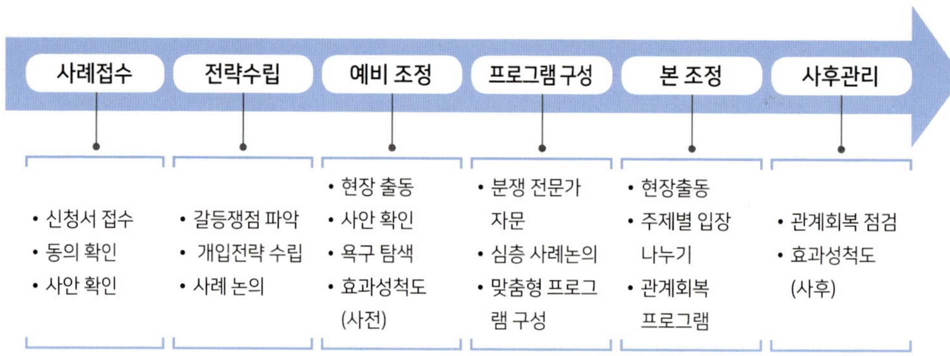

그림 10-11 관계회복 화해조정의 진행단계

학교폭력으로 인한 손해배상 관련 갈등 발생 시에는 법적 소송 및 분쟁의 최소화를 위한 대체적 합의조정 프로그램으로 [그림 10-12]의 분쟁조정의 진행단계에 따라 진행될 수 있다.

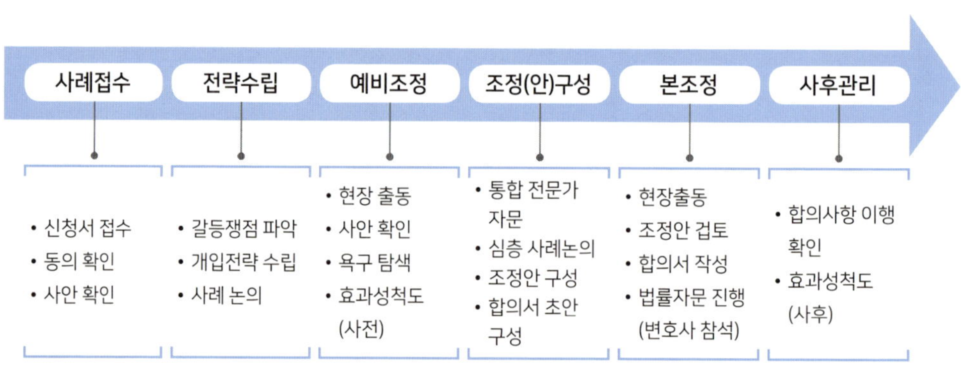

그림 10-12 손해배상 분쟁조정의 진행단계

그 밖에 학교폭력 사안을 원만히 해결하는 데 필요한 사안 처리 정보, 법적인 자문 등을 1:1 코칭을 통해 도움받을 수 있다.

(3) 분쟁조정의 합의서 작성

분쟁조정이 성립되면 심의위원회 또는 교육감은 합의서를 작성하여 당사자와 피해·가해학생이 소속된 학교의 장에게 통보한다. 분쟁 당사자의 주소와 성명, 조정 대상의 분쟁내용(분쟁의 경위, 분쟁 당사자의 의견을 포함한 조정의 쟁점), 조정의 결과가 담겨 있어야 한다(「학교폭력예방법 시행령」 제29조 제1항). 심의위원회가 분쟁을 조정한 경우 합의서에는 분쟁 당사자와 조정에 참가한 위원이, 교육감이 조정한 경우에는 분쟁 당사자와 교육감이 각각 서명 날인해야 한다. 만약 분쟁조정이 성립하여 분쟁 당사자 간에 합의가 이루어졌음에도 불구하고 당사자 일방이 합의 내용을 이행하지 않는 경우는 어떻게 해야 할까? 이때 이행을 강제할 수 있는 방법은 없다. 분쟁조정을 통하여 당사자들 간에 합의가 이루어진다고 해도 이는 당사자 간 계약의 일종이라 강제 집행력은 없는 것이다. 따라서 합의 내용을 이행하지 않는 경우 법원에 소송을 제기하여 이행을 강제하는 수밖에 없으며, 심의위원회 또는 교육감은 법적 과정을 밟을 때의 어려움과 한계를 이해시켜 당사자가 합의 내용을 이행하도록 설득하는 노력이 필요하다.

(4) 분쟁조정의 거부 · 중지 · 종료 및 결과처리

심의위원회 또는 교육감은 다음에 해당하는 사유가 발생하면 분쟁조정의 개시를 거부하거나 분쟁조정을 중지 및 종료할 수 있다.

- 분쟁당사자 중 어느 한쪽이 분쟁조정을 거부한 경우(거부)
- 피해학생 등이 관련된 학교폭력에 대하여 가해학생을 고소 · 고발하거나 민사소송을 제기한 경우(중지)
- 분쟁조정의 신청내용이 거짓임이 명백하거나 정당한 이유가 없다고 인정되는 경우(중지)
- 분쟁 당사자 간에 합의가 이루어지거나 심의위원회 또는 교육감이 제시한 조정안을 분쟁 당사자가 수락하는 등 분쟁조정이 성립한 경우(종료)
- 분쟁조정 개시일로부터 1개월이 지나도록 분쟁조정이 성립되지 못한 경우(종료)

「학교폭력예방법 시행령」 제28조 제3항에 따르면 분쟁조정을 거부하거나 중지할 경우, 그 사유를 분쟁 당사자에게 각각 서면으로 통보해야 한다. 심의위원회의 위원장은 분쟁조정 결과를 교육감에게 보고해야 한다. 분쟁조정이 성립되었다고 해서 심의위원회를 개최하지 않거나 가해학생에 대한 조치를 하지 않는 것은 아니나, 조치별 적용 기준에 고려될 수 있다.

정리하기

1. 관계회복 제도란 두 명 이상의 관련 대상자들이 발생 상황에 대하여 이해, 소통, 대화 등을 통해 원래 상태 또는 일상생활로 돌아갈 수 있도록 함께 노력하는 것을 말한다. 관계회복 제도는 관련 당사자 사이에 발생한 사안을 중심으로 개입하여 양측 관계를 회복시키는 것을 목적으로 한다.
2. 학교폭력 관계회복 프로그램은 학교폭력이 발생한 이후 사안 처리 전 과정에서 양측의 참가의사와 피해학생 측의 준비 및 동의 여부를 확인하면서 전반적으로 활용할 수 있다. 학교폭력대책심의위원회로 사안이 진행될 경우, 심의위원회 조치가 결정된 이후에 관계회복 프로그램이 학생들에게 도움이 된다고 판단하는 경우 프로그램을 실시할 수 있다.
3. 관계회복 프로그램은 사전안내-사전 개별면담-관계회복 프로그램 구성-관계회복 프로그램 진행-종결 및 사후관리로 진행된다.
4. 분쟁조정 제도란 피해 및 가해학생 간 또는 그 보호자 간의 손해배상에 관련된 합의조정 및 그 밖에 심의위원회가 필요하다고 인정하는 사항에 대한 심의위원회 또는 교육감의 조정을 의미한다. 학교폭력과 관련하여 분쟁이 있는 경우 심의위원회 또는 교육감이 분쟁을 조정할 수 있다. 심의위원회는 분쟁조정을 위하여 필요하다고 인정하는 때에는 관계기관의 협조를 얻어 학교폭력과 관련한 사항을 조사할 수 있다.
5. 학교폭력 분쟁조정의 절차는 '분쟁조정 신청-분쟁조정 개시(5일 이내)-심의위원회 또는 교육감의 분쟁조정 시작(1달 이내)-분쟁조정 종료'의 순으로 이루어진다.

확인하기

1. 관계회복 프로그램의 목적에 대해 서술하시오.
2. 관계회복 프로그램 운영 단계에 대해 서술하시오.
3. 분쟁조정의 주체 및 대상은 누구인지 서술하시오.
4. 분쟁조정을 거부, 중지, 종료하는 경우는 언제인지 서술하시오.

제11장

학교 차원의 학교폭력 사후지도 방안

학습목표

- 학교폭력 사안에 대한 학교 차원의 사후지도 방안을 이해할 수 있다.
- 외부기관과 연계한 학교폭력 사후지도 방안을 이해할 수 있다.

학습내용

1. 학교 차원의 사후지도 방안
   1) 정서 상태 평가
   2) 상담 서비스 지원
   3) 교육적 지원
2. 외부기관과 연계한 사후지도
   1) 학교폭력 제로센터
   2) 위(Wee)센터
   3) 청소년꿈키움센터
   4) 청소년상담복지센터
   5) 푸른나무재단

생각 나누기

A 중학교에서는 최근 학교폭력 사건이 발생하였는데 심의위원회 심의 결과에 따라 학교폭력 관련 학생들에게 조치결정이 내려졌고 현재는 사안이 종결된 상태이다. 그런데 피해학생이었던 유비가 얼마 전부터 등교를 거부하며 불안 및 우울 증상을 호소하고 있다. 한편, 가해학생인 조조는 출석정지와 사회봉사 조치를 이행하고 학교로 돌아온 후로 학급 친구들뿐만 아니라 교사들에게까지 적대적이며 공격적인 태도를 보이고 있다.

학교 차원에서 이러한 학생들을 어떻게 지도해야 할까?

학교폭력 사안이 마무리되고 난 후 피해학생과 가해학생은 학교생활에 적응하지 못하고 여러 가지 다양한 신체적 · 정서적 문제 증상을 나타낼 수 있다. 이와 같은 상황이 지속된다면 피해학생과 가해학생의 학교 적응은 어려워질 것이고 또 다른 학교폭력이 재발할 가능성도 높다. 따라서 이 장에서는 학교폭력 사안의 처리가 완료되고 난 후의 당면 과제라 할 수 있는 학교폭력 관련 학생과 학부모의 정신건강 치유와 회복 및 또 다른 학교폭력의 재발 방지와 관련하여 학교 차원에서 어떻게 지도해야 하는지를 중점으로 살펴보겠다.

1. 학교 차원의 사후지도 방안

학교폭력의 경험은 개인에게 있어 심각한 위기 상황으로 간주될 수 있다. 이러한 위기 상황에 대해서는 적절한 예방과 대응 그리고 회복전략이 필요하다. 학교폭력은 사안의 신속하고 원활한 처리도 중요하지만 사안 종료 후의 대처 역시 간과할 수 없는 부분이다. 선행 연구(김선형, 2005; 박상미, 2007)에 따르면, 교사와 학생 모두 학교폭력 관련 학생들에 대한 사후관리가 구체적이고 지속적으로 이루어질 필요성이 있음을 인식하고 있는 것으로 나타났다. 따라서 학교폭력 사안이 종료된 후 학교는 전담기구를 중심으로 하여 학생 및 학부모의 정신건강 치유와 회복을 돕고 학교생활에의 빠른 적응을 돕기 위해 노력해야 한다. 이와 관련하여 학교 차원의 사후지도 방안을 Heath와 Sheen(2005)이 제시한 '위기 극복을 위한 전략'의 내용을 중심으로 정리하면 다음과 같다([그림 11-1] 참조).

그림 11-1 학교폭력 사안 종료 후 학교의 역할

1) 정서 상태 평가

학교폭력 사안이 종료되고 난 후에 학교는 관련 학생들이 정상적인 학교생활을 할 수 있도록 지원해야 한다. 특히 학교폭력 사안과 관련된 학생과 교사, 학부모의 정서 상태를 평가하고 그에 따라 상담 서비스를 제공하는 것은 이후 회복 과정에서 가장 필수적인 요소다. 이를 위해서 학교는 전담기구 소속 전문상담교사나 외부 전문가의 도움을 얻어 학교폭력 관련 당사자의 정서 상태를 평가하여 별도의 상담이 필요한지 파악할 필요가 있다.

학교폭력 관련 당사자들의 정서 상태에 대한 평가 내용을 구체적으로 살펴보면 다음과 같다. 먼저, 피해학생과 그 학부모에 대해서는 수시로 연락하여 학생의 상태를 지속적으로 확인하고, 필요한 경우 외부기관과 연계하여 추가적인 심리상담 및 의료 지원을 제공해야 한다. 학교폭력 피해학생은 외상으로 경험될 만큼 심한 감정적 스트레스를 경험했을 때 나타나는 외상 후 스트레스장애(PTSD)나 급성 스트레스장애를 겪을 수 있으므로 각별한 주의와 관심이 필요하다. 다음으로, 가해학생의 경우에는 두 가지 유형의 장애 증상을 보일 수 있다. 하나는 폭력에 대한 죄책감이 없고 도덕적으로 둔감한 반사회적 성격 성향을 보이는 일차성 비행장애이며, 다른 하나는 우울, 주의력 결핍 과잉 행동장애, 부모나 환경과의 갈등에 의한 반응으로 난폭한 행동을 보이는 이차성 비행장애이다(문용린 외, 2006). 따라서 전문상담교사를 중심으로 지역 교육지원청의 위(Wee)센터와 연계하여 심리검사를 통해 성격, 정서, 지능, 행동 등을 종합적으로 평가하고 결과에 따라 심리치료 및 약물치료 등을 제공해야 한다. 마지막으로, 김영길(2013)의 연구 결과에 따르면, 학교폭력을 간접적으로 경험한 방관학생들도 스트레스, 불안, 주의집중

곤란 등의 정신건강 수준이 피해학생 못지않게 심각한 위험에 처해 있는 것으로 나타났다. 따라서 방관학생들에게도 심리적 · 정서적 안정을 위한 심리치료와 더불어 상담 서비스를 제공할 필요가 있다.

이처럼 학교폭력은 관련된 모든 당사자에게 심각한 심리적 후유증을 남길 수 있다. 이러한 후유증은 적절한 치료와 지원 없이는 장기화될 수 있으며, 당사자들의 정상적인 학교생활 적응을 저해하는 요인이 된다. 따라서 학교는 Wee클래스의 전문상담교사와 위(Wee)센터, 그리고 외부 전문기관의 체계적인 협력을 통해 교사와 학생들이 경험한 스트레스, 불안, 우울, 좌절감, 무기력감 등을 치유할 수 있는 충분한 시간과 기회를 제공해야 한다. 이 과정에서 가장 중요한 것은 각 당사자의 정서 상태에 대한 전문적이고 철저한 평가이며, 이를 바탕으로 개별화된 맞춤형 치료와 지원이 이루어져야 한다.

2) 상담 서비스 지원

학교폭력 사건을 경험한 학생들의 회복을 위해서는 체계적인 지원 환경 조성이 필수적이다. 박상미(2007)의 연구에 따르면, 피해학생에 대한 지속적인 심리상담과 가해학생에 대한 전문가의 특별교육 및 심리치료가 요구된다. 그러나 심의위원회의 조치 이행만으로는 당사자들의 심리적 · 정서적 회복이 완전히 이루어졌다고 판단하기 어렵다. 이에 학교는 추수지도의 일환으로 해당 학생들이 정기적인 상담을 받을 수 있는 체계를 구축해야 한다. 이는 학교폭력 경험으로 인한 미해결된 심리적 스트레스, 불안, 분노, 적대감 등의 정서적 문제를 해소하고 학교 적응을 촉진하는 데 중요한 역할을 한다. 따라서 전문상담교사와 상담 업무 담당자는 학생의 상태를 면밀히 관찰하고, 필요시 위(Wee)센터나 외부 전문기관과의 연계를 통해 전문적 자문 및 지원을 제공해야 한다.

학생들의 외상 경험 처리 방식은 연령 및 발달 단계에 따라 뚜렷한 차이를 보이므로, 이에 따른 맞춤형 개입이 필수적이다. 초등학생의 경우 언어적 표현보다는 그림 그리기, 색칠하기, 이야기 창작 등 창의적 활동을 통한 감정 표현이 더욱 효과적이다. 반면, 중 · 고등학생은 작문이나 구조화된 집단 토론 등 언어적 매개체를 통한 감정 표현이 보다 적절하다. 이러한 발달단계별 특성을 고려하여, 학교는 전문상담교사 및 위(Wee)센터와의 유기적 협력을 통해 외부 전문가를 초빙하고, 개별 학생의 발달수준과 심리적 특성을 고려한 차별화된 치료적 개입을 제공해야 한다.

학교폭력 사건의 효과적인 사후관리를 위해서는 가정과의 협력이 필수적이다. 이에 전문상담교사는 담임교사와 협력하여 학생 및 학부모를 대상으로 체계적인 추수상담을 실시할 필요가 있다. 이러한 상담 과정에서 피해학생의 심리적 회복을 도모하고, 가해학생에게는 폭력의 부당성 인식 및 책임의식 함양을 통한 재발 방지를 목표로 한다. 특히 학부모들에게는 자녀의 심리적 회복을 지원할 수 있는 구체적 방안과 전문적 지침을 제공하며, 필요한 경우 외부 전문기관과의 연계를 통해 보다 전문적이고 지속적인 사후관리가 이루어질 수 있도록 지원하는 것이 좋다.

(1) 피해학생 상담

학교폭력 피해학생은 심리적·정서적 후유증을 경험한다. 이들이 겪는 두려움, 불안, 우울, 분노와 같은 정서적 어려움은 전문적 상담 개입을 필요로 한다. 상담을 통해 피해 경험을 극복할 수 있다는 치료적 희망을 제공하고, 학교생활 적응을 촉진하는 것이 핵심적이다. 또한 앞으로의 피해를 예방하기 위한 실질적인 방법들을 함께 찾아가는 것도 중요하다. 사안 종결 이후에도 피해로 인한 정서적 영향은 장기간 지속될 수 있다. 이에 전문상담교사는 담임교사와의 유기적 협력하에 정기적 상담을 실시하며, 학생의 회복 상태와 요구에 따라 상담 빈도를 조정할 필요가 있다. 상담의 주요 목표는 피해학생의 자아존중감 회복에 있다. '내가 부족해서 당한 것'이라는 왜곡된 생각에서 벗어나, 건강한 자아상을 되찾고 또래 관계를 회복하는 데 초점을 맞추어야 한다. 만약 지속적인 상담에도 심리적 고통이 깊어진다면, 위(Wee)센터의 전문적인 도움을 받을 수 있도록 연계해야 한다.

(2) 가해학생 상담

가해학생들의 상담에는 특별한 접근이 필요하다. 이들에게는 폭력의 부당성을 깨닫고 자신의 행동에 책임감을 갖게 하는 것이 중요하며, 분노조절과 타인에 대한 공감능력 향상이 핵심 과제다. 심의위원회 조치 후 학교로 돌아온 가해학생들은 복잡한 심리 상태를 겪게 된다. 이들은 현재 상황을 부정적으로 받아들이며, 학교와 교사, 피해학생을 향한 분노감을 자주 표출한다. 이러한 감정은 일상적인 상황에서도 공격적이고 충동적인 반응으로 이어진다. 가해학생들은 피해학생을 향한 미안함도 가지고 있지만, 이를 적절히 표현하지 못하는 경우가 많다. 특히 다른 학생들과 교사들에게 '문제아'로 인식될 것이라는 두려움 때문에 심리적으로 위축되는 모습을 보인다. 이러한 맥락에서 교사는 가해학생의 복잡한 내면을 먼저 이해해야 하며, 상담 과정에서는 훈계보다 공감이 선행되어야 한다. 상담은 장기적 관점에서 이루어져야 하는데, 이는 청소년기의 책임 있는 행동 학습이 성인기 사회적응의 토대가 되기 때문이다. 따라서 구체적인 성장 목표를 설정하고, 내면의 공격성을 건설적인 에너지로 전환할 수 있도록 분노조절과 문제해결 능력을 지속적으로 지도해야 한다.

(3) 피해학생 학부모 상담

피해학생의 부모는 자녀의 학교폭력 피해 사실을 마주하는 순간부터 깊은 정서적 혼란에 빠진다. 두려움, 막연한 불안, 당혹감, 그리고 분노가 뒤엉키며 이들의 일상을 무겁게 짓누른다. 교사는 이러한 부모의 복잡한 심리를 깊이 이해하고 공감하는 것에서 시작해야 한다. 특히 부모들이 느끼는 자책감과 무력감에 대해 충분한 정서적 지지를 제공하는 것이 중요하다. 사안이 종결된 후에도 부모들은 자녀가 다시 학교생활에 적응하기를 간절히 바라는데, 이 과정에서 교사와 부모의 긴밀한 협력이 필수적이다. 자녀의 심리적 치유와 회복, 그리고 추가 피해 예방을 위해서는 학교와 가정이 함께 노력해야 한다. 특히 가정에서 부모가 제공하는 정서적 안정감이 자녀의 회복에 결정적인 역할을 한다. 교사는 부모가 자녀의 개인적 특성을 이해하고 효과적으로 소통할 수 있도록, 그리고 자녀의 자존감 회복을 돕는 구체적인 양육 방법을 함께 모색해야 한다. 필요한 경우에는 청소년상담복지센터, 위(Wee)센터, 정신보건센터와 같은 전문기관과의 연계를 통해 더 전문적인 도움을 받을 수 있도록 안내한다.

(4) 가해학생 학부모 상담

가해학생 부모의 심리적 반응은 시간에 따라 복잡한 변화의 과정을 거친다. 초기에는 자녀의 가해 행위를 마주한 당혹감이 방어적 태도로 표출되며, 현실을 회피하거나 책임을 외부로 전가하려는 모습을 보인다. 사안이 종결된 이후에는 자녀의 미래에 대한 깊은 불안이 주된 정서가 되는데, 특히 '학교폭력 가해자'라는 낙인이 자녀에게 미칠 심리적 상처와 이로 인한 일탈 행동에 대한 우려가 깊어진다. 교사는 이러한 부모의 내면을 이해하고 공감하는 것에서 출발해야 하는데, 이는 학교폭력의 재발 방지가 부모의 무관심, 방임, 과잉보호와 같은 양육태도나 가정환경과 깊은 관련이 있기 때문이다. 따라서 교사는 부모를 비난하기보다 자녀의 긍정적 변화를 위한 부모 역할의 중요성을 함께 인식하고, 부모로서의 역량과 자신감을 회복하도록 도와야 한다. 필요한 경우 청소년비행예방센터나 위(Wee)센터와 같은 전문기관을 통해 부모와 자녀가 함께 성장할 수 있는 기회를 제공하는 것도 좋다.

3) 교육적 지원

학교폭력에 대한 사후지도는 넓은 의미에서 제2의 학교폭력 재발을 방지하고 예방하는 것이 궁극적인 목적이라고 할 수 있다. 따라서 학교는 전담기구를 중심으로 학교폭력 관련 학생들과 학부모, 교사들을 대상으로 학교폭력 재발 방지를 위한 교육을 실시할 필요가 있다. 학교 내 전문상담교사 또는 외부 전문가를 초빙하여 학교폭력이 발생한 학급을 대상으로 예방교육을 실시하도록 하고, 그 외의 학급은 전담기구에서 학교의 상황을 고려하여 예방교육 실시 계획을 수립하고, 전문상담교사 및 외부 전문가의 자문을 통해 담임교사가 직접 교육을 실시할 수 있도록 한다.

학부모들은 자녀의 학교생활 적응을 걱정하면서, 동시에 자신의 자녀가 학교폭력의 피해자나 가해자가 될 수 있다는 불안을 느낀다. 따라서 학교는 학교폭력 관련 학생의 담임교사로 하여금 수업시간, 쉬는 시간 등 학교생활 전반에 걸쳐 학생에게 심리적·신체적 행동 변화가 나타나지는 않는지 주의 깊게 관찰하게 하고 학부모와 지속적으로 연락을 취할 수 있도록 조치해야 한다. 또한 전담기구에서는 가정에서 자녀교육에 도움이 될 수 있도록 자녀와의 접촉 유지 및 소통방법, 학교폭력을 경험하거나 목격했을 때의 대처방법 등을 내용으로 학부모 교육을 실시하거나 가정통신문을 활용한 안내를 통해 학부모에 대한 교육적 지원을 할 필요가 있다.

한편, 학교폭력 사안 이후에는 학생들과 가장 가까운 거리에 있는 교사들의 역할이 더욱 중요해진다. 학교는 전담기구를 통해 교직원 연수 시간을 마련하고, 교사들이 발생한 사안을 깊이 있게 성찰할 수 있는 기회를 제공해야 한다. 이러한 과정을 통해 교사들은 학교폭력 문제에 대한 관심을 새롭게 하고, 학생들과의 신뢰 관계를 회복하며 유지하는 방안을 모색할 수 있다. 더불어 학교폭력 예방과 지도에 관한 교사교육 및 연수 기회를 확대함으로써 추가적인 학교폭력 발생을 막을 수 있다.

교육적 지원활동에서 전문상담교사는 학년이나 학급 단위로 학교 적응에 도움이 되는 집단상담 및 교육 프로그램을 기획해서 운영한다. 학교폭력과 관련하여 대인관계 문제, 분노조절 등을 주제로 학교폭력 관련 학생들 개개인의 인간적인 성장을 위해 소규모 집단상담을 운영할 수 있다. 그리고 교우관계 향상, 자존감 향상, 학교폭력 예방 등을 목적으로 학급 단위 집단교육 프로그램을 운영할 수 있는데, 학급 단위 교육은 비자발적인 동기를 가지고 있는 학교폭력 관련 학생이나 대다수의 일반학생을 대상으로 하여 실시할 수 있다. 특히 비자발적인 가해 · 피해학생에게 낙인의 위험이 없이 전체 학급 프로그램에 참여하도록 함으로써 그 효과를 높일 수 있다. 학교폭력 사안 종료 이후 피해학생 및 가해학생의 학교 적응력 향상을 도모하고 주변 학생들과의 관계 개선을 위해 집단상담 및 교육 프로그램을 운영하는 것은 사후지도 차원에서 중요하다.

(1) 가해학생 지도 프로그램

학교폭력 가해학생을 대상으로 여러 가지 프로그램을 적용하여 지도할 수 있겠지만 여기에서는 여러 연구 결과에 의거하여 가해학생에게 꼭 필요한 내용 영역을 중심으로 구성된 프로그램에 대해 알아보겠다. 가해학생의 경우 심성수련과 도덕성 등의 함양을 위해 기본생활 습관의 지도를 통해 사회 적응력을 높이는 프로그램의 개발과 적용이 중요하다(원명희, 2002). 따라서 가해학생의 개인 심리적 특성을 고려하고 그들의 문제점을 해결하며 도와줄 수 있는 치료적 상담이 이루어져야 한다(홍종관, 2012). 즉, 공격성, 흥분성, 충동성 등의 완화를 위한 분노조절 프로그램과 갈등 상황 인식 및 효과적인 해결을 위한 갈등해결 프로그램, 그리고 타인을 이해하고 공감하며 배려하는 태도 향상을 위한 프로그램을 적용하여 지도하는 것이 좋다. 가해학생이 여러 명일 경우에는 소집단 집단상담 프로그램을 실시할 수 있고 그 외에는 가해학생을 포함한 전체 학급 단위 교육을 실시할 수 있으며, 이때 활용 가능한 프로그램의 종류와 내용은 〈표 11-1〉에 제시하였다.

표 11-1 학교폭력 가해학생 지도 프로그램

프로그램명	대상	회기	내용 구성	출처
분노조절	초등 고학년	11회기	• 문제해결 전략 및 자기 교시 훈련 • 분노 진정 방법 탐색 • 합당한 해결책 선택하기	이명숙 (2008)
	초등 고학년	12회기	• 화가 난 순간의 감정 자각 및 표현 • 비합리적 사고 자각 • 부정적 정서 대처 및 조절	조윤주 (2011)

〈계속〉

갈등해결	초등 저학년	10회기	• 갈등 개념의 이해 • 갈등 상황에서의 해결 전략 실천	서진 (2009)
	초등 고학년	16회기	• 공감 및 분노조절 • 또래 갈등해결 및 또래중재 • 도움행동 탐색 및 실천	김미영 (2016)
공감 및 배려 증진	초등	13회기	• 공감 표현하기 • 배려 몰입 촉진활동	한국청소년상담원 (2008)
분노조절	중학생	10회기	• 명상 활용 • 피해자 공감 및 분노 이해 • 분노 수용 및 문제해결 방법 학습 • 긍정적 자아상 높이기	염영미 (2012)
	중학생	14회기	• 자기효능감 향상 • 분노조절 • 공감능력 향상	유화영 (2017)
	고등 학생	12회기	• 분노조절 전체 • 인지적 · 정서적 · 행동적 영역	문은주 (2010)
폭력행동에 대한 책임감	중학생	12회기	• 참된 용기 • 또래관계 형성 • 용서와 화해	김지영, 정정숙 (2011)
	중등	10회기	• 신문 활용 교육 프로그램 • 문제 상황, 해결 방안, 미래설계	최희영 (2011)

(2) 피해학생 지도 프로그램

피해학생의 경우도 청소년기의 발달 심리적 요인과 개인별 특성을 고려한 프로그램을 실시해야 한다. 학교폭력으로 인한 정신적 상처를 극복하고 긍정적인 자아정체감을 형성하기 위한 자존감 증진 프로그램, 효과적인 자기표현을 할 수 있도록 돕는 자기주장 프로그램, 그리고 사회적 기술 및 대처 훈련을 통해 폭력에 다시 노출되지 않도록 돕는 사회성 기술 및 대인관계 증진 프로그램을 적용하여 지도하는 것이 좋다(강호준, 2003; 박범규, 2009; 홍종관, 2012). 피해학생을 대상으로 활용 가능한 프로그램의 종류와 내용은 〈표 11-2〉에 제시하였으며, 전문상담교사는 피해학생의 심리적 · 정서적 상태를 고려하여 개인상담 및 학급 단위 교육으로 프로그램을 재구성하고 실시하는 것이 좋다.

표 11-2 학교폭력 피해학생 지도 프로그램

프로그램명	대상	회기	내용 구성	출처
자존감 증진	초등 고학년	13회기	• 자아 탐색 • 긍정적인 자아상 갖기	백미경 (2007)
	초등 고학년	12회기	• 문학치료 활용 • 대표 강점 인식 및 활용 방법	이세나 (2013)
자기주장 훈련	초등 고학년	8회기	• 주장적 행동 특성 알기 • 주장적 행동 탐색하고 연습하기	허승희 외 (2009)
자존감 증진	중학생	10회기	• 자기비난 감소 • 자신의 잠재력 개발 • 사회적 기능 향상	변귀연 (2006)
	고등 학생	8회기	• 욕구와 문제 탐색 • 잠재력 및 자원 활용하기	도기봉 외 (2011)
사회성 기술 및 대인관계 증진	중학생	12회기	• 갈등해결하기 • 또래압력 다루기 • 자기통제하기	방현심 (2009)
낙관성 증진	고등 학생	10회기	• 명상 및 시청각 자료를 활용 • 낙관성 증진 및 강점 찾기 • 긍정대화법	최영미 (2013)

(3) 방관학생 지도 프로그램

학교폭력은 가해자와 피해자 간의 직접적 관계를 넘어 복합적 양상을 보인다. 폭력 상황을 방관하거나 무관심하게 대하는 또래 집단의 태도와 학급 분위기가 상황의 전개에 결정적 영향을 미친다. 선행 연구에 따르면, 또래 괴롭힘과 학교폭력의 감소를 위해서는 주변 학생들의 방관적 태도 개선이 핵심적이며, 이는 학교폭력의 재발 방지와 예방을 위해 필수적이다(김은아, 이승연, 2011). 낮은 방관적 태도를 보이는 학생들은 자신의 신념과 확신을 기반으로 폭력 상황에 적극적으로 개입하며, 이는 학교폭력 근절에 긍정적 영향을 미친다(이지연, 조아미, 2012). 반면, 방관학생들은 사회적 기술과 문제해결 능력의 부족, 높은 사회적 불안으로 인해 피해 상황을 외면하는 경향을 보인다(심희옥, 2005). 이들의 방관 행동은 정서적 무감각, 공감 능력의 결여, 그리고 보복에 대한 두려움에서 비롯되므로(이지연, 조아미, 2012), 교육적 개입은 자기표현력과 공감능력의 향상, 그리고 또래지지 체계의 활성화에 중점을 두어 체계적으로 실시해야 한다. 전문상담교사는 학급 특성에 따라 프로그램 내용 선정과 실시 방법을 재구조화하여 적용할 수 있으며, 활용 가능한 프로그램의 종류와 내용은 〈표 11-3〉에 제시하였다.

표 11-3 관계회복 프로그램

프로그램명	대상	회기	내용구성	출처
자기주장 및 자기표현	초등 고학년	9회기	• 주장적 행동의 이해 • 불안극복 훈련 • 주장행동의 연습	김종숙 (2004)
	중학생	8회기	• 자기표현 행동의 이해 • 자기표현 행동 역할연습	이태자 (2004)
공감 및 배려 증진	초등	13회기	• 공감 표현하기 • 배려 몰입 촉진활동	한국청소년상담원 (2008)
	초등 고학년	8회기	• 자기이해 및 자기수용 • 공감 표현 및 공감적 관심	임정란 (2013)
	중학생	5회기	• 공감의 이해와 실제를 통한 공감능력 향상	안춘희 (2007)
또래지지	중학생	8회기	• 공감능력 및 사회기술 능력의 향상	윤성우 (2004)

2. 외부기관과 연계한 사후지도

학교폭력 사안에 대한 신속한 대응도 중요하지만 사안 처리가 완료되고 난 후, 사후관리 차원에서 학교폭력 피해학생 및 가해학생, 그 방관학생들에 대한 교육이 필요하다. 학교폭력은 가해학생과 피해학생의 문제일 뿐만 아니라 학급이나 학교 전체 구성원이 가담한 문제로 볼 수 있는데(손경원, 2008), 가해학생을 처벌하고도 이후에 재발을 방지하기 위한 효과적인 교육을 시키지 못하고 있거나, 피해학생이 겪은 심리적 충격을 회복하기 위한 지속적인 심리상담과 사회적 지지가 부족하여 이들에게 보다 적합한 교육을 실시해야 한다는 것이 현장 교사들의 바람이기도 하다. 그러나 학교 현장에서 학교폭력 관련 학생들에게 꼭 필요한 지원이나 교육을 실시하는 데에는 한계가 따른다. 따라서 이러한 경우 학교에서는 필요에 따라 외부기관과의 연계를 통해 심리상담, 의료지원 및 법률지원을 통합적으로 받을 수 있으며, 활용 가능한 외부기관에 대한 구체적인 내용은 다음과 같다.

1) 학교폭력 제로센터

교육청 내 전담 부서인 학교폭력 제로센터는 학교폭력 문제의 종합적 해결을 담당한다. 이 기관은 피해학생의 치유, 가해학생과의 관계회복, 법률 자문 등 통합적 지원을 제공한다. 센터의 핵심 인력은 피해학생 전담 지원관과 관계개선 지원단으로 구성된다.

피해학생 전담 지원관은 청소년 보호와 정서 지원에 관한 전문성을 갖춘 인력으로, 교육감이나 교육장이 교원, 경찰공무원, 사회복지사 중에서 선발한다. 이들의 주요 역할은 피해학생과 보호자에게 필요한 지원을 파악하고 관련 기관과의 연계를 돕는 것이다. 지원 절차는 단위 학교의 신청으로 시작된다. 센터는 접수된 사례를 분석하고 적합한 전담 지원관을 배정한다. 이후 전담 지원관은 피해학생이 필요로 하는 법률, 상담, 보호 등의 서비스를 파악하여 적절한 기관과 연계한다. 특히 사이버폭력 사례에서는 피해 회복을 위한 상담과 함께 가해학생에 대한 손해배상 청구 절차도 안내한다. 더불어 가해학생에 대한 조치가 제대로 이행되는지 확인하고, 불복 시에는 피해학생의 진술권 보장을 위한 법률 상담을 지원한다.

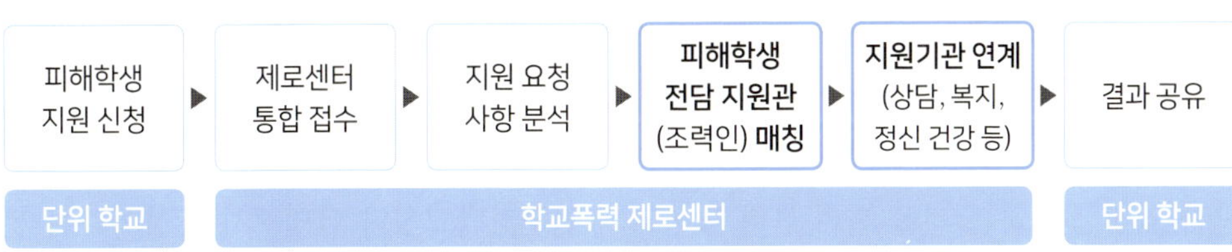

그림 11-2 **피해학생 전담 지원관(조력인) 운영방식**

관계개선 지원단은 학교폭력 사안의 화해와 중재를 전담하는 전문 인력 조직이다. 교육, 상담, 복지, 분쟁조정 등 다양한 분야의 전문가들로 구성되어 학생 간 갈등의 교육적 해결을 도모한다. 이들의 핵심 목표는 화해와 관계회복을 통해 관련 학생들의 학교생활 정상화를 지원하는 것이다. 지원 체계는 단위 학교의 신청으로 시작되며, 센터는 사안의 특성과 복잡성을 고려하여 최적의 지원단을 배정한다. 지원단은 우선 피해학생과 가해학생 각각을 개별적으로 만나 상담을 진행하며, 양측의 입장을 이해하고 사건의 근본적 원인을 파악한다. 이를 바탕으로 중재 회의를 열어 학생들 간의 소통을 도모하고, 상호 이해와 용서의 과정을 이끈다. 중재 활동 종료 후에는 개입 과정과 결과에 대한 상세 보고서를 단위 학교에 전달하고, 학생들의 관계 개선 상태를 지속적으로 모니터링한다.

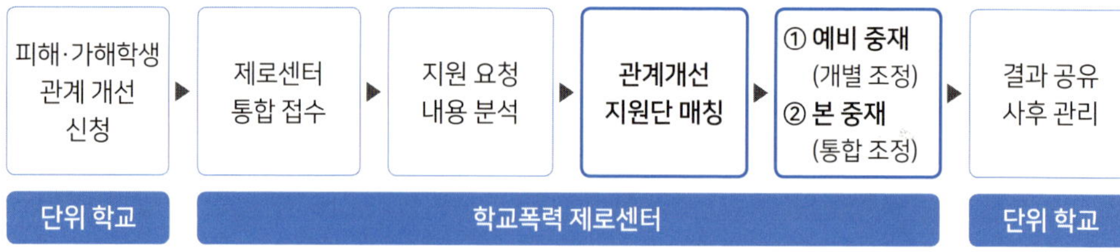

그림 11-3 관계개선 지원단 운영방식

2) 위(Wee)센터

위(Wee)센터는 학교, 교육청, 지역사회가 긴밀한 협력을 통해 정서 불안, 학교폭력, 학교 부적응, 일탈행동 등 위기 상황에 노출된 학생에 대한 종합적이고 체계적인 안전망을 구축하고 운영하는 멀티 상담센터로 학생들에게 다양하고 전문적인 서비스를 제공한다. 위(Wee)센터는 학교 부적응 학생 해소 및 인적 자원의 유실을 방지하고 감성과 소통의 학교생활 지원 서비스로 단위 학교에서 지도하기 어려운 위기 학생의 체계적인 관리 및 지도를 위해 교육(지원)청 차원에서 지역사회의 인적·물적 자원을 활용하여 '진단-상담-치유'가 가능한 원스톱 상담 및 치유 프로그램을 운영한다([그림 11-4] 참고). 위(Wee)센터를 이용하기 위해서는 학생이나 학부모가 센터에 직접 방문을 하거나 전화 또는 인터넷을 통해 상담신청을 하면 서비스를 받을 수 있다. 만약 학생이나 학부모가 직접 신청하는 것을 꺼려 한다면 학교의 전문상담교사나 담임교사와 상의하여 센터에 서비스 지원 요청을 하여 전문적인 상담 서비스를 받을 수 있다.

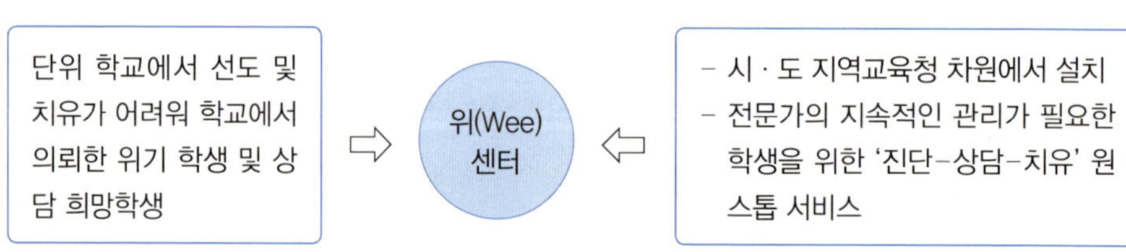

그림 11-4 위(Wee)센터의 역할

위(Wee)센터에서 이루어지는 상담 절차는 학생 본인이 자발적으로 신청하거나 학부모, 단위 학교 및 위(Wee)클래스 등의 관련 기관으로부터 의뢰를 받는 것으로부터 시작된다. 단위 학교에서 학교폭력 종료 후 학교생활에 적응하지 못하고 심리적·행동적 문제 증상을 나타내는 학교폭력 피해학생 및 가해학생 등에 대한 사후지도가 어려워 보다 전문적인 개입이 필요한 경우 위(Wee)센터에서 이들을 위한 치료와 상담 서비스를 제공한다. 위(Wee)센터에서는 의뢰된 사례에 대한 회의를 통해 학생의 문제 유형과 종류에 따라 사례를 개념화하고 심리검사를 실시하여 필요한 지원과 접근방법을 모색한 후 맞춤식 서비스를 제공한다. 피해학생의 경우는 자존감을 향상시킬 수 있는 교육, 집단따돌림 문제를 스스로 극복할 수 있도록 집단따돌림 예방교육, 또래학생들과의 사회적 교류를 돕는 사회적 기술 향상 교육과 같은 맞춤식 프로그램을 실시하고 상담 서비스를 제공한다. 가해학생의 경우는 분노나 부정적 감정을 스스로 통제할 수 있도록 하기 위해 분노조절, 문제해결 기술 습득, 충동 통제 능력 증진, 갈등 관리 훈련 등과 같은 프로그램과 상담 서비스를 제공하여 학생들의 정신건강 회복과 치유를 위한 지원을 한다. 또한 학생들에 대한 심리치료와 교육을 통해 상담 목표를 달성하게 되면 상담을 종결하고 학교의 담임교사 및 학부모와 협의를 통해 사후평가를 한다. 그리고 종결 이후에도 사례의 문제 유형과 종결 유형에 따라 멘토링을 연계하거나 학교 상담 담당자의 협조를 얻어 추후 관리를 지속적으로 실시한다.

3) 청소년꿈키움센터

청소년꿈키움센터는 청소년비행예방센터라고도 하는데, 법원, 검찰, 학교 등에서 의뢰한 위기 및 비행 초기단계에 있는 청소년들을 대상으로 비행 예방과 재비행 방지 교육을 통해 건전한 청소년을 육성하는 것을 목적으로 하는 법무부 소속 기관으로 현재 전국 18곳이 운영되고 있다. 청소년꿈키움센터의 각 지역별 주요 업무 및 관할 지역 등에 관한 내용은 〈표 11-5〉에 제시하였다. 청소년꿈키움센터에서는 학교폭력 등의 문제행동으로 인해 학교로부터 의뢰된 학생들을 대상으로 비행청소년 지도 경험이 풍부한 교사가 담임이 되어 대안교육 이외에 청소년들의 비행 유형별 전문교육과 체험적 인성교육이 조화를 이룬 차별화 교육을 실시한다. 특히 청소년꿈키움센터는 다기관 협력체계를 바탕으로 지역사회 자원을 최대한 적극 활용함으로써 청소년 비행 예방에 국가와 지역사회 전체가 전방위적으로 참여할 수 있는 것이 특징이다. 또한 청소년들의 비행 유형별 교육 프로그램을 독자적으로 개발하여 운영하고 있다. 구체적으로는 대안교육, 비행원인 진단, 심리상담, 법 교육, 보호자 교육·가족솔루션캠프 등이 주요 프로그램으로 구성되어 있으며, 구체적인 내용은 〈표 11-4〉에 제시하였다. 이러한 프로그램을 바탕으로 한 전문적인 교육과 엄격한 출결관리 및 생활지도를 통해 교육생들의 자기 통제력과 공감능력 등의 향상 및 공격성 등의 감소뿐만 아니라 학교 적응 및 생활태도 전반에서 긍정적인 변화를 도모하여 학교폭력과 같은 청소년 비행 문제의 예방 및 재발 방지를 위해 노력하고 있다.

표 11-4 청소년꿈키움센터 주요 기능 및 업무내용

주요 기능	업무내용
대안교육	• 대상: 일반학교 부적응 학생, 검찰 기소유예 대상자, 법원 대안교육 명령 대상자 • 주요 내용: 3일 · 1주 · 2주 등, 등하교 방식에 의한 단기 집중형 비행 예방교육
비행원인 진단	• 대상: 법원 상담조사 명령 대상자, 검사 결정 전 조사 대상자 • 주요 내용: 비행 관련 조사, 비행 예방교육(상담조사 대상자만 해당)
청소년 심리상담	• 대상: 지역사회 일반 청소년 • 주요 내용: 심리검사, 개별 · 집단상담, 부모상담, 진로지도 등
법 교육	• 대상: 초 · 중 · 고교 학생, 소외계층 청소년(지역아동센터 등), 교사 등 • 주요 내용: 실생활에 필요한 법 교육, 학교폭력 예방교육, 성비행 예방, 집단따돌림 예방교육 등
보호자 교육 · 가족솔루션 캠프	• 대상: 법원 보호자 특별교육 명령 대상자, 부모-자녀 관계회복을 원하는 일반 가정 보호자 및 가족 • 주요 내용: 자녀의 건강한 성장 지원, 가족기능 강화를 위한 부모교육 및 1박2일/2박3일 가족캠프 운영

표 11-5 청소년꿈키움센터 설치현황

<table>
<tr><th colspan="2">기관명(대내 명칭)</th><th>주요 기능</th><th>전화번호</th></tr>
<tr><td>부산솔로몬파크</td><td rowspan="2">(부산청소년비행예방센터)</td><td>법 교육, 법체험, 법캠프, 교사 등 직무연수</td><td>051-330-4004</td></tr>
<tr><td>부산청소년꿈키움센터</td><td rowspan="8">청소년 대안교육, 상담조사, 청소년 심리상담, 보호자 교육, 법 교육, 법체험</td><td>051-971-8502</td></tr>
<tr><td colspan="2">부산동부청소년꿈키움센터(부산동부청소년비행예방센터)</td><td>051-507-4030</td></tr>
<tr><td colspan="2">울산청소년꿈키움센터(울산청소년비행예방센터)</td><td>052-272-5021</td></tr>
<tr><td colspan="2">창원청소년꿈키움센터(창원청소년비행예방센터)</td><td>055-286-3517</td></tr>
<tr><td colspan="2">대구청소년꿈키움센터(대구청소년비행예방센터)</td><td>053-984-0041</td></tr>
<tr><td colspan="2">광주청소년꿈키움센터(광주청소년비행예방센터)</td><td>062-375-2281</td></tr>
<tr><td colspan="2">순천청소년꿈키움센터(순천청소년비행예방센터)</td><td>061-741-6546~8</td></tr>
<tr><td colspan="2">전주청소년꿈키움센터(전주청소년비행예방센터)</td><td>063-277-9890</td></tr>
</table>

〈계속〉

대전솔로몬파크	(대전청소년비행예방센터)	법 교육, 법체험, 법캠프, 교사 등 직무연수	042-861-3161
대전청소년꿈키움센터		청소년 대안교육, 상담조사, 청소년 심리상담, 보호자 교육, 법교육, 법체험	042-472-1062~3
청주청소년꿈키움센터(청주청소년비행예방센터)			043-295-8103
춘천청소년꿈키움센터(춘천청소년비행예방센터)			033-244-9891
안산청소년꿈키움센터(안산청소년비행예방센터)			031-482-6316
서울남부청소년꿈키움센터(서울남부청소년비행예방센터)			02-877-3733
서울북부청소년꿈키움센터(서울북부청소년비행예방센터)			02-927-8566
인천청소년꿈키움센터(인천청소년비행예방센터)			032-515-7811
수원청소년꿈키움센터(수원청소년비행예방센터)			031-236-1701~5

4) 청소년상담복지센터

청소년상담복지센터는 청소년상담지원센터가 2012년 8월 2일 「청소년복지지원법」 제29조에 따라 명칭이 변경된 기관으로 현재 전국 17개 광역시 · 도에 설치되어 있다. [그림 11-5]에서 보는 바와 같이 청소년상담복지센터가 중심이 되어 지역사회 내 학교 · 교육지원청, 경찰관서, 노동관서, 국공립 의료기관, 보건소, 청소년쉼터, 청소년지원시설과 연계한 지역사회 청소년통합지원체계를 통해 학교폭력, 학업중단, 가출, 인터넷중독 등 위기청소년에 대한 상담 · 보호 · 교육 · 자립 등 맞춤형 서비스를 제공함으로써 가정 및 사회로의 복귀를 지원하고 있다.

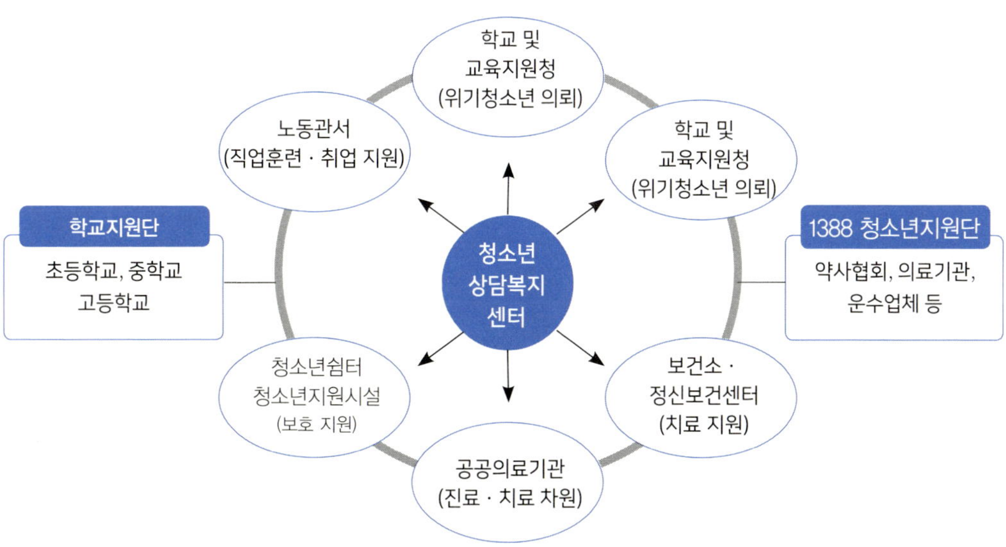

그림 11-5 지역사회 청소년통합지원 체계도

청소년상담복지센터의 학교폭력 관련한 서비스 절차는 학교폭력과 관련하여 [그림 11-6]과 같이 나타낼 수 있다. 학교폭력 지원 서비스는 복수의 접근 경로를 통해 개시된다. 학교, 학부모, 또는 학생 본인이 청소년전화 1388을 통해 연락하거나 센터에 직접 방문하여 신청할 수 있다. 센터는 의뢰 사례에 대한 전문적 평가를 실시하고, 유관기관과의 협력을 통해 통합적 지원 체계를 가동한다. 이 체계는 상담 및 정서 지원, 의료 및 건강 지원, 교육 및 학업 지원 등 다각적 서비스를 포함하며, 체계적인 사후관리와 멘토링을 통해 학생의 정상적 학교생활 복귀를 도모한다. 구체적으로, 피해학생에게는 신체적 · 정신적 치료를, 가해학생에게는 상담 및 재활 프로그램을 제공하여 문제의 재발을 방지한다. 더불어 학교 보호체계의 사각지대인 교외 영역에서는 각 지역 1388 청소년지원단이 조기 발견과 긴급구조가 가능한 민간 안전망을 구축하여 운영한다.

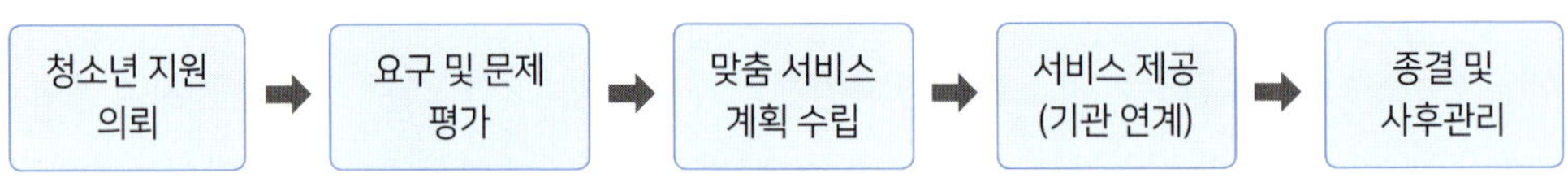

그림 11-6 청소년상담복지센터 서비스 진행과정

5) 푸른나무재단

푸른나무재단은 학교폭력 문제해결을 위해 설립된 비영리공익단체이다. 1995년 6월, 학교폭력으로 열여섯 살 외아들을 잃은 한 아버지의 비극적 경험을 계기로 설립되어, 학교폭력의 심각성을 사회에 환기하고 실질적 해결책을 모색하고 있다. 재단은 세 개의 전문 센터를 통해 체계적인 지원 체계를 구축하고 있다. 교육센터는 예방적 차원에서 학생, 학부모, 교사, 전문가를 대상으로 체계적 교육을 실시하며, 온라인 연수원을 통한 전문가 양성 프로그램도 운영한다. 교육부의 지원으로 운영되는 학교폭력SOS센터는 전문적 상담 서비스를 제공하고, 학교 자치위원회 자문과 분쟁조정을 지원한다. 상담치료센터는 학교폭력, 학교 부적응, 따돌림, 인터넷중독 등으로 어려움을 겪는 청소년과 가족을 위한 맞춤형 심리치료 서비스를 제공하며, 개인상담부터 가족상담, 집단상담에 이르는 포괄적 지원을 실시한다.

정리하기

1. 학교폭력 사안 종료 후, 학교에서는 피해 및 가해학생의 학교 적응을 돕고 학교폭력 재발을 방지하기 위해 정서 상태 평가, 상담 서비스 지원, 교육적 지원의 사후지도를 실시해야 한다.
2. 학교폭력 사안 처리 이후 가해학생 및 피해학생의 안정적인 학교생활을 위해 학교폭력 제로센터, 위(Wee)센터, 청소년비행예방센터, 청소년상담복지센터, 푸른나무재단과 같은 외부기관과 연계하여 심리치료, 재활치료, 생활지도 등을 실시해야 한다.

확인하기

1. 학교폭력 사안 종료 후 학교에서 실시할 수 있는 사후지도 방안에 대해 서술하시오.
2. 외부기관과 연계한 학교폭력 사후지도의 장점에 대해 서술하시오.

제12장

교사의 학교폭력 사후지도 방안

학습목표

- 학교폭력 피해학생의 사후지도 방안을 이해할 수 있다.
- 학교폭력 가해학생의 사후지도 방안을 이해할 수 있다.
- 학교폭력 방관학생의 사후지도 방안을 이해할 수 있다.

학습내용

1. 피해학생 사후지도 방안
   1) 자기 인식
   2) 대처 기술
   3) 적용 훈련
2. 가해학생 사후지도 방안
   1) 자기 인식
   2) 대처 기술
   3) 적용 훈련
3. 방관학생 사후지도 방안
   1) 자기 인식
   2) 대처 기술
   3) 적용 훈련
4. 피해학생과 가해학생의 관계회복
   1) 관계회복 프로그램의 구성
   2) 관계회복 프로그램의 운영

생각 나누기

학급에 학교폭력 피해학생 혹은 가해학생이 심의위원회 결정에 의해 보호 조치(심리상담 및 조언, 일시보호, 치료 및 치료를 위한 요양 등) 또는 징계 조치(사회봉사, 특별교육 이수 등)를 받아 이를 이행한 후 교실로 돌아왔다면, 학교폭력에 대한 처리는 모두 끝난 것일까?

만약 여러분이 이 학급의 담임교사라면 어떻게 지도할 수 있을까?

최근의 학교폭력은 집단의 형태로 발생하는 경향이 높고 피해학생과 가해학생 간 힘의 불균형이 지속되는 특성이 있으며, 피해학생이나 가해학생 그리고 다른 일반학생들에게 학교폭력 발생으로 인한 영향의 정도와 깊이가 제각각 다르다. 때문에 교사가 학급 분위기 및 학생들의 역동을 바람직하게 이끌지 못하면 학교폭력의 재발을 막는 것이 매우 힘들게 된다. 따라서 교사에게는 학교폭력이 결코 용납되지 않는 안전하고 건강한 학급 분위기를 형성하기 위한 교사 자신의 노력이 중요하다. 따라서 이 장에서는 학교폭력 사안 처리 이후에 교사로서 피해학생 또는 가해학생 그리고 일반학생들을 어떻게 지도하는 것이 좋을지 살펴보겠다.

학교폭력 사안은 전담기구에서 조사가 끝나고 심의위원회가 마무리 된 후 학교장의 조치가 끝나면 피해학생 혹은 가해학생 그리고 일반학생들을 대상으로 학교폭력 재발 방지를 위해 사후교육을 실시해야 한다. 학교폭력 가해학생과 피해학생은 다양한 정신건강 문제로 고통받는 것으로 보고되고 있는데(청소년폭력예방재단, 2002), 가해학생의 경우 폭력의 악순환에 빠질 위험이 높아 많은 관심이 요구된다(김지영, 정정숙, 2011). 피해학생의 경우는 학교폭력으로 인해 자존감이 낮아지고 사회적으로 위축되는 등의 심리적 외상과 함께 시간이 흐르면서 분노와 공격성, 폭력행동의 학습으로 인해 자신보다 약한 학생을 상대로 또 다른 폭력가해자가 될 수도 있다(성지희, 정문자, 2007; 염영미, 2011). 또한 방관학생의 경우에도 우울, 무기력, 불안, 두려움, 죄책감을 야기하는 등 지속적으로 부정적인 영향을 미칠 수 있기 때문에 주목할 필요가 있다(김은아, 이승연, 2011; 이지연, 조아미, 2012; Langdon & Preble, 2008). 따라서 학교폭력 사안이 종료되었다 하더라도 가해 및 피해학생, 그리고 방관학생들을 포함한 일반학생들을 대상으로 적절한 사후지도를 실시하여 학교폭력의 재발을 방지해야 할 것이다. 이러한 관점에서 교사는 피해학생 및 가해학생의 학교 적응과 일상생활 적응력 향상에 초점을 두고 교육을 실시하되, [그림 12-1]과 같이 피해학생에게는 자존감의 증진, 심리적 불안감의 극복, 자기주장 능력의 향상 등을 주제로 하여 교육하는 것이 좋으며, 가해학생에게는 분노조절, 폭력에 대한 죄의식 인식 등을 주제로 교육하는 것이 좋다. 또한 피해학생 및 가해학생과 주변 일반학생과의 관계성 회복을 위한 적응적 대처 기술 및 심리적 견고함을 향상시킬 수 있는 교육을 실시하는 것도 중요하다. 다만, 이러한 교사 차원의 사후지도는 학급 단위의 교육으로 피해학생이나 가해학생에 대한 개별적인 교육이 아니다. 즉, 학교폭력 사안이 종료되고 가해학생과 피해학생이 심의위원회의 조치에 의해 일정 기간 보호 및 선도 조치를 받고 학급에 돌아온 경우, 담임교사가 학급의 분위기와 상황을 고려하고 그에 따라 적절한 내용을 주제로 선정하여 학급 전체 학생을 대상으로 적응력 향상 및 관계성 회복을 위해 실시하는 교육이다.

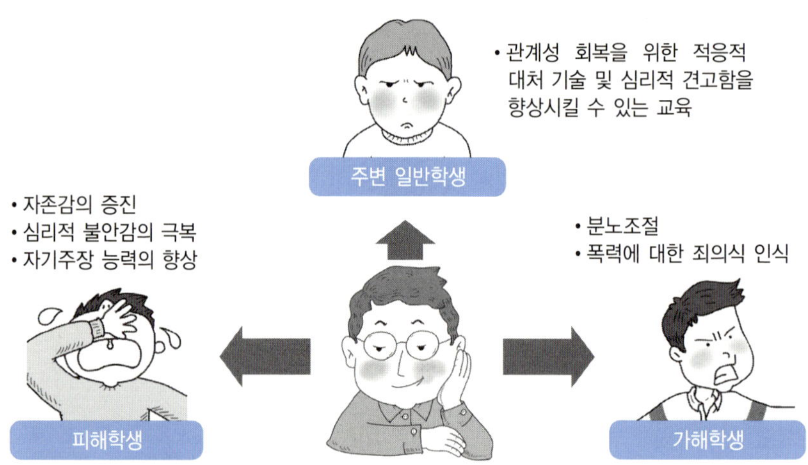

그림 12-1 학교폭력에 대한 교사의 사후지도 방안

학교폭력 사후지도는 피해학생 및 가해학생에 대한 개별지도와 주변 학생들 및 방관학생을 대상으로 한 전체 학급지도로 구분할 수 있는데, 이 장에서는 학교 현장의 물리적·환경적 여건 등으로 인해 교사의 피해 및 가해학생에 대한 전문적인 개별지도에 어려움이 따르는 점을 고려하여 학급을 대상으로 한 지도 방안을 중심으로 살펴보겠다.

1. 피해학생 사후지도 방안

학교폭력 피해학생은 학교폭력 피해를 입게 된 상황뿐만 아니라 시간이 흐른 뒤에도 여러 가지 심리적 반응을 보이게 된다. 지속적인 괴롭힘이나 신체적·물리적 폭력의 후유증으로 공포반응, 우울, 낮은 자존감, 죽음과 상해에 대한 걱정, 외상 후 스트레스장애 증상, 분노 감정 등을 보인다. 특히 외상 후 스트레스장애나 공포반응은 피해학생의 성격 형성에도 부정적인 영향을 미치며, 공포, 불안, 불신감, 기억력 장애 및 학습장애를 유발한다(Pynoos & Eth, 1984). 이와 같이 피해학생에게서 나타날 수 있는 심리적 반응은 피해학생에 따라, 피해 상황에 따라, 지지자 유무에 따라 다르게 나타나며 학교 적응에 많은 영향을 주게 된다. 이은희와 김남숙(2011)의 연구에 따르면, 학교폭력 피해학생은 폭력에 대한 두려움으로 인해 결석을 하게 되고, 이는 자신의 심리적 안녕에 직접적인 영향을 미치게 되어 학업성취와 학문적 수행에 부정적인 영향을 준다. 따라서 교사는 피해학생의 심리적·정신적 치유와 회복, 그리고 앞으로 유사한 학교폭력 발생 상황에 효과적인 대처 능력을 키우기 위해 피해학생의 심리적 변화를 고려하여 주의 깊게 관찰하고 교사로서 학생의 문제를 해결하기 위해 돕고자 하는 강한 의지를 보이며 지도하는 것이 좋다.

교사가 활용할 수 있는 피해학생에 대한 지도 방안은 [그림 12-2]와 같이 자기 인식 능력 함양과 대처 기술 지도, 그리고 적용 훈련 연습의 3단계로 나누어 볼 수 있으며, 각 단계에서는 각각의 목표에 적합한 프로그램을 선정하여 활용할 수 있다. 이러한 과정

자기 인식
- 자신의 감정을 인식하고 표현하기
- 상대방에게 적절한 행동을 보이고 자신을 돌아보기

대처 기술
- 자신의 상황을 주변에 알리고 도움 청하기
- 자존감을 유지하며 새로운 행동 찾기

적용 훈련
- 문제해결 능력을 향상시켜 대안행동을 실천하기
- 성장 동력 회복하기

그림 12-2 피해학생 사후지도 방안

은 프로그램에 대한 전문성과 효과성을 고려하여 전문상담교사나 전문상담사가 사후지도의 교육적 지원활동 차원에서 실시하는 것이 좋지만, 학급의 상황에 따라서는 교사가 사전에 전문상담교사(전문상담사)의 자문을 얻어 창의적 체험활동 시간 등을 활용하여 프로그램을 진행하는 것도 좋은 방법이다.

1) 자기 인식

피해학생에 대한 지도 방안의 자기 인식 단계에서는 피해학생이 학교폭력 경험의 충격으로 인해 자각하지 못하고 통제할 수 있는 자신의 감정을 표현하되 능동적인 행동으로 표현하도록 지도해야 한다. 피해학생으로 하여금 심리적 불안감이나 가해학생에 대한 분노 감정 등 상대방의 여러 가지 표현에 대해 느끼는 자신의 여러 가지 감정을 알고 그 감정을 긍정적이고 능동적으로 표현할 수 있도록 해야 하는데, 자존감 회복 및 자기주장 훈련을 주제로 한 프로그램을 실시하는 것이 좋다. 즉, 피해학생이 자신의 현 상황에 영향을 미치고 있는 상대에게 적절한 행동을 보이고 자신을 돌볼 수 있도록 하기 위한 활동을 실시하는 것이 좋으며 교사는 피해학생을 포함한 학급 학생들을 대상으로 [그림 12-3]의 '나-전달법'을 활용하는 것이 도움이 된다.

나에게 불편함을 주는 친구의 행동 밝히기	행동
친구의 행동이 나에게 주는 구체적 영향 전하기	구체적 영향
나의 기분 말하기	감정

'나-전달법'의 기본 원리는 상대방의 행동 자체를 문제 삼고 그에 따른 책임을 상대에게 넘기는 대신에, 그의 행동에 대한 나의 반응을 판단이나 평가 없이 알려 줌으로써 반응에 대한 책임을 내가 지는 것이다.

이 '나-전달법'은 다음과 같은 세 가지 요소를 포함하는데, 첫째, 타인의 행동 또는 상황, 둘째, 그에 따른 구체적 영향이나 결과, 셋째, 나의 감정 또는 반응인데, 상황에 따라서 이 세 가지 요소가 다 포함되지 않을 수도 있고 물론 순서가 바뀌어도 크게 문제되지는 않는다. 다만, '나-전달법'의 기본 정신에 입각하여 진실되고 진지한 표현이 이루어지는 것이 중요하다.

1. '나'를 주어로
☞ 나의 생각이나 감정을 나를 주어로 해서 전달한다.

2. 상대방의 행동
☞ 나에게 문제가 되는 상대방의 행동이나 상황을 구체적으로 말한다.

3. 나에게 미친 영향
☞ 상대방의 행동이 나에게 미친 영향을 구체적으로 말한다.

4. 나의 감정
☞ 상대방의 말이나 행동으로 인해 야기된 자신의 감정을 인정하고 솔직하게 말한다. 이때 부정적인 생각이나 감정에 대해서는 지나치게 강조하지 않는다.

5. 경청하기
"네가 …… (행동) …… 하니까, 내가 …… (영향) …… 돼서,
나는 …… (감정) …… 게 느껴져."
☞ 내 마음을 전달한 후, 상대방의 말에 경청을 해야 한다.

(연습 상황)
친한 친구 민영이와 지난번 사소한 일로 말다툼이 벌어졌다. 민영이는 약속을 하면 늘 10분, 20분씩 늦곤 했는데, 그날도 30분이나 늦었던 것이다. 나는 약속을 지키려고 밥도 먹지 않고 부리나케 나왔었는데, 그렇게 늦는 민영이를 보니 화가 치밀어 "도대체 너는 어떻게 된 얘가 그러냐? 나를 무시하는 거냐?"라고 말했다. 그랬더니, 되려 민영이가 더 화를 낸다. 내 참 기가 막혀서…….

'나-전달법'을 사용한다면 늦게 온 민영이에게 어떻게 말할 수 있을까요?

그림 12-3 위(Wee)센터의 역할

출처: 경기도교육정보연구원(2008).

2) 대처 기술

대처 기술 단계에서는 자신의 상황을 주변에 알리고 도움을 청하며 자존감을 유지할 수 있도록 지도해야 한다. 학교폭력에 대한 대처방법에 따라 다양한 결과가 나타날 수 있음을 인식하도록 돕고 올바른 대처 방안을 스스로 탐색하도록 하며 피해학생이 스스로 해낼 수 없다고 생각했던 것을 다시 한번 숙고해 봄으로써 '할 수 있다'로 변화되는 과정을 통해 자신감을 높이도록 도와주는 것이 좋다. 이를 위해 활용할 수 있는 활동을 구체적으로 살펴보면, 먼저 학급의 학생들을 여섯 개 모둠으로 구성하고 학교폭력 유형별 사례 카드([그림 12-4] 참조)를 1개씩 선택하도록 한 후, 사례에 대한 대처방법을 토의하여 여러 가지 해결책을 찾도록 격려하며 지도한다. 그리고 각 모둠별로 선택한 사례

에 대해 해결책을 발표하는 시간을 가지면서 다른 모둠에서 발표한 사례에 대해서는 추가적으로 학급 전체가 브레인스토밍 형태로 해결책을 탐색하도록 도와준다. 발표한 해결책 중에서 좋은 대처 방안을 제시한 모둠에게는 칭찬 스티커를 부여하고 학용품이나 간식 등을 제공하여 참여 의욕을 높여 주는 것도 좋은 방법이다.

이럴 땐 이렇게

1. 반 친구들이 나를 따돌리고 말도 걸지 않아 밥도 혼자 먹고 집에도 혼자 가요. 어떻게 해야 하나요?
* 어떤 기분일까?
* 어떻게 해결하면 좋을까?

2. 선배들이 돈을 빌려 달라고 해서 빌려 줬는데 그 돈을 갚지 않았어요. 그런데도 자꾸 또 빌려 달라고 해요. 어떻게 해야 하나요?
* 어떤 기분일까?
* 어떻게 해결하면 좋을까?

3. 우리 반에 힘이 센 몇 명의 친구들이 나와 친한 친구와 놀이터에서 싸우라고 해요. 어떻게 해야 하나요?
* 어떤 기분일까?
* 어떻게 해결하면 좋을까?

4. 선배들이 나를 화장실에 불러서 "너 왜 째려 보냐?" "버릇이 없다." 면서 툭툭 치고 조심하라고 협박을 해요. 어떻게 하나요?
* 어떤 기분일까?
* 어떻게 해결하면 좋을까?

5. 카톡을 하는데 친구들이 나를 '찌질이'라고 하면서 다른 욕도 많이 해요. 어떻게 해야 하나요?
* 어떤 기분일까?
* 어떻게 해결하면 좋을까?

6. 우리 반 친구들이 수업 끝나고 운동장 스탠드에 오라고 해서는 "재수없다." 고 하면서 때리고 욕을 하면서 나를 괴롭혀요. 어떻게 해야 하나요?
* 어떤 기분일까?
* 어떻게 해결하면 좋을까?

그림 12-4 피해학생 대처 기술 활동지

출처: 한국교육개발원(2008b).

3) 적용 훈련

적용 훈련 단계에서는 문제해결 능력을 향상시키고 결과적으로 자신감을 바탕으로 심리적·정서적 성장 가능성을 회복할 수 있도록 도와주어야 한다. 또래관계에서 발생할 수 있는 갈등 상황에 대한 서로의 입장을 충분히 이야기하도록 함으로써 문제해결 능력 및 갈등해결을 도모하고 학교폭력 피해학생으로 하여금 스스로 새로운 가치를 창출하고 성장 가능성을 회복하도록 할 수 있다. 교사가 학급학생들을 대상으로 실시할 수 있는 활동으로는 [그림 12-5]의 'TLC 기법'을 활용할 수 있다. 구체적으로는, 첫째, Talking 단계로서 갈등 문제에 관한 각자의 입장을 말하게 하고 서로 느끼는 감정에 초점을 맞추도록 한다. 둘째, Listening 단계에서는 상대방이 말하는 바를 경청하고 그 말을 되풀이하여 상대방의 의도를 정확하게 확인하도록 한다. 셋째, Choice 단계로 서로가 만족할 수 있는 해결 방안을 선택하도록 한다.

T(talking): 문제에 관한 각자의 입장을 말하게 하고, 쌍방 모두가 느끼는 감정에 초점을 맞춘다.

⬇

L(listening): 각자 상대방의 문제에 관해 말하는 바를 경청하고, 상대방이 하는 말을 되풀이하여 상대방이 말하는 바가 무엇인지 확인시킨다.

⬇

C(choice): 모두 승자처럼 느끼게 만드는 해결 방안을 선택한다.

그림 12-5 TLC 기법

출처: 박성희(2009).

또한 원만한 갈등해결을 위해서는 몇 가지 원칙을 지키는 것이 중요한데, 갈등이 존재하는 것은 자연스러운 현상임을 이해하고 갈등을 어떻게 해결하느냐에 초점을 맞추며 갈등 상황을 있는 그대로 인정하고 수용하는 것 등이 갈등해결의 원칙이다. 구체적인 내용은 [그림 12-6]과 같다.

1. 나와 상대방 사이에 갈등이 존재하는 것은 자연스러운 현상임을 이해한다.
2. 갈등 자체에 문제가 있는 것이 아니라 갈등을 어떻게 해결하느냐가 더 중요하다.
3. 자신이 겪고 있는 갈등을 감추거나 피하지 말고, 있는 그대로 인정하고 수용해야 한다.
4. 갈등의 해결은 자신의 입장을 이해하고 상대방의 입장을 수용하려는 노력에서 출발한다.
5. 갈등을 즉각적으로 해결하는 것만이 능사가 아니다.
6. 갈등해결을 위해 이야기할 수 있는 적절한 시간과 장소를 선정한다.
7. 갈등을 다루기 위해서는 우선 서로에 대해 느끼고 있는 긍정적인 마음을 보여 주며 섭섭한 마음을 솔직하게 표현한다.
8. 적절한 자기표현은 갈등 상황을 원만하게 해결하는 데 도움이 된다.
9. 갈등 상황에 대한 각각의 입장을 충분히 이야기한다(TLC 기법 활용).
10. 이야기를 나눌 때는 나와 상대방이 서로가 처한 입장에 따라 문제를 보는 시각이 다를 수 있음을 이해하고 각각 갈등 상황에 대해 어떻게 파악하고 있는지 확인한다.
11. 서로가 인정하고 수용할 수 있는 해결책을 찾는다.

그림 12-6 갈등해결의 원칙

출처: 박성희(2009).

2. 가해학생 사후지도 방안

가해학생에 대한 사후지도는 치유 및 재활의 관점에서 교육을 실시해야 하고 스스로가 자신의 행동을 진심으로 반성하도록 지도하는 것이 중요하다. 심의위원회의 심의 결과에 따라 선도 조치를 이행하였다 하더라도 가해학생이 진심으로 반성하지 않는다면, 피해학생에 대한 보복을 하거나 다른 학생에게 또 다른 가해행동을 하여 학교폭력이 재발할 수 있으며, 여러 연구에서도 학교폭력 가해행동은 재발 가능성이 높다는 결과를 제시하였다(김혜진, 2002; 이상균, 1999; 이종복, 1997). 학교폭력 가해학생에 대한 사후지도는 재발을 방지하는 것이 목적이기 때문에 교사는 각별히 주의를 기울이며 가해학생으로 하여금 또 다른 가해행동을 하게 될 경우 불이익을 받게 된다는 사실을 인식시켜 주는 것이 중요하다. 그러나 모든 문제에는 원인이 있게 마련으로 학교폭력 가해행동의 배경에도 원인이 있을 것이다. 교실로 돌아온 가해학생에게 가시적 또는 비가시적으로 행해지는 학교 및 교사의 엄중한 대응은 학생에게 지울 수 없는 낙인만을 남기게 되어 사회적 낙오자로서 범죄적 인생 또는 직업적 범죄자의 길로 내모는 결과를 초래할 수 있다(정우일, 2012). 따라서 교사는 학생의 가해행동의 원인이 일회적 성격을 지닌 것인지, 학생의 성장과정, 가정 내 부모 및 형제자매 간의 문제, 교우 관계, 사제 관계 등의 구조적인 문제로 인한 것인지 파악하고 그에 따라 지도하는 것이 바람직하다.

자기 인식	• 자신이 저지른 행동을 인식하고 미안함 표현하기 • 자신이 한 행동을 시인하고 자신의 잘못 되돌아보기
대처 기술	• 자신의 분노 감정을 조절하는 방법 익히기 • 잘못을 당당하게 수용하고 사과하며 용서 구하기
적용 훈련	• 자신의 성장 기회를 탐색하고 배려하는 방법 터득하기

그림 12-7 가해학생 사후지도 방안

가해학생을 고려한 교사의 사후지도 방안은 피해학생과 마찬가지로 자기 인식과 대처 기술, 그리고 적용 훈련의 3단계로 나누어 볼 수 있으며, 전문상담교사의 교육적 지원 및 자문을 통해 프로그램을 실시할 수 있다.

1) 자기 인식

자기 인식 단계에서는 가해학생 자신이 저지른 폭력행동에 대한 죄의식을 인식하고 피해학생에게 미안함을 표현할 수 있도록 지도하는 것이 좋다. 구체적인 방법으로 교사는 가해학생을 포함한 학급 학생들을 대상으로 학교폭력 가해학생과 피해학생에 대해 자신의 생각은 어떠한지 학생들에게 물어보며 주의를 환기시킨다. 그리고 '만약 내가 친구들로부터 왕따를 당한다면?' 또는 '만약 내가 친구들로부터 심한 욕을 듣거나 신체적 폭력을 당한다면?' 등과 같은 상황을 제시하여 학교폭력 피해학생의 입장이 되어 봄으로써 폭력행동이 다른 사람들에게 미치는 영향력을 이해하도록 도와준다. 이를 통해 가해학생은 자신이 경험한 폭력 사건과 관련하여 자신의 경험을 객관적으로 살펴볼 수 있는 기회를 부여받음으로써 자신에 대한 이해와 더불어 자신이 저지른 행동을 인식하고 나아가 피해학생에게 미안함을 표현할 수 있다. 그리고 자기가 경험하거나 목격한 학교폭력 사건과 관련하여 자신의 경험을 객관적으로 살펴볼 수 있는 기회를 제공해 주어 자신에 대한 이해를 넓히고 책임 의식을 확실히 인식하도록 할 수 있다. 교사는 [그림 12-8]의 활동지를 활용하여 각각의 학생들이 경험한 폭력 사건이나 갈등 상황에서 각자 어떻게 행동했는지 생각해 보고 자신의 행동에 대한 문제 의식을 느끼고 하지 말았어야 했던 행동과 했어야 하는 행동이 무엇인지 생각하도록 지도한다. 그리고 만약 앞으로 비슷한 일이 다시 일어날 경우 어떻게 대처할 것인지, 이전의 판단과 어떤 점에서 다른 결과를 가져올 것인지 등을 생각해 볼 수 있도록 하여 가해학생이 자신의 잘못을 부정하거나 회피하지 않고 용기 있게 시인하도록 도와줄 수 있다.

기억 속으로

✻ 내가 경험한 사건은

• 언제 ______

• 어디서 ______

• 누구와 ______

• 어떤 일로 ______

• 어떤 결과가 일어났나 ______

✻ 나는 어떤 이유로 이렇게 행동했을까?

______

✻ 내가 하지 말아야 했던 행동은? 그리고 그 결과는?

______

✻ 내가 했어야 하는 행동은? 그리고 그 결과는?

______

✻ 앞으로 이런 상황을 다시 경험한다면 나는?

______

그림 12-8 가해학생 자기 인식 활동지

출처: 한국교육개발원(2008a).

2) 대처 기술

대처 기술 단계에서는 자신의 분노 감정을 조절하는 방법을 익히고 자신의 잘못을 당당하게 수용하는 태도로 사과할 수 있는 마음을 갖도록 지도하는 것이 좋다. 자신이 화가 났을 때의 행동을 돌아보고 분노 감정을 조절할 수 있도록 하여 궁극적으로는 분노 문제에 적절히 대처할 수 있음을 인식시키도록 한다. 또한 주장적 행동을 이해하고 자신의 행동으로 인해 상처받은 상대방에게 자신의 생각이나 마음을 효과적으로 전달할 수 있도록 하는 것도 도움이 될 수 있다. 교사가 학급 학생들을 대상으로 실시할 수 있는 활동 중 하나인 분노조절 방법은 [그림 12-9]에 제시하였다.

- 잠깐!

  폭력을 행하기 전 마음속으로 '잠깐!'이라고 외치고 잠시 감정을 다스릴 시간을 갖도록 하는 방법이다.
- 자기 독백
- '나는 지금 무엇 때문에 화났다.' '나는 화가 난 것을 침착하게 말로 할 수 있다.'라고 마음속으로 먼저 생각하는 방법이다.
- 화나게 한 사람에게 화난 마음 이야기하기

  "네가 지나가다 나를 쳐서 난 지금 기분이 나빠."처럼 상대방이 나에게 한 행동과 그로 인해 생긴 내 감정을 이야기하는 것이다.
- 다른 사람에게 이야기하기

  자신이 화가 난 이유, 화를 낼 때의 기분, 화가 난 후의 느낌 등을 자신이 편하게 이야기할 수 있는 사람에게 털어놓는 방법이다.
- 혼자 풀기 연습

  화가 날 때 그것을 해소할 수 있는 나만의 방법을 찾아 실행하는 것으로 음악 듣기, 운동하기, 큰 소리로 노래 부르기, 베개 치기 등을 활용할 수 있다.

☞ 진행 방법

학생들에게 언제 화가 나는지, 그리고 그때 자신에게 나타나는 심리적 · 신체적 반응은 어떠한지 생각해 보도록 하고 학생들의 이야기를 요약하여 정리해 준다. 그리고 분노 감정을 적절히 해소하지 못하면 나중에 문제가 될 수 있기 때문에 그러한 상황에서 자신의 행동과 감정을 통제하는 것이 중요한 일임을 인식시키는 것이 중요하다. 다음으로는 그러한 분노 감정을 어떻게 효과적으로 다룰 수 있는지 학생들 스스로 탐색하도록 한 후 구체적인 방법을 안내해 준다. 또한 화가 난 상황에서 상대방과 대화할 때의 유의할 점을 교육하는 것도 중요한데, 화가 난 사실을 이야기하되 비난하지 않고 화가 난 그 행위에 대해서만 말하고 과거의 일은 꺼내지 않아야 한다. 그리고 나중에 후회할 말과 행동을 하지 말고 이렇게 하는 것이 결국 잘하는 일이라고 생각하며 상대와 타협할 수 있는 방법을 찾는 것이 좋다.

그림 12-9 분노조절 방법

출처: 박성희(2009).

3) 적용 훈련

적용 훈련 단계에서는 자신의 행동에 대한 처벌을 수용하고 다르게 행동하기 위해 노력하며 자신의 성장 가능성을 탐색할 수 있도록 도와주어야 한다. 이를 위해서는 여러 가지 덕목과 삶의 기술 중에서도 학생들이 평소에 타인을 배려하고 공감할 수 있는 기본적 품성을 함양하는 것이 중요하다고 할 수 있겠다. 배려는 자신의 손해를 감수하면서 더 힘든 상대방에게 양보하고 위하는 행동이며, 공감은 상대방의 입장에서 상대방이 생각하고 느끼는 것과 동일하게 경험하는 것을 의미한다. 가해학생의 경우, 가해행동의 이유가 단순한 장난이나 별다른 이유가 없는 경우가 많기 때문에 타인에 대한 배려와 공감은 학교폭력의 예방뿐만 아니라 재발 방지를 위해서 학생들에게 가르쳐야 할 필요가 있다.

교사는 학생들에게 남을 배려하는 행동이 일시적으로는 지는 것 같으나 장기적으로는 이기는 행동일 뿐 아니라 바람직한 또래관계의 밑거름이 될 수 있음을 알려 주고 학교나 가정에서 스스로 어떠한 배려를 할 수 있는지 생각해 보도록 격려한다. 또한 친구가 마음이 힘들거나 괴로워서 화가 났을 때 그 친구의 마음을 헤아리며 따뜻한 말 한마디를 해 주었을 때, 또는 반대의 경우로 친구가 자신을 지지하며 공감해 주었을 때를 생각하며 공감의 의미를 되새겨 볼 수 있도록 도와준다. 이를 통해 가해학생은 남을 배려하고 공감하는 마음과 자세를 가지게 됨으로써 또래관계에서의 갈등 상황을 효과적으로 해결할 수 있고, 나아가 긍정적으로 변화하는 자신에 대해 자긍심을 가질 수 있다.

3. 방관학생 사후지도 방안

학교폭력은 가해학생과 피해학생뿐만 아니라 학교폭력 상황을 목격하고도 무관심하게 지켜보거나 방관하는 방관학생들도 포함된 문제이다. 따라서 가해 및 피해학생과 방관학생들 간의 관계적인 측면과 학급 분위기가 학교폭력에 많은 영향을 주게 된다. 학교폭력은 힘의 불균형에 의해 이루어진다고 볼 수 있는데, 강한 자가 약한 자를 괴롭히고 폭력을 행사하는 것은 상대적이다. 약한 자는 더욱 약한 자를 괴롭히게 되고 이러한 상황을 무관심하게 방관하는 주변 학생들은 잠재적인 강자 혹은 약자들로서 상황에 따라서는 언제든지 학교폭력 가해학생이나 피해학생이 될 수 있기 때문에 방관학생에 대해서도 사후지도는 반드시 필요하다. 학교 장면에서 또래의 괴롭힘이나 가해행동을 감소시키기 위해서 실제적인 괴롭힘 및 폭력행위와 관련된 행동보다 방관적인 태도를 변화시키는 것이 더 효과적이라는 연구결과(김은아, 이승연, 2011; Baldry & Farrington, 2007; Bauer et al., 2007; Merrell et al., 2008)는 주변 학생들의 방관적인 태도를 변화시키는 일이 학교폭력 예방 및 재발을 방지하기 위한 사후지도에 있어 매우 중요함을 강조한다고 할 수 있다. 학교폭력 상황에서 학생들이 방관을 하는 이유는 무관심, 감정이입의 부재, 공감 부족 등의 정서적인 문제와 학교폭력의 피해를 입게 되는 것에 대한 두려움 때문이며(이지연, 조아미, 2012), 사회적 기술과 문제 중심적 접근의 대처전략이 낮고 사회적 회피 및 불안이 높아 또래들과 유기적인 관계를 형성하지 못하고, 곤궁에 처한 또래를 이해하지 못하는 등의 특성을 보이기도 한다(심희옥, 2005). 따라서 방관학생들에게는 학교폭력 상황에 대한 명확한 인식과 적절한 개입 방법의 탐색, 타인에 대한 공감능력 향상 등을 주제로 사후지도를 실시하여 또래관계의 개선 및 응집력 향상을 도모할 수 있다.

방관학생을 고려한 교사의 사후지도 방안은 피해 및 가해학생과 마찬가지로 자기 인식과 대처 기술, 그리고 적용 훈련의 3단계로 나누어 볼 수 있으며, 교사는 학교 내의 전문상담교사 또는 전문상담사의 교육적 지원 및 자문을 얻어 학급 단위의 프로그램을 실시할 수 있다.

자기 인식	학교폭력 피해의 영향력 인식하기
대처 기술	학교폭력 상황 목격 시 개입의 중요성 인식하고 적절한 방법 찾기
적용 훈련	구체적 개입 방법 익히기

그림 12-10 방관학생 사후지도 방안

1) 자기 인식

자기 인식 단계에서는 학교폭력에 해당되는 구체적 행동들에 어떠한 것들이 있는지 알아봄으로써 학교폭력을 바르게 이해한다. 그리고 학교폭력으로 인해 피해학생이 느꼈을 감정과 생각을 자신의 입장에서 생각해 봄으로써 학교폭력 피해의 영향력을 인식할 수 있도록 지도하는 것이 좋다. 방관학생들의 경우 친구가 어려움에 처해 있거나 학교폭력 상황에 처해 있을 때 도와주고 싶은 마음이 들거나 적어도 안타까워하는 마음을 가진다. 그럼에도 불구하고 친구를 돕지 못하는 것은 '어떻게 도와야 할지' 모르거나 '괜히 나서는 게 아닐까?'라는 마음으로 인해 선뜻 행동으로 옮기지 못하는 것이 사실이다. 따라서 교사는 학교폭력의 개념과 유형을 학생들에게 명확하게 교육하여 폭력에 대한 경각심을 일깨워 주고, 학생들로 하여금 자신이 학교폭력 피해자가 아니더라도 폭력 상황을 목격함으로 인해 겪을 수 있는 스트레스, 불안감 등과 같은 심리적 충격을 받을 수 있다는 사실을 강조하며, 타인을 도울 수 있는 상황에서는 적극적으로 돕는 행동이 옳은 것임을 인식시켜 줄 필요가 있다.

2) 대처 기술

대처 기술 단계에서는 피해학생을 다양한 방법으로 도와줌으로써 폭력 상황으로부터 피해학생을 방어하는 역할의 중요성을 인식하도록 하는 것이 중요하다. 즉, 학교폭력 상황을 방관하지 않고 적극적으로 개입할 수 있도록 하여 괴롭힘이나 폭력을 감소시킬 수 있다. 오인수(2010)는 학교폭력을 목격한 학생에게 있어 상대방의 입장에서 생각하는 역지사지(易地思之) 능력인 인지적 공감과 상대방이 느끼는 감정을 동일하게 정서적으로 느끼는 정의적 공감을 강조하였다. 따라서 역할극을 통해 가해자 · 피해자 · 관찰자의 입장을 경험해 보도록 하여 학교폭력 상황에 대한 개입의 중요성을 인식시키는 지도가 도움이 될 수 있으며, 구체적인 활동지는 [그림 12-11]에 제시하였다.

〈상황 1〉
- 가해자 · 피해자 · 관찰자 역할 정하기
  (모든 역할자는 자리를 뜨거나 상대에 대한 신체적 접촉을 할 수 없음)
- 가해자: 피해자에게 '최근 자신에게 일어난 일 중 하나'를 공격적인 말투로 말하기
  (예시: 친구가 빌려 간 돈을 갚지 않는다, 지각해서 선생님께 꾸중을 들었다, 친구와 말다툼을 하고 서로 말을 하지 않고 지낸다, 옆 반 친구가 자신을 모른 체한다 등)
- 피해자: 아무런 대꾸 없이 듣기
- 관찰자: 가해자-피해자의 대화에 관심 보이지 않기
- 역할 바꿔 반복하기

〈상황 2〉
- 가해자 · 피해자 · 관찰사 역할 정하기
  (모든 역할자는 자리를 뜨거나 상대에 대한 신체적 접촉을 할 수 없음)
- 가해자: 피해자에게 '최근 자신에게 일어난 일 중 하나'를 공격적인 말투로 말하기
  (예시: 친구가 빌려 간 돈을 갚지 않는다, 지각해서 선생님께 꾸중을 들었다, 친구와 말다툼을 하고 서로 말을 하지 않고 지낸다, 옆 반 친구가 자신을 모른 체한다 등)
- 피해자: 아무런 대꾸 없이 듣기
- 관찰자: 가해자-피해자의 대화에 끼어들어 피해자를 옹호하고 가해자에게 반박하기
- 역할 바꿔 반복하기

〈상황 3〉
- 가해자 · 피해자 · 관찰자 역할 정하기
  (모든 역할자는 자리를 뜨거나 상대에 대한 신체적 접촉을 할 수 없음)
- 가해자: 피해자에게 '최근 자신에게 일어난 일 중 하나'를 공격적인 말투로 말하기
  (예시: 친구가 빌려 간 돈을 갚지 않는다, 지각해서 선생님께 꾸중을 들었다, 친구와 말다툼을 하고 서로 말을 하지 않고 지낸다, 옆 반 친구가 자신을 모른 체한다 등)
- 피해자: 관찰자의 개입이 시작되면 관찰자와 함께 가해자의 말에 반박하기
- 관찰자: 가해자-피해자의 대화에 끼어들어 피해자를 옹호하고 가해자에게 반박하기
- 역할 바꿔 반복하기

그림 12-11 학교폭력 개입의 중요성 인식 · 편들어 주기 게임

출처: 김혜원(2013).

3) 적용 훈련

적용 훈련 단계에서는 방관학생들 또한 언제든지 학교폭력의 피해자가 될 수 있고 학교폭력 사실을 목격하고도 무관심하거나 방관한다면 자신에게도 나쁜 결과가 돌아올

수 있다는 사실을 인식시키며 학교폭력 목격 상황에서 구체적인 개입 방법을 찾아 익힐 수 있도록 지도하는 것이 좋다. [그림 12-12]와 같이 집단별로 가상의 학교폭력 상황에서 자신들이 할 수 있는 일을 적어 보고 다른 집단의 동의 여부에 따라 적절한 행동으로 인정한 후에 가장 많이 인정받은 집단에게 포상을 한다. 그리고 학교폭력 상황에 대해 찾은 대표적 개입 방법으로 역할극을 진행하는 것이 도움이 된다.

〈상황 1〉
점심시간이다. 모두 급식을 받으려고 줄을 서 있고, 그중에 왕따 '동글이'가 서 있다. 평소 동글이를 괴롭히는 '따돌이' 일행이 쑥덕거리며 그 뒤에 섰다. '따돌이' 일행은 서로 눈빛을 주고받다가 '동글이'가 급식을 받는 순간, 눈치채지 못하게 슬쩍 '동글이'의 다리를 걸었다. '동글이'는 급식을 바닥에 엎으며 모두가 보는 앞에서 넘어졌다. '따돌이' 일행은 큰 소리로 낄낄거리며 비아냥거린다.

〈상황 2〉
4교시에는 체육 수업이 있고, 지금은 2교시가 끝난 쉬는 시간이다. '동글이'가 화장실에 간 사이 '따돌이' 일행 중 하나가 히죽거리며 '동글이' 가방에서 체육복을 꺼내 교실 뒤 휴지통에 쑤셔 넣었다. 또 다른 '따돌이' 중 한 명이 낄낄거리며 먹고 있던 우유를 '동글이'의 체육복이 버려진 휴지통에 쏟아부었다. 3교시를 마치고 체육시간이 되자 아이들이 모두 체육복으로 갈아입고 운동장으로 향했지만 '동글이'는 체육복을 찾느라 쩔쩔매고 있다.

〈상황 3〉
쉬는 시간이다. '따돌이' 일행은 또다시 '동글이' 자리로 모여 '동글이' 뒤통수를 툭툭 치고 있다. 그 중 하나가 "야, 날도 더운데 아이스크림이나 사 와라. 이 형님들 거 모두 사 오고 돈은 내일 줄게." 라며 '동글이' 등을 떠민다.

<table>
<tr><th colspan="6">〈개입 방법〉 상황별로 작성, 발표</th></tr>
<tr><th colspan="2" rowspan="2">방법</th><th rowspan="2">구체적 개입 내용</th><th colspan="2">예상되는 결과/효과</th><th rowspan="2">인정 여부</th></tr>
<tr><th>긍정적 측면</th><th>부정적 측면</th></tr>
<tr><td rowspan="6">나</td><td rowspan="3">언어</td><td></td><td></td><td></td><td></td></tr>
<tr><td></td><td></td><td></td><td></td></tr>
<tr><td></td><td></td><td></td><td></td></tr>
<tr><td rowspan="3">행동</td><td></td><td></td><td></td><td></td></tr>
<tr><td></td><td></td><td></td><td></td></tr>
<tr><td></td><td></td><td></td><td></td></tr>
<tr><td colspan="2" rowspan="3">주변
도움 요청</td><td></td><td></td><td></td><td></td></tr>
<tr><td></td><td></td><td></td><td></td></tr>
<tr><td></td><td></td><td></td><td></td></tr>
</table>

그림 12-12 학교폭력 개입 방법 찾고 익히기

출처: 김혜원(2013).

4. 가해학생과 피해학생의 관계회복

관계회복 프로그램은 조정과 화해에 초점을 둔 프로그램은 가해학생과 피해학생의 상처받은 마음을 충분히 듣고 스스로 성찰하도록 하며, 피해학생에게 직접 사과할 수 있는 기회를 제공한다. 이는 심의위원회에서 내려지는 처벌을 통해 자신의 잘못을 반성하도록 하는 것이 아니라, 자신이 피해학생에게 상처를 준 부분에 대해 스스로 반성하고 책임을 짐으로써 자신을 되돌아볼 수 있다는 점에서 의의가 있다.

1) 관계회복 프로그램의 구성

피해학생이 폭력으로 인한 자신의 상처를 법적인 체제 내에서 보호받는 것을 넘어, 가해학생과 충분한 대화를 통해 경험하지 못했던 화해와 치유를 경험할 수 있게 함으로써 타인에 의해 상처받았던 감정에 대해 자발적인 회복의 기회를 가질 수 있게 된다. 관계회복 프로그램은 각 시 · 도 교육청 또는 각급 학교에서 개발된 다양한 프로그램이 운영되고 있으나 교육부, 경상남도교육청, 푸른나무재단에서 개발한 학교폭력 관계회복 프로그램에 근거하여 제시하면 다음과 같다.

프로그램의 회기별 내용은 [그림 12-13]에 제시한 것처럼 크게 3회기로 구성되어 있다. 1회기와 3회기는 프로그램의 도입과 종료 회기로 사안의 특징과 상관없이 필수적으로 진행하는 회기이고, 2회기는 사안의 특성에 따라 필요한 모듈을 선택하여 맞춤형으로 구성하는 방식으로 진행한다. 특히 2회기 프로그램은 학교폭력 관련 학생이 경험한 사건의 내용에 맞추어 교사가 직접 프로그램을 선택하여 구성하게 된다. 따라서 2회기 프로그램을 통해 학생이 자신의 입장을 이해받고 다른 학생의 입장에서 경청하는 경험을 함으로써 공감적 이해와 유대감을 형성하도록 돕는 것이 중요하다.

<table>
<tr><th>회기</th><th>모듈</th><th>내용</th><th>비고</th></tr>
<tr><td>1
회기</td><td>서로 마주하기</td><td>• 프로그램을 소개하고, 프로그램 규칙을 정한다.
• 프로그램 규칙에 대해 서약하며 참여 동기를 높인다.</td><td>필수</td></tr>
<tr><td rowspan="3">2
회기</td><td>서로의 관점 이해하기</td><td>• 관점의 차이로 오해가 생길 수 있다는 것을 이해하고, 갈등 상황을 상대방의 관점에서 이해한다. 서로 오해한 점을 이야기하며 갈등 관계의 개선을 도모한다.</td><td rowspan="3">필수
(택 1)</td></tr>
<tr><td>미해결 감정을 표현하고 해결하기</td><td>• 자신의 견해에서 가지고 있는 미해결 감정을 이해하고 자신의 감정을 표현할 수 있도록 하며, 상대방의 감정을 이해하고 표현해서 서로의 미해결 감정을 줄인다.</td></tr>
<tr><td>사이버폭력의 갈등해결하기</td><td>• 사이버폭력의 심각성에 대해 이해하고, 사이버폭력으로 인한 갈등을 해결한다.</td></tr>
<tr><td rowspan="4">2
회기
(추가 선택)</td><td>서로의 갈등을 해결하기</td><td>• 관련 학생이 가진 관계회복의 욕구를 확인하고, 현재의 행동을 탐색하여 관계회복에 도움이 되는 행동인지를 평가한다.
• 관계회복을 위한 구체적인 행동계획을 수립한다.</td><td rowspan="4">추가
선택</td></tr>
<tr><td>나의 대처 행동 이해하기</td><td>• 갈등상황에서 취하는 자신의 대처 행동에 대해서 이해하고, 갈등상황에서 필요한 보다 적응적인 대처 행동에 대해서 배운다.</td></tr>
<tr><td>문제에서 해결로 나아가기</td><td>• '기적질문'을 사용하여 현재의 문제에서 벗어나 문제가 해결되었을 때를 구체적으로 상상해 보고, 문제해결을 위해 당장 실천할 수 있는 행동목록을 만들어 실천해 본다.</td></tr>
<tr><td>갈등상황을 이해하고 개선하기</td><td>• '척도질문'을 사용하여 갈등해결에 관한 생각을 현실적이며 구체적으로 정리하게 한다. 자신의 구체적 기대와 목표, 성찰과 변화의 상태를 확인한다.</td></tr>
<tr><td>3
회기</td><td>서로 화해의 약속하기</td><td>• 서로의 갈등해결 유형을 파악하고 서로에게 해결을 위한 방법을 제안한다. 제안사항을 기초로 서로에게 편지를 쓰고 서약서를 작성한다.</td><td>필수</td></tr>
</table>

그림 12-13 관계회복을 위한 맞춤형 프로그램의 회기별 내용

2) 관계회복 프로그램의 운영

관계회복 프로그램은 대상의 학교급에 따라 초등과 중등으로 차별화를 두고 있다. 지시문의 어휘 수준을 조정하고, 프로그램의 활동지를 각 학교급에 맞게 제시하였다. 초등 프로그램은 3학년 이상의 학생에 초점을 두고 개발되었으며, 글을 읽거나 쓰는 것을 어려워할 수 있는 초등 저학년을 위해 저학년 활동지와 저학년 활동 팁이 구성되어 있어 대상에 맞추어 선택하여 적용할 수 있다. 초등 프로그램에는 학교폭력 관련 학생이 프로그램에 흥미를 갖고 프로그램을 쉽게 이해할 수 있도록 그림으로 된 활동자료가 보강되어 있다.

프로그램은 총 3회기로 구성되며, 2회기는 갈등의 내용과 갈등의 수준에 따라 교사가 선택하여 구성하게 된다. 2회기는 크게 '필수 프로그램'과 '추가 선택 프로그램'의 2단계로 이루어져 있다. '필수 프로그램'은 주로 갈등의 내용을 직접 다루고, 갈등이 생기게 된 원인을 탐색한다. '추가 선택 프로그램'은 갈등을 해결하고, 나아가 관계 개선을 도모하기 위한 활동들로 구성되어 있다. 프로그램 진행 횟수는 참여 학생들의 상황에 따라 최소 주 1회 이상으로 유연하게 진행한다.

(1) 프로그램 특징

관계회복 프로그램은 사안에 따라 맞춤형 갈등해결 과정으로 구성되어 있으며, 프로그램은 총 3회기로 회기 안에 포함되는 내용은 학교폭력 관련 학생이 경험한 갈등 상황에 따라 교사가 맞춤형으로 구성하여 진행할 수 있다. 1회기와 3회기는 갈등 사건의 내용과 관계없이 공통으로 진행되는 필수 회기이며, 2회기는 갈등의 내용과 갈등의 수준에 따라 교사가 선택하여 구성하게 된다. 2회기는 크게 '필수 프로그램'과 '추가 선택 프로그램'의 2단계로 이루어진다. '필수 프로그램'은 주로 갈등의 내용을 직접 다루고, 갈등이 생기게 된 원인을 탐색하는 것으로 구성된다. '필수 프로그램'은 학교폭력 관련 학생들이 경험한 학교폭력이 오프라인상에서 발생한 전통적 괴롭힘에 해당하는지, 온라인상에서 발생한 사이버 괴롭힘에 해당하는지에 따라 실시할 프로그램을 결정하게 된다. '추가 선택 프로그램'은 갈등을 해결하고, 나아가 관계 개선을 도모하기 위한 활동들로 구성되어 있다. 단, '추가 선택 프로그램'은 각 대상자의 참여동기나 학교 여건 등에 따라 실시 여부를 결정할 수 있다. 따라서 추가 선택 프로그램이 필요하지 않다고 판단될 때는 3회기를 진행하면 된다. 프로그램 진행 횟수는 참여 학생들의 상황에 따라 최소

주 1회 이상으로 유연하게 진행한다.

(2) 프로그램 예시

관계회복 프로그램은 학교폭력 관련 학생이 경험한 갈등 상황에 무엇인지에 따라 프로그램을 다르게 구성할 수 있다. 두 학생 간의 갈등이 오해로 인하여 발생한 것이라면 공통 프로그램 1회기 '서로 마주하기'를 실시한 이후 2회기(A) '서로의 관점 이해하기'를 실시할 수 있다. '서로의 관점 이해하기' 회기는 관점의 차이나 견해 차이로 인하여 서로 간에 오해가 생길 수 있다는 것을 인지하고, 갈등 상황을 상대방의 관점에서 이해, 개선할 수 있도록 돕는 프로그램이다. 갈등이 생긴 사건이 충분히 다뤄지고, 학생 상호 간에 진정성 있는 사과가 이루어졌다고 판단되면 3회기 '서로 화해의 약속하기'를 진행하면 된다. [그림 12-14]는 교육부, 경상남도교육청, 푸른나무재단의 '학교폭력 관계회복 프로그램(초등용)'에서 2회기(A) '서로의 관점 이해하기' 중 일부이다. 이 프로그램에서는 가해가 의심되는 학생은 '애플(Apple, 사과해야 하는)'로 지칭하였으며, 피해가 의심되는 학생은 '파인(Fine, 괜찮다고 용서하는)'으로, 제삼자 폭력을 목격한 주변 학생은 '망고(Mango)'로 표현하여 학생들의 입장을 보다 쉽고 명확하게 이해하도록 지칭하였다.

만약 학교폭력 관련 두 학생 간의 갈등으로 인하여 감정이 상해 분노와 같은 부정적 감정이 남아 있다면, 공통 프로그램 1회기 이후 2회기(B) '미해결 감정을 표현하고 해결하기'를 실시할 수 있다. 프로그램의 예시는 [그림 12-15]와 같다. '미해결 감정을 표현하고 해결하기' 회기는 상대방과의 갈등 사건에서 느낀 감정을 명료화하고, 감정을 표현하도록 하며 상대방의 감정을 이해하고 해소할 수 있도록 도울 수 있다. 2회기에서 미해결 감정이 충분히 다뤄지고, 상대방으로부터 이해받고 공감받는 경험이 이루어졌다고 판단되면 3회기를 진행하면 된다. 그러나 관계 개선에 대한 개입이 추가로 요구될 때는 추가 선택 회기 중 한 가지를 선택하여 추가 프로그램을 선택할 수도 있다.

두 학생 간의 갈등이 온라인상에서 발생하면 공통 프로그램 1회기를 실시한 이후 2회기(C) '사이버폭력의 갈등해결하기'를 실시할 수 있다. '사이버폭력의 갈등해결하기' 회기는 사이버폭력의 심각성에 대해 이해하고, 자신의 행동이 상대방에게 어떠한 영향을 미쳤는지 확인한 후 이로 인한 갈등을 해결하도록 돕는다. 프로그램을 통해 사이버 공간이 갖는 특수성과 파급력을 충분히 이해하고, 상대방에게 사과하고 용서하는 과정이 충분히 이루어졌다고 판단되면 3회기를 진행하면 된다. 프로그램의 예시는 [그림 12-16]과 같다.

활동 예시 2 [활동지 2회기(A)-2]

A. 접는 부분

친구와 무슨 일이 있었나요?

(친구와 있었던 속상했던 일을 적어 보세요.)

예시) 복도에서 애플이가 뛰어가다가 파인이와 부딪혔는데,
파인이가 중심을 잃고 넘어져서 코피가 났다.

2. 내가 한 행동과 말에 대한 친구의 생각은 어떨까?

파인이는 원래 나랑 사이가 안 좋았으니까 내가 일부러 그랬다고 생각할 거야. 나도 그때 너무 아팠고, 또 화장실이 급해서 부딪히고 나서 바로 화장실로 달려갈 수밖에 없었는데, 제대로 사과도 못 받았으니 속상하긴 했을 거야.

1. 내가 친구에게 그런 행동과 말을 한 이유는?

수업시간 내내 화장실을 가고 싶었는데 선생님이 못 가게 하셔서 겨우 참았어. 그래서 종이 치자마자 달려 나간 건데 하필이면 그때 파인이가 있었고 빨리 피할 수가 없어서 부딪친 것뿐이야. 코피 난 것도 나는 나중에 알았어, 나도 많이 아팠단 말이야. 나는 정말 억울하다고!!

활동 예시 3 [활동지 2회기(A)-1], [활동지 2회기(A)-2]

친구와 무슨 일이 있었나요?

(친구와 있었던 속상했던 일을 적어 보세요.)

예시) 복도에서 애플이가 뛰어가다가 파인이와 부딪혔는데,
파인이가 중심을 잃고 넘어져서 코피가 났다.

1. 친구가 한 행동과 말에 대한 내 생각은?

나는 아무것도 모르고 복도를 지나가고 있었고, 애플이는 내가 오는 것를 보고도 내 방향으로 뛰어와서 나를 넘어지게 만들었어, 친구들이 다 보고 있었는데 넘어지고 코피가 나서 정말 창피했고 내가 제일 좋아하는 꽃에 코피가 묻어서 완전 짜증 났었어!!

2. 내가 한 행동과 말에 대한 친구의 생각은 어떨까?

파인이는 원래 나랑 사이가 안 좋았으니깐 내가 일부러 그랬다고 생각할 거야. 나도 그때 너무 아팠고, 또 화장실이 급해서 부딪치고 나서 바로 화장실로 달려갈 수밖에 없었는데, 제대로 사과도 못 받았으니 속상하긴 했을 거야.

2. 친구가 나에게 그런 행동과 말을 한 이유는?

애플이는 평소에 나를 싫어했기 때문에 일부러 내가 지나가는 걸 보고 뛰어 나와서 나를 넘어지게 만든 거야. 그리고 나한테 미안하다는 말도 안 하고 가 버렸잖아, 일부러 그런 게 아니라는 말은 전부 거짓말이야.

1. 내가 친구에게 그런 행동과 말을 한 이유는?

수업시간 내내 화장실을 가고 싶었는데 선생님이 못 가게 하셔서 겨우 참았어, 그래서 종이 치자마자 달려 나간 건데 하필이면 그때 파인이가 있었고 빨리 피할 수가 없어서 부딪힌 것뿐이야. 코피 난 것도 나는 나중에 알았어, 나도 많이 아팠단 말이야. 나는 정말 억울하다고!!

그림 12-14 서로의 관점 이해하기 프로그램(초등)

[활동지 2회기(B)-1]

1. 최근 상대방과의 관계에서 내가 느꼈던 감정단어를 적어 봅시다.

2. 상대방과의 관계에서 위와 같은 감정을 느꼈던 상황을 적어 봅시다.

3. 상대방에게 이 상황에서 내가 하고 싶은 말

4. 상대방에게 이 상황에서 내가 듣고 싶은 말

그림 12-15 미해결 감정을 표현하고 해결하기 프로그램 활동지(중등)

[활동지 2회기(C)-3]

그림 12-16 사이버폭력의 갈등해결하기 프로그램 활동지(중등)

정리하기

1. 학교폭력 피해학생 사후지도 방안은 3단계로 살펴볼 수 있다. 자기 인식 단계에서는 자신의 감정을 인식하고 표현하며 상대방에게 적절한 행동을 보이고 자신을 돌보도록 해야 한다. 대처 기술 단계에서는 자신의 상황을 주변에 알리고 도움을 청하고 자존감을 유지하며 새로운 행동을 찾아야 한다. 적용 훈련 단계에서는 문제해결 능력을 향상함으로써 대안 행동을 실천하고 성장 가능성을 회복하는 것이 중요하다.
2. 학교폭력 가해학생 사후지도 방안은 3단계로 살펴볼 수 있다. 자기 인식 단계에서는 자신이 저지른 행동을 인식하고 피해학생에게 미안함을 표현할 수 있도록 하며 자기 행동을 시인하도록 지도해야 한다. 대처 기술 단계에서는 자신의 분노 감정을 조절하는 방법을 익히고 잘못을 당당하게 수용함으로써 피해학생에게 사과하며 용서를 구하도록 하는 것이 중요하다. 적용 훈련 단계에서는 자신의 성장 기회를 스스로 탐색하고 타인을 배려하는 방법을 배울 필요가 있다.
3. 학교폭력 방관학생 사후지도 방안은 3단계로 살펴볼 수 있다. 자기 인식 단계에서는 학교폭력의 개념을 명확하게 이해하고 학교폭력으로 인한 영향력을 인식해야 한다. 대처 기술 단계에서는 학교폭력 상황을 목격하였을 때 개입의 중요성을 인식하고 적절한 방법을 탐색해야 한다. 적용 훈련 단계에서는 이전 단계에서 탐색한 구체적인 방법을 익히고 실제 학교폭력 목격 상황에서 적극적이고 효과적인 개입을 할 수 있도록 노력하는 것이 중요하다.
4. 관계회복 프로그램은 조정과 화해에 초점을 두어 가해학생과 피해학생의 상처받은 마음을 충분히 듣고 스스로 성찰하도록 하며, 피해학생에게 직접 사과할 수 있는 기회를 제공한다.

확인하기

1. 학교폭력 피해학생, 가해학생, 방관학생에 대한 교사의 사후지도 방안을 서술하시오.
2. 학교폭력이 피해학생, 가해학생, 방관학생에게 어떠한 영향을 미치는지 설명하시오.
3. 학교폭력 사안의 사후지도를 위해서는 피해학생, 가해학생, 방관학생을 대상으로 각각 어떠한 목적을 가져야 하는지 자신의 생각을 서술하시오.
4. 관계회복 프로그램이 피해학생 및 가해학생의 관계개선에 효과적으로 운영되려면 어떻게 구성되어해야 하는지 서술하시오.

제13장

성폭력의 이해와 예방교육

학습목표

- 성폭력의 개념과 유형 및 발생 실태와 원인을 알 수 있다.
- 학생 성폭력 예방교육의 방향과 내용을 이해할 수 있다.

학습내용

1. 성폭력의 이해
   1) 성폭력의 정의
   2) 성폭력의 유형
   3) 성폭력의 실태
   4) 성폭력의 발생 원인
2. 성폭력 예방교육
   1) 성폭력 예방교육의 방향
   2) 성폭력 예방교육의 내용

생각 나누기

수지(가명, 11세, 여)는 엄마를 대신하여 언니와 함께 가게를 지키고 있었다. 밤 10시경 한 남자가 들어와 담배와 막걸리를 샀다. 남자는 수지에게 돈 1,000원을 주면서 "너 참 예쁘다. 아저씨가 용돈 줄게."라고 하더니 수지의 얼굴을 쓰다듬고 뺨과 이마에 뽀뽀를 하고 나갔다. 그리고 1시간 30분 후 다시 가게에 들어와 수지의 팔과 어깨를 쓰다듬었다. 남자는 술에 취했는지 술 냄새가 많이 났다. 함께 있던 수지의 언니는 하지 말라고 말을 했지만 남자는 계속 수지의 팔과 어깨를 만졌다. 그러자 언니가 문자로 엄마에게 연락을 하였고, 엄마의 연락을 받은 할머니가 가게 건물 위층에서 내려왔다. 할머니가 "지금 애들한테 뭐하는 짓이냐?"라고 하자, 남자는 "내가 하긴 뭘 하냐, 나는 잘못한 것이 없다."라며 오히려 소리를 쳤다. 할머니는 이 사건을 112에 신고하였다.

이 사례에서 남자의 행동은 성폭력으로 처리될 수 있을까?

강간이나 강간 미수와 같이 뚜렷하게 성폭력으로 규정할 수 있는 사건이 아닌 경우 어떤 행동이 어느 정도 수준으로 나타날 때 성폭력으로 보아야 하는지 혼란스러울 수 있다. 이 장에서는 학교폭력의 한 범주로서 필수적으로 다루어야 하는 성폭력에 대해 알고 이를 예방하기 위한 방안을 알아보겠다.

1. 성폭력의 이해

성폭력 관련법 제정에 직접적인 영향을 미친 것은 1991년에 발생한 김부남 사건과 이듬해인 1992년 김보은 사건으로, 이는 아동 성폭력 피해의 심각성과 근친 성폭력의 실상을 드러내는 계기가 되었다. 또한 최초의 성희롱 소송사건인 1993년 '서울대 조교 성희롱 사건'은 피해자가 명백히 거부했는지 여부와 상관없이 피해자가 수치심을 느꼈다면 가해자의 성적 표현 행위는 성희롱으로 인정된다는 것을 대법원의 판결을 통해 보여주었다.

이처럼 성과 관련된 일련의 사건을 거치면서 사안을 다루기 위한 관련법이 제정되기에 이르렀으며, 성폭력은 명백한 사회적 범죄로 인식되었다. 더욱이 심각한 수준의 성폭력 발생 증가와 함께 성폭력에 대한 경각심은 더욱 높아지고 있는데, 성폭력에 적절하게 대응하기 위해서는 어떤 행위가 성폭력에 해당하고 어떻게 예방할 수 있는지 아는 것이 중요하다.

1) 성폭력의 정의

「아동 · 청소년의 성보호에 관한 법률」(이하 「청소년성보호법」)을 중심으로 성범죄의 처벌과 절차에 관한 특례를 규정하고 피해자 구제 및 지원 절차를 마련한다. 법률에서는 성폭력 범죄에 해당하는 행위를 하는 것으로 표현하여 개념을 정의하기보다는 범죄 유형을 나열하고 있다. 일반적으로 받아들여지고 있는 성폭력의 정의는 다음과 같다.

성폭력이란 상대방의 의사에 반하여 힘의 차이를 이용해 상대방의 '성적 자기결정권'을 침해하는 모든 성적 행위를 말한다(여성가족부, 2014). '성적 자기결정권'이란 다른 사람에 의해 강요받거나 지배받지 않으면서 자신의 의지나 판단에 의해 자율적이며 책임감 있게 자신의 성적인 행동을 결정하고 선택하는 권리이다(서울특별시교육청, 2016). 즉, 성적 자기결정권은 성적 주체로서의 자신이 선택할 수 있는 권리를 말한다. 성추행이란 상대방의 성적 자유를 침해하는 음란한 행위로서 성적 수치심, 혐오 감정을 불러일으키는 일체의 행위를 의미한다. 성폭행은 강간의 다른 표현으로 상대방의 반항 불능 또는 현저한 반항 불능을 이용하여 부녀를 간음하는 것을 말한다(박기범, 2006; 배종대, 2004; 임광빈, 2011). 강간, 성폭행, 성희롱을 포함한 행위는 형사 사법적 대응이 필요한 범죄문제일뿐만 아니라 인권과 보건 차원의 문제이다(한국여성정책연구원, 2010).

청소년 대상 성폭력이란 성인 및 청소년이 자신의 성적 욕구를 충족시키기 위해 물리적인 힘뿐만 아니라 역할 관계, 연령, 지적 수준, 사회적 지위 등을 포함한 힘의 차이를 이용하여 청소년에게 가하는 모든 성적 행위를 의미한다(교육과학기술부, 2012).

이렇듯 성폭력의 개념은 성을 매개로 하여 상대방의 동의 없이 가해진 강제적인 폭력 행동이라는 공통된 입장을 취하고 있으며, 이를 [그림 13-1]과 같이 이해할 수 있다.

좁은 의미에서 성폭력은 '성'과 '폭력'이 결합된 말로 「형법」에서 규정하고 있는 강제추행, 강간 등의 범죄 행위에 초점을 맞춘 개념이며 상대방의 동의를 받지 않은 성적 행위로서 여기에는 폭행 또는 협박을 가하여 이루어지는 행위라는 의미가 포함된다. 즉, 상대방에게 물리적 또는 심리적 폭력 및 그에 준하는 방법을 사용하여 성적 행위를 가

협의의 성폭력

• 상대방의 동의를 받지 않은 성적 행위로 폭행 또는 협박을 수반함

광의의 성폭력

• 상대방의 의사에 반하여 가해지는 성과 관련된 모든 신체적 · 정신적 폭력

그림 13-1 성폭력의 개념

하는 것으로 구체적으로는 현행법상 처벌의 대상이 되는 성폭력 범죄 행위를 말한다. 반면, 넓은 의미에서 성폭력은 신체적 행위로 한정하지 않고 그 범위를 성과 관련된 모든 신체적 · 정신적 · 언어적 폭력으로 확장하여 보고 있다. 따라서 신체적 성폭력 이외에 성적으로 불쾌하고 굴욕적인 느낌을 주는 행동을 포함하여 상대방의 동의를 얻지 않는 모든 성적 행위를 성폭력 범주로 간주할 수 있다.

요컨대, 성폭력이란 개인의 자유로운 성적 결정권을 침해하는 범죄로 강간뿐 아니라 추행, 성희롱 등 모든 신체적 · 언어적 · 정신적 폭력을 포괄하는 광범위한 개념이다. 여기서 개인이라 함은 여성과 남성을 모두 가리키며 상대방의 의사에 침해하여 이루어지는 성적 접촉은 모두 성폭력이라고 할 수 있다.

2) 성폭력의 유형

성폭력의 유형은 행위별 및 대상별, 관계별로 분류할 수 있다(여성가족부, 2017a). 행위 유형별 성폭력에는 강간, 유사강간, 강제추행, 성희롱, 성학대, 스토킹, 사이버성폭력이 있다. 사이버 성폭력은 사이버공간에서 채팅이나 이메일을 통해 원하지 않는 이야기를 하거나 장면을 보게 함으로써 성적 수치심이나 위협을 느끼게 하는 행위이다(여성가족부, 2014). 대상별 분류에는 아동성폭력, 청소년성폭력, 장애인성폭력이 있으며, 관계별 분류에는 또래 간 성폭력, 낯선 사람에 의한 성폭력, 친족성폭력, 지인에 의한 성폭력, 데이트 성폭력이 있다(여성가족부, 2017a).

성폭력 피해에 적절하게 대처하기 위해서는 앞에서 살펴본 성폭력의 개념 정의를 바

탕으로 구체적으로 어떠한 것이 성폭력에 해당하는지 알아야 한다. 여기에서는 성폭력 관련법에서 다루고 있는 유형을 중심으로 살펴보았다. 성폭력은 접촉 행위와 비접촉 행위로 유형을 나누어 볼 수 있는데(교육과학기술부, 2012), 이러한 분류에 따라 「성폭력범죄의 처벌 등에 관한 특례법」(약칭 「성폭력처벌법」)에서 정하고 있는 행위를 나누어 보면 [그림 13-2]와 같다.

접촉 행위	비접촉 행위
• 강간 • 강제추행 • 준강간/준강제추행	• 통신매체를 이용한 음란행위 • 카메라 등을 이용한 촬영

그림 13-2 행위에 따른 성폭력의 유형 분류

(1) 접촉 행위

접촉 행위는 몸을 만지거나 만지도록 하는 것이며, 이에 해당하는 행위로는 강간, 강제추행, 준강간 및 준강제추행이 있다.

① 강간

폭행 또는 협박으로 사람을 강간하는 것(「형법」 제297조, 2012. 12. 18. 개정)으로 상대방의 반항을 제압하기 위하여 물리적 폭력을 사용하는 강제 행위이다. 법 조항이 개정되기 이전에는 강간의 피해자를 부녀로 한정하여 남성이 음경을 여성의 질에 강제로 삽입한 경우에만 강간으로 인정하였다. 즉, 강간의 피해자는 여성의 경우에만, 가해자는 남성 경우에만 해당되었다. 그 결과, 남성 피해자에 대해서는 강간에 해당하는 강제 행위가 있었다 하더라도 강제추행죄를 적용하는 것에 그쳐(권광명, 2012) 남성 피해에 대한 적절한 조치가 이루어지지 않았다. 이에 대한 문제점이 제기되면서 유사강간 조항이 신설되었고, 남성에 대해서도 강간의 피해를 인정하게 되었다. 유사강간 행위는 성기를 제외한 구강, 항문 등의 피해자 신체에 가해자의 성기를 넣거나 손가락 등 신체의 일부 또는 도구를 넣는 행위를 말하며, 이는 피해자의 성별에 상관없이 강간죄에 해당한다.

② 강제추행

폭행 또는 협박으로 사람을 추행하는 것으로(「형법」 제298조) 이때의 추행이란 직접적인 성교를 시도하지는 않지만 가해자가 성적 욕구에 따른 자극, 흥분 또는 만족을 목적으로 상대방이 성적 수치심이나 혐오의 감정을 느낄 수 있는 일체의 접촉 행위를 하는 것을 말한다(교육인적자원부, 2007). 예를 들어, 고의로 신체를 접촉하는 것, 피해자의 성기나 몸을 만지는 것, 가슴을 만지거나 키스 등 성적 접촉 행위를 하는 것을 일컫는다.

강제추행죄는 힘의 정도와 상관없이 상대방의 의사에 반하는 폭행이나 협박 등의 무력행사가 있었을 때 성립되며, 강간과 마찬가지로 피해자를 부녀로 한정하지 않았으므로 남녀의 성별에 상관없이 피해자와 가해자가 될 수 있다.

③ 준강간/준강제추행

준강간 및 준강제추행은 사람의 심신상실 또는 항거불능의 상태를 이용하여 간음 또는 추행을 하는 것이다(「형법」 제299조). 강간이나 강제추행이 성립되는 요건과의 차이점은 폭행 또는 협박을 사용하여 성폭력을 시도한 것이 아니라는 점이다. 상대방이 심신상실이나 항거불능 상태에 놓여 있음을 이용하여 간음이나 추행과 같은 행위를 하였다면 이는 강간 또는 강제추행에 준하여 처벌할 수 있다.

◈ **심신상실**

사물을 변별하거나 의사를 결정할 능력이 없는 장애가 있는 상태를 말한다. 수면 중이거나 술에 만취한 것과 같이 일시적으로 의식을 잃은 경우도 포함한다.

◈ **항거불능**

심실상실 이외의 이유로 심리적 · 육체적으로 반항이 불가능한 상태를 말한다. 예를 들어, 의사가 치료를 위해 환자를 마취시킨 상태에서 간음한 경우가 이에 해당된다.

(2) 비접촉 행위

비접촉 행위는 몸을 직접 만지지 않지만 성적인 말을 하거나 음란물을 보여 주는 등의 행위를 하는 것이며 구체적으로 통신매체를 이용한 음란행위, 카메라 등을 이용한 촬영 등의 행위가 여기에 해당한다.

① 통신매체를 이용한 음란행위

전화, 우편, 컴퓨터, 그 밖의 통신매체를 이용하여 자기 또는 다른 사람의 성적 욕망을 유발하거나 만족시킬 목적으로 성적 수치심이나 혐오감을 일으키는 말, 음향, 글, 그림, 영상 또는 물건을 상대방에게 도달하게 하는 행위를 말한다(「성폭력처벌법」 제13조). 상대방에게 일방적으로 성적 불쾌감이나 위압감을 주게 되는 이러한 행위는 불특정 다수를 대상으로 이루어지는 경우가 많기 때문에 피해자가 가해자의 행위에 대해 명백한 거부 의사를 밝히기가 어렵다. 그러나 특정한 개인을 목표로 한 것이 아니고 피해자의 의사 표시가 없었다고 하더라도 성폭력 범죄로 처벌이 가능하다. 즉, 불특정 다수를 대상으로 한 행위에서 그 결과 정신적 피해를 겪은 사람이 발생하였다면 성폭력이라고 할 수 있다.

② 카메라 등을 이용한 촬영

카메라나 이와 유사한 기능을 갖춘 여러 기계장치를 이용하여 상대방의 동의를 구하지 않고 다른 사람의 신체를 촬영함으로써 성적 수치심을 유발하는 것 역시 직접적인 성 접촉이 있지는 않지만 성폭력의 범위에 해당한다. 또한 이 행위는 그 촬영물을 널리 퍼뜨리거나 판매 · 임대 · 제공하는 행위, 또는 공공연하게 전시 · 상영하는 경우(「성폭력처벌법」 제14조)에까지 확대되어 적용된다. 지금까지 신체 접촉 유무를 기준으로 성폭력의 유형을 나누어 살펴보았다. 그러나 성폭력 피해로 인한 영향은 단순히 신체 접촉 여부에 따라 좌우되지 않는다. 성폭력에 대해 피해를 당한 학생이 어떻게 받아들이느냐가 가장 중요한데, 특히 성폭력 가해자가 피해학생과 어떤 관계에 있는 사람인지, 얼마나 위협적으로 대했는지 등에 따라 학생이 느끼는 피해의 심각성은 달라진다는(교육과학기술부, 2012) 사실을 무엇보다 주의 깊게 인식해야 한다.

◈ 성희롱

성희롱이란 상대방이 원하지 않는 신체 접촉, 또는 만지거나 만지게 하는 육체적 행위, 성적인 그림이나 게시물을 보여 주거나 전송하는 것, 또는 자신의 신체 부위를 고의적으로 노출하거나 만지는 행위를 보여 주는 것, 선정적인 말을 하는 것 등의 행위로 상대방에게 성적 굴욕감 또는 혐오감을 느끼게 하는 것이다. 이러한 성희롱은 강간이나 강제추행 등과 달리 형사처벌의 대상이 되지는 않지만 단순한 친밀감의 표현과는 구별되어야 한다. 특히 경미한 성희롱일 경우 일상적인 인간관계에서 허용될 수 있는 수준의 표현인지 성희롱인지를 구별하기 위해서는 당사자 간의 지위, 당시의 주변 상황이나 가해자의 강제력 정도 등 모든 사정을 종합적으로 고려해야 한다. 성희롱은 업무 또는 고용, 기타 관계에서 성적 언동 등으로 성적 굴욕감 또는 혐오감을 느끼게 하거나 성적 언동 또는 그 밖의 요구에 따르지 아니하였다는 이유로 불이익을 주는 행위를 말한다. 그러나 아동·청소년 대상의 성희롱은 업무관계가 아니더라도 성범죄에 해당하여 성폭력으로 조치한다.

◈ 디지털 성범죄

디지털 성범죄란 온라인 상에서 상대방의 동의를 구하지 않고 원치 않는 성적 대화나 메시지, 야한 사진, 동영상 등을 전달하는 행위, 상대방의 동의 없이 성적수치심을 야기하는 신체를 촬영하거나 유포하는 행위이다.

◈ 그루밍

그루밍(Grooming)이란 아동·청소년을 대상으로 성폭력에서 나타나는 특징적 형태를 가리키는 용어로 가해자가 일정 기간 피해자를 길들인 후 성폭력 등으로 피해자에 대한 성적 착취를 수월하게 하고 피해자가 성폭력·성범죄를 제3자에게 폭로하지 못하도록 하는 행위이다.

3) 성폭력의 실태

성폭력에 대한 경각심이 높아지고 있음에도 불구하고 여전히 성폭력은 피해자가 아는 사람에 의해 자주 발생하고 있다. 2022년 성폭력 피해 실태 조사 결과를 살펴보면, 아는 사람이 59.9%로 가장 많았고 인터넷 채팅 등을 통해 알게 된 사람이 33.7%로 가해자인 경우가 가장 높았다. 그리고 친족에 의한 피해는 7.6%로 보고되었다(여성가족부, 2022a). 이처럼 성폭력 피해가 일부 특별한 경우에만 국한되는 것은 아니기 때문에 그 심각성은 더욱 강조된다. 보다 자세한 성폭력 발생 실태는 어떠한지 살펴보기로 하겠다.

(1) 성폭력 발생 현황

성폭력 발생건수는 해마다 증가하는 추세를 보이고 있다. 최근 성폭력 범죄의 급격한 증가는 강간, 상해 등과 같은 심각한 유형의 범죄보다는 디지털 성범죄 피해의 비율이 많았으며 스마트폰 등 전자기기 사용의 보편화로 인한 카메라 등의 이용 촬영 범죄와 추행 범죄가 증가한 데에서 기인한 것으로 볼 수 있다. 그리고 성폭력 범죄에 대한 사회적 인식의 변화와 더불어 피해신고의 증가에 의한 것으로 추론해 볼 수 있다.

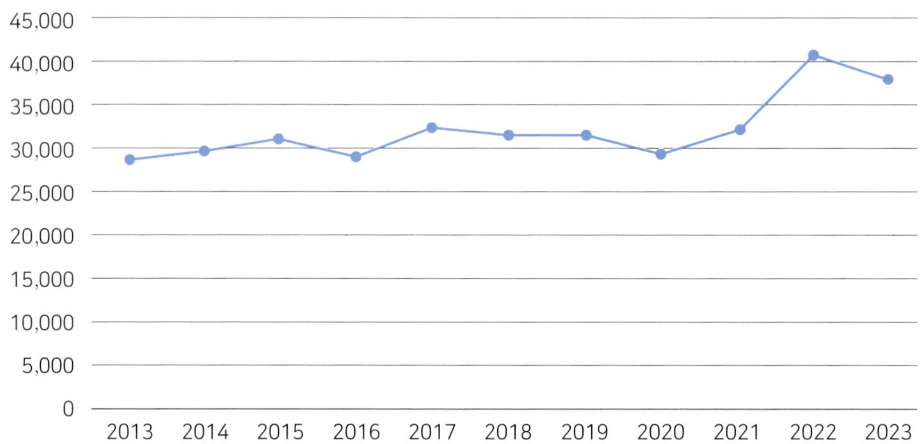

그림 13-3 10년간 성폭력 발생 건수(2013~2023)

출처: 경찰청_성폭력발생 및 검거현황_ 2021. 9. 27. 등록(2024. 9. 4. 수정자료)

(2) 성폭력 피해 유형

2021년 아동 · 청소년 대상 성범죄 가해자는 2,571명이고 피해자는 3,503명이다. 그 중 강제추행과 강간 피해가 많았고, 성착취물 피해도 증가하고 있다. 2021년 아동 및 청소년 대상 성범죄 동향을 분석한 결과, 강제추행이 35.5%(949건)로 가장 높은 비율을 차지하였고 그다음으로 강간이 21.1%(563건), 성착취물 순으로 높은 비율로 나타나 성폭력 가해자들은 학생을 대상으로 직접적인 성적 접촉 행위를 주로 하고 있음을 알 수 있다. 학생들은 발달 특성상 주로 성인에게 의존해야 하거나 도움을 받는 입장에 있어 자신의 의사를 표현하지 못하고 성인을 따를 수 있으며, 타인의 의도를 정확히 파악하기보다는 행동으로 드러난 것을 있는 그대로 이해하기 쉽다. 반면, 가해자들은 이들의 발달적 특성을 이용하여 호의를 베푸는 것처럼 가장하여 접근하거나 협박의 방법으로 신체 접촉을 시도하는 경우가 많다. 따라서 성폭력 피해자가 되지 않게 하기 위해서는 성적 수치심과 혐오감을 일으키게 하는 행위에 대해 인식하고 자신의 의사를 분명히 표현하는 능력을 키워야 한다. 즉, 성폭력을 예방하기 위하여 성인이 하는 일이나 행동이라

하더라도 성폭력에 해당하는 행위에 대해서 '싫다'라는 의사 표현을 할 수 있도록 학생을 지도할 필요가 있다. 학생의 성폭력 피해 유형 발생 비율은 [그림 13-4]와 같다.

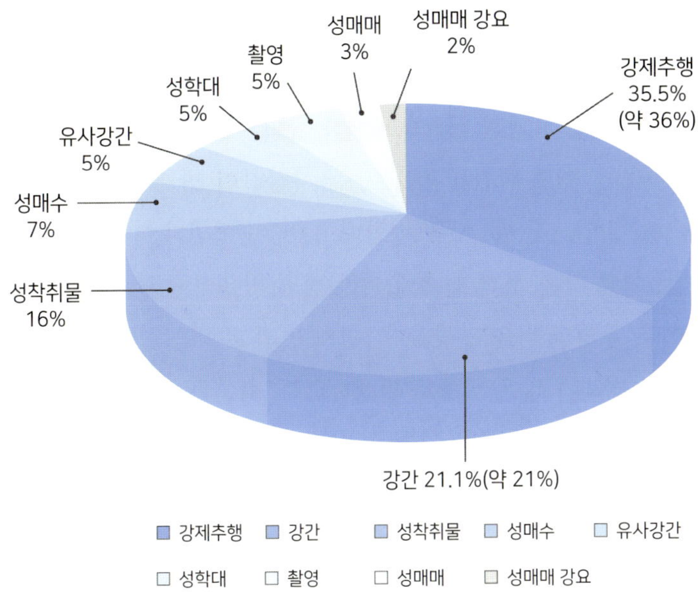

그림 13-4 아동 · 청소년 대상 성폭력 피해 유형 발생 비율

(3) 성별 · 연령에 따른 피해 유형

성별에 따라 아동 및 청소년 피해자 분포를 보면, 남자 4.1%, 여자 95.9%로 여학생의 비중이 압도적으로 높게 나타났다. 범죄 유형별로 살펴보면, 강간, 성매매 강요, 성매매 알선에서 여학생 피해자의 비율이 100%로 나타났으며, 강제추행, 성매수, 음란물 제작 등에서도 여학생 피해자의 비율이 전체의 90% 이상을 차지하고 있다. 한편, 음란물 제작 등 7.1%, 강제추행 6.0%, 성매수 2.3%가 남학생 피해자로 나타나 이들 범죄의 경우 다른 범죄 유형에 비해 남학생 피해자 비율이 높은 것을 알 수 있다.

피해자 연령별 범죄 유형 분포를 보면, 아동(13세 미만)과 청소년(13세 이상)으로 구분하여 살펴본 결과 13세 미만 아동 대상 성범죄가 26.2%(699건), 청소년 대상 성범죄 72.3%(1,930건)가 발생하였다. 아동을 대상으로 한 성범죄 유형 중 아동(13세 미만)은 「아동복지법」 위반이 43.2%로 가장 많았고, 그다음은 강제추행 36%, 유사강간 33.8%, 성착취물 29.1%, 통신매체이용음란 25% 순이었다. 이에 비해 성매매 강요와 알선 · 영업은 1명, 카메라 촬영과 성매수는 상대적으로 낮은 범죄 유형이었다. 이와 같은 통계는 아동 · 청소년이 음란물에 무방비한 상태로 노출되어 있음을 보여 준다. 따라서 성폭력 예방교육이 남녀의 구분 없이 강조되어야 하지만, 특히 아동 · 청소년이 피해에 노출되지 않도록 주의할 필요가 있다.

(4) 성폭력 유형별 가해자와의 관계

성폭력 피해 아동 및 청소년과 가해자와의 관계를 살펴본 결과, 관계가 확인된 경우 친족에 대한 성범죄가 10.9% 였고 범죄유형별로는 유사강간이 28.2%로 가장 높았고 그 다음은 강제추행 15.9%, 강간 14.6%, 아동 성학대 8.6% 순이었다. 비친족관계에서는 강간, 유사강간, 강제추행과 같은 성적 접촉에 의한 범죄 비율이 높았으며, 통신매체이용 음란, 카메라 등 이용 촬영의 비율도 높았다. 전체 범죄 유형을 살펴보았을 때 친족보다 비친족 관계에서 성범죄가 많은 비율로 발생하였다. 즉, 낯선 사람에 의해 피해를 당할 가능성이 더 높다는 것을 의미한다. 이는 성폭력이 일부 일탈 행위자에 의한 범죄가 아니라 일반적으로 정상 생활을 하는 사람에 의해 빈번히 일어날 수 있는 폭력이라는 점을 시사한다. 또한 최근 아동 · 청소년을 대상으로 한 성착취물 촬영 및 유포의 문제도 심각해지고 있으므로 이에 대한 주의가 필요해 보인다.

4) 성폭력의 발생 원인

성폭력의 실태에서 드러나듯이, 성폭력은 특정한 상황에서 일어나는 것이 아니라 가까운 주변에서 일상적으로 일어나고 있다. 이러한 성폭력의 발생 원인으로 청소년기가 갖는 발달적 특성과 교육의 부재, 유해한 사회환경에 관하여 살펴보겠다.

(1) 청소년기 발달적 특성

청소년기는 신체적 · 생리적 변화가 일어나는 시기로 성호르몬의 분비가 활성화되면서 성적인 욕구를 갖게 된다. 또한 심리적으로는 성 인식이 확립되며 성에 대한 가치관을 형성하게 되는데 가치관에 따른 성 역할의 학습도 이루어지는 시기이다.

이러한 시기에 학생이 자신의 급격한 신체적 · 심리적 변화에 적응하지 못하면 불안정한 상태에 놓여 갈등과 위기를 경험할 수 있다. 또한 성적 충동이 강한 시기이기 때문에 충동을 통제할 수 있는 힘을 기르지 못한 상태에서 성충동을 자극하는 환경에 노출된다면 성폭력 가해의 위험에 놓일 수 있다. 만약 이 시기에 주변 사람이나 매체 등의 영향으로 왜곡된 성 인식을 갖게 된다면 자신의 폭력적인 성 행동을 자연스러운 것이며 정당한 것으로 받아들일 수 있고 결과적으로 그 행동을 유지하게 되는데, 이것이 반복될 때 성 행동에 관한 왜곡된 신념은 지속되고 성폭력 가해의 악순환으로 이어질 수 있다.

(2) 교육의 부재

성교육에 대한 관심과 성폭력 예방의 중요성이 증가하면서 학교에서는 성교육 및 성폭력 예방교육을 교육과정 속에 포함하여 다루고 있다. 그러나 그 구성에 있어 주를 이루는 것이 여성과 남성의 신체 구조와 기능에 관한 내용이며, 원론적이고 도덕적인 윤리교육에 그치거나 형식적인 교육으로 진행되는 경우 성에 대한 호기심을 갖고 있는 아동과 청소년들은 오히려 학교교육 대신 다른 경로를 통한 성 지식 획득을 시도하기도 한다. 즉, 과장되고 가학적인 행위를 부각하는 음란물 등의 매체를 접하면서 행위를 정당화하거나 그 내용을 성 지식으로 받아들이게 되는 것이다. 결국 효과적이고 바람직한 교육이 이루어지지 않는다면 성에 대한 왜곡된 생각과 잘못된 성 인식을 갖게 되어 성폭력 가해로 이어질 수 있다. 따라서 실태와 문제점을 반영한 실제적인 성교육에 대한 고민과 실천이 필요하다.

(3) 유해한 사회환경

청소년을 위한 건전한 여가시설이 부족하고 유흥업소가 무분별하게 자리하고 있는 환경도 성폭력 발생의 원인이 된다(구본용, 1997). 유흥과 향락의 분위기를 부추기기 위해 성을 상품화하거나 이용하는 환경, 또는 음란물의 범람은 청소년을 성적으로 자극하여 지나친 호기심을 갖게 하며 불필요한 성충동을 유발할 수 있기 때문이다.

특히 인터넷 음란물에 접촉이 많은 청소년이라면 평소에도 성충동을 자주 느끼는 것으로 나타났다(김재엽, 이순호, 최지현, 2011). 즉, 성적 자극을 목적으로 왜곡된 성 행동을 담고 있는 서적, 사진, 영상, 대화 등을 다루고 있는 매체나 활동에 많이 접촉할수록 이성을 성적으로 대상화하고 성폭력을 용인하는 등의 그릇된 성 의식을 가지게 되는데, 이는 성 비행으로 이어지는 결과를 낳는다(이성식, 2003). 인터넷음란물 접촉이 높을수록 성인지 감수성이 낮아지며(하경해, 2018), 성인지 감수성이 낮은 경우에는 성폭력뿐만 아니라 2차 가해로 이어지는 경우가 많다. 이처럼 성을 상품화하는 사회환경과 음란물이 확산되면서 다양한 매체를 자유롭게 활용하는 학생의 접근 가능성이 높아지고 있다. 이는 부적절한 내용을 모방하는 행동을 조장하는 요인이 되고 있으며, 성폭력 가해자의 저연령화에도 영향을 미친다.

2. 성폭력 예방교육

학생의 성폭력에 있어 예방은 무엇보다 중요하다. 성폭력 피해 경험은 개인적으로 왜곡된 성 인식을 갖게 하거나 성장과정에도 부정적인 영향을 미칠 수 있다. 특히 아동의 경우 성폭력에 대한 인식이 낮을 뿐 아니라 대응 능력도 취약하기 때문에 사전에 예방교육을 철저히 하여 성폭력에 대한 대처 능력을 키우는 것이 필요하다.

성폭력 관련 법률에서는 성폭력 예방에 필요한 교육, 즉 올바른 성 인식 및 성 지식 습득과 성폭력으로부터 자신을 보호하고 대처하는 방법으로 구성된 교육을 실시하도록 의무화하고 있다. 그러나 잘못된 성폭력 예방교육은 오히려 학생에게 오해를 불러일으킬 수 있으며, 자칫 그들을 성폭력 가해에 노출시킬 수 있다. 따라서 교육 대상자의 발달 특성에 맞게 받아들일 수 있는 용어와 방법으로 성폭력 예방교육이 이루어질 수 있도록 주의해야 한다.

여기서 잠깐!

◈ **성폭력방지 및 피해자보호 등에 관한 법률[시행 2024. 10. 16. 일부개정]**

제5조(성폭력 예방교육 등) ① 국가기관 및 지방자치단체의 장, 「유아교육법」 제7조에 따른 유치원의 장, 「영유아보육법」 제10조에 따른 어린이집의 원장, 「초・중등교육법」 제2조에 따른 각급 학교의 장, 그 밖에 대통령령으로 정하는 공공단체의 장은 대통령령으로 정하는 바에 따라 성교육 및 성폭력 예방교육 실시, 기관 내 피해자 보호와 피해 예방을 위한 자체 예방지침 마련, 사건 발생 시 재발방지대책 수립・시행 등 필요한 조치를 하고, 그 결과를 여성가족부장관에게 제출하여야 한다. 〈개정 2012. 12. 18., 2016. 5. 29., 2024. 10. 16.〉

② 제1항에 따른 교육을 실시하는 경우 「성매매방지 및 피해자보호 등에 관한 법률」 제4조에 따른 성매매 예방교육, 「양성평등기본법」 제31조에 따른 성희롱 예방교육 및 「가정폭력방지 및 피해자보호 등에 관한 법률」 제4조의3에 따른 가정폭력 예방교육 등을 성평등 관점에서 통합하여 실시할 수 있다. 〈신설 2014. 1. 21., 2014. 5. 28., 2024. 10. 16.〉

③ 국가기관등의 장은 제1항에 따라 실시하는 성교육 및 성폭력 예방교육의 참여에 관한 사항을 소속 직원 및 종사자에 대한 승진, 전보, 교육훈련 등의 인사관리에 반영할 수 있다. 〈신

설 2021. 1. 12.〉

④「양성평등기본법」 제3조제3호에 따른 사용자는 성교육 및 성폭력 예방교육을 실시하는 등 직장 내 성폭력 예방을 위한 노력을 하여야 한다. 〈신설 2015. 2. 3., 2021. 1. 12.〉

시행령 제2조(성폭력 예방교육 등의 실시)

② 국가기관 및 지방자치단체의 장, 유치원의 장, 어린이집의 원장,「초·중등교육법」 제2조에 따른 각급 학교의 장,「고등교육법」 제2조에 따른 학교의 장 및 제1항 각 호의 기관 또는 단체의 장은 법 제5조 제1항에 따라 다음 각 호의 조치를 해야 한다. 이 경우「양성평등기본법 시행령」 제20조에 따른 성희롱 방지조치와 통합하여 할 수 있다.

1. 해당 기관·단체에 소속된 사람 및 학생 등을 대상으로 매년 1회 이상, 1시간 이상의 성교육 및 성폭력 예방교육 실시. 이 경우 기관·단체에 신규 임용된 사람에 대해서는 임용된 날부터 2개월 이내에 교육을 실시하여야 한다.
2. 성폭력 예방교육 연간 추진계획 수립
3. 자체 성폭력 피해 예방지침 마련
4. 성폭력 관련 상담 및 고충처리를 위한 공식 창구 마련
5. 성폭력 고충담당자 지정
6. 해당 기관·단체 내 성폭력 발생 시 재발 방지대책의 수립 및 시행
7. 그 밖에 해당 기관·단체 내 성폭력을 예방하기 위하여 필요한 조치

1) 성폭력 예방교육의 방향

학생의 성폭력 예방은 〈표 13-1〉에서 제시되어 있는 것과 같이 성폭력 발생 이전에 안전한 환경을 조성하는 것과 성폭력 발생 위험이 있거나 혹은 발생한 경우의 조치와 재발 방지에 이르는 활동을 포함한다.

표 13-1 성폭력 예방의 목적

	1차 예방	2차 예방		3차 예방
목적	• 안전한 환경 조성	• 위험요인 감소 • 보호요인 증대	• 조기 발견 • 조기 차단	• 재발 방지
대상	• 전체 학생	• 성폭력 위험요인이 있는 학생	• 피해학생 • 가해학생	• 피해학생 • 가해학생

출처: 교육과학기술부(2012).

미국의 학교 내 성폭력 예방 모형인 3P모형([그림 13-5] 참고; 한국청소년상담원, 2010 재인용)은 환경 개선하기, 보호하기, 예방하기의 활동을 통해 앞의 예방 단계를 실현하고자 한 사례로 볼 수 있다. 즉, 환경 개선하기(Promotion)는 학생과 교사에게 건전한 성의식과 책임 있는 성 행위의 중요성을 인식시키고 이를 실천할 수 있도록 학교환경을 건강하게 조성하는 것으로 안전한 환경을 조성하는 것이다. 보호하기(Protection)는 성폭력 위험요인의 감소 노력으로 볼 수 있는데, 학교 내의 모든 건물과 시설에 대한 안전과 보안 점검, 그리고 성폭력이 일어날 수 있는 위험 지역을 확인하고 취약점을 개선하며 필요에 따라 CCTV나 전산망을 활용하도록 하고 있다. 예방하기(Prevention)는 바람직하고 긍정적인 성 가치관을 가질 수 있는 과학적인 성교육을 실시하여 성폭력 행위가 일어나지 않도록 예방하는 것이다. 성폭력은 학교나 사회에서 절대로 용납되지 않는 범죄 행위라는 점을 철저히 교육하여 성폭력 발생을 조기에 차단한다. 또한 성폭력이 발생하였을 경우 이를 효율적으로 해결할 수 있는 방법과 기술을 교육시켜 더 이상의 피해를 차단하는 기능을 한다.

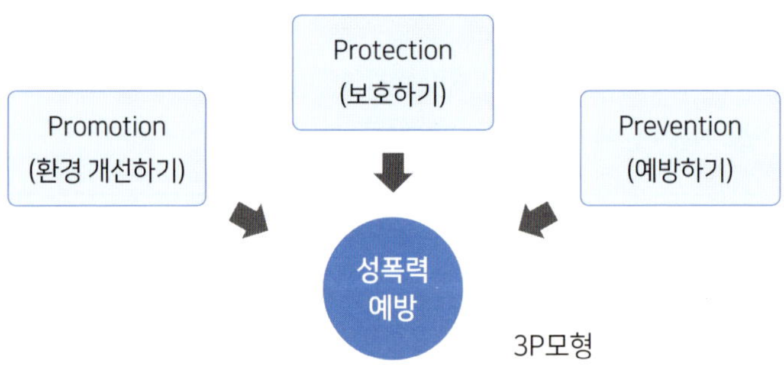

그림 13-5 미국의 학교 내 성폭력 예방 모델

살펴본 바와 같이, 성폭력 예방교육은 건강한 성 가치관의 발달, 인간에 대한 권리 존중을 바탕으로 성폭력 상황으로부터 학생을 안전하게 보호하는 것과 발생 시 대처방법에 대해 다루어야 한다. 특히 각 예방 단계가 제대로 이루어질 수 있도록 적절한 내용과 방법을 제시할 필요가 있다.

(1) 예방교육의 목적

학생 성폭력 발생 시 그 처벌이 비교적 엄하게 이루어지고 있다 하더라도 발생한 아동 성폭력의 실제 신고율이 낮다면 처벌 강화만으로는 성폭력에 효과적으로 대응한다고 할 수 없다. 따라서 성폭력 상황을 인식하고 신고하는 방법에 대한 교육이 필요하다. 한편, 잘못된 성문화와 성 가치관 형성은 성폭력 발생을 증가시키고 그 행위로 인하여 피해자는 물론이고 가해자를 포함한 관련자에게 씻기 어려운 고통을 주며, 사회적 문제로까지 이어질 수 있다. 이를 예방하기 위해서는 바람직한 성 가치관 형성과 함께 성폭력의 후유증을 이해하려는 노력이 선행되어야 한다. 이와 같이 학생의 성폭력을 예방하기 위한 교육은 성폭력 상황에서의 대처방법뿐만 아니라 바람직한 성 가치관을 형성하는 측면까지 고려하여 이루어져야 한다. 따라서 성폭력 예방교육은 [그림 13-6]에서와 같이, 첫째, 건전한 성 의식을 갖도록 하고, 둘째, 성폭력으로부터 자신을 지킬 수 있게 함으로써 궁극적으로 성폭력 피해를 줄이는 데 목적을 두고 교육을 실시하여야 한다.

그림 13-6 성폭력 예방교육의 목적

(2) 예방교육의 구체적인 접근방법

성폭력 예방교육 시 주의해야 할 사항을 살펴보면, 우선 학생들에게 '~에 가지 마라' '~하면 큰일 난다'라는 식의 금지하는 교육만을 너무 강조하지 않는 것이 바람직하다. 성폭력 사고를 당한 피해자의 마음속에 '내가 부모님 혹은 선생님의 말을 듣지 않아서 이렇게 된 거야.' '나는 벌을 받는 거야.'라는 식의 잘못된 죄책감을 가중시킬 수 있기 때문이다. 또한 성폭력이라는 주제에 대해서만 지나치게 강조하여 주의시키기보다는 평소에 허용적인 분위기를 형성하고 자연스럽게 성폭력에 관한 내용이 다루어질 수 있도록 하는 것이 중요하다. 즉, 일상생활 속에서 경험하고 느끼는 감정이나 생각하는 것 등에 대해 서로 이야기하는 시간을 갖는 것이 기본적으로 필요한데, 그렇게 했을 때 학생이 말 못할 고민이 생겼다든지 어려움이 생겼을 경우에 혼자 속으로 고민하는 시간을 최소한으로 줄일 수 있다.

2) 성폭력 예방교육의 내용

학생 성폭력 예방교육은 건강한 성 정체감과 성 행동에 대하여 대처할 수 있는 내용으로 구성하여 포괄적으로 접근하되 부담 없이 받아들일 수 있는 용어와 방법을 사용하여 효과를 높이도록 해야 한다. 즉, 성폭력 예방교육은 지식적인 측면뿐만 아니라 실제 문제 상황에서 대처하는 능력을 기를 수 있도록 대처 기술을 알려 주어야 하며, 이를 위하여 활동 중심의 학습이 이루어지도록 구성하는 것이 바람직하다.

구체적으로 살펴보면, 지식 측면에서 성폭력의 개념 정의는 학생의 연령을 고려하여 학생 스스로 성폭력에 대해 설명할 수 있는 용어로 구성해야 한다. 여기에는 다양한 종류의 성폭력을 포괄해야 하는데, 학생들의 이해를 돕기 위해 각 성폭력의 유형에 따른 사례를 제시하는 것이 좋다. 친인척과 또래 등 아는 사람이 주된 성폭력 가해자라는 점과 강압만이 아니라 회유에 의해서도 발생할 수 있음을 알려 주고, 성폭력 피해를 당했다면 반드시 치유 과정이 필요하다는 것과 같이 실제적인 내용이 강조되어야 한다. 또한 적극적인 성폭력 예방을 위해 성적 욕구의 건전한 표현 방법, 올바른 이성 관계, 구체적인 성 규범 등의 내용을 포함한 교육을 실시하여 가해행동으로 이어질 수 있는 가능성을 사전에 방지해야 한다.

성폭력의 피해에 대한 대처 기술 측면 역시 성폭력 예방교육 내용으로 다루어져야 한다. 학생이 신체 접촉은 물론이고 비접촉에 의한 성폭력도 있음을 알고 상황을 정확히 인식할 수 있도록 해야 한다. 문제 상황 대처 기술로는 성폭력 상황을 피할 수 있는 기능, 즉 이상한 행동에 대해 의심 갖기, 도움 요청하기, 거절하거나 자기주장을 분명하게 말하기, 자기방어 기술을 강화해야 한다. 문제 상황이 발생했을 때 도움을 줄 수 있는 사람이나 기관을 찾을 수 있는 방법을 알려 주는 것도 중요하다. 이를 위해서는 성폭력 사안이 발생하거나 혹은 이러한 것이 의심되는 상황에서 학생이 타인에게 도움을 요청하는 방법을 직접 연습할 수 있도록 기회가 주어져야 한다. 적극적인 예방으로서 음란문화에 대한 비판적 기능을 향상시키고 이성 간의 예절과 관심을 올바르게 표현할 수 있는 방법을 알려 주는 것도 필요하다.

성폭력 예방교육의 방법적 측면에서는 학생에게 위협적이지 않고 성에 대한 긍정적인 이미지를 전달할 수 있는 방법으로 실시되어야 한다. 학습 자료는 전반적으로 우리 사회의 정서에 적절한지도 살펴보아야 하고 성별에 따라 잘못된 고정관념이 사용되거나 지나치게 한쪽 성을 강조하지 않고 균형을 이루도록 제작한다. 특히 전통적인 관념에 의해 부정적인 면만 부각되지 않도록 고려하여야 하며, 이미 성폭력 피해를 경험한 학생이 있을 가능성을 감안하여 제시되어야 한다.

교육부에서는 유아에서부터 고등학교 1학년에 이르기까지 성폭력 예방교육이 이루어지도록 하고 있으며, 실제 생활 속에서 실천할 수 있도록 행동 변화와 함께 가치관의 변화를 돕는 교육과정으로 구성하고 있다. 교육부는 '교육분야 안전 종합 대책'(2014년 11월)에 따른 후속조치로 학생의 유 · 초 · 중 · 고 발달단계를 고려한 체계적인 안전교육 7대 표준안을 마련하여 학교에 제공하였다. '학교 안전교육 7대 표준안'은 학생의 발달단계에 맞게 체험 중심으로 개발되었으며(한국교육개발원, 2015), 생활, 교통, 폭력 및 신변 안전, 약물 및 사이버, 재난, 직업, 응급처치 영역으로 이루어져 있다. 폭력 및 신변 안전 영역에 성폭력 예방교육이 포함된다. 학교 안전교육 7대 표준안에는 학교급에 따른 표준안 내용 체계표 및 교사의 수업 활용을 돕기 위한 수업지도안이 포함되어 있다. 성폭력 예방교육을 위한 교사용 지도안과 활동지 등의 관련 자료들은 교육부 학교안전정보센터 사이트(http://schoolsafe.kr)에서 다운받아 이용할 수 있다. 학교 안전교육 7대 표준안의 대상별 성폭력 예방을 위한 안전교육 내용은 〈표 13-2〉와 같다.

표 13-2 대상별 성폭력 예방을 위한 학교 안전교육 7대 표준안 내용

대상	영역	내용
유아	성폭력 예방 및 대처	• 나의 몸 인식하기 • 타인의 성적 강요행동과 언어를 알고 대처하기 • 강제로 내 몸 만지는 일에 대해 대처방법 알기 • 성폭력 위험한 상황을 인식하기 • 성폭력 위험 상황에서 도움 요청하기 • 위험한 상황에서 도와주는 사람들을 알고 도움 요청하기
초등학생	성폭력 예방 및 대처	• 나를 소중히 여기기 • 성예절 알고 성폭력에 대처하기 • 2차 성징에 따른 몸의 변화 알기 • 성폭력을 이해하고 대처하기 • 타인의 성적 강요행동의 의미 및 유형 알고 보호하기 • 성폭력 사례를 통해 실태 인식하고 예방 및 대처법 배우기 • 위험한 상황을 알고 대처하기 • 성폭력 예방을 통한 행동요령, 대처법 생각하기 • 또래 성폭력을 이해하고 예방과 대처하기 • 신고 접수 및 상담
	성매매 예방	• 원조교제를 바로 알고 나의 소중함 알기 • 나의 인권과 소중함 알기

〈계속〉

중학생	성폭력 예방 및 대처	• 성폭력에 대해 이해하고 예방하는 법을 배우기 • 성폭력 사례를 통해 문제점 알기 • 성폭력 사례별 대처방법 알기 • 성폭력의 대처와 신고에 대해 알기(접수 및 상담)
	성매매 예방	• 성매매의 이해와 실태, 피해 • 원조교제의 위험성 인식 • 신고 접수 및 상담 • 성 상품화와 성매매를 알고 성적 주체로서 자신을 인식하기(사례) • 성적 의사결정권 이해하기
고등학생	성폭력 예방 및 대처	• 나의 성 인식(가치관) 점검 • 성폭력 유형을 알고 예방하기 • 데이트 성폭력 이해하기 • 데이트 성폭력의 유형과 사례 • 대상별, 상황별 성폭력 예방과 대처 • 데이트 성폭력의 예방 및 대처법 • 성폭력 관련 법률 이해 및 토의하기 • 신고 접수 및 상담
	성매매 예방	• 성매매의 피해와 영향 이해하기 • 성매매의 구조와 유형 • 관련 법률 이해하기 • 신고 접수 및 상담

출처: 교육부(2015b).

성폭력 예방교육에서 교사는 자신감과 확신을 갖고 뚜렷한 가치관에 기초해 지도하여야 한다. 또한 구체적인 사례를 제시하여 성폭력 위험 상황이나 피해를 입었을 때 대처 요령을 알 수 있게 하고, 문제가 발생하였다면 주위에 도움을 요청할 수 있도록 적극적으로 지도하는 것이 필요하다. 〈표 13-2〉에서 나타내고 있는 것과 같이, 아동에 대해서는 성폭력이 무엇인지 개념을 분명히 알 수 있도록 하고, 특히 대수롭지 않게 이루어질 수 있는 또래 간 성적인 장난에 대해 위험성을 이해시키는 과정이 필요하다. 기본적으로 포함되어야 할 내용은 신체의 소중함을 알게 하고 나쁜 접촉을 구분할 수 있도록 하여 단호하게 '싫다'라고 거절하는 방법과 상황을 피할 수 있는 방안을 교육하는 것이다. 또한 성폭력을 피할 수 없어 피해를 당했을 경우 가능하면 빨리 도움을 요청할 수 있도록 해야 한다. 청소년 대상의 성교육은 실제적인 이성교제를 중점적으로 다루되 의사소통이 강조되어야 한다.

보건복지부의 성폭력 예방교육 교재인 『나를 사랑하는 법』(2012)은 초등학교 저학년 학생을 대상으로 '집에 혼자 있는데 누가 찾아왔어요.' '엘리베이터를 타려고 하는데 낯선 사람이 서 있어요.' 등 실제 상황을 제시하여 아동이 성폭력 피해를 입지 않고 위험 상황을 벗어날 수 있는 방법을 교육하도록 하고 있다. 또한 초등학교 고학년 학생 대상의 교육은 실제 발생했던 아동 성폭력 사건에서의 상황들을 모아 상황별 대처방법을 알려 주는 내용으로 구성하고 있다.

보건복지부의 성폭력 예방교육은 유아, 초등학생, 중학생, 고등학생을 대상으로 하고 있으며, 내용은 〈표 13-3〉과 같다.

표 13-3 보건복지부 개발 교재의 성폭력 예방교육 내용

대상	주제
유아	• 성폭력(기분 · 느낌의 인식과 표현/ 위험한 사람의 이해, 성폭력 예방과 대처)
초	• 음란물 분석 및 비판 능력 함양 • 음란물 접촉 후 겪는 다양한 갈등과 이에 대한 대응
중	• 성폭력에 적극적으로 대처한 실제 사례를 통해 자신을 지키는 데는 용기와 지혜가 필요함을 인식시킨다. • 성폭력 상황을 제압할 수 있는 방법들을 알아보고, 그 방법들을 연습한다.
	• 자신의 성충동 패턴을 구체적으로 인식하고, 적절한 충동 관리법을 자신과 환경에 대한 이해에 근거하여 스스로 설계하도록 격려한다.
고	• 집단성폭력의 가해학생 집단 형성의 메커니즘을 알고, 가해학생 예방에 초점을 맞춘 활동을 진행한다.

성폭력의 예방은 교육만으로 완전히 이루어 낼 수 있는 것은 아니다. 성폭력으로부터 안전한 환경을 조성하기 위해서는 교사 및 학부모를 비롯한 사회 구성원의 적극적인 참여가 필수적이다. 또한 성폭력의 범죄 경력이 있거나 위험성이 있는 사람들이 학생들에게 접근하지 못하도록 차단하는 것도 중요하게 인식되어야 한다. 교육부 학생건강정보센터 홈페이지에는 성폭력 예방교육 관련 자료가 제시되어 있다(https://www.schoolhealth.kr 참고).

정리하기

1. 성폭력은 좁은 의미로는 강제추행, 강간 등의 범죄 행위에 초점을 맞춘 개념으로 폭행 또는 협박을 가하여 상대방의 동의 없이 이루어지는 성적 행위이며, 넓은 의미로는 신체적인 성폭력뿐만 아니라 성적으로 불쾌하고 굴욕적인 느낌을 주는 행동을 포함하여 상대방의 동의를 얻지 않은 모든 성적 행위를 말한다.
2. 성폭력 예방교육은 성폭력 상황으로부터 학생들을 안전하게 보호하는 것과 건강한 성 가치관의 발달, 인간의 권리 존중을 바탕으로 이루어져야 하며, 그 외에도 안전한 환경을 조성하기 위한 노력과 참여가 필요하다.

확인하기

1. 성폭력의 개념을 정의하고 성폭력의 유형을 구분하여 설명하시오.
2. 자신이 교육할 대상자를 고려하여 성폭력 예방교육의 계획과 지도안을 작성하시오.

제14장

성폭력 발생 시 대응 절차

학습목표

- 성폭력 사안 대응 시 주의해야 할 사항을 알 수 있다.
- 성폭력 사안 발생 시 전반적인 대응 절차에 대해 알 수 있다.

학습내용

1. 성폭력 사안 대응 시 주의사항
   1) 피해학생 보호
   2) 신속한 위기 개입 및 신고
2. 성폭력 발생 시 대응 절차
   1) 성폭력 사안 인지
   2) 학부모 동의
   3) 성폭력 피해 지원 전문기관 의뢰
3. 성폭력 피해 지원 전문기관
   1) 전문기관의 역할
   2) 주요 전문기관 소개

생각 나누기

중학교 남학생 5명과 초등학교 남학생 6명이 초등학교 여학생 8명을 한 중학교 교정의 외진 곳으로 유인하였다. 남학생들은 여학생들의 팔을 잡아끄는 등 위협적인 분위기를 만들었다. 뿐만 아니라 남학생들 중 상급생은 하급생을 폭행하며 유인한 여학생을 강간하도록 강요하였다.

이 경우 가해학생과 피해학생에 대하여 학교에서는 어떻게 조치해야 할까?

학생 성폭력은 학교폭력 범주에 포함되어 있어 기본적으로 「학교폭력예방법」을 따르지만 발생한 사안이 성폭력 관련 법률에서 규정하고 있는 사항에 해당된다면 성폭력 관련법이 우선 적용된다(「학교폭력예방법」 제5조). 즉, 성폭력은 학교 자체에서 단독으로 해결할 수 없는 법적 신고 의무 사항이며, 「형법」에 의해 범죄로 분류되는 특수성을 갖는다. 따라서 일반 학교폭력과 같이 심의위원회가 관여하여 처리하는 것 외에도 경찰 등 수사기관이 개입한 전문적인 절차를 따르게 된다. 이 장에서는 성폭력 발생 시 성폭력 관련 법률에 근거한 별도의 절차에 관하여 알아보겠다. 여기에서 말하는 성폭력은 강간 및 강제추행 등 형사처벌이 이루어지는 수준의 성폭력을 일컫는다. 교직원 등 대상별 성 관련 사안에 대한 조치와 대응이 다르겠지만, 이 장에서는 학생을 대상으로 발생한 성폭력 사안에 대해서만 다루기로 한다.

1. 성폭력 사안 대응 시 주의사항

성폭력 발생 사실을 접하였을 때 교사가 초기 대응을 어떻게 하느냐에 따라 피해학생을 안전하게 보호할 수 있고, 반대로 피해학생의 상처를 크게 할 수도 있다. 교사가 침착하고 신속하게 대처하였을 때 피해학생의 회복을 돕고 더 이상의 피해 확산을 방지할 수 있을 뿐 아니라 가해자에 대한 조치 수준에 영향을 미치는 것이다. 성폭력 사안에 대응하는 데 있어서 교사는 다음의 내용을 특별히 고려해야 한다.

1) 피해학생 보호

학생들 간의 성폭력이 발생하면 교사 입장에서는 피해자와 가해자가 모두 가르치는 학생들이기에 가해학생을 신고하는 등의 조치를 취해야 할 때 갈등과 어려움을 느낄 수 있다. 그러므로 성폭력 사안 발생 시 어떻게 접근할 것인지에 대한 방향과 원칙을 사전에 분명히 할 필요가 있다.

(1) 피해학생 중심의 적극적인 보호 조치

분명한 것은 성폭력은 가해학생의 의도와 상관없이 피해학생의 입장에서 지원이 이루어져야 한다는 것이다. 성폭력 가해행동에도 불구하고 평소의 태도에 비추어 가해학생을 옹호하거나 마치 피해학생이 원인을 제공한 것처럼 비난하는 일은 피해학생이 정당하게 요구할 수 있는 권리를 침해할 수 있으므로 금해야 한다. 이는 사안 처리 진행과정에서뿐 아니라 수사기관의 조치가 종결된 후에도 변함없이 해당된다(울산시교육청, 2011).

성폭력 피해는 신체적 손상을 비롯하여 심리적·정서적 손상을 심각하게 가져올 수 있는 사안이다. 그러나 자칫 겉으로 드러나는 신체적 손상에 대한 조치 이외의 부분은 간과할 수 있으므로 관련기관이 연계하여 통합적으로 접근하는 것이 필요하다. 즉, 성폭력 피해 지원 전문기관에서는 의료적 지원과 법적 수사과정, 심리치료에 주도적으로 관여하며, 학교에서는 피해학생의 정상적인 학업 수행과 이후 학교에서의 적응을 위해 지원해야 한다.

성폭력 피해로 인한 피해자의 욕구는 피해 특성(유형, 기간, 빈도, 가해자와의 관계, 피해 노출과정 등), 피해 이전의 개인과 가족의 기능수준, 주위 환경체계의 특성 및 상호 교류 수준 등에 따라 다양하다. 따라서 상담 지원은 피해자가 경험하는 성폭력의 역동성과 특수성 이해, 피해학생 개인과 개인을 둘러싼 체계와의 상호 교류를 보아야 한다. 또한 성폭력 피해와 관련된 법적·사회적 체계에 대한 지식이 필요하다(한국여성인권진흥원, 2014).

피해학생이 피해 사실을 분명히 인식하고 해결하도록 하기 위해서는 교사가 평가적으로 접근하지 않고 학생을 존중하고 배려하여 라포를 형성해야 하며, 적절한 도움을 제공하고자 하는 교사의 마음이 피해학생에게 전달되도록 하는 것이 좋다. 또한 가족을 비롯한 중요한 주변 사람들의 역할이 피해학생의 회복에 영향을 미치므로 가족과 주변 사람들의 역량을 살피는 등 다각적이고 포괄적인 지원을 제공해야 한다. 교사는 피해학생의 심리적 안정을 위해 학생이 자신에게 일어난 일에 대해 자유롭게 이야기할 수 있도록 지지해 주고, 학생의 말을 믿어 주어야 한다. 정신건강의학과 전문의에 따르면, 피해 사실을 이야기하고 이해받았던 아동 · 청소년들이 그렇지 못한 아동 · 청소년들보다 더 건강하며, 성폭력 피해 사실에 대한 공감 및 지지적 반응은 그들이 충격적인 외상을 극복하고 치료하는 데 중요하다(여성가족부, 2014).

(2) 비밀보장

피해학생의 입장에서는 성폭력 피해로 인한 심리적 · 신체적 상처를 치유하는 것이 시급하다. 만일 피해 사실이 주변 친구들이나 교사들에게 알려져 불필요하게 주목받거나 비난받게 되면 피해학생은 본래의 성폭력 사안에 더하여 2차 피해를 입을 수 있으므로 주의가 필요하다. 그러나 성폭력 사안에서 피해학생이 의료적 지원을 받아야 할 때나 외부상담, 경찰조사 등이 필요하여 결석이나 조퇴를 하는 경우 비밀을 유지하는 것이 어려울 수 있다. 따라서 성폭력 사안 대응 시 비밀보장 문제에 대해 더욱 민감하게 대처해야 하며, 성폭력 피해 지원 전문기관의 사안 처리 후 학교폭력의 처리 절차에 따라 심의위원회가 개최되더라도 최소한의 인원만이 사안의 내용을 공유하고 관련 학생들의 신상이 외부로 노출되지 않도록 해야 한다.

◈ 2차 피해란

성희롱 · 성폭력 피해자가 사실을 알리고 문제를 밝히는 과정에서 오히려 사건에 대한 소문, 피해자에 대한 배척, 가해자에 대한 옹호 등 부정적 반응이나 여론, 불이익한 처우, 그로인한 정신적 피해 등에 노출되는 것을 의미한다(대법원 2018. 3. 12. 선고 2017두74702판결). 즉, 성폭력 피해 이후 발생하는 편견, 소문, 부정적 반응, 의심 등으로 인해 피해자가 정신적 · 사회적 피해를 받는 것을 말한다(한국성폭력상담소, 2003). 성폭력 피해자라는 사실이 노출되면 피해학생은 부정적인 사회적 시선을 감당해야 하는 상황에 놓일 수 있다. 뿐만 아니라 피해학생의 개인정보가 학교에 유포되면서 가해학생이 아닌 피해학생이 학교를 떠나는 상황으로 몰리게 되는 경우도 있다. 특히 아동이나 청소년의 경우 또래집단으로부터의 왕따나 괴롭힘은 견딜 수 없을 만큼의 고통을 주는데 이를 성폭력의 2차 피해라 할 수 있다(한국청소년정책연구원, 2012b).

교사는 피해학생의 2차 피해를 방지하기 위해 부모에게 연락 후 긴밀히 협력해야 하며, 피해학생 및 주변 학생, 보호자 지원 등을 위해 교장, 전문상담교사, 보건교사 등 학교의 전문대응팀을 중심으로 대처해야 한다(여성가족부, 2014).

2) 신속한 위기 개입 및 신고

성폭력은 피해학생이 공개적으로 드러나지 않도록 보호하면서 피해학생이 처한 상태에 따라 신속하게 신고와 위기 개입이 이루어져야 한다. 성폭력 사안은 현실적으로 교사가 주도적으로 처리하기 어렵다 하더라도 사건을 인지한 교사가 위기 개입을 언제 어떻게 하였느냐의 문제는 사안 해결이나 피해학생의 치유 정도에 영향을 미칠 수 있다. 따라서 사안 발생 초기에 필요한 지원을 할 수 있도록 신속하게 대처하는 것이 무엇보다 중요하다. 발생한 사안에 대한 신고 등의 조치를 비롯하여 위기 개입의 내용에는 추가적인 위협이 우려되거나 성폭력 피해가 지속적으로 이어질 수 있어서 피해학생의 안전에 위협이 된다고 판단되는 경우 가해자로부터 격리하여 보호하는 등 해당 학생의 안전을 도모하기 위한 방안을 간구하는 것까지 포함된다.

사건 인지 및 학교장 보고의 예시는 [그림 14-1]과 같다.

• 사안(학생 피해-교직원 가해)의 인지 경로(예시)
- 사건 최초 인지 교직원(담임, 상담교사 등) → 성고충상담원 → 학교장에게 보고 → 성고충상담원과 학교폭력담당교사에게 사안 처리 업무 지시
- 사건 최초 인지 교직원(담임, 상담교사 등) → 학교폭력담당교사 → 학교장에게 보고 → 성고충상담원과 학교폭력담당교사에게 사안 처리 업무 지시
- 성고충상담 → 성고충상담원이 학교장에게 보고 → 학교장이 업무담당자에게 사안 처리 업무 지시
- 피해학생 본인이나 보호자가 직접 신고 → 업무담당자가 학교장에게 보고 → 학교장이 업무 지시
- 제3자 신고(피해자 실명) → 피해자에게 사실 확인 → 신고서 작성 → 본청에 신고서 점수 보고
- 제3자 신고(피해자 익명) → 전수조사로 피해자 특정 → 피해자에게 사실 확인 → 신고서 작성 ※ 피해자 특정 불가 시 사건 종료
- 언론보도 → 교육청에 사안 내용 및 경과 보고 → 신고서 작성 → 본청에 신고서 접수 보고
• 교직원간 사안(교직원 피해-교직원 가해)의 인지 경로(예시)
- 성고충상담 → 성고충상담원이 학교장에게 보고 → 학교장이 성고충상담원에게 업무 지시 → 신고서 작성
- 피해자가 학교장에게 신고 → 성고충상담 실시 → 성고충상담원이 상담 내용 보고 → 학교장이 성고충 상담원에게 업무 지시→ 신고서 작성
- 제3자가 학교장에게 신고 → 피해 추정 교원에게 성고충상담 권유 → 성고충상담 → 성고충상담원이상담 내용 보고 → 학교장이 성고충상담원에게 업무 지시 → 신고서 작성

그림 14-1 사건 인지 및 학교장 보고

2. 성폭력 발생 시 대응 절차

성폭력 발생 시 신속하고 정확한 사안 처리가 이루어져야 하며, 사안 처리 시 필수사항은 다음과 같다(여성가족부, 2023). 첫째, 모든 사안 처리는 기록 및 문서화해야 한다. 둘째, 성폭력 피해자가 학생인 경우 학교 및 교직원은 신고 의무가 있다. 셋째, 성폭력과 관련된 업무를 수행하는 모든 사람은 비밀누설 금지 의무가 있다. 넷째, 필요시 성폭력(강간) 피해학생의 응급조치를 해야 한다. 먼저 피해학생의 몸을 씻지 않은 상태로 의료기관을 방문하여 진단받아야 한다. 그다음에는 성폭력 현장을 보존하고 CCTV가 설치되어 있는 경우 CCTV 화면을 확보하며, 증거물은 종이봉투에 빠짐없이 수거한다. 그 후 성교육 · 성폭력 전문기관과 연계하여 피해 측에게 안내한다. 다섯째, 대상별 위원회 및 심의를 하고 조치를 결정하고 이행한다. 학교에서 성폭력 피해가 의심된다면 즉시 성폭력 피해 지원 전문기관에 문의해야 하는데, 학교의 성폭력 대응 절차는 [그림 14-2]와 같다.

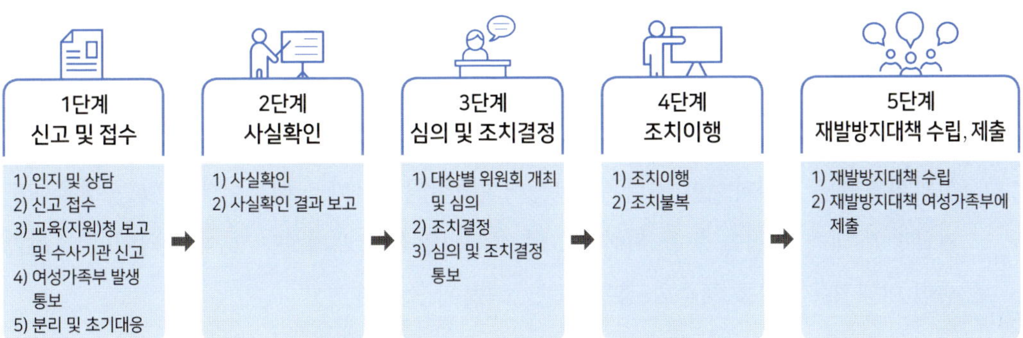

그림 14-2 학교의 성폭력 사안 대응 절차

[그림 14-2]에서와 같이 피해학생에게 발생한 사안이 명백한 성폭력이라면 교사는 알게 된 즉시 수사기관에 신고해야 한다. 학교장은 성희롱 · 성폭력 사안 해결 총책임자로서 사안의 정확한 파악, 사안의 신속하고 정확한 처리를 위해 관련 구성원 소집 및 업무를 지시하고 결과를 수시 보고받고 모니터링을 실시해야 한다. 사안보고를 받은 즉시 학생 사안의 경우 신고 의무에 따라 수사기관에 신고 및 교육청에 보고토록 조치해야 한다. 소문 등으로 인한 2차 피해를 예방하기 위해 외부와의 의사소통 창구를 일원화해야 하며, 사안 관련 가정통신문 배포나 홈페이지 공지글은 오히려 소문 유포나 언론보

도 등으로 2차 피해가 발생할 수 있으므로 유의하여 검토해야 한다. 학교 내 성희롱 · 성폭력 사안이 발생 시 대처할 수 있는 과정은 [그림 14-3]과 같다.

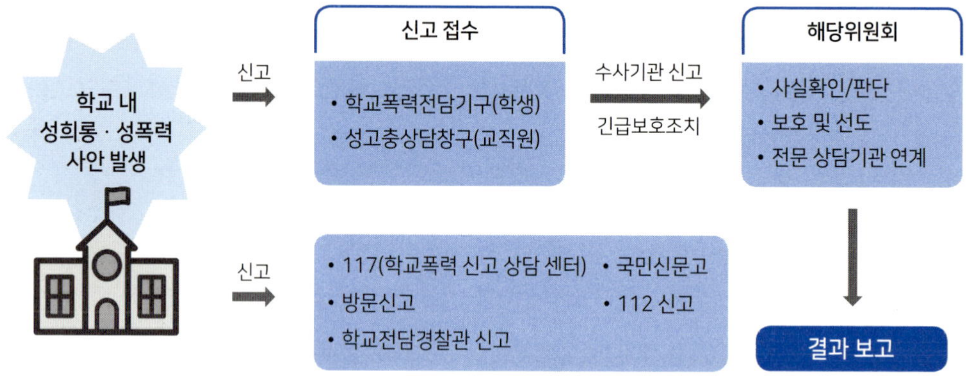

그림 14-3 학교 내 성폭력 발생 후 대처 과정

성폭력 피해 사실이 인정되면 교사는 수사기관에 즉시 신고해야 하고, 사안에 대해서는 성폭력 피해 지원 전문기관이 개입하여 필요한 조치를 하게 된다(울산시교육청, 2011). 이때 학교에서는 피해학생이 성폭력으로 인한 신체적 · 심리적 상처와 후유증을 극복할 수 있도록 적극적으로 협조해야 한다. 전담기구에서 조사를 하고 학교장 자체해결 여부에 따라 학교장 자체해결이 불가할 경우 학교폭력대책심의위원회 또는 성고충심의위원회를 개최하여야 한다. 학교폭력대책심의위원회가 이루어지지 않는 경우에도 재발방지 대책 수립을 등을 위한 성고충심의위원회는 개최하는 것이 원칙이나 피해학생이 미개최동의서를 제출할 경우에는 개최하지 않는다.

성희롱 · 성폭력 사안이 보고되면 학교장은 관련 법령과 지침에 따라 피해자 보호조치, 수사기관 신고, 교육청 보고, 여성가족부 통보 등의 의무가 발생한다. 사건 인지 후 학교장 보고가 즉각 이루어지지 않아 피해자 조치가 늦어지면 더 큰 피해가 발생할 수 있고 사건 처리가 지연된 것에 대한 문제가 제기될 수 있으므로 유의해야 한다(서울특별시교육청, 2024). 성폭력 발생을 인지 한 후 신고인(피해자) 보호를 위해 신고인 · 피신고인 분리 조치를 시행한다(「성희롱 · 성폭력 예방지침 표준안」 제13조 제1항). 이때 신고인을 보호하고 2차 피해가 발생하지 않도록 주의하여 처리해야 한다. 학교에서 사안 처리 이후 재발방지 대책을 수립해야 한다. 재발방지대책 보고는 발생 사실을 안 날로부터 3개월 이내에 여성가족부장관에게 제출해야 한다. 단, 기관장 등에 의한 성폭력 사건의 경우 1개월 이내에 제출해야 한다(「성폭력방지법」 개정 2023. 4. 18.). 재발방지 내용에는 사건 처리 경과 및 조치결과에 대한 사항, 예방교육 개선, 그 밖에 재발방지를 위해 필요한 사항이 포함되어야 한다(「양성평등기본법 시행령」 제20조의2 및 「성폭력 방지법 시행령」 제2조의3).

아동·청소년의 성폭력 사안 처리 시 구체적인 권장 사항은 다음과 같다(여성가족부, 2024). 첫째, 관련 학생의 교내 조사는 휴식시간 또는 일과 후에 실시함으로써 학습권을 보장한다. 둘째, 관련 학생의 수사기관 조사 시 학생의 인권을 최대한 보장할 수 있는 방안을 모색한다. 셋째, 2차 피해에 대한 사전 예방 대책을 마련한다. 넷째, 심의위원회의 조치는 처벌이 아닌 교육 및 선도가 목적이므로 피해학생이 가해자 측의 법적 처벌을 원할 경우에는 민형사상 조치를 안내한다. 다섯째, 성폭력 사안 처리 종료는 피해·가해 측의 화해 또는 합의 시점이 아닌 심의위원회의 조치결정 및 이행이 완료된 시점이다. 여섯째, 모든 사안 처리는 영상, 음성, 문자 등으로 기록·문서화함으로써 추후 갈등이 발생할 가능성을 최소화한다. 일곱째, 관할 교육청에 따라 성폭력 사안 처리의 부서 및 절차가 다르므로 사전에 확인한다. 여덟째, 성폭력 사안 발생 시 이를 효과적으로 처리하기 위해서 성폭력 사안이 발생하기 전에 지역의 지구대, 병원, 법률기관, 성교육/성폭력 전문기관 등과 긴밀한 협조체제를 구축하고 유지해야 한다.

성폭력 사안 처리 시 교사의 유의사항은 다음과 같다(서울특별시교육청, 2016). 첫째, 교사는 법에 따라 성폭력 피해 사실을 신고해야 할 의무가 있으며, 교장이나 교감 등 어떤 상급자도 법적 신고 의무를 제지하거나 제한할 수 없음을 명심해야 한다. 둘째, 사건을 숨기거나 학교 내에서 임의로 사건을 해결하려 하지 않는다. 셋째, 교사는 상급자에게 보고하고, 필요시 전문기관에 문의 및 상담한다. 넷째, 학교의 잘못된 대처로 수사 및 피해자의 치료 시기를 놓치는 경우 민형사상의 법적 책임을 부담할 수 있다. 다섯째, 다른 교사나 학생들에게 비밀이 누설되지 않도록 유의하며, 2차 피해가 발생하지 않도록 유의한다. 여섯째, 주변 학생들에게 성폭력 피해의 심각성과 피해자 지지 및 보호의 필요성을 충분히 설명하고 납득시킨다.

1) 성폭력 사안 인지

성폭력 사안은 일반적으로 제3자에 의한 신고를 통하여, 또는 피해학생이 직접 진술하거나 주변 사람들이 피해학생의 행동 징후를 관찰함으로써 발견된다. 그러나 실제로 피해를 당한 학생이 직접 나서서 자신의 피해 상황을 밝히고 도움을 청하기를 기대하는 것은 어렵다. 오히려 피해학생은 상담하는 것을 꺼려 교사에게 아예 이야기하지 않으려고 한다. 또한 피해 사실을 알린다 하더라도 너무 늦게 말해서 이미 2차 피해를 입은 상태이거나 증거 확보가 어려워 사건의 해결이 어렵게 되는 경우가 많다. 따라서 교사는 일상적으로 학생과의 상담이나 평소의 행동 관찰 및 면담 등을 통해 성폭력 피해를 의심할 수 있는 징후를 알아차릴 수 있어야 한다.

(1) 성폭력 징후 파악

성폭력 피해학생은 연령에 비해 조숙한 성적 표현을 사용하거나 성적인 묘사가 명백한 그림을 그리는 등 성과 관련된 징후를 보일 수 있고, 성과 직접적으로 관련되지는 않더라도 섭식장애, 복통, 불안 등과 같이 성폭력 피해로 인해 발생되는 2차적인 행동 특성을 드러낼 수 있다. 자신을 가치 없는 존재라고 생각하여 자살을 시도하는 등 자기파괴적이거나 위험을 무릅쓴 행동을 하기도 하고, 거짓말, 절도, 분노 표현을 심하게 하는 등의 특성을 나타내기도 한다. 반대로 정상적으로 드러낼 수 있는 감정반응을 거의 나타내지 않는 경우도 의심을 해 보아야 한다(울산시교육청, 2011). 그 밖에 성폭력 피해학생이 보이는 특징적인 태도 및 행동의 징후는 [그림 14-4]와 같다.

- 성기 혹은 항문이 아프다고 함
- 소변을 볼 때 아프다고 하거나 밤에 오줌을 싸기도 함
- 갑자기 씻기 싫어하거나 옷 갈아입기를 싫어함
- 입에서 냄새가 난다고 함
- 잦은 양치질, 손 씻기, 옷 갈아입기 등 강박적 행동을 보임
- 혼자 있기 싫어함
- 불을 못 끄게 함
- 잠을 잘 못 자고 자주 악몽에 시달리거나 퇴행행동을 보임
- 어린이집, 보육원, 학교 등을 가지 않으려고 함
- 말을 잘 안 하고, 신경질이나 짜증, 또는 욕설을 자주 함
- 부모가 모르는 장난감이나 과자류를 가지고 있음
- 음식을 잘 먹지 않거나 과식 또는 폭식을 함
- 사용하지 않던 성적 언어를 사용함
- 자위행위가 증가하는 등 성적 행동이나 성적 욕구를 드러냄

그림 14-4 성폭력 피해의 태도 및 행동의 징후

출처: 울산시교육청(2011).

모든 성폭력 피해학생에게서 피해의 징후가 나타나는 것은 아니며, 개인에 따라서 오히려 드러나지 않거나 표현하지 못하기도 한다. 뿐만 아니라 학생에게 성폭력 피해의 징후로 볼 수 있는 몇 가지 특성이 나타난다고 하여 이를 근거로 성폭력에 노출되었다고 섣부르게 단정 짓는 것도 바람직하지 않다(울산시교육청, 2011). 피해학생의 연령에 따라서 징후의 종류가 다르고 표현 방식도 차이를 보일 수 있기 때문에 성폭력으로 판단하기 이전에 다른 가능성도 고려하여야 한다. 피해 징후로 의심되는 변화가 관찰되었다면 사실 확인과 원인 파악을 위해 성폭력 피해 지원 전문기관의 전문적인 검사와 상담을 받도록 해야 한다. 즉, 성폭력은 특성상 물적 증거가 제한되고, 피해학생의 기억력 소실 가능성이 있기 때문에 성폭력이 발생할 경우 무엇보다 신속하고 적절한 대응으로 학생의 신체적 · 정신적 피해를 최소화해야 한다. 이를 위해서는 학교에서 시간을 지체하기보다 전문성을 갖춘 기관에 의뢰하여 피해의 객관적인 증거를 확보하는 것이 좋다(여성가족부, 2013a). 드러나지 않은 피해의 가능성이 있으므로 성폭력 피해에 대한 판단은 학교에서 하는 것이 아니라 성폭력 피해 지원 전문기관에 의뢰하여 전문적인 조사가 이루어지도록 해야 한다(울산시교육청, 2011). 단, 학교에서 성폭력 피해 지원 전문기관에 성폭력 사안을 의뢰하는 일은 학교폭력에 준하여 전담기구와 성고충위원회에서 담당한다(여성가족부, 2023).

(2) 사안의 개요 파악

학생에게 피해를 의심할 만한 징후를 발견하였다면 교사는 사안의 개요를 파악하여 이를 근거로 성폭력 피해 지원 전문기관에 의뢰하여야 한다. 사안의 개요를 파악하기 위하여 피해학생을 면담할 때 교사는 자신이 지킬 수 없는 약속을 하지 않도록 주의하며 극심한 혼란을 겪고 있는 피해학생이 정서적 안정을 찾을 수 있도록 도와주어야 한다. 학생이 안정감을 느낄 수 있도록 라포를 형성한 후 특별한 사건, 과거 경험에 대해서 자연스럽게 이야기하도록 하는데, 이때 피해학생이 천천히 이야기할 수 있도록 충분히 시간적 여유를 주어야 한다. 피해학생이 말로 하기 어려워할 경우 글로 작성할 수 있도록 하고, 같은 내용을 반복하여 진술하는 것을 피하기 위하여 면담 내용을 기록하는 것이 필요하다. 기록을 할 때 교사는 객관적이고 중립적인 관점을 유지해야 한다. 만약 단순한 기록이 아니라 면담과정을 녹음하려고 한다면 학생과 보호자의 동의를 얻어야 한다. 이렇게 기록된 자료는 성폭력 피해에 대한 수사가 진행될 경우 근거 자료로 사용될 수 있는데, 경찰 등 관련기관의 공식적인 협조 요청이 있을 때에만 제공하도록 한다(울산시교육청, 2011).

학생 면담과정에서 성폭력 행위에 대하여 학생이 스스로 언급하지 않는다면 교사는 구체적인 세부사항을 캐묻지 않도록 한다. 다만, 관찰되는 신체적 외상 및 정신적 충격을 비롯하여 피해학생이 드러내는 징후를 통해서 학생이 어느 정도의 위기 상황에 처해 있는지와 안전 수준은 어떠한지 파악하는 것이 필요하다. 성폭력 사안을 신고하기에 앞서 드러난 사안 이외에도 추가적인 성폭력이 더 있었는지, 혹은 성폭력을 신고하는 것에 대해서 가해자 또는 주변 사람들로부터 위협이 있었는지 여부를 확인해야 한다. 또한 학교 이외의 공간에서 어떤 후유증을 나타내는지 파악하고 피해학생에게 지속적인 도움을 줄 수 있는 주변 자원이 있는지 확인하는 과정도 필요하다(울산시교육청, 2011). 사안의 개요를 파악하기 위한 대상별 조사내용은 〈표 14-1〉과 같다(여성가족부, 2017c).

표 14-1 대상별 사안 조사 내용

대상	조사 내용
피해학생	• 육하원칙에 따라 사안에 대한 구체적인 말과 행동 등을 조사 · 기록 • 피해학생은 피해 당시의 상황을 정확하게 기억하지 못할 수 있고 기억하는 것을 피할 수도 있으므로, 조사과정에서 태도 및 어조에 유의해야 함 • 일회성 사안이 아닌 경우 각 사안의 발생 장소, 지속기간, 횟수, 피해 정도를 모두 조사 · 기록 • 피해학생이 원할 경우 동성(同性)의 상담자와 상담
가해학생	• 육하원칙에 따라 사안에 대한 구체적인 말과 행동 등을 조사 · 기록 • 행위의 동기 역시 조사 · 기록 • 가해학생에게 행위에 대해 설명할 수 있는 기회를 충분히 제공하고, 사안에 대해 예단하지 않도록 조사과정에서 태도 및 어조에 유의해야 함 • 일회성 사안이 아닌 경우 각 사안의 발생장소, 지속기간, 횟수, 피해 정도를 모두 조사 · 기록
목격자 등 제3자	• 피해 · 가해 측의 사실관계에 대한 주장이 일치하지 않을 경우 필요함 • 피해 · 가해 측으로부터 사실관계 확인이 충분하지 않을 경우 필요함 • 다수의 관련자들을 조사해야 할 경우, 각각 다른 장소에서 분리하여 조사해야 함

성희롱 · 성폭력 상담일지는 [그림 14-5]와 같이 육하원칙에 맞추어 작성하되 피해학생의 현재 행동과 태도도 주의 깊게 관찰하여 기록한다(서울특별시교육청, 2024). 적절한 도움을 제공하기 위하여 피해학생, 가해학생으로 각각 나누어 면담을 진행하도록 하며, 이때 필요한 내용과 점검 사항은 [그림 14-6]과 [그림 14-7]을 참조한다. 성희롱 · 성폭력 상담일지 이외에도 확보된 증인과 증거가 있다면 성폭력 피해 지원 전문기관에 의뢰

성희롱 · 성폭력 상담일지(학생용)

<table>
<tr><td>상담일시</td><td colspan="5"></td><td>사례번호</td><td>제20○○- 호</td></tr>
<tr><td>상담신청인 성명</td><td></td><td>학년/반</td><td></td><td>회기(차수)</td><td>회</td><td>상담자</td><td></td></tr>
<tr><td>상담 방법</td><td colspan="7">대면( ) / 전화( ) / 메일( )</td></tr>
<tr><td colspan="8">상담내용</td></tr>
<tr><td colspan="8">※ 상담 시작 전에 상담내용 중 성희롱 · 성폭력 사안 관련 내용은 관리자에게 보고되며, 상담 중 학생의 피해 사실이 인지되면 관리자 보고, 수사기관 신고, 보호자 통보 및 교육(지원)청 보고가 이루어짐을 고지해야 함
※ 객관적 사실, 신고인의 말을 위주로 기록하고, 성고충상담원 개인의 의견, 판단을 기재하는 것은 지양함

• 상담신청인이 겪은 일(육하원칙에 맞춰서 구체적으로 기술)

• 성희롱–성폭력 피해 여부에 대한 상담신청인의 의사 확인
(상담신청인이 성희롱 · 성폭력 피해를 입었다고 생각하는지를 확인)

• 피해자 요청 사항

• 상담원 안내 사항(상담원이 피해자에게 안내해 준 내용)
– 사안 처리 절차 안내[신고인 조사–(참고인 조사)–피신고인조사–성고충심의위원회]
– 성고충심의위원회 결정 사항 안내 (피해자 보호조치, 행위자 조치 건의, 해당 여부 판단, 재발방지 대책 수립)
– 소문 유포로 인한 2차 피해 예방을 위해서 신고인도 사안 내용을 제3자(친구, 동료 등)에게 말하지 않을 필요가 있음을 신고인에게 안내
– 직무상 알게 된 자(성고충상담원, 학교폭력담당교사, 교감, 교장) 외의 교원들은 전혀 알 수 없도록 보안이 유지되며, 조사는 교육청에서 맡아서 하고 성고충심의위원회에서는 익명으로 사안이 논의된다는 것을 안내하여 소문으로 인한 2자 피해에 대한 상담신청인의 우려를 해소시켜 줌</td></tr>
<tr><td colspan="8">상담 결과</td></tr>
<tr><td colspan="4">상담 중 성희롱 · 성폭력 피해 진술 여부</td><td colspan="4">상담신청인이 성희롱 · 성폭력 피해 여부를 잘 모르는 경우</td></tr>
<tr><td colspan="2">피해 진술 있음
(성희롱 · 성폭력
신고 대상)</td><td colspan="2">피해 진술 없음
(성희롱 · 성폭력
신고 대상 아님)</td><td colspan="4">상담신청인은 다음 상담까지 보호자와
함께 피해 여부에 대하여 숙고</td></tr>
<tr><td colspan="2">( )</td><td colspan="2">( )</td><td colspan="4">( )
차기 상담: 20○○. ○○. ○○.</td></tr>
<tr><td colspan="4">상담신청인 성명:</td><td colspan="4">(서명)</td></tr>
</table>

그림 14-5 성희롱 · 성폭력 상담일지(학생용) 예시

세부사항 점검표(피해학생용)

<table>
<tr><th>항목</th><th>내용</th></tr>
<tr><td rowspan="2">피해학생</td><td>성별(남, 여)　나이 (　세)</td></tr>
<tr><td>장애 유무(　　　)</td></tr>
<tr><th colspan="2">필요한 조치</th></tr>
<tr><td colspan="2">가해학생과의 관계: 아는 사람 (　), 모르는 사람 (　)</td></tr>
<tr><td colspan="2">1. 현재 시급하게 필요한 조치
(의료 지원, 신고 및 고소 · 고발, 상담을 통한 사건해결, 피신처 제공, 성교육, 기타)
2. 그 외 피해학생에게 필요한 지지</td></tr>
<tr><th colspan="2">피해학생의 특징</th></tr>
<tr><td>신체적 외상</td><td>타박, 상처, 창백한 얼굴 등</td></tr>
<tr><td>정서적 반응</td><td>울음, 어눌한 말투, 혼돈, 공격적, 공포 등</td></tr>
<tr><td>외관상 특징</td><td>옷매무새, 머리 모양 등</td></tr>
<tr><th colspan="2">피해학생의 대응 능력</th></tr>
<tr><td>가해자 판별 가능성</td><td></td></tr>
<tr><td>고소 희망 여부</td><td></td></tr>
<tr><th colspan="2">피해학생의 안전</th></tr>
<tr><td colspan="2">피해학생의 안전 여부(추가 피해 여부, 신체적 · 정서적 위협 유무)</td></tr>
<tr><th colspan="2">평소 피해학생과 보호자의 관계 평가</th></tr>
<tr><td colspan="2">피해학생과 보호자의 평소 관계
보호자에게 이 사실을 알리고 지지와 보호 청할 수 있는지 여부
보호자의 지지 및 보호 능력 여부</td></tr>
<tr><th colspan="2">평소 피해학생과 가해학생의 관계 평가</th></tr>
<tr><td colspan="2">피해학생과 가해학생의 평소 관계 및 사후 위험 정도 및 가능성</td></tr>
<tr><th colspan="2">피해 극복을 위한 활용 가능한 자원</th></tr>
<tr><td colspan="2">상담소/종교기관/친인척/기타</td></tr>
<tr><td colspan="2">년　월　일　상담자:　　　　　(인)</td></tr>
</table>

그림 14-6 사안 파악을 위한 세부사항 점검표(피해학생)

세부사항 점검표(가해학생용)

<table>
<tr><th>항목</th><th>내용</th><th>비고</th></tr>
<tr><td rowspan="3">가해
학생</td><td>성별(남, 여) 나이(세)</td><td></td></tr>
<tr><td>장애유무( )
가해 횟수(초범, 재범)</td><td></td></tr>
<tr><td>피해학생과의 관계: 아는 사람( ), 모르는 사람( )</td><td></td></tr>
<tr><td rowspan="3">피해
학생</td><td>인적사항</td><td></td></tr>
<tr><td>피해학생의 수</td><td></td></tr>
<tr><td>피해학생의 특징</td><td></td></tr>
<tr><td rowspan="4">가해
내용</td><td>누가</td><td></td></tr>
<tr><td>언제</td><td></td></tr>
<tr><td>어디서</td><td></td></tr>
<tr><td>가해 동기
(횟수, 지속기간, 폭력 · 협박 · 흉기 사용, 약물 혹은 음주 여부, 음란 비디오나 서적 등 모방 여부)

공범 유무</td><td></td></tr>
<tr><td colspan="3">가해로 인해 발생하거나 예측되는 문제</td></tr>
<tr><th colspan="3">가해학생의 인적자원 평가</th></tr>
<tr><td colspan="3">가해학생과 보호자의 평소 관계:
가해학생 상담을 위해 사용할 수 있는 인적자원:</td></tr>
<tr><th colspan="3">가해학생의 상태</th></tr>
<tr><td colspan="3">사건에 대한 가해학생의 인식 정도:
현재 가해학생의 심리적 · 신체적 상태:
가해에 대한 인식 정도:</td></tr>
<tr><td>신고기관</td><td colspan="2"></td></tr>
<tr><td colspan="3">년 월 일 상담자: (인)</td></tr>
</table>

그림 14-7 사안 파악을 위한 세부사항 점검표(가해학생)

할 때 함께 자료를 제공한다. 한편, 교사가 사안을 인지하기 이전에 성폭력으로 신고가 되어 이미 전문가 면담이 실시되었다면 교사의 면담은 유보하는 것이 바람직하다. 이는 피해학생에게 반복적으로 질문함으로써 처음 내용이 더 확대되거나 혼선을 초래할 수 있기 때문이다.

요컨대, 교사는 관찰로 드러난 피해학생의 징후와 면담을 통해 파악한 사안의 개요를 바탕으로 심리적 불안감 해소, 법적 지원, 의료적 도움 등 피해학생에게 우선적으로 필요한 지원이 이루어질 수 있도록 한다(울산시교육청, 2011).

(3) 피해학생 면담 시 유의사항

학생에게 성폭력 사건이 발생한 사실을 알았을 때, 교사가 놀라거나 당황하는 감정을 과도하게 표현한다면 학생은 자신이 피해 사실을 이야기한 것에 대해 뭔가 잘못한 일이라는 느낌을 받을 수 있다. 이렇게 되면 학생은 이후에 피해 내용을 자세히 이야기하기 꺼려 하거나 자신의 힘든 속마음을 드러내지 못할 수 있다. 그러므로 교사는 피해학생을 면담할 때 가능한 침착한 태도로 대처해야 한다.

면담의 장소는 조용하고 독립된 공간으로서 피해학생이 안정감을 느낄 수 있어야 하며 면담을 시작하기에 앞서 면담한 내용에 대하여 비밀이 보장된다는 점을 반드시 알려야 한다. 성폭력 피해학생의 행동 징후와 진술을 확인할 때 교사는 피해학생의 정서에 미치는 충격을 최소화하기 위해 노력해야 한다. 즉, 피해학생의 이야기를 믿어 주고 경청하며 학생이 말하는 내용에 대해 침착하게 반응해야 한다. 성폭력 피해가 발생한 것이 피해학생의 잘못이 아님을 인식시키며, 학생이 겪는 고통을 이해하고 지지해 준다(교육과학기술부, 2012). 또한 피해학생에게 말할 권리가 있고 말하는 것이 용기 있는 행동임을 격려하는 것이 바람직하다.

특히 심리적으로 불안정한 상태에 있는 피해학생은 교사의 언어적 · 비언어적 태도에 민감할 수 있으므로 언행에 유의해야 한다. 학생이 겪은 피해 내용을 자세히 알기 위해서 유도질문을 하거나 반복적으로 혹은 너무 자세히 묻게 되면 피해학생은 혼란스러워 얼버무리거나 거짓으로 대답할 수 있으므로 충분히 안정시킨 후 편안하게 이야기할 수 있도록 한다. 즉, 사실 확인을 위해 너무 깊이 탐색하기보다 현재의 혼란스럽고 격한 감정을 추스를 수 있도록 돕는 것이 중요하다(울산시교육청, 2011). 윽박지르거나 다그치지 말고 피해학생을 대해야 하는데 “왜 조심하지 않았니?” 또는 “왜 도망가지 않았니?” 등의 질책하는 말을 하거나 가해학생의 입장에서 이야기하면 피해학생은 죄책감 등의 감정을 느낄 수 있다. 그러므로 가능한 "네 잘못이 아니야."와 같은 말로 다독이고 안심시켜 주는 것이 좋다.

교사가 피해학생을 면담할 때 해 주어야 할 말과 하지 말아야 할 말은 〈표 14-2〉와 같으며, 이는 교사가 학부모에게 사안을 알릴 때 학부모에게도 당부할 필요가 있다.

표 14-2 피해학생에게 해 주어야 할 말과 하지 말아야 할 말

해 주어야 할 말	하지 말아야 할 말
• "나는 너의 말을 믿어." • "때문에 일어난 일이 아니란다." • "아무 일 없을 거야." • "네가 나쁜 애라서 생긴 일이 아니란다." • "다른 사람이었더라도 마찬가지였을 거야. 그 상황에서는 어쩔 수 없었겠구나." • "이런 일이 있었다고 해서 네가 더렵혀졌거나 무가치한 사람인 것은 아니야."	• "그게 정말이니? 거짓말 아니니?" • "이제 어쩜 좋아!" • "거기를 왜 갔어!" • "그 친구들과 어울리지 말라고 그랬지!" • "조심하라고 그랬잖아!" • "그런 사람 피하라고 그랬잖아!" • "아무나 따라가지 말라고 했잖아!" • "왜 진작 말하지 않았어!" • "지금은 그만하고 나중에 말하자."

피해학생은 성폭력 사안의 조사와 해결 과정 중 심리적 충격을 반복적으로 받을 수 있다. 이를테면 상담, 의료, 수사 과정 중 피해학생의 학업 성적이나 옷차림, 가정환경, 평소 행동 등에 대해 선입견을 갖고 사건에 접근할 경우 오히려 피해학생에게 성폭력 사안 이외에 2차 피해의 상처를 줄 수 있다. 따라서 교사가 성폭력 피해학생을 면담할 때 의도와 무관하게 상처를 가중시킬 수 있음을 인식하여 세심한 주의를 기울여야 한다(교육과학기술부, 2012). 2차 피해를 줄 수 있는 교사의 언어적 표현을 예로 들어 보면 다음과 같다.

- "네가 옷을 그렇게 입고 다니니까 이런 일이 생기지."
- "네가 동의하지 않았니?"
- "그러게 왜 밤늦게까지 돌아다니니?"
- "너 때문에 학교 이미지가 안 좋아지겠다."

◈ 성폭력 2차 피해의 사례: 밀양 집단 성폭력 사건-끝나지 않은 이야기

처음부터 여자 경찰의 수사를 요청했으나 받아들여지지 않았고, 오히려 수사관으로부터 "밀양 물을 흐려 놓았다."라는 폭언을 들어야 했다. 그리고 경찰서에서 가해자 가족들로부터 "고소하고 잘 사나 보자."라는 위협을 받았으며, 언론에 피해자의 신상이 유출되어 피해자의 여동생까지 더 이상 학교에 갈 수 없는 지경에 이르렀다. 더욱이 경찰은 44명이나 되는 피의자들을 세워 놓고 그 면전에서 피해자에게 강간한 자와 강제추행한 자를 골라내라는 주문을 했다. 워낙 큰 사건이기도 했지만, 피해자는 경찰수사 기간에만 9차례나 불려 나갔고 한번에 7~8시간 이상씩 진술을 해야 했다. 이 사건을 위한 특별검사팀을 꾸렸다는 검찰도 마찬가지였는데, "왜 계속 밀양에 가서 피해를 당했느냐."라는 식으로 다그치는 태도는 피해자 비난의 논리를 그대로 반영하고 있었다. 피해자는 수사과정에서 정말 '이보다 더 할 수 없는' 인권침해를 입은 것이다.

2) 학부모 동의

성폭력 신고는 학부모 동의가 없어도 의무적으로 해야 하지만, 성폭력 사안이 의심되어 전문적 판단이 필요할 때 성폭력 피해 지원 전문기관에 의뢰하고자 한다면 학부모의 동의를 받아야 한다. 교사가 학부모에게 피해 사실을 알릴 때는 피해학생 학부모의 입장을 이해하고 감정을 공감해 주되, 사건 대응을 위해 필요한 내용을 정확하게 알려야 한다. 또한 피해 극복을 위한 의료 지원과 더불어 치유상담이 필요하다는 것과 어떤 방법으로 어떻게 상담이 진행될 것인지 알리고 동의를 얻어야 한다(울산시교육청, 2011). 이때 학부모가 성(性)에 대해 어떠한 태도를 가지고 있는지 점검할 필요가 있으며, 학부모에게 사안에 대해 알릴 때에는 다음의 내용을 고려해야 한다(김영란, 이정옥, 2007).

(1) 피해학생 학부모에 대한 공감과 심리적 지지

학부모 입장에서 자녀의 피해 사실을 수용하는 것은 매우 어려운 일이며 그렇기 때문에 심리적으로 격앙될 수 있고 두려움, 분노, 공포 등의 감정을 표출할 수 있다. 이에 대해 교사는 충분한 위로와 공감을 해 주며, 학부모가 자녀의 인생이 다 끝난 것처럼 좌절하거나 죄책감에 빠지지 않도록 심리적 지지를 제공하여야 한다. 만일 학부모 역시 사건으로 인한 심리적 충격이 너무 커서 심리적 치유가 필요하다면 도움을 받을 수 있는 성폭력 피해 지원 전문기관에 대한 정보를 제공하도록 한다(울산시교육청, 2011).

(2) 성폭력에 대한 부모 인식 점검

부모가 성폭력 피해의 원인을 피해학생 탓으로 돌려 비난과 분노를 표출하면 피해학생은 더 큰 상처를 입을 수 있다(울산시교육청, 2011). 이를 예방하기 위하여 교사는 부모의 성 인식을 점검할 필요가 있고 부모가 성에 대하여 잘못된 통념을 가지고 있다면 〈표 14-3〉과 같이 구체적인 내용을 알려 주는 것이 중요하다. 즉, 부모의 충격도 크겠지만 피해학생은 잘못이 없으며 현재 이 사안으로 가장 힘든 사람은 피해학생이라는 것을 인식시켜야 한다. 그 사실이 인식된 이후에 성폭력 피해로 인해 생길 수 있는 육체적·정신적 후유증과 어떤 치료가 필요하며 사건에 대한 법적 대응을 원할 경우 어디서 어떤 도움을 받을 수 있는지 등을 안내한다(여성아동폭력피해 중앙지원단, 2011b).

표 14-3 부모에게 알릴 때 점검할 사항

부모의 심리	알려 주어야 할 내용
왜 하필이면	• 성폭력이 일어나지 않는 안전한 장소나 환경은 없다. • 성폭력은 교통사고처럼 누구에게나 발생 가능한 일이다.
별일 아니니 그냥 덮어 두자	• 몸 만지기, 성기 보게 하기 등 심각한 성폭력이 아닌 것처럼 보이는 행위도 학생은 엄청난 충격을 받았을 수 있다. • 심각하든 경미하든 상관없이 사안을 그냥 덮어 두게 되면 학생은 상처와 충격을 혼자서만 감당해야 하며, 이는 2차, 3차 피해를 불러올 수 있다.
자녀의 잘못	• 성폭력 피해는 학생이 부모 말을 듣지 않아서, 또는 부주의하거나 제대로 대처를 하지 못해서 생긴 일이 아니다. • 어떤 학생도 성폭력을 원하지 않으며, 아직 발달적으로 미성숙한 학생에게 책임을 묻는 것은 정당하지 않은 일이다.
그럴 리가 없어	• 피해 사실에 대한 학생의 말을 믿지 않는 것은 잘못이다. • 특히 친족에 의한 성폭력일 경우 부모는 사실이 아니기를 간절히 바랄 수 있지만, 어떤 학생도 발생하지 않은 피해 사실을 허위로 말하지는 않는다.
모든 게 내 잘못	• 피해사건을 미연에 방지하거나 자녀를 제대로 보호하지 못했다는 부모의 죄책감은 이해할 수 있지만 그런 죄책감이 지나치면 곤란하다. • 언제나 그리고 어디서나 자녀를 항상 완벽하게 보호하는 일이 결코 쉽지 않은 일이다.

(3) 신고 절차에 대한 안내

학부모는 자녀의 피해 사실을 드러내지 않기 위해서 신고는 물론이고 사안 처리에 소극적이거나 부정적인 의견을 보일 수 있다. 그러나 당장 문제를 감춘다고 하여 해결되는 것은 없으며 오히려 추가 피해로 이어질 수 있다. 더욱이 미성년자의 경우 보호자의 도움 없이는 치료나 상담 등의 지원이 어렵기 때문에 미성년자 자녀에 대해 법적 책임을 갖는 부모의 협조가 필요하다는 점을 알리고 설득하는 과정이 필요하다.

이를 위해서 성폭력 피해로 인해 생길 수 있는 신체적 · 정신적 후유증에 필요한 치료와 도움을 받을 수 있는 기관을 학부모에게 안내하고, 특히 성폭력 실태 및 대응 절차, 병원과 관련 전문기관을 소개하며 신체적 피해에 대해 전문적 진단이 필요함을 알려 준다.

한편, 피해학생이 준비되지 않은 상태에서 신고할 경우 당사자인 피해학생이 큰 상처를 입고 오히려 학교와 교사를 불신할 수 있다. 따라서 신고하기 전 피해학생에게도 신고를 해야 하는 이유와 중요성을 이해시켜야 하며 수사과정을 설명하고 동의를 구해야 한다.

3) 성폭력 피해 지원 전문기관 의뢰

강간 등의 성폭력 사건에서 정액을 채취하는 것과 같이 가해자 식별을 위해 반드시 필요한 주요 단서는 전문적인 진찰을 받아야 얻을 수 있다. 그러나 학교에서 미흡하게 대처하여 결정적인 시간이 경과한다면 수사에 필요한 주요 단서가 소멸되거나 치료 시기를 놓칠 수 있기 때문에 신속히 신고하는 것이 중요하다(울산시교육청, 2011). 당장은 피해학생 측에서 가해자를 고소할 생각이 없다는 의사를 밝혔다고 해서 필요한 절차를 간과하고 사안 처리를 진행한다면 나중에 고소를 원할 때 증거가 부족할 수 있고 이로 인해 가해자에 대한 처벌이 제대로 이루어지지 않을 수 있으므로 반드시 증거를 확보해 두어야 한다(한국청소년정책연구원, 2012a). 이러한 과정은 학교에서 단독으로 추진할 수 없으므로 성폭력 피해 지원 전담기관과 협력하여 진행하도록 한다.

(1) 신고의 의무

피해학생의 심리상담 및 일시보호 등을 위해 성폭력 피해 지원 전문기관에 의뢰할 경우에는 피해학생의 동의가 필요하지만 성폭력의 신고는 피해학생의 동의 유무와 상관없이 반드시 이루어져야 한다(교육과학기술부, 2012). 「아동 · 청소년의 성보호에 관한 법률」(약칭 「청소년성보호법」) 제34조 제2항에 따라 학교(유치원)에서 근무하는 단체의 장과 그 종사자는 직무상 아동 · 청소년 대상 성범죄 발생 사실을 알게 된 때에는 즉시 수사기관에 신고하여야 한다(서울특별시교육청, 2024).

- **신고 의무자**: 기관장과 그 종사자(교직원, 파견 근로자, 방과 후 강사, 봉사자 모두)
- **'신고 대상 성범죄'의 종류**: 아동 · 청소년에 대한 강간 및 강제추행, 아동 · 청소년 이용 음란물의 제작 · 배포, 아동에게 성적 수치심을 주는 성희롱 · 성폭력, 통신매체

를 이용한 음란행위 등 (「청소년성보호법」 제2조 제2호)

- **'직무상 알게 됨'의 의미**: 피해자의 주장 등으로 성범죄 발생 사실을 알게 된 때
- **'즉시'의 의미**: 인지한 때로부터 24시간 이내
- **'신고'의 의미**: ☎ 117, 학교전담경찰관, 경찰서, 긴급 사안 112 등 수사기관에 발생 시간, 장소, 피해자, 가해자 등에 관한 정보를 알림(신고접수증 확보, 접수자 정보와 시간 확인)

성폭력 사안의 신고와 관련하여 교사는 [그림 14-8]과 같이 관련법에 따라 성폭력 피해 사실을 신고해야 할 의무를 지니고 있으며, 학교장을 비롯하여 누구도 법적 신고 의무를 제지하거나 제한할 수 없다. 뿐만 아니라 학교장 등 관리자는 법에서 정한 신고 의무에 따라 성폭력 피해 사실을 신고한 교사를 격려하고 보호하며 필요한 지원을 해야 한다. 특히 교사가 학생의 성폭력 피해 사실을 알게 될 때, 학교 내 위계질서나 대외 이미지 실추에 따른 질책 등을 두려워하여 신고를 꺼려 하는 경우가 발생하지 않도록 해야 한다(울산시교육청, 2011). 교사의 신고 의무와 관련된 「청소년성보호법」 및 「성폭력방지법」 내용은 [그림 14-8]과 같다.

교사는 성폭력 피해를 알게 된 즉시 신고하는데, 성폭력이 일어난 장소나 가해자의 주소지 혹은 피해학생 주소지의 관할 경찰서나 지방경찰청, 또는 관할 검찰청, 여성긴급전화 1366, One-stop 지원센터(117)의 신고기관 중 한 곳에 연락하도록 한다(여성가족부, 2007). 강간 및 강제추행 등의 성폭력에 대해서는 피해학생의 고소가 있어야 수사를 할 수 있는 친고죄였으나 「형법」 및 「청소년성보호법」 등의 개정(2013. 6. 19. 시행)으로 당사자의 고소가 없어도 공소를 제기할 수 있다. 또한 아동 · 청소년을 대상으로 한 성폭력의 공소시효는 해당 성폭력으로부터 피해를 당한 아동 · 청소년이 성년에 달한 날로부터 진행되며, 더욱이 만 13세 미만의 여자 및 장애가 있는 여자에 대해서는 공소시효가 적용되지 않으므로 학교와 교사는 이에 근거하여 학생의 성폭력에 대한 법적 절차가 진행될 수 있도록 협조해야 한다. 성폭력 피해를 관련기관에 연락하였다 하더라도 피해학생의 인적사항 등을 밝히지 않은 상태에서 상담하였거나 전화로만 연락을 한 경우라면 신고로 인정되지 않는다. 성폭력 사안을 신고할 때는 학교의 전담기구를 중심으로 협의한 후 [그림 14-9]와 같은 성희롱 · 성범죄 사건 신고서의 서식을 작성하여 보고하여야 한다(서울특별시교육청, 2024).

제34조(아동 · 청소년 대상 성범죄의 신고)

① 누구든지 아동 · 청소년 대상 성범죄의 발생 사실을 알게 된 때에는 수사기관에 신고할 수 있다.

② 다음 각 호의 어느 하나에 해당하는 기관 · 시설 또는 단체의 장과 그 종사자는 직무상 아동 · 청소년 대상 성범죄의 발생 사실을 알게 된 때에는 즉시 수사기관에 신고하여야 한다. 〈개정 2014. 1. 21., 2018. 1. 16., 2019. 11. 26., 2020. 12. 8., 2023. 4. 11.〉

1. 「유아교육법」 제2조제2호의 유치원
2. 「초 · 중등교육법」 제2조의 학교, 같은 법 제28조와 같은 법 시행령 제54조에 따른 위탁 교육기관 및 「고등교육법」 제2조의 학교

2의2. 특별시 · 광역시 · 특별자치시 · 도 · 특별자치도 교육청 또는 「지방교육자치에 관한 법률」 제34조에 따른 교육지원청이 「초 · 중등교육법」 제28조에 따라 직접 설치 · 운영하거나 위탁하여 운영하는 학생상담지원시설 또는 위탁 교육시설

2의3. 「제주특별자치도 설치 및 국제자유도시 조성을 위한 특별법」 제223조에 따라 설립된 국제학교

3. 「의료법」 제3조의 의료기관
4. 「아동복지법」 제3조제10호의 아동복지시설 및 같은 법 제37조에 따른 통합서비스 수행기관
5. 「장애인복지법」 제58조의 장애인복지시설
6. 「영유아보육법」 제2조제3호의 어린이집, 같은 법 제7조에 따른 육아종합지원센터 및 같은 법 제26조의2에 따른 시간제보육서비스지정기관
7. 「학원의 설립 · 운영 및 과외교습에 관한 법률」 제2조제1호의 학원 및 같은 조 제2호의 교습소
8. 「성매매방지 및 피해자보호 등에 관한 법률」 제9조의 성매매 피해자 등을 위한 지원시설 및 같은 법 제17조의 성매매 피해상담소
9. 「한부모가족지원법」 제19조에 따른 한부모가족복지시설
10. 「가정폭력방지 및 피해자보호 등에 관한 법률」 제5조의 가정폭력 관련 상담소 및 같은 법 제7조의 가정폭력피해자 보호시설
11. 「성폭력방지 및 피해자보호 등에 관한 법률」 제10조의 성폭력피해상담소 및 같은 법 제12조의 성폭력 피해자 보호시설
12. 「청소년활동 진흥법」 제2조제2호의 청소년활동시설
13. 「청소년복지 지원법」 제29조제1항에 따른 청소년상담복지센터 및 같은 법 제31조제1호에 따른 청소년쉼터

13의2. 「학교 밖 청소년 지원에 관한 법률」 제12조에 따른 학교 밖 청소년지원센터

14. 「청소년 보호법」 제35조의 청소년 보호 · 재활센터
15. 「국민체육진흥법」 제2조제9호가목 및 나목의 체육단체
16. 「대중문화예술산업발전법」 제2조제7호에 따른 대중문화예술기획업자가 같은 조 제6호에 따른 대중문화예술기획업 중 같은 조 제3호에 따른 대중문화예술인에 대한 훈련 · 지도 · 상담 등을 하는 영업장(이하 "대중문화예술기획업소"라 한다)

③ 다른 법률에 규정이 있는 경우를 제외하고는 누구든지 신고자 등의 인적사항이나 사진 등 그 신원을 알 수 있는 정보나 자료를 출판물에 게재하거나 방송 또는 정보통신망을 통하여 공개하여서는 아니 된다.

그림 14-8 교사의 신고 의무

성희롱 · 성폭력 신고서(1페이지용)

* 사안번호: (　　)학교 20○○-○호

<table>
<tr><td rowspan="2">학교명</td><td rowspan="2">○○○학교</td><td rowspan="2">교감</td><td>성명</td><td></td><td rowspan="2">담당자</td><td>성명</td><td></td></tr>
<tr><td>휴대전화</td><td></td><td>휴대전화</td><td></td></tr>
<tr><td colspan="2">학교장 인지일</td><td colspan="6">20　년　월　일 (　요일) ○○:○○</td></tr>
<tr><td>당사자</td><td>성명</td><td>성별</td><td colspan="3">연락처
※ 신고인(피해자)이 학생일 때
보호자 연락처 반드시 기재</td><td colspan="2">이메일</td></tr>
<tr><td rowspan="2">신고인
(피해자)</td><td>김○○</td><td>여</td><td colspan="3">피해자) 010-1234-5678
학생 보호자) 010-1234-5678</td><td colspan="2"></td></tr>
<tr><td colspan="7">학생(　), 정규교원(　), 기간제교원(　), 시간강사(　), 교육공무직원(　), 기타(　)</td></tr>
<tr><td>대리 신고인</td><td>이○○</td><td>남</td><td colspan="5">010-1234-5678</td></tr>
<tr><td>피신고인</td><td>박○○</td><td>여</td><td colspan="5">010-1234-5678</td></tr>
<tr><td>신고인
(피해자)
주소</td><td colspan="4">(○○○○○)</td><td>인지
경로</td><td colspan="2">• 피해자 직접 신고
• 주변 동료(학생) 신고
• 담임, 보호자 신고</td></tr>
<tr><td rowspan="3">신고인/
피신고인
분리 여부</td><td rowspan="3">• 분리 일자 · 방법
20○○. 3. 5.
피신고인 연가 사용</td><td rowspan="3">수사
기관
신고</td><td rowspan="3">• 신고 일자 · 방법
20○○. 3. 5.
○○경찰서 공문 발송</td><td colspan="4">※ 학생 피해 사안만 기재</td></tr>
<tr><td colspan="2">보호자 통보 일자</td><td colspan="2">20○○. 3. 15.</td></tr>
<tr><td colspan="2">학생 생년월일</td><td colspan="2">20○○. 7. 13.</td></tr>
<tr><td>신고 내용</td><td colspan="7">• 사안 내용을 육하원칙에 따라 기재(일시, 장소, 피신고인의 말과 행동, 횟수, 지속성 등)
• 피신고인의 말은 직접 인용하여 기재(피신고인이 "~~~ "라고 말함)
• 목격자(증인), 증거자료(CCTV, SNS 캡처, 문자, 녹취 등) 유무에 대한 기제
(스쿨미투 사안은 증거자료 있는 경우, 신고서 본청 제출 시 자료 첨부하여 제출)</td></tr>
<tr><td>요구 사항</td><td colspan="7">※ 피신고인과의 분리조치, 재발방지 대책 마련 등 요구사항이 있을 시 기재</td></tr>
<tr><td rowspan="2">여성가족부
통보 여부</td><td colspan="7">성희롱 · 성폭력 사건의 여성가족부 통보에 대한 동의 여부</td></tr>
<tr><td colspan="4">통보에 동의합니다. ☐</td><td colspan="3">통보에 반대합니다. ☐</td></tr>
<tr><td>기타</td><td colspan="7">(고소, 외부 기관 신고 여부 등) ※해당 사항이 있는 경우에만 기재</td></tr>
<tr><td colspan="8">위 신고인(피해자)은 사건의 신고접수 및 조사를 신청합니다.

20　년　월　일

신고인(피해자)　　(서명 또는 인)
신고인 보호자　　(서명 또는 인)

※ 피해자가 학생(미성년자)일 경우, 신고인 보호자 서명 필수</td></tr>
</table>

그림 14-9 성희롱 · 성폭력 사건 신고서(예시)

(2) 성폭력 피해 증거 확보

성폭력 피해 사실에 대한 내용을 파악하였다면 피해 사실과 관련한 증거들을 확보해야 한다. 이때에는 다음의 내용을 지켜야 한다.

- 가해자의 체모, 정액, 흉기 등 증거물품은 종이봉투에 넣어 보관하고 수사를 위해 현장을 훼손하지 않고 그대로 보존한다.
- 의학적인 도움이 필요할 때는 손상 부위에 대한 적절한 치료와 검사를 위해 병원 진료가 필요하다는 것을 피해학생에게 미리 알려 준다.
- 병원이나 전문기관에 갈 때 긴급한 응급조치 이외에는 목욕이나 상처의 치료 등 피해의 증거를 없앨 수 있는 행위는 하지 않도록 하고 피해 당시 입었던 옷차림 그대로 방문한다.
- 신체적 피해는 피해 직후 12시간 이내에 증거 확보를 위한 검사를 받아야 하며, 늦어도 72시간 이내에는 피해 내용을 확인받아야 법적 대응 시 도움이 된다.

성폭력 범죄는 대체로 두 사람 간에, 밀폐된 장소에서 일어나는 경우가 많아 목격자나 증거가 없는 경우가 많다. 증인이 있다고 하더라도 증언하기를 꺼려 하는 경우가 많아 고소하기 전에 이러한 증거 및 증언을 확보해 놓을 필요가 있다. 성폭력 장면을 목격한 사람이 있다면 목격자로부터 자필 서명 또는 날인이 된 사실 확인서를 받아 두는 것이 좋으며, 성폭력 가해자와 대화한 내용을 녹음한 것이나 문자 메시지, 이메일, 편지 등도 증거자료가 되므로 보관한다. 이렇게 확보한 증거는 고소장을 제출하거나 수사과정에서 필요할 때 자료로 제출할 수 있다. 수사기관에서 상담 사실 확인서나 상담일지를 증거 자료로 요청할 경우 정식 공문에 따라 협조하며, 해당 자료를 수사기관에 제출할 때에는 피해학생의 동의를 받아야 한다(울산시교육청, 2011).

피해학생의 진술은 사건 해결에 매우 중요한 단서가 되기 때문에 성폭력 피해 지원 전문기관에서는 피해학생의 진술 내용이나 조사 과정을 비디오 녹화기 등 영상물 녹화 장치로 촬영하고 보존한다. 그러나 피해학생 또는 그 법정 대리인인 보호자가 이를 원하지 않는다면 촬영을 거부할 수 있다.

한편, 피해학생의 연령이 어리다면 발생한 사실을 구체적으로 말하는 데 어려움이 있을 수 있고, 과정이 반복적으로 진행될 때 진술의 신빙성이 떨어질 수 있다. 이때에는 진술전문가의 도움을 받아 치료와 보호에 지장을 초래하지 않는 시간과 장소에서 학생이 편안한 상태로 진술할 수 있다는 점을 미리 알려 주도록 한다(여성가족부, 2013b).

여기서 잠깐!

◈ **성폭력 피해 아동 · 장애인 진술전문가(여성아동폭력피해 중앙지원단 소속)**

- 법적 근거: 「성폭력범죄의 처벌 등에 관한 특례법」 제33조(2017. 12. 12. 시행)에 따른 전문가 의견 조회
- 지원 대상: 13세 미만 아동 및 지적장애인
- 지원 내용: 진술전문가가 경찰관과 협의하여 조사 방향을 설정하고, 진술조사 시 참여하여 경찰의 진술조사 조력 및 의견서 작성 · 제출
- 진술전문가의 역할
  - 진술 녹화 전 경찰 · 상담사 등의 부모 면담과정에 참여, 사건의 특징 및 피해 아동(장애인)의 상태 등 파악
  - 진술 녹화 전 경찰에게 아동(장애인)의 발달 · 심리 상태에 대한 의견을 제시하여 조사 시기, 면담 유의사항 등 수사 방향 설정을 협의
  - 진술 녹화 시 참여하여 아동(장애인)의 태도 및 진술조사 과정 전반에 대한 모니터링
  - 진술 녹화 종료 후 진술조사 과정에 대한 의견서 작성 및 제출
  - 사법기관 요청 시 서면으로 의견 제출 또는 직접 출석하여 법정 증언

(3) 신속한 응급조치 및 보호

성폭력 피해에 대하여 신속한 응급조치를 위해서는 가능한 빨리 One-stop 지원센터, 해바라기 아동센터 혹은 해바라기 여성아동센터를 방문한다. 가까운 곳에 이러한 기관이 없을 경우에는 시 · 군 · 구청장이 지정한 성폭력 전담 의료기관을 이용할 수 있다(한국청소년정책연구원, 2012b).

◈ **외부기관으로 연계 시 고려해야 할 점**

- 피해학생이 외부기관으로 가기를 원하는가?
- 피해학생을 위한 곳인가?
- 피해학생의 특성에 맞는 곳인가?
- 피해학생의 욕구에 맞는 곳인가?
- 피해학생이 수용할 수 있을 만큼 충분한 설명을 해 주었는가?

- 피해학생의 경제적 부담은 어떠한가?
- 피해학생이 거리상 쉽게 갈 수 있는 곳인가?

의료기관은 신체적 손상에 대한 처치를 포함하여 성병의 진단 및 처치, 임신진단 및 안전에 대해 지원한다. 성폭력에 의한 임신은 합법적인 낙태가 가능하지만 6개월이 지나면 낙태할 수 없으므로 미혼모 시설에서 보호 및 교육을 받을 수 있도록 방안을 모색해야 한다(울산시교육청, 2011). 병원 진찰과정은 피해학생에게 공포와 불안감을 줄 수 있으므로 교사는 피해학생이 심리적 안정을 찾을 수 있도록 진찰과정이 왜 필요한지, 진찰을 받고 나면 어떤 부분을 예방할 수 있는지 미리 설명해 주는 것이 좋다. 특히 성폭력 피해가 지속적으로 이어질 우려가 있어 피해학생을 보호하기 위해 우선적으로 가해자와의 분리가 필요하지만 격리하는 것이 어려울 때에는 보호시설인 쉼터와 연계하도록 한다. 피해학생의 보호를 위한 법적 조치로서 보호관찰과 함께 다음의 조치를 요구할 수 있다.

- 가해자에 대한 「보호관찰 등에 관한 법률」에 따른 보호관찰
- 피해를 받은 아동 · 청소년의 주거 등으로부터 가해자를 분리하거나 퇴거하는 조치
- 피해를 받은 아동 · 청소년의 주거, 학교 등으로부터 100미터 이내에 가해자 또는 가해자의 대리인의 접근을 금지하는 조치
- 「전기통신기본법」 제2조 제1호의 전기통신이나 우편물을 이용하여 가해자가 피해를 받은 아동 · 청소년 또는 그 보호자와 접촉을 하는 행위의 금지
- 「청소년성보호법」 제45조에 따른 보호시설에 대한 보호위탁결정 등 피해를 받은 아동 · 청소년의 보호를 위하여 필요한 조치

성폭력 피해 지원 전문기관과 연계가 필요함에도 불구하고 피해학생이 외부기관의 지원에 부정적이고 치료를 원치 않는다면 교사는 일단 드러난 문제에 대해 일반적인 학교폭력의 대처에 준하는 적절한 조치를 취한 후 외부기관 의뢰에 부정적인 이유에 대해서 확인해야 한다. 대개 피해학생이 신고나 지원을 꺼려 하는 이유는 피해 사실이 알려지는 것을 두려워하는 것과 같은 여러 가지 불안과 함께 정보가 부족하기 때문인 경우가 많다. 성폭력 피해 지원 전문기관과의 연계에 대해 동의를 구할 때에는 이러한 피해학생의 어려움을 고려해야 한다(교육과학기술부, 2012).

3. 성폭력 피해 지원 전문기관

성폭력 피해 지원과 관련하여 도움을 받을 수 있는 전문기관으로는 상담, 수사 및 의료, 법률 지원을 받을 수 있는 One-stop 지원센터가 있고, One-stop 지원센터의 역할에 추가적으로 심리치료를 지원받을 수 있는 해바라기 아동센터, 해바라기 여성아동센터가 있다. 그 외에도 아동보호전문기관, 청소년상담지원센터, 청소년쉼터(한국청소년정책연구원, 2012b), 성폭력상담소 및 성폭력 피해자 보호시설 등이 있다. 실제 사안이 발생했을 때 구체적으로 어떠한 도움을 받을 수 있는지 성폭력 피해 지원 전문기관의 역할과 이용 가능한 기관에 대해 알아보겠다. 성폭력 피해 지원 전문기관 현황은 〈부록 6〉에 제시해 두었다.

1) 전문기관의 역할

성폭력 피해 사실이 확인되면 성폭력 피해 지원 전문기관에서는 피해학생의 후유증을 치유하고 자기통제력과 자존감을 회복할 수 있도록 전문적인 상담과 치료를 지원한다. 이때 교사도 전문상담자의 면담 대상이 되며 학교에서의 행동, 다른 또래와의 상호작용 등을 비롯하여 피해학생에 대해 알고 있는 객관적인 정보를 제공하게 된다(여성·아동폭력피해 중앙지원단, 2011c).

(1) 상담 지원

성폭력 피해 지원 전문기관에서는 피해학생의 심리 안정을 위하여 피해학생과 그 가족의 심리 상담, 피해의 유형에 따른 상담을 지원한다. 정신과적 치료가 필요하다고 판단되는 경우 정신건강의학과 및 심리치료 전문기관과 연계하는 역할을 한다. 또한 상담을 통해 피해학생이 성폭력 사건 당시 느꼈던 감정과 생각을 상담자와 함께 탐색하도록 돕는다. 그 이후에는 사건을 구체적으로 탐색하면서 피해학생의 억압된 감정을 표출하고, 사건 발생의 원인을 자기 탓으로 돌리는 것과 같은 왜곡된 생각을 함께 수정할 수 있도록 한다. 즉, 성폭력의 책임은 자신이 아니라 가해자에게 있는 것이며, 성폭력은 자기결정권을 침해당한 것이라는 새로운 인식을 할 수 있도록 한다. 이러한 과정을 통해 성폭력 사건에 대한 재인식과 평가 변화를 이끌어 냄으로써 피해학생이 통찰력과 성적 자기결정권을 가진 당당한 인격체로서 일어설 수 있도록 돕는다(여성가족부, 2013b).

(2) 의료 지원

성폭력 피해 지원 전문기관은 피해에 대하여 신속한 증거 채취 및 24시간 응급 의료 지원을 할 수 있도록 체계를 갖추고 있다. 피해학생이 의뢰되면 성폭력 응급키트 및 진단장비 등을 이용하여 성폭력 피해의 증거 채취를 위한 검사가 우선 실시되고, 임질, 매독, 간염, 에이즈 등의 감염 여부에 대한 추적검사를 실시한다. 검사 결과에 따라 산부인과, 정신건강의학과, 응급의학과 의사 등으로 구성된 전담 의료진이 성폭력으로 인한 우울증, 외상후 스트레스장애(PTSD) 등에 대하여 치료하며 피해학생에게 필요한 진료 및 진단서 발급을 지원한다.

성폭력 피해 지원 전문기관에서의 의료 지원 내용을 단계별로 살펴보면 [그림 14-10]과 같다. 특히 성폭력 피해학생이 급성 스트레스 증상으로 극도의 불안 증상을 보이거나 자살이나 공격적 행동 등 위험 행동을 보일 가능성이 있는 경우 입원하여 치료를 받

의료 지원 단계	단계별 의료 지원 세부 내용
센터 내 응급처치	• 기도 유지, 지혈, 골절 처치 등 성폭력 피해 유형에 따른 기본적인 응급처치
⬇	
연계 병원 응급실 및 외래 방문	• 산부인과 및 정신건강의학과 진료 • 병원으로 연계되는 경우, 성폭력 피해 지원 전문기관의 상담자나 지원센터 의료 지원팀이 동행
⬇	
전문의 진료	• 학생의 건강상태 유지 및 사법 절차 진행을 대비한 증거 채취를 위하여 산부인과 및 외과 진료를 우선 진행 • 혈액채취, 소변검사, 정액검사, 성병검사, 감염검사, 임신반응 검사, 질 확대경 검사, 응급키트를 이용한 증거 채취 등
⬇	
진단	• 정신건강의학과의 심리진단 • 추가 진료가 필요한 경우 외래 진료 및 지속적인 기관 방문
⬇	
입원	• 경우에 따라 입원 진료 • 최소 2일에서 7일 정도 소요
⬇	
심리치료 및 상담	• 심화된 심리평가 및 상담치료

그림 14-10 의료지원 내용

도록 한다(여성가족부, 2013b).

(3) 수사 지원

성폭력 피해 지원 전문기관에서는 피해학생이 적절한 수사적 절차를 밟을 수 있도록 돕는다. 즉, 피해학생으로부터 조사한 내용 및 진술을 녹화한 후 경찰과 연계하여 수사를 진행하게 되며, 확보된 피해 증거는 국립과학수사연구소에 감정을 의뢰한다.

수사과정에서 성폭력 피해와 관련하여 전문가의 소견이 필요한 경우 소견서나 의견서를 제출할 수 있도록 지원하며, 불가피하게 학생이 재판과정에서 증인으로 출두하게 될 경우 심리적 부담감을 최소화하여 법정 증언을 할 수 있도록 정보 및 심리적 지지를 제공한다(여성가족부, 2013b).

(4) 법률 지원

성폭력 피해 지원 전문기관에서는 소송과 관련된 법률 지원의 일환으로 무료법률지원단 소속 변호사의 법률자문을 연계시켜 주며, 민형사 관련 소송 지원 절차를 안내하여 피해학생의 법적 대응을 돕는다.

2) 주요 전문기관 소개

현재 전국적으로 성폭력 피해를 지원하는 많은 상담소가 개설되어 있다. 여기에서는 성폭력 사건이 발생하였을 때 신속하고 적절한 도움을 받을 수 있도록 피해학생의 치료와 지원을 중심으로 업무가 표준화가 되어 있는 성폭력 피해자 통합지원센터(해바라기센터)를 중심으로 알아보겠다.

해바라기센터는 성폭력 · 가정폭력 · 성매매 피해자 및 그 가족을 대상으로 365일 24시간 상담 지원, 의료 지원, 법률 · 수사 지원, 심리치료 지원 등의 서비스를 통합적으로 제공함으로써 피해자가 폭력 피해로 인한 위기 상황에 대처하고 2차 피해를 방지할 수 있도록 지원하는 기관이다. 해바라기센터는 상담 지원으로 피해자 및 가족에 대한 긴급상담 및 지속상담을 제공한다. 의료지원으로는 성폭력 증거 채취를 위한 응급키트 조치, 산부인과 · 정신건강의학과 · 응급의학과 등 다양한 진료과목에 대한 전문의 진료(외상 및 후유증 치료, 성병 감염 여부 등 검사), 피해자 진료 및 진단서 발급이 있다. 수사 및 법률 지원으로는 수사 및 소송 절차에 대한 정보제공, 피해자 진술서 작성, 진술 녹화 실시, 무료법률지원사업, 국선변호사 연계 등이 있다. 심리치료 지원에는 피해자 가족에 대한 상담 및 성폭력으로 인한 PTSD 등 심리적 후유증 치유를 위해 정신건강의학과 진료, 심리평가 및 심리치료 지원이 있다.

해바라기센터는 위기지원형, 아동형, 통합형의 세 가지 유형이 있다. 위기지원형은 성폭력 · 가정폭력 · 성매매 피해자 및 그 가족(모든 연령 및 성별 포함)을 대상으로 하며, 365일 24시간 위기상황 상담, 의료, 법률, 수사지원 서비스를 지원한다. 아동형은 성폭력 피해 19세 미만 아동 · 청소년 및 모든 연령 지적장애인(모든 성별 포함)을 대상으로 하며, 월요일에서 금요일까지 오전 9시부터 오후 6시까지 일반상담, 의료, 법률, 심리평가 및 치료, 출장 수사 지원 서비스를 지원한다. 통합형은 성폭력 · 가정폭력 · 성매매 피해자 및 그 가족(모든 연령 및 성별 포함)을 대상으로 하며, 365일 24시간 위기 상황 상담 및 일반 상담, 의료, 법률, 수사 지원 서비스, 심리평가 및 치료를 지원한다. 한국성폭력위기센터는 성폭력 피해자를 위한 심리상담을 지원하고, 여성가족부 무료법률지원사업을 위탁하여 수행한다. 디지털 성범죄가 많아지며 이를 지원하기 위한 다양한 기관들이 신설되었다. 스마일센터는 강력범죄 피해자 및 보호자 대상 정신건강의학과 진료, 심리치료, 법률지원, 임시보호를 한다. 디지털 성범죄 피해자 센터는 디지털 성범죄 피해에 대한 접수 등 상담, 삭제지원 및 유포현황 모니터링, 수사 · 법률 · 의료 연계 지원을 제공하고 온라인상 피해 촬영물이 유포되었다면 삭제지원을, 유포 여부가 불확실하다면 현황 모니터링을 지원받을 수 있다. 또한 성폭력 상담소와 연계하여 다양한 지원을 제공하며, 365일 24시간 운영하여 전화상담이 가능하며 온라인(http://d4u.stop.or.kr)으로도 상담신청이 가능하다. 한국사이버성폭력대응센터는 사이버폭력 피해자의 회복을 위한 전문상담기관 연계 심리 · 정서 지원 및 수사과정(신고접수, 신뢰관계인 동석, 의견서 제출, 재판 모니터링 등)에 대한 조력 지원을 해 준다. 디지털 성범죄 안심센터는 수사 · 법률지원(고소장 작성, 무료법률구조비용 제공 등), 상담지원(전문상담 연계), 삭제 지원, 일상회복 지원 등 제공 회복을 위한 전문상담기관 연계 심리 · 정서 지원 및 수사과정 조력 지원을 한다.

그 외의 법적인 성폭력 피해 지원 시설은 「성폭력방지법」에 근거한 성폭력상담소와 성폭력 피해자 보호시설이 설치되어 있으며, 이 두 기관은 아동 · 청소년과 성인 여성을 대상으로 운영한다. 성폭력 상담소는, 첫째, 성폭력 피해의 신고 접수와 이에 관한 상담, 둘째, 성폭력 피해로 인하여 정상적인 가정생활 또는 사회생활이 곤란하거나 그 밖의 사정으로 긴급히 보호할 필요가 있는 사람과 성폭력 피해자 보호시설 등의 연계, 셋

여기서 잠깐!

◈ 꼭! 알아 두세요!

- 학교폭력신고센터(☎117)
- 성폭력 상담소 여성긴급전화(☎1366)
- 학교폭력SOS지원단(☎1588-7179)
- 해바라기센터(☎1899-3075)
- 한국성폭력위기센터(☎02-883-9284)
- 스마일센터(☎1577-1295)
- 디저털 성범죄 피해자지원센터(☎02-735-8994)
- 한국사이버성폭력대응센터(☎ 02-817-7959)
- 디지털 성범죄 안심지원센터(☎02-815-0382)
- 성범죄자 알림 e-사이트(www.sexoffender.go.kr) 등

째, 피해자 등의 질병치료와 건강관리를 위하여 의료기관에 인도하는 등 의료 지원, 넷째, 피해자에 대한 수사기관의 조사와 법원의 증인신문 등에의 동행, 다섯째, 성폭력 행위자에 대한 고소와 피해배상청구 등 사법처리 절차에 관하여 대한법률구조공단 등 관계 기관에 필요한 협조 및 지원 요청, 여섯째, 성폭력 예방을 위한 홍보 및 교육, 일곱째, 그 밖에 성폭력 및 성폭력 피해에 관한 조사 · 연구를 수행한다. 성폭력 보호시설은, 첫째, 피해자 등의 보호 및 숙식 제공, 둘째, 피해자 등의 심리적 안정과 사회 적응을 위한 상담 및 치료, 셋째, 자립 · 자활 교육의 실시와 취업정보의 제공, 넷째, 다른 법률에 따라 보호시설에 위탁된 업무, 다섯째, 그 밖에 피해자 등을 보호하기 위하여 필요한 업무를 수행한다.

정리하기

1. 성폭력 발생 시 피해학생 중심의 적극적인 보호 조치를 위하며, 비밀보장에 철저를 기해야 한다. 또한 신속한 위기 개입 및 신고로 피해학생에 대한 조치가 적절히 이루어질 수 있도록 대응해야 한다.
2. 성폭력은 법적 신고 의무 사항이기 때문에 학교에서는 성폭력의 피해 징후를 인지한 즉시 학부모에게 알리고 성폭력 피해 지원 전문기관에 의뢰하여 성폭력 피해 여부를 판단해야 하며 성폭력 사안 발생 즉시, 그리고 종결 이후에 상부기관인 교육청에 보고한다.
3. 성폭력 피해와 관련하여 도움을 받을 수 있는 성폭력 피해 지원 전문기관은 해바라기 아동센터, One-stop 지원센터, 해바라기 여성아동센터가 있다. One-stop 지원센터는 수사 지원을 중심으로 사건 초기 응급 상황에서 도움을 받을 수 있으며, 해바라기 아동센터는 성폭력 피해 후유증과 관련한 심리치료를 지원한다. 해바라기 여성아동센터는 One-stop 지원센터와 해바라기 아동센터의 기능을 통합한 센터이다.

확인하기

1. 성폭력 사안에 대응할 때 교사의 초기 대응에 따라 피해학생을 안전하게 보호할 수 있는 반면, 피해학생의 상처를 크게 할 수도 있다. 성폭력 사안을 대응하는 데 있어 피해학생을 보호하기 위해 교사가 주의해야 할 사항을 설명하시오.
2. 학교에서 성폭력 발생이 의심될 때 피해 사실 확인과 조치를 위한 전반적인 대응 절차에 대해 설명하시오.
3. 성폭력 사안 발생 시 성폭력 피해 지원 전문기관에서 피해학생 지원을 위해 수행하는 역할에 대해 설명하시오.

제15장

성폭력 사안에 대한 사후지도 방안

학습목표

- 성폭력 사안의 피해학생에 대한 조치 방안을 이해할 수 있다.
- 성폭력 사안의 가해학생에 대한 조치 방안을 이해할 수 있다.
- 성폭력 사안의 주변 학생에 대한 조치 방안을 이해할 수 있다.

학습내용

1. 피해학생에 대한 조치
   1) 피해 극복 방안의 모색
   2) 피해학생 상담
   3) 학부모 상담
2. 가해학생에 대한 조치
   1) 가해학생 교육
   2) 가해학생 상담
   3) 학부모 상담
3. 주변 학생에 대한 조치
   1) 주변 학생 교육
   2) 주변 학생 상담

생각 나누기

다음은 성폭력 가해 사안에 대해 각 학교에서 조치한 내용이다.

2008년 전북, 고등학생이 정신지체 여학생을 가해자의 집에서 성폭행 ➡ 사회봉사

2009년 인천, 고등학생 2명이 여중생 2명을 성폭행 ➡ 특별교육 이수, 교내봉사, 재발방지각서

2010년 충남, 고등학생 2명이 중학교 여학생 집단성폭행에 가담 ➡ 교내봉사

2010년 충북, 고교생 6명이 자퇴한 여학생을 성폭행 ➡ 강간한 학생은 사회봉사 4주, 방조한 학생은 학교봉사 2주

2011년 전북, 중학생이 강간 후 피해학생을 협박 ➡ 가해학생은 서면 사과, 피해학생은 전학

2011년 대구, 고교생 2명이 성폭력 가해 ➡ 퇴학

〈2012 국정감사, 새누리당 이에리사 의원 보도자료〉

앞의 자료에서와 같이 성폭력 사안에 대한 학교의 조치 수준이 큰 차이를 보이고 있다. 학교에서 성폭력 사안에 대해 어떠한 기준으로 심의하고 처리해야 하는 것이 공정성을 유지할 수 있는지 생각해 보자.

성폭력 사안이 발생할 경우 반드시 경찰 및 수사기관에 신고를 하고 관련기관과의 연계를 통해 전문적 개입을 해야 한다. 또한 피해학생과 가해학생을 격리하고 사안의 대응 절차에 따라 적극적으로 대처하는 것이 매우 중요하다. 이 장에서는 제14장에서 살펴본 성폭력 사안 대응 절차에 따라 상담기관이 개입하여 사안을 처리한 이후, 학생이 학교로 복귀했을 때 학교에서 피해학생, 가해학생, 주변 학생에게 취해야 할 조치에 대해 알아보겠다.

1. 피해학생에 대한 조치

성폭력 사안에 대한 전문적인 조치는 대부분 성폭력 피해 지원 전문기관을 중심으로 이루어지기 때문에 학교에서는 사법적인 절차가 모두 끝난 이후에 연관된 학생들에 대하여 사후조치를 취하거나, 형사처벌에 해당되지 않는 성폭력 사안에 대해 조치한다. 따라서 성폭력 사안에 대한 학교에서의 대응은 교육적 지원에 초점을 맞추게 된다. 즉, 정기적인 성교육을 실시하여 성 의식을 높이는 것이 중요하며, 장난이나 호기심에서 기인한 것이라 하더라도 발생 가능한 성폭력에 대한 민감성을 높이고 사안 발생 시 방관하지 않고 신고할 수 있도록 학생들을 지도하고 격려해야 한다.

1) 피해 극복 방안의 모색

교사는 피해학생이 학교생활에 적응할 수 있도록 가능한 범위 내에서 최대한의 보호조치를 취해야 한다. 성폭력 사안 처리 과정에서도 일반적인 학교폭력 사안에서와 마찬가지로 「학교폭력예방법」 제16조의 규정을 따른다. 즉, 피해학생의 보호를 위해 심리상담 및 조언, 일시보호, 치료 및 치료를 위한 요양, 학급교체, 그 밖에 피해학생의 보호를 위하여 필요한 조치를 취한다. 이때 성폭력에 대한 학교의 조치에서 중요하게 인식되어야 하는 부분은 피해학생이 주위의 시선에 과도하게 민감하거나, 소외당할까 봐 두려워하지 않고 교사에게 의논하도록 환경을 조성하는 일이다(울산시교육청, 2011).

(1) 피해학생의 보호 조치

피해학생과 가해학생이 같은 반이거나 같은 학교인 경우, 피해학생이 심신을 안정할 수 있도록 가해학생과의 적극적인 분리 조치를 해야 한다(교육과학기술부, 2012). 성폭력 피해가 학교 내 교사, 동급생, 선후배에 의해 발생하였다면 피해학생은 더 이상 그 학교에 다니기 원하지 않거나, 지속된 성폭력 피해로 인해 학교생활에 적응하지 못하게 될 수 있다. 이 경우 학교에서 하는 피해학생에 대한 조치와 피해학생을 보호하기 위한 조치는 [그림 15-1]과 〈표 15-1〉과 같다.

- 가해학생과 피해학생이 같은 학교에 재학 중인 경우
  → 조치: 가해학생과 피해학생의 분리조치를 최우선적으로 처리
- 가해학생과 피해학생이 다른 학교에 재학 중인 경우
  → 조치: 양 학교가 공동으로 해당 사건에 대한 대응책을 마련하고 사안을 처리

그림 15-1 피해학생의 보호 조치

출처: 교육부(2012).

표 15-1 피해학생에 대한 조치

제1호	심리상담 및 조언	성폭력으로 받은 정신적 · 심리적 충격으로부터 회복할 수 있도록 학교 내 교사나 전문상담기관으로부터 상담 및 조언을 받도록 하는 조치
제2호	일시보호	지속적인 성폭력이나 보복의 우려가 있는 경우 일시적으로 보호시설이나 또는 학교상담실 등에서 보호를 받을 수 있도록 하기 위한 조치
제3호	치료 및 치료를 위한 요양	성폭력으로 인하여 생긴 신체적 · 정신적 상처의 치유를 위하여 일정 기간 출석을 하지 아니하고 의료기관 등에서 치료를 받도록 하는 조치
제4호	학급교체	지속적인 성폭력 상황으로부터 벗어나도록 하기 위해서 또는 학교폭력으로 인해 생긴 정신적 상처에서 벗어나도록 하기 위해서 피해자를 동일 학교 내의 다른 학급으로 소속을 옮겨 주는 조치
제6호	그 밖에 피해학생의 보호를 위하여 필요한 조치	치료 등을 위한 의료기관에의 인도, 수사기관의 조사 및 법원의 동행, 법률구조기관 등에 필요한 협조와 지원요청, 등하굣길에서의 동반 등

출처: 교육부(2018b).

또한 피해학생이 성폭력 피해와 관련된 장소, 시간, 위치 등에 공포심을 갖거나 혼자 다니는 것을 두려워할 수 있으므로 필요하다면 등하교 시 가족이 동반하거나 활동 시간의 변화를 주는 등 안정을 찾을 때까지 보호하는 방안도 모색해야 한다(여성가족부, 2013b). 성폭력 피해학생을 보호할 때 유의사항은 [그림 15-2]와 같다.

성폭력 피해학생의 보호 시 유의사항

- 성폭력 사건이 발생하면 피해학생이 지속적인 성폭력이나 협박 등을 당하고 있지는 않는지 피해학생의 안전여부를 파악하고, 위험하다고 판단되는 경우에는 가해학생과 즉시 분리하고 보호해야 한다.
- 피해자 중심의 사안 처리를 한다.
- 비밀보장을 위해 학교폭력 전담기구가 최소한의 대책을 수립한다.
- 2개 이상의 학교 학생의 성폭력 사안인 경우 학교 간 공동대응책을 모색한다.
- 교사는 피해학생의 보호자와 협의하여 피해학생이 학교생활에 적응할 수 있도록 가능한 범위 내에서 최대한의 보호 조치를 강구한다.
- 피해학생이 치료받는 기간은 학생생활기록부 작성지침의 '기타 부득이한 사유로 학교장의 허가를 받아 결석하는 경우'로 처리하여 출석으로 인정한다.
- 학생이 일시적인 일탈로 성매매 대상이 되어 검사의 수강명령에 의한 교육 또는 상담과정을 이수한 경우 '특별교육 이수' 기간으로 간주하여 출석으로 인정한다.

그림 15-2 피해학생 보호 시 유의사항

(2) 학업 지원

성폭력 피해 사실에 대해 피해학생이 경찰 조사를 받거나 심리적 치유를 위해 상담기관을 방문해야 하는 경우 수업을 빠지거나 불가피하게 결석을 하게 될 수 있다. 이 경우 학교에서는 '학교생활기록 작성 및 관련 지침'(「교육과학기술부 훈령」 제239호, 2012. 1. 27. 일부 개정)에 의거하여 "기타 부득이한 사유로 학교장의 허가를 받아 결석하는 경우"로 처리하여 출석을 인정할 수 있다(교육과학기술부, 2011).

만일 피해학생이 해당 사안이 발생한 이후 등교를 거부한다면 학교장의 인정을 받아 결석기간을 출석일수에 산입할 수 있다(교육과학기술부, 2012). 피해학생이 등교를 거부하는 상황에서 강제로 출석을 요구한다면 심리적 압박감을 줄 수 있고 피해를 가중시킬 수 있으므로 피해학생의 의견을 우선 존중하는 것이 좋다. 그러나 학업중단으로 인한 또래와의 분리, 새로운 환경에의 적응 등으로 피해학생이 불안해할 수 있으므로 단기 시설에 입소한 후 학업을 지속할 수 있도록 하는 지원 방안에 대한 정보를 제공하여 학생이 선택할 수 있게 하는 것이 필요하다(여성가족부, 2013b). 일시보호나 치료를 위한 요양 등으로 피해학생이 결석하게 되어 부득이하게 시험에 응시하지 못했을 경우라면 학교의 성적관리규정에 따라 불이익이 없도록 조치하여야 한다(「학교폭력예방법」 제16조 제5항).

(3) 피해학생의 전학 요구 수용

성폭력으로 인한 피해 사실이 인정되면 주소지 변경 없이 전학이 가능하다(「성폭력방지법 시행령」 제4조). 이때의 전학은 성폭력 사안 처리 과정에서 피해학생의 의사와 무관하게 전학을 강요하는 등의 일방적인 조치가 아니라 피해학생이 원할 경우 주소지 외의 지역으로 전학할 수 있다는 의미다(「성폭력방지법」 제7조).

피해학생이 초등학생인 경우 해당 주소지 외의 지역에 있는 초등학교에 전학시키려고 하면 피해학생이 다니고 있는 초등학교에서는 피해학생 보호자의 동의를 받아 교육장에게 전학을 추천한다. 교육장은 전학할 학교를 지정해 전학시켜야 하며, 추천된 해당 학교에서는 이를 승낙해야 한다. 피해학생이 중·고등학생인 경우 학교장은 피해학생이 다른 학교로 다닐 수 있도록 추천해야 하고, 교육장 또는 교육감은 새로운 학교를 지정하여 배정해야 한다(「성폭력방지법」 제7조 및 같은 법 시행령 제4조 제1항). 이 과정에서 읍·면·동의 장, 학교장, 교육장 또는 교육감은 피해학생 전학 조치의 사유와 관련한 내용이 취학 업무 관계자가 아닌 사람에게 공개되지 않도록 관리·감독해야 한다(「성폭력방지법」 제4조 제2항). 앞의 절차에 따라 피해학생이 학교를 이동하는 데 걸린 기간은 출석으로 인정한다(「성폭력방지법 시행령」 제4조 제3항).

여기서 잠깐!

◈ **성폭력 피해로 인한 전학 요청 방법 여성가족부**(2013b)

- 시설 입소증명 등 객관적인 소명자료를 구비하여 학교장에게 전학·입학 요청
- 성폭력 피해 사실 소명방법: 성폭력상담소, 성폭력 피해자 보호시설에서 발급한 성폭력 피해 상담사실 확인서를 해당 학교에 제출

◈ **성폭력 피해 사실 확인서로 사용할 수 있는 서류 여성·아동폭력피해 중앙지원단**(2013)

- 성폭력 피해상담소, 성폭력 피해자 보호시설, 해바라기 여성아동센터, 해바라기 아동센터, One-stop 지원센터의 장의 명의로 발행된 피해 사실 확인서
- 수사기관에의 사건(고소·고발 등) 접수증 사본
- 피해자와 동행한 경찰관이 서명한 사실 확인서

2) 피해학생 상담

성폭력 피해학생의 상담은 피해 관련 후유증을 감소시키고 피해 후 처리 과정에서 겪은 정서적 어려움을 해소하도록 돕기 위해 필요하다. 피해학생의 상담과정은 성에 대한 부정적 인식을 변화시키고 자기 보호 능력을 높이며, 피해학생 본인뿐만 아니라 가족의 심리사회적 적응력을 향상시킬 수 있다(여성가족부, 2013b).

학생을 상담하는 동안 피해 경험과 아픔을 반복해서 충분히 말하도록 하는 것이 오히려 치유에 많은 도움이 되기도 한다. 따라서 교사는 피해학생이 피해로 인한 괴로움을 반복해서 호소할 경우 이를 부정하거나 저지하지 말고 편안하게 말할 수 있는 분위기를 만들어 주고, 반복해서 경청하며 공감과 지지를 표현하도록 한다. 반대로 피해 사실에 대해 말하기 싫어할 때나 피해의 후유증으로 우울, 분노, 공격적이거나 적대적인 반응이 나타낼 경우에도 이를 공감하고 지지해 주도록 한다(울산시교육청, 2011). 보다 전문적인 상담이 필요한 경우 성폭력 피해 지원 상담기관에 의뢰하여 상담이 이루어질 수 있도록 하는데, 전문기관에 연계할 때 필요한 사항은 다음과 같다(여성가족부, 2013a).

- 피해학생과의 면담을 통해 언제, 어떤 내용의 상담이 필요한지에 관하여 파악한다.
- 상담을 의뢰할 기관을 선정하기 위하여 상담 비용, 상담 횟수, 상담 장소, 상담자 등에 관한 정보를 확인한다.
- 피해학생을 상담자와 연계하고 매회 상담을 받을 수 있도록 지지한다.

성폭력 피해학생을 위한 상담은 초기에는 개인상담으로 진행하도록 하며, 어느 정도 회복되면 집단상담에 참여하도록 하는 것이 효과적이다(이진아, 2009). 피해 사실을 부정하거나 침묵하기보다는 집단상담을 통해 감추고 싶은 성폭력 피해의 비밀, 수치심을 이기고 피해 경험을 나누면서 그로 인한 영향에 대해 인식하게 되면 일상생활에 보다 잘 적응하기 위한 방안을 모색할 수 있기 때문이다(오현숙, 2003). 집단상담 프로그램의 예시는 〈표 15-2〉와 같다.

표 15-2 성폭력 피해학생 집단상담 프로그램(예시)

회기	활동목표	활동 내용
1	• 프로그램의 성격 및 목적 이해하기 • 자기소개 • 목표 설정	• 프로그램의 목적, 과정, 지켜야 할 사항을 설명한다. • 집단원들에게 자신을 소개하고 서로에 대해 알아 가는 시간을 가진다. • 집단목표를 구체적으로 설정한다.
2	• 성폭력 실태와 피해 후유증에 대해 이해하기	• 성폭력의 개념, 발생빈도, 원인에 대해서 설명한다. • 성폭력 후유증에 대한 교육을 한다. • 긴장이완법을 지도하고 연습한다.
3	• 집단원들이 토론하고자 하는 주제 정하기	• 집단원들이 서로 정서적으로 지지할 수 있도록 지도자가 시범을 보인다. • 주제들을 제시하여 집단원들이 선택하거나 집단원이 바라는 주제를 스스로 제시하도록 한다. • 선택된 주제에 대해 적절한 질문을 하면서 대화를 촉진한다.
4	• 자아개념 다루기	• 자신의 모습을 그린 후 설명한다. • 자신의 상처 난 모습을 바라보는 작업을 통해서 자신을 수용하는 태도를 증진시킨다.
5~6	• 성폭력 외상에 대한 작업	• 성폭력 피해 사실을 털어놓을 수 있도록 도와준다. • 집단원들이 한 사람씩 돌아가면서 피해에 관해서 이야기를 하면 지도자는 다른 집단원들이 발표자에 대한 자신의 느낌을 이야기하도록 하며 지지해 준다. • 자신만의 비밀, 수치스러운 감정, 피해에 대한 개인적인 견해 등을 공개적으로 꺼내 놓고 자신을 이해해 줄 수 있는 사람들 앞에서 현실검증을 받는다.
7	• 생각 바꾸기	• 성폭력 피해에 대한 비합리적 생각을 찾는다. • 비합리적 생각에 대한 정서적 결과와 행동적 결과를 찾는다. • 합리적인 생각으로 대치한다.
8	• 자아존중감 향상시키기	• 자신의 장점, 단점들을 이야기한다. • 집단원들의 피드백을 통해 자신의 자아존중감을 더 높인다. • 자신에 대해 보다 긍정적인 태도와 자신감을 가지며, 단점을 인정하고 성장할 수 있는 계기가 되도록 한다.
9	• 자신의 생각, 의견, 느낌을 솔직하게 표현하기	• 상대방을 이해하고 나를 이해시키며 타협하는 훈련을 한다. • 타인이 성적인 요구를 할 때 본인이 싫으면 정중하게 거절하는 방법을 가르친다.
10	• 변화 확인 • 미래 설계 • 이별 감정 다루기	• 성폭력 피해 사실에 대한 집단원의 변화된 모습을 확인한다. • 미래의 계획을 구체적으로 세운다. • 집단원들이 서로 긍정적인 피드백을 주고받으면서 아쉬운 정을 나눈다.

성폭력 피해 후 경미한 후유증을 보이는 학생을 대상으로 한 상담 프로그램은 성폭력의 귀인, 성에 대한 개념, 사회적 낙인, 대처 등에 대한 인지적 왜곡을 탐색하고 수정하는 작업을 주요 내용으로 구성할 수 있다. 부정적 경험을 정상화할 수 있도록 한 단기 집단상담 프로그램의 예시는 〈표 15-3〉과 같다(여성·아동폭력피해 중앙지원단, 2011a).

표 15-3 단기 성폭력 피해학생 집단상담 프로그램(예시)

회기	제목	내용
1	서로 알고 친해져요	• 프로그램의 목적 이해하기 • 라포 형성 및 집단에 대한 긍정적 기대 고취하기 • 집단참여 사유에 대한 공감대 형성하기
2	생각 수리공 되기	• 성폭력과 관련 왜곡된 인지들 탐색, 수정하기 • 성에 대한 지식, 성폭력의 원인에 대한 이해하기 • 성을 생명탄생의 원리와 관련지어 이해하기
3	우리는 또래 상담자	• 또래 친구들을 위한 성폭력 예방 및 피해 후 대처 방안 매뉴얼 만들기 작업을 통해 재발 방지 방안과 대처에 대해 이해하기
4	기분 업, 파티	• 대처 매뉴얼의 완성과 집단 내 긍정적 피드백 경험 • 즐거운 마무리하기

출처: 여성·아동폭력피해 중앙지원단(2011a).

〈표 15-3〉의 프로그램은 성폭력 피해 후 심리치료를 받은 적이 있음에도 불구하고 성폭력 피해와 관련하여 경미한 후유증을 가질 수 있는 학생을 대상으로 심리 성적 발달을 저해할 위험 가능성을 예방하고자 하는 개입이다. 이러한 집단 프로그램은 피해학생에게 또래와의 상호작용을 통해 '사회적 낙인' 및 '나만 다르다'는 느낌을 보다 쉽게 벗어날 수 있는 기회를 제공할 수 있다(여성·아동폭력피해 중앙지원단, 2011a).

전문기관에서 피해학생의 상담이 종결되고 전문기관에서의 조치가 더 이상 필요하지 않다는 확인을 받았다면 교사는 학교에서의 적응 태도를 관찰하여 피해학생의 태도가 사안 발생 이전과 같은지 확인해야 한다. 이를 위해서는 먼저 학교 내에서 학생의 적응 정도를 확인하여 학업수행 능력, 수업의 집중도, 교사를 대하는 태도 등이 사건 전과 비슷한 수준이 되었는가를 살핀다. 또한 피해학생이 학교에서 친구들과 어떻게 지내는지 주의 깊게 관찰한다. 즉, 친한 친구와 이전과 같이 지내는지, 이성의 학생과 자연스럽게 이야기를 나누는지 등의 교우관계를 관찰하여 이전의 수준으로 학생이 돌아왔는지 확인하는 것이 필요하다.

여기서 잠깐!

◈ 성폭력 피해학생의 일상생활 적응 사례

4학년 때부터 두 살 위의 남학생에게 지속적으로 성폭력을 당했던 초등학교 6학년 성폭력 피해 소녀가 ○○해바라기 아동센터에서 인지행동치료를 마치고 자신이 살던 작은 도시로 돌아갔다. 원래 다니던 교회에 나갔는데 동네에 그 소녀가 성폭력을 당했다는 소문이 퍼진 상태라서 같은 학년의 여자아이가 그 아이에게 "어떻게 그런 일을 당하고도 뻔뻔스럽게 얼굴을 들고 다닐 수 있니?"라고 말하였다. 그러자 그 아이는 "내가 잘못한 것이 아니라, 그 오빠가 잘못했는데 피해자인 내가 왜 얼굴을 못 들고 다니나?"며 당당하게 이야기했다.

이렇게 자신에 대한 부정적인 인지를 처리하고 그 자리에서 당당하게 대꾸할 수 있는 아동은 치료를 받기 전보다 훨씬 더 긍정적인 삶을 살아갈 수 있을 것이다.

출처: 여성·아동폭력피해 중앙지원단(2013).

3) 학부모 상담

자녀가 성폭력의 피해를 입게 되면 학부모는 자신의 감정을 채 추스리기도 전에 자녀의 회복을 위해 부모 역할에 전념하게 된다. 따라서 성폭력 피해학생의 학부모를 면담할 때 교사는 학부모의 감정과 스트레스에 대해 위로와 공감을 해 주는 것이 필요하다. 또한 학부모가 죄책감을 느끼지 않도록 배려하면서 적절한 처치와 도움을 받을 수 있도록 의료기관과 전문기관에 대한 정보를 제공해야 한다. 학부모에게도 심리적인 치유가 필요하다고 판단되면 전문기관의 도움을 받을 수 있도록 의뢰한다. 성폭력 피해학생의 학부모를 대상으로 한 상담 내용 구성은 〈표 15-4〉와 같다(여성·아동폭력피해 중앙지원단, 2011c).

표 15-4 피해학생 학부모 상담

회기	주제	목표
1	학부모의 감정 다루어 주기(1)	• 학부모의 힘든 상황을 인정하고 스스로 받아들이도록 한다. • 외상 후 경험할 수 있는 감정에 대해 알아보고, 분노를 다루는 연습을 한다.
2	학부모의 감정 다루어 주기(2)	• 자녀의 피해 사실에 대한 자신의 감정 변화를 알아보고, 그 감정을 표현하도록 한다. • 자신의 감정이 수용되는 경험을 하도록 한다.

〈계속〉

3	자녀의 마음 이해하기	• 외상 후 자녀가 느낄 수 있는 감정이나 인지 변화에 대해 알고, 자녀의 마음을 이해하며 자녀의 이야기를 경청하도록 한다.
4	자녀의 행동 이해하기	• 외상 후 자녀가 보일 수 있는 행동 변화 및 그 의미에 대해 알아보고, 문제행동 내면의 가정 상태를 생각해 보는 시간을 갖는다. • 자녀에게 공감적인 반응을 하며 적절하게 대처하는 방법을 알아본다.
5	우리 가족의 회복 준비하기(1)	• 외상 후 가족 내에 있을 수 있는 변화에 대해 알아보고 바람직한 방향의 변화를 도모하도록 한다. • 부부간 의사소통 방법을 연습한다.
6	우리 가족의 회복 준비하기(2)	• 자녀의 회복을 위한 방법을 알아보고, 재발 방지, 건강한 성교육에 대한 정보를 제공한다. • 가족의 향후 목표를 설정한다.

출처: 여성 · 아동폭력피해 중앙지원단(2011c).

2. 가해학생에 대한 조치

성폭력 발생 시 피해학생을 위한 대응만큼 가해학생에 대한 조치도 중요하다. 가해학생에 대하여 학교에서는 교육적 차원의 접근이 강조되어야 하는데, 자신의 가해행동에 대해 책임을 지는 것과 타인의 의사를 존중하고 받아들이는 방법을 익히며 피해학생이 겪는 고통을 이해할 수 있게 도와야 한다. 또한 파괴적 행동의 패턴을 차단하고 분노를 조절하는 능력을 키우며 사회적 상호작용 기술을 익힐 수 있도록 지도하는 것이 필요하다.

가해학생에 대한 사법적인 처분이 있었다 하더라도 해당 학생이 학교에 복귀한 상태라면 심의위원회를 통해 필요한 조치를 부과해야 한다. 이때의 조치는 학교폭력 사안처리와 동일하며, 심의위원회에서 사안의 피해 정도와 심각도 등을 고려하고 가해학생에 대한 조치를 협의한다. 즉, 피해학생에 대한 서면 사과, 피해학생 및 신고 · 고발 학생에 대한 접촉, 협박 및 보복 행위의 금지, 학교에서의 봉사, 사회봉사, 학내외 전문가에 의한 특별교육 이수 또는 심리치료, 출석정지, 학급교체, 전학, 퇴학처분 등이 해당된다. 사안의 경중에 따라 심의위원회에서 조치를 부과할 수 있고, 선도가 긴급하다고 판단되는 경우라면 학교장이 사회봉사, 학급교체, 전학, 퇴학처분을 제외한 다른 조치들을 가해학생에게 부과한 후 심의위원회의 추인을 받는다. 그러나 이 과정에서 일반적인 학교폭력 처리와 차별되어야 하는 것은 학교에서 임의로 가해학생에 대해 잘못을 결론

지어서는 안 된다는 점이다. 필요한 조치는 성폭력 가해에 대한 수사기관의 수사 결과에 따라 협의하고 상담, 치료, 교육 등 적절한 문제해결 조치를 실시해야 한다.

호	조치	내용
제1호	서면 사과	가해학생이 피해학생에게 서면으로 사과하도록 하여 서로 화해하도록 하는 조치
제2호	피해학생 및 신고 · 고발 학생에 대한 접촉, 협박 및 보복행위 금지	피해학생 및 신고 · 고발 학생에 대한 가해학생의 접근을 막아 더 이상 성폭력이나 보복을 막기 위한 조치
제3호	학교에서의 봉사	가해학생에게 반성의 기회를 주기 위한 조치
제4호	사회봉사	사회 구성원으로서의 책임감을 느끼게 하기 위한 조치
제5호	학내외 전문가의 특별 교육 이수 · 심리치료	학내외 전문가에 의한 특별교육을 이수하거나 심리치료를 받도록 하는 조치
제6호	출석정지	가해학생에게 학교에 출석하지 못하게 함으로써 반성의 기회를 주고 일시적으로나마 피해학생과 격리시켜 피해학생을 보호하기 위한 조치 ※ 즉시 출석정지 사유 ① 2명 이상의 학생이 고의적 · 지속적으로 성폭력 행사 ② 성폭력을 행사하여 전치 2주 이상의 상해를 입힌 경우 ③ 성폭력에 대한 신고, 진술, 자료 제공 등에 대한 보복을 목적으로 폭력 행사 ④ 학교의 장이 피해학생을 가해학생으로부터 긴급하게 보호할 필요가 있다고 판단 시
제7호	학급교체	가해학생을 피해학생으로부터 격리시키고 동일학교 내의 다른 학급으로 소속을 옮기는 조치
제8호	전학	가해학생을 피해학생으로부터 격리시키고 다른 학교로 소속을 옮기는 조치
제9호	퇴학처분	학생의 신분을 강제로 상실시키는 조치(고등학생만 가능)

가해학생에 대한 선도 조치

성폭력 가해학생 선도 조치 시 유의사항

- 성폭력 사건이 발생하면 피해학생이 지속적인 성폭력이나 협박 등을 당하고 있지는 않는지 피해학생의 안전여부를 파악한 후, 심의위원회의 요청이 있는 때에 학교의 장은 14일 이내에 가해학생에 대한 조치를 이행하여 가해학생을 신속하게 격리한다.
- 선도가 긴급한 경우 서면 사과, 접촉 및 보복 행위의 금지, 학교에서의 봉사, 학내외 전문가에 의한 특별교육 이수, 출석정지 조치들은 가해학생에게 먼저 부과한 후 심의위원회의 추인을 받으면 된다.

그림 15-3 가해학생에 대한 선도 조치

출처: 교육부(2018b).

가해학생에게 피해학생에 대한 적극적 사과와 보상의 조치가 부과되었음에도 불구하고 관련 학생 및 학부모가 학교의 조치에 협조하지 않아 과정이 진행되기 어려울 때는 성폭력 피해 지원 상담기관의 지원을 요청할 수 있다(울산광역시교육청, 2011). 가해학생에 대한 유의사항과 선도 조치는 [그림 15-3]과 같다.

1) 가해학생 교육

성폭력 가해학생을 대상으로 하는 교육을 할 때 성폭력은 피해학생에게 큰 고통을 남기는 폭력이며 어떠한 경우에도 정당화될 수 없는 범죄라는 인식을 갖게 하는 것이 필요하다. 가해학생 교육은 전문적인 교육기관에 의뢰할 수 있다.

(1) 특별교육 이수

성폭력 사안에서 가해학생은 수사기관의 조치를 받지만, 반드시 형사처벌이나 보호처분의 대상이 되는 것은 아니다. 따라서 강제추행 이상의 성폭력 행위를 한 가해학생이 학교를 다니고 있는 상태라면 사건의 수사과정과 별도로 특별교육 이수 조치를 부과하여 재발하지 않도록 방지하는 노력을 기울여야 한다(교육과학기술부, 2012).

형사처벌에 해당하는 성폭력을 저질렀으나 가해학생의 연령이 형사처벌을 받지 않는 연령에 해당된다고 해서 이를 묵과할 경우 가해학생은 추후 재범을 하거나 문제의 심각성을 느끼지 못하여 습관화될 우려가 있다. 결국 그 피해가 가해학생에게도 돌아온다는 것을 학부모에게 인식시키며 조기 교정 교육의 중요성을 안내할 필요가 있다. 형사처벌이 불가한 연령의 가해학생의 경우 학부모가 동반한 상태에서 특별교육을 이수할 수 있도록 한다(교육과학기술부, 2012).

특별교육 이수 기간 동안은 '학교생활기록 작성 및 관리지침'(「교육과학기술부 훈령」 제239호)에 의해 출석으로 인정된다. 만약 가해학생의 전학 조치가 결정된다면 '특별교육 이수' 후에 조치하는 것이 바람직하다. 「초 · 중등교육법」상 퇴학처분이 가능한 고등학생의 경우 가해학생이 자퇴 또는 퇴학처분 학생일 때에도 재발 방지 교육 차원에서 학부모에게 '특별교육 이수'의 필요성을 고지하도록 한다(울산시교육청, 2011).

여기서 잠깐!

- 성폭력 가해학생이 14세 이상(일반적으로 중학교 2학년 이상)인 경우에는 「형법」에 따라 처벌받을 수 있지만, 14세 미만인 경우에는 형사미성년자라고 해서 「형법」의 적용을 받지 않는다(「형법」 제9조).
- 가해자의 나이가 14세 미만이라면 감호위탁, 수강명령, 사회봉사명령, 보호관찰 등 보호처분 될 수 있다(「소년법」 제32조 제1항).
- 「소년법」에 따라 보호처분을 받을 수 있는 연령은 10세 이상으로(「소년법」 제4조 제1항, 제38조 제2항 및 「소년심판규칙」 제42조 제1항) 성폭력 가해학생이 10세 미만인 경우에는 형사처벌 또는 보호처분 되지 않는다.

◈ **가해학생 연령에 따른 형사처벌 등 가능 여부**

처분 내용	10세 미만	10세 이상~14세 미만	14세 이상
보호처분	×	○	○
형사처벌	×	×	○

(2) 교육 프로그램

성폭력 가해학생은 일반적으로 피해학생에 대한 공감능력 부족과 성에 대한 인지적 왜곡 문제를 드러낼 수 있다. 이를 반영하여 성폭력 가해학생의 교육 프로그램은 공감능력을 촉진하여 공격성을 억제하고 왜곡된 성적 환상이나 상상, 강간 통념 등 인지적 왜곡을 다루는 내용으로 구성된다(김은주, 조성호, 2014). 성폭력 가해학생에 대한 교육 프로그램은 특별교육 이수 프로그램으로 학교에서 운영하거나 외부 전문기관과 연계하여 제공할 수 있다.

가해학생 대부분은 그 상황을 직면하려고 하기보다는 벗어나려고 하기 때문에 상담의 목표를 달성하기 위해서는 상담자의 많은 노력이 필요하다. 성폭력 가해학생 대상의 상담 프로그램은 〈표 15-5〉와 같은 내용을 포함한다(김정란, 김경신, 2010).

표 15-5 성폭력 가해학생 프로그램의 개요(예시)

프로그램명	• 심리치료 및 교육 프로그램
대상	• 성폭력 가해학생
목표	• 자신의 성폭력 행위를 인정하며 왜곡된 성 의식과 성폭력 통념을 수정하고 건강한 자아개념을 확립하여 성폭력 재발 방지와 사회복귀 능력 향상을 돕는다.
특징	• 집단 및 개인상담 등의 심리치료와 성교육 등의 강의를 병행하여 실시한다. • 개인 활동, 소집단 활동, 전체 활동, 그림 그리기, 쓰기, 토론하기, 발표하기, 역할극하기, 피드백 주기 등의 활동을 통하여 다양한 경험을 하도록 한다.

가해학생 교육의 목적은 가해학생 스스로 변화 가능성을 지닌 존재임을 인식하게 하여 긍정적이고 바람직한 변화를 이끌어 내기 위한 것이다. 따라서 가해학생이 사건에 대해서 구체적으로 생각해 보도록 하고, 성폭력 발생 원인이 피해학생에게 있는 것이 아니라 자신에게 있다는 것을 깨닫게 하는 것이 중요하다. 또한 왜곡된 성 의식을 확인하고 성폭력 행위에 대한 자신의 책임을 인정하도록 하며 성폭력 피해자가 겪을 고통과 상처를 이해하고 공감하도록 한다. 더불어 자신에 대한 부정적 감정을 표출하고 부정적 사고를 긍정적인 사고로 전환할 수 있도록 돕는다. 상담의 종결 단계에서는 있는 그대로의 자신을 수용하고 잘못된 행동 전략을 평가하여 올바른 행동 방식을 익히도록 하고 성폭력 재발 방지를 위한 바람직한 성 정체감 형성 및 사회 적응력을 향상시키도록 구성하는 것이 좋다.

성, 성적 존재로서의 인간, 성폭력에 대한 올바른 이해를 통해 자신의 성폭력 가해행동에 대한 문제점을 깨닫고 반성하도록 교육함으로써 재범을 예방하기 위하여 교육 프로그램을 적용할 수 있으며 프로그램의 구체적인 예시는 〈표 15-6〉과 같다.

표 15-6 상폭력 가해학생 교육 프로그램(예시)

회기	주제	주요 내용
1	집단 응집력 향상 프로그램 소개	집단 초기의 저항감 감소
		참여자들의 친밀감 증가
2	성이 무엇인가요?	자신의 성 개념 확인
		성 개념 이해 및 올바른 성 개념으로 전환
3	우리의 몸과 성	성적 존재로서 우리 몸 이해
		실제적인 성 이해

〈계속〉

4	포르노에 대한 이해	상업적 목적의 성 이해
		성 표현물에 대한 자기 태도 점검 및 자기 주체성 향상
5	성폭력과 강간 통념에 대한 이해	성, 강간 통념에 대한 인지적 왜곡 수정
		자신의 문제를 객관적으로 이해하고 반성
6	나의 마음을 이해하고 나의 상황을 만나기	성폭력 가해 경험 이후의 마음 표현
		자신의 경험을 인정하고 감정에 대해 책임지기
7	성 피해자의 고통에 대해 이해하기	성폭력 피해자의 마음 이해하기
		성폭력의 의미 알기
8	새 마음으로 다시 시작이다	자신의 책임 인정, 피해자 사과하기
		성폭력 중단 결심과 재발 방지

출처: 여성아동폭력피해 중앙지원단(2010).

2) 가해학생 상담

강간, 강제추행 등 성폭력 사안으로 수사기관에 신고가 접수되면 가해학생은 경찰의 조사를 받게 되므로 경찰 조사 이전에 교사가 학생을 만나서 이야기할 기회는 거의 없다. 따라서 교사가 가해학생을 면담하게 되는 경우는 형사처벌의 대상이 되는 사안이 아니거나 수사기관의 조치가 끝난 이후가 된다. 이미 수사기관의 조치를 받은 이들에게 성폭력 피해의 의미를 이해하고 자신이 저지른 잘못의 심각성을 깨닫게 할 목적으로 반복적인 반성문 작성이나 체벌, 봉사활동만을 강요하는 것은 적절하지 않다.

가해학생에 대한 조치의 궁극적 목적은 가해학생이 학교와 사회에 적응할 수 있도록 하는 것이다. 특별교육이나 상담치료를 마친 후 변화와 재범 방지를 위해서 가정과 지속적인 연계 상담을 하면서 가해학생이 가정에서 안정감을 느낄 수 있도록 한다. 더불어 성폭력 가해자라는 낙인이 찍히지 않도록 교사는 세심한 배려를 하여야 하는데, 성폭력 가해학생의 자아 성장을 위하여 교사는 지속적으로 학생을 지지하고 격려해 주도록 한다. 학교 교사가 학생과 상담을 하기 어렵다면 가해학생에게 적합한 지역사회 기관과 연계하여 지속적인 상담이 이루어질 수 있도록 하는 과정도 고려되어야 한다. 정기적인 프로그램 및 상담을 통해 관심을 가지고 가해학생을 지도한다면 재범률을 낮추는 데 도움이 될 뿐 아니라, 지역사회로의 복귀가 빠르게 이루어질 수 있을 것이기 때문이다.

가해학생이 평소 착하고 괜찮은 학생으로 인정받은 경우나 집단에 의해 억지로 가해행위를 한 경우 자칫 가해행위를 옹호하거나 정당화할 수 있다. 교사는 성폭력 가해학생에 대해 편견을 갖는 것을 주의해야 하며 성폭력 가해행위가 우발적이고 충동적으로 일어난 것이 아니라 의도된 폭력이라는 점과 피해학생이 어떤 감정을 느끼고 어떤 고통을 받았는지가 성폭력의 판단 기준으로 중요하다는 점을 분명히 해야 한다. 따라서 학생을 무조건 감싸는 것이 아니라, 이번 일을 통해서 가해학생이 지금까지 가졌던 잘못된 생각이나 태도를 되돌아보고 고칠 수 있도록 해 주어야 한다. 교사가 개인적인 판단으로 피해학생의 피해 정도를 평가하거나 가해학생을 위로하기 위하여 '어쩌다 실수한 거다.' '잘못 걸렸다.'와 같은 반응을 보이는 것은 금해야 하는데 가해학생은 자신이 한 행동이 무엇이고 피해학생이 얼마나 큰 고통을 받았는지 되돌아보기보다 어쩌다 한 실수 정도로 잘못을 최소화할 수 있기 때문이다. 마찬가지로 피해학생이 피해를 당할 만한 행동을 했다거나 피해학생에게 원래 문제가 있다고 비난하는 것은 가해행위를 정당화하게 될 수 있으므로 어느 누구도 원하지 않는 성폭력을 당해도 될 만한 사람은 없다는 것을 주지시킨다.

가해학생은 주변 사람들로부터 비난을 받아 버림받거나 고립될지 모른다는 두려움을 가질 수 있다. 교사는 자신의 행동을 솔직하게 인정하고 진심으로 사과하며 다시는 되풀이하지 않으려고 노력할 때 주변에서 자신을 수용하고 도와줄 것이라는 점을 가해학생에게 인지시켜야 한다. 즉, 오히려 자신의 행동을 인정하고 솔직하게 반성하는 것이 해결책이라는 것을 알려 주어야 한다(울산광역시교육청, 2011).

3) 학부모 상담

가해학생의 보호자 역시 피해학생의 부모와 마찬가지로 자녀의 가해 사실에 충격을 받고 그 사실을 쉽게 인정하기 힘들어한다. 자녀가 가해자, 범죄자로 낙인찍힐까 봐 두려워하며 때로는 억울함과 분노 등을 호소할 수 있다. 특히, 법적인 처벌 대상이 아닌 연령의 자녀가 성폭력 가해행동을 했을 때 아무런 조치를 취하지 않은 채 무마시키려고 하거나 그릇된 자녀 사랑으로 인해 오히려 두둔하고 보호하기도 한다(여성가족부, 2009b).

가해행동에 대한 학부모의 적절하지 않은 대응이 가해학생의 인지, 정서, 행동발달에 문제를 드러낼 수 있으므로 학부모 상담 시 학부모의 적극적인 대처 노력이 자녀의 문제해결을 돕는다는 점을 알리는 것은 중요하다(여성부, 2009b). 가해학생이 평소 착실하고 모범적인 학생이었다며 가해 사실을 인정하기 힘들어하는 경우, '성폭력과 공부를 잘하는 것은 관련이 없으며 마땅히 바로잡아야 하는 폭력행위'라는 것을 받아들일 수 있도록 한다. 또한 가해학생이 아닌 성폭력 피해학생의 입장을 최우선으로 생각하도록 학부모를 이해시킴으로써 피해학생이 원한다면 가해학생인 자녀의 전학이나 전문기관에서의 재범 방지 교육 이수, 피해학생의 상담 비용 제공 등 '피해학생의 충격과 아픔을 어떻게 하면 최소화하고 치유할 수 있을까'?라는 입장에서 문제를 풀어 가도록 돕는다(문용린 외, 2008).

교사는 학부모 상담 시 가해학생의 학부모가 자녀의 가해행동에 책임을 지기 위하여 다음의 역할을 할 수 있도록 정보를 제공한다(여성부, 2009b).

- 정확한 사건 정황과 사실 파악
- 성폭력 피해 지원 전문기관과 상담
- 상담, 치료, 교육 등 적절한 문제해결을 위한 조치에 협조
- 피해학생에 대한 적극적인 사과 및 적절한 보상(필요할 경우 성폭력 피해 지원 상담기관의 중재 혹은 지원 요청)

성폭력 사안의 처리와 관련한 상담과 함께 가해학생의 학부모에 대한 교육도 간과하지 않도록 한다. 성폭력 가해행동에 있어 성충동을 완충시키는 데에 부모-자녀 간의 상호작용이 영향을 미치므로 가해학생의 재범을 방지하고 행동을 변화시키기 위해서는 학부모에 대한 교육과 개입이 필요하다. 학부모 교육은 자녀의 연령에 따라 나타나는 발달 특성을 이해하고 바람직한 양육 행동을 할 수 있도록 구성한다. 성과 관련된 주제에 대해 부모와 긍정적인 상호작용을 할 수 있도록 하는 것은 가해행동의 교정에 대해 실질적인 도움을 제공할 수 있다(최지현, 김재엽, 이지혜, 2010).

3. 주변 학생에 대한 조치

성폭력 사안을 대처할 때 중요한 것 중 하나는 피해학생과 가해학생의 신분이 노출되지 않도록 하는 것이다. 그러나 피해학생의 개인정보가 학교에 유포되어 소문과 따돌림의 고통을 겪게 되거나 피해 사실이 알려질까 봐 두려워 친구들을 경계하며, 피해의식

을 느끼기도 하고 오히려 피해학생이 학교를 떠나는 상황으로 몰리는 사례도 발생하고 있다(신기숙, 2010; 한국청소년정책연구원, 2012b). 이처럼 피해학생의 고통은 성폭력 피해 그 자체에서 오는 것일 수도 있으나 주변 사람들과 사회의 반응에 영향을 받는 경우가 많다(한국성폭력상담소, 2008).

여기서 잠깐!

◈ **성폭력 피해학생이 경험하는 학교생활 적응문제 사례**

- 소문
  - 학교에 소문이 나는 것에 대하여 두려움을 느낌
  - 피해학생이 사건을 유발했다는 부풀려진 소문이 학교에 퍼짐
- 또래관계
  - 피해 사실을 알면 친구들이 자신을 욕할 것 같아 경계하고 거리를 둠
  - 친구들이 자신을 멀리하고 비난하는 것 같다는 피해의식을 가짐
  - 학교에서 거의 말을 하지 않고 혼자 지내는 모습을 보임
  - 사건에 대한 소문이 학교에 퍼진 경우 피해학생을 비난하는 소문으로 인해 친구들과 갈등을 빚음
- 전학과 중퇴
  - 소문이 퍼진 경우나 퍼지지 않은 경우 모두 대부분 전학을 하거나 견디기 힘들어 중퇴하기도 함

출처: 신기숙(2010).

1) 주변 학생 교육

성폭력 사안의 처리에는 주변에서 피해학생에 대하여 비난하거나 차가운 시선을 보내지 않도록 피해학생에 대한 보호와 추후 유사한 피해를 막기 위한 교육적 조치가 따라야 한다. 이를 위해서 주변 학생들에 대한 교육 및 성폭력을 바라보는 관점을 점검하는 시간을 가지는 것이 좋다.

비밀유지에 주의를 기울였으나 성폭력 피해 사실이 공공연하게 알려진 경우, 피해학생을 보호하기 위하여 교사는 우선 학생들을 안정시키고 침착하게 대응하도록 지도한다. 특히 성폭력은 한 사람의 가장 중요한 권리 중 하나인 성적 자기결정권을 침해한 범

죄이고 개인에게는 견디기 힘든 고통과 상처를 주는 폭력임을 강조하여 관련 사실을 함부로 알리거나 피해학생을 놀리지 않도록 교육하여야 한다(여성부, 2009a). 또한 요즘은 스마트폰의 메신저, SNS 등을 통해 순식간에 관련 사실이 퍼질 수 있는 환경에 있으므로 관련 사실을 핸드폰이나 인터넷을 통해 유포하는 것은 범죄 행위라는 것과 개인의 정보보호에 대한 중요성을 학생들에게 분명히 알려 준다(한국청소년정책연구원, 2012b). 피해학생의 신원이나 피해 사실의 유포 등 2차 피해 우려가 심각할 경우 성폭력 피해 지원 전문기관과 긴밀히 협력한다(여성부, 2009a).

여기서 잠깐!

◈ **비밀누설 금지(「청소년성보호법」 제31조)**

- 누구든지 피해 아동 · 청소년 및 대상 아동 · 청소년의 주소, 성명, 연령, 학교 또는 직업, 용모 등 그 아동 · 청소년을 특정하여 파악할 수 있는 인적사항이나 사진 등을 신문 등 인쇄물에 싣거나 정보통신망을 통하여 공개하여서는 아니 된다.
- 이를 위반한 자는 7년 이하의 징역 또는 5천만 원 이하의 벌금에 처한다. 이 경우 징역형과 벌금형은 병과할 수 있다.

성폭력에 대한 교사의 태도 역시 사안 발생으로 인해 혼란스러운 학생들에게 중요한 교육적 기회가 되기 때문에 교사 대상의 성폭력 예방교육에도 신경을 써야 한다. 또한 교사는 평소 지속적인 성교육으로 학생들의 성폭력 민감성을 높이고 성폭력의 모든 책임은 가해자에게 있음을 강조하되 잘못된 성 인식이나 행동으로 인해 가해학생이 될 수 있다는 것과 원치 않아도 피해학생이 될 수도 있음을 지도해야 한다.

2) 주변 학생 상담

피해학생의 친구들이 이미 사건에 대한 내용을 주변 학생들에게 알리고 다닌다면 해당 학생들에 대한 개별 지도가 필요하다. 이들에게 성폭력 사실을 소문내고 다니는 것이 가해학생이나 피해학생에게뿐만 아니라 자기 자신에게 어떤 불이익을 가져오는지 구체적으로 알려 주어야 한다. 가해학생이나 피해학생이 알리고 싶어 하지 않는 사실을 주위에 이야기하고 다니는 것은 다른 사람에 대한 사생활 침해이며 명예훼손이라는 사실과 함께 심한 경우 이에 대한 법적인 책임이 따를 수도 있음을 알려 주는 것이 좋다.

또한 성폭력 사안의 당사자 입장에 서서 사건을 바라보게 하여 '나라면 사건을 알리고 다니는 친구들에게 어떤 행동과 생각을 하게 될까?'라는 것을 생각해 보게 한다. 상담 이후에도 주변 친구들이 사건에 대해 물어오는 경우 앞으로 어떻게 대답할지 등을 연습해 보게 하는 것 등 피해학생, 가해학생에 대한 예절과 배려에 대해 구체적으로 지도한다(울산광역시교육청, 2011). 더불어 몸이 아픈 사람을 배려하고 도와주듯이 성폭력 피해 극복을 위해서 주변 사람들의 사랑과 배려, 도움이 중요함을 인식하도록 하여 성폭력 피해학생의 아픔과 충격을 충분히 이해하고 공감할 수 있도록 돕는다. 즉, 학교와 교사는 학생 등 학교 구성원 모두가 피해학생을 보호하고 지지하고 지원해 주며 공감해 주는 '도우미'가 될 수 있도록 가능한 모든 노력을 다해야 한다(여성부, 2009a).

정리하기

1. 성폭력 피해학생에 대한 학교에서의 조치는 비밀보장과 함께 가해자와의 분리를 우선적으로 시행하며, 피해 관련 후유증을 감소시키고 성폭력 피해 후 처리 과정에서 겪은 정서적 어려움을 해소하기 위한 심리상담과 함께 정상적인 학업을 유지할 수 있도록 지원해야 한다.
2. 학교에서는 성폭력 사안의 대상에 따라 전담기구 또는 성고충심의위원회에서 조사를 한 후 학교장 자체해결제로 해결되지 않는 사항에 대해 교육청 심의위원회를 통해 교육적 조치를 부과해야 한다. 성폭력 가해학생에 대해 타인의 의사를 존중하고 받아들이며 자신의 행동에 책임을 질 수 있도록 하여 또다시 가해행동을 하지 않도록 교육을 실시하는데, 이는 특별교육이나 가해학생 교육프로그램을 통해 제공할 수 있다.
3. 성폭력 사안에서 2차 피해를 예방하는 일이 중요한데, 이를 위해 주변 학생을 대상으로 교육 및 성폭력을 보는 관점을 점검할 필요가 있다.

확인하기

1. 성폭력 사안의 처리 이후 피해학생이 피해의 후유증을 극복하고 학교에 적응하도록 돕기 위하여 학교에서 할 수 있는 역할에 대해 기술하시오.
2. 성폭력 가해행위로 사법적 조치를 받고 학교로 복귀한 학생에 대해 학교에서는 어떻게 지도할 수 있는지 설명하시오.
3. 성폭력 사안이 발생했을 때 주변 학생들에게 지도해야 할 내용에 대해 기술하시오.

부록

〈부록 1〉 학교폭력 사안 처리 양식

교육부(2024). 학교폭력 사안 처리 양식 목차

1. 신고 및 접수
   - 1-1 학교폭력 신고 접수 대장
   - 1-2 가해자와 피해학생 분리 의사 확인서
   - 1-3 학교폭력사안 접수 보고서

2. 사실확인 및 사안조사
   - 2-1 학생 작성 확인서
   - 2-2 보호자 확인서
   - 2-3 (피해 · 가해학생) 긴급조치 보고서
   - 2-4 학교폭력 사안조사 보고서
   - 2-5 피해 · 가해학생 보호자 개인정보
   - 2-6 학교폭력대책심의위원회 개최 요구 공문
   - 2-7 학교폭력 전담조사관 자료 관리 대장

3. 학교장 자체해결제
   - 3-1 학교폭력 전담기구 심의결과 보고서
   - 3-2 학교장 자체해결 동의서(학교폭력대책심의위원회 개최 요구 의사 확인서)
   - 3-3 학교장 자체해결 결과 보고서
   - 3-4 학교폭력대책심의위원회 개최 요청서
   - 3-5 학교폭력대책심의위원회 개최 요구 취소 요청서
   - 3-6 학교폭력 아닌 사안의 종결 보고서
   - 3-7 학교폭력대책심의위원회 미개최 동의서

양식 1-1

학교폭력 신고 접수 대장

* (　　　　　　)학교

사안 번호	신고 접수 일시	신고자 (연락처) 또는 신고기관	신고내용	접수 사실 통보		가해자와 피해학생 분리	작성자 (책임 교사)
				피해관련 학생/보호자	가해관련 학생/보호자		
20○○ -1				20○○. 3. 8. 유선통보	20○○. 3. 8. 유선통보	분리 시행	
20○○ -2						분리 미시행 (피해학생 반대의사 표명)	

[참고] 사안번호는 모든 관련 서류에 동일하게 작성

양식 1-2

가해자와 피해학생 분리 의사 확인서

■ 사안 번호: (학교에서 작성, 학교폭력 신고 접수 대장의 사안 번호)

아래 내용을 확인하여 해당 칸에 표시하여 주시기 바랍니다.

「학교폭력 예방 및 대책에 관한 법률」 제16조 제1항에 따른 '가해자와 피해학생 분리'를

☐ 희망합니다. ☐ 희망하지 않습니다.

○ **제도 도입 취지:** 피해학생의 심리적 불안감 해소 및 2차 피해 방지, 고조된 학교폭력 갈등 상황 완화를 위해 동일 학교에서 발생한 학교폭력 발생 초기에 학교장이 학교폭력을 '인지'한 경우 가해자와 피해학생을 일시 분리합니다(법률 제16조 제1항).

※ 사안조사 전 단계이므로, 가해자-피해학생은 가해 추정자-피해 추정학생의 의미입니다.

○ **'가해자와 피해학생 분리'는 최대 7일 범위 내***에 실시하되, 제16조 제1항 또는 제17조 제5항 및 제6항에 따라 긴급조치가 시행되어 가해자와 피해학생이 분리되면 종료됩니다.

※ 가해자와 피해학생의 분리 시행일 당일은 분리 기간에 포함(초일 포함)되며, 공휴일이나 토요일이 분리 기간에 포함되더라도 이를 기간에 포함하여 계산함

○ 관련 학생 **쌍방이 서로 피해를 주장하며 분리를 요청**하는 경우 양측의 의사를 모두 반영하여 상호 분리를 하여야 합니다.

○ 가해자와 피해학생의 분리 기간 중에도 제16조 제1항 또는 제17조 제5항 및 제6항에 따라 긴급조치를 시행할 수 있습니다.

○ 학교는 해당 기간 동안 관련 학생의 학습권 보장을 위해 학교 내에 별도 공간을 마련하고 교육자료 제공, 원격 수업 등을 실시합니다.

○ 학교 내에 별도 공간 마련이 어려워 가정 또는 기타 학교 외의 장소를 이용하여 분리조치를 시행한 경우, 분리 기간은 「학교생활기록 작성 및 관리지침」의 '기타 부득이한 사유로 학교장의 허가를 받아 결석하는 경우'로 **출석인정** 결석으로 처리됩니다.

20○○ 년 월 일

피해학생: (서명 또는 인)

○○○○학교장 귀중

양식 1-3

학교폭력사안 접수 보고서

* 사안번호: (   )학교   20○○-(   )호

<table>
<tr><td rowspan="2">학교명</td><td rowspan="2" colspan="2"></td><td rowspan="2">교감</td><td>성명</td><td></td><td rowspan="2">담당자
(책임
교사)</td><td>성명</td><td></td></tr>
<tr><td>휴대전화</td><td></td><td>휴대전화</td><td></td></tr>
<tr><td>접수 일시</td><td colspan="8">년 월 일 (오전/오후) 시 분</td></tr>
<tr><td>신고자
(성명, 신분)</td><td colspan="5">* 신고자가 익명을 희망할 경우 익명 처리</td><td>접수 · 인지경로</td><td colspan="2">* 피해자 직접신고
* 담임, 보호자 신고
* 주변 학생 신고</td></tr>
<tr><td rowspan="2">가해자와 피해 학생 분리 여부</td><td colspan="5">분리 시행 여부</td><td colspan="3">가해자와 피해학생 예외</td></tr>
<tr><td colspan="2">*「학교폭력예방법」 제16조 제1항에 따라 가해자와 분리 시행
분리기간: 2일(예시)</td><td colspan="3">시행(일), 미시행</td><td colspan="3"> 피해학생 반대의사 표명( )
* 교육활동 중이 아님( )
* 학교장이 긴급 선도조치를 시행하여 가해학생이 이미 분리됨( )
* 타 학교에 재학 중임 등( )</td></tr>
<tr><td>사실확인 내용</td><td colspan="8">* 육하원칙에 의거 접수한 내용을 간략히 기재</td></tr>
<tr><td rowspan="4">관련 학생</td><td>성명</td><td>학교명</td><td>성별</td><td>학번</td><td>보호자 통보 여부</td><td colspan="3">비고
(가해(관련)/ 피해(관련)/ 장애학생/ 다문화학생)</td></tr>
<tr><td></td><td></td><td></td><td></td><td></td><td colspan="3"></td></tr>
<tr><td></td><td></td><td></td><td></td><td></td><td colspan="3"></td></tr>
<tr><td></td><td></td><td></td><td></td><td></td><td colspan="3"></td></tr>
<tr><td>기타 사항</td><td colspan="8">(경찰신고, 고소, 소송 여부 등)
* 아동 · 청소년 대상 성범죄 사안은 반드시 수사기관(112 또는 117) 신고(신고 일시 기재)</td></tr>
</table>

<table>
<tr><td rowspan="2">타 학교 관련 여부</td><td>관련 학교명</td><td>* 신고 접수 시 타 학교 관련성이 확인되지 않은 경우에는 공란으로 처리</td></tr>
<tr><td>통보여부</td><td>(통보 일시, 방법)
(통보 받은 사람) (연락처)</td></tr>
<tr><td colspan="2">사안조사 방법</td><td>학교폭력 전담조사관 배정 요청(교육지원청 조사관 배정)
또는
학교 전담기구에서 사안조사 실시(학교 자체 조사)</td></tr>
<tr><td rowspan="2">(전담조사관 배정 요청에 따른) 학생 조사 가능 시간</td><td>피해학생</td><td>ex. 일시: 20○○. 3. 18.(월) 15:00, 장소: ○○실</td></tr>
<tr><td>가해학생</td><td>ex. 일시: 20○○. 3. 18.(월) 16:00, 장소: ○○실</td></tr>
</table>

[참고] 학교폭력 접수 사안은 학교장 및 교육(지원)청에 보고* (48시간 이내 보고)

* 접수 보고시 교육지원청에 전담조사관을 배정해 줄 것을 포함하거나, 학교폭력 전담기구에서 자체 사안 조사를 실시함

양식 2-1

학생 작성 확인서

(최초 학생 작성 □ / 추가 학생 작성 □)

* 사안번호: (   )학교   20○○-(   )호

<table>
<tr><td>성명</td><td></td><td>학년 / 반</td><td>/</td><td>성별</td><td>남 / 여</td></tr>
<tr><td>연락처</td><td>학생</td><td></td><td>보호자</td><td colspan="2"></td></tr>
<tr><td colspan="2">관련 학생</td><td colspan="4"></td></tr>
<tr><td colspan="2">사안 내용</td><td colspan="4">※ 피해 받은 사실, 가해한 사실, 목격한 사실 등을 육하원칙에 의거하여 상세히 기재하세요. (필요한 경우 별지 사용)</td></tr>
<tr><td colspan="6"></td></tr>
<tr><td colspan="2">필요한 도움</td><td colspan="4"></td></tr>
<tr><td>작성일</td><td colspan="2">____년 ____월 ____일</td><td>작성 학생</td><td colspan="2">(서명)</td></tr>
</table>

양식 2-2

보호자 확인서

* 사안번호: (　　　　　　)학교　20○○-(　)호

1. 본 확인서는 학교폭력 사안 조사를 위한 것입니다.
2. 자녀와 상대방 학생에 관련된 객관적인 정보를 제공해 주셨으면 합니다.
3. 사안 해결을 위해 학교는 객관적이고 적극적인 자세로 임할 것입니다.

<table>
<tr><td>학생 성명</td><td></td><td>학년 / 반</td><td>/</td><td>성별</td><td>남 / 여</td></tr>
<tr><td colspan="2">사안 인지 경위</td><td colspan="4"></td></tr>
<tr><td colspan="2">현재
자녀의 상태</td><td colspan="4">신체적 -
정신적 -</td></tr>
<tr><td rowspan="3">자녀
관련
정보</td><td>교우 관계</td><td colspan="4">(친한 친구가 누구이며, 최근의 관계는 어떠한지 등)</td></tr>
<tr><td>학교폭력
경험 유무
및 내용</td><td colspan="4">(실제로 밝혀진 것 외에도 의심되는 사안에 대해서도)</td></tr>
<tr><td>자녀 확인 내용</td><td colspan="4">(사안에 대해 자녀가 보호자에게 말한 것)</td></tr>
<tr><td colspan="2">현재까지의 보호자 조치</td><td colspan="4">(병원 진료, 화해 시도, 자녀 대화 등)</td></tr>
<tr><td colspan="2">사안 해결을 위한
관련 정보 제공</td><td colspan="4">(특이점, 성격 등)</td></tr>
<tr><td colspan="2">현재 보호자의 심정</td><td colspan="4">(어려운 점 등)</td></tr>
<tr><td colspan="2">본 사안 해결을 위한
보호자 의견, 바라는 점</td><td colspan="2">(보호자가 파악한 자녀의 요구사항 등)</td><td colspan="2">"대화 속에 길이 보인다"
관계조정 프로그램
안내 동영상</td></tr>
<tr><td>작성일</td><td colspan="2">____년 ____월 ____일</td><td>작성자</td><td colspan="2">(서명)</td></tr>
</table>

양식 2-3

(피해 · 가해학생) 긴급조치 보고서

* 사안번호: (　　　　　)학교　20○○-(　)호

<table>
<tr><td>대상학생</td><td>학년 / 반</td><td colspan="2"></td><td>성명</td><td></td></tr>
<tr><td>사안 개요
(조치원인)</td><td colspan="5">※ 접수한 사안 내용을 육하원칙에 의거 간략히 기재</td></tr>
<tr><td rowspan="4">조치 내용</td><td rowspan="2">피해학생</td><td>조치 사항</td><td colspan="3"></td></tr>
<tr><td>법적 근거</td><td colspan="3">「학교폭력 예방 및 대책에 관한 법률」 제16조 제1항</td></tr>
<tr><td rowspan="2">가해학생</td><td>조치 사항</td><td colspan="3"></td></tr>
<tr><td>법적 근거</td><td colspan="3">「학교폭력 예방 및 대책에 관한 법률」 제17조 제5항 및 제6항</td></tr>
<tr><td>조치일자</td><td colspan="5">년　월　일</td></tr>
<tr><td>긴급 조치의
필요성</td><td colspan="5"></td></tr>
<tr><td>관련 학생 또는
보호자 의견청취
여부</td><td colspan="5">① 의견청취 완료 (일시: ____________, 방법: ____________)
② 의견을 들으려 하였으나 이에 따르지 않음
※ 출석정지 및 학급교체 조치를 하고자 할 경우 의견청취는 필수 절차임</td></tr>
<tr><td rowspan="2">관련 학생 및
보호자 통지</td><td>통지일자</td><td colspan="4"></td></tr>
<tr><td>통지방법</td><td colspan="4"></td></tr>
<tr><td colspan="6">작성자:
확인자:　　　　　학교장</td></tr>
</table>

[참고]

- 피해학생 긴급 보호조치는 법률 제16조 제1항에 의거 즉시 심의위원회에 보고
- 가해학생 긴급 선도조치는 법률 제17조 제5항 및 제6항에 의거 즉시 심의위원회에 보고 및 추인을 받아야 함

양식 2-4

(1차 조사□ / 보완 조사 □) 학교폭력 사안조사 보고서

* 사안번호: (   )학교   20○○-(   )호

<table>
<tr><td>신고접수
일자</td><td colspan="2">년 월 일</td><td colspan="2">조사관 성명&연락처</td><td colspan="3"></td></tr>
<tr><td rowspan="2">사안 유형</td><td colspan="7">유형: 신체폭력/언어폭력/금품갈취/강요/따돌림/성폭력/사이버폭력/기타(중요도 순서로 기재)</td></tr>
<tr><td colspan="7">•</td></tr>
<tr><td rowspan="4">관련 학생</td><td>학교</td><td>학년 반/번호</td><td>성명</td><td>성별</td><td>(공동사안인 경우) 관련 학교의 사안 번호</td><td>학생선수 여부 (✓ 표시, 가해(관련)학생에 한함)*</td><td>비고 (가해(관련)/ 피해(관련))</td></tr>
<tr><td></td><td>/</td><td></td><td></td><td></td><td></td><td></td></tr>
<tr><td></td><td>/</td><td></td><td></td><td></td><td></td><td></td></tr>
<tr><td colspan="7">*「국민체육진흥법」 개정으로 '학생징계정보 수집'이 시행('22. 8. 11.)됨에 따라 학교의 학생선수 담당 교사로부터 학생선수 확인 서류를 제출 받은 경우, ✓ 표시</td></tr>
<tr><td>사안 개요</td><td colspan="7">※ 신고내용과 관련하여 확인한 내용을 육하원칙에 의거 구체적으로 기재
(피해(관련)학생의 신고내용이 누락되지 않도록 주의)
•</td></tr>
<tr><td>사안 경위</td><td colspan="7">※ 사안의 전후, 사안 접수, 전담기구 조사, <u>양측의 주장을 포함한 전체 사건 내용</u>, 등을 시간의 흐름에 맞춰 구체적으로 기재
•</td></tr>
<tr><td rowspan="3">가해자와 피해학생의 분리 여부</td><td colspan="4">분리 시행 여부</td><td colspan="3">가해자와 피해학생 분리 예외 사유</td></tr>
<tr><td colspan="2">시행</td><td colspan="2">미시행</td><td colspan="3" rowspan="2">* 피해학생 반대의사 표명( )
* 교육활동 중이 아님( )
* 학교장이 긴급 선도조치를 시행하여 가해학생이 이미 분리됨( )
* 타 학교에 재학 중임 등( )</td></tr>
<tr><td colspan="2">* 분리기간: 2일(예시)</td><td colspan="2"></td></tr>
<tr><td rowspan="6">자체해결 요건 충족 여부</td><td colspan="6">'객관적 요건 충족 여부'에 대한 조사관의 의견</td><td>자체해결 동의 여부</td></tr>
<tr><td colspan="4">학교장 자체해결 요건</td><td colspan="2">의견</td><td rowspan="5">※ 현재까지 확인된 내용 기재</td></tr>
<tr><td colspan="4">1. 2주 이상의 신체적 · 정신적 치료를 요하는 진단서를 발급받지 않은 경우</td><td colspan="2"></td></tr>
<tr><td colspan="4">2. 재산상 피해가 없는 경우 또는 재산상 피해가 즉각 복구되거나 복구 약속이 있는 경우</td><td colspan="2"></td></tr>
<tr><td colspan="4">3. 학교폭력이 지속적이지 않은 경우</td><td colspan="2"></td></tr>
<tr><td colspan="4">4. 학교폭력에 대한 신고, 진술, 자료제공 등에 대한 보복행위(정보통신망을 이용한 행위를 포함한다)가 아닌 경우</td><td colspan="2"></td></tr>
</table>

<table>
<tr><td rowspan="8">쟁점 사안</td><td>주요 쟁점 1.</td><td>※ 기타 쟁점 사안이 있는 경우 추가 작성</td><td>근거자료
※ 작성날짜 포함</td></tr>
<tr><td>피해(관련) 학생의 주장 내용</td><td>•
•
•
•
•
•</td><td></td></tr>
<tr><td>가해(관련) 학생의 주장 내용</td><td>•
•
•
•
•
•</td><td></td></tr>
<tr><td>목격학생의 진술</td><td>•
•
•
•
•
•</td><td></td></tr>
<tr><td>주요 쟁점 2.</td><td>※ 위와 동일</td><td>근거자료
※ 작성날짜 포함</td></tr>
<tr><td>…</td><td>…</td><td>…</td></tr>
<tr><td colspan="4">시행령 제19조 판단요소 관련 확인 사실 기재
※ 조사관은 작성 시 참고사항에 따라 각 판단요소별 구체적으로 사실을 기재
(조사관이 판단하는 점수를 기재하는 것이 아님)</td></tr>
</table>

<table>
<tr><td rowspan="1">가해학생이 행사한 학교폭력의 심각성 · 지속성 · 고의성</td><td colspan="2">•
•
•</td></tr>
<tr><td>가해학생의 반성 정도</td><td colspan="2">•
•
•</td></tr>
<tr><td rowspan="3">가해학생 및 보호자와 피해학생 및 보호자 간 화해 정도</td><td colspan="2">•
•
•</td></tr>
<tr><td colspan="2">관계조정 프로그램 · 갈등조정 등을 진행하였는지, 진행할 의사가 있는지</td></tr>
<tr><td colspan="2">•
•
•</td></tr>
<tr><td>해당 조치로 인한 가해학생의 선도 가능성</td><td colspan="2">•
•
•</td></tr>
<tr><td>피해학생이 장애학생인지 여부</td><td colspan="2">•
•
•</td></tr>
<tr><td rowspan="2">긴급조치 여부</td><td>피해학생</td><td></td></tr>
<tr><td>가해학생</td><td></td></tr>
<tr><td>가해학생 학교폭력 재발 현황</td><td colspan="2">※ 학교폭력 가해학생 조치사항 관리대장을 통해 확인될 수 있는 가해학생의 학교폭력 횟수 기재</td></tr>
<tr><td>특이사항 및 고려사항</td><td colspan="2">※ 성 관련 사안 여부, 치료비 분쟁, 피해학생이 다문화학생인지 여부, 관련 학생 및 그 보호자의 요구사항, 언론보도 등 특이사항 기재
•
•</td></tr>
</table>

[참고]

1.「시행령」제19조 판단요소 확인 시 참고 사항

학교폭력 사안조사 시 판단사항	작성 시 참고 사항
1. 심각성 판단 요소	성폭력인지 여부, 폭행 · 상해의 정도, 진단서 제출 여부, 집단폭력인지, 피해학생의 수, 위험한 물건을 사용했는지, 폭력이 발생한 장소 및 시간 등
2. 지속성 판단 요소	해당 학교폭력이 지속된 기간 및 횟수
3. 고의성 판단 요소	이전에 피해학생과 마찰이 있었는지, 비슷한 행동을 행사한 적이 있는지, 폭력이 발생한 장소에 모이게 된 이유, 만류가 있음에도 행사한 것인지, 교사의 지도가 있음에도 그렇게 행동했는지, 비난받을 행동임을 알고 있는지 등
4. 반성 정도 판단 요소	조사관 조사 협조 여부, 사안접수 이후의 태도 변화, 확인된 내용을 인정하는지 등
5. 화해 정도 판단 요소	고소 · 고발 여부, 화해가 되었는지, 합의서가 제출되었는지, 화해의 노력을 하고 있는지, 학생 및 보호자에게 갈등조정 등에 대한 의지가 있는지 등
6. 가해학생의 선도 가능성 판단 요소	가해학생이 이전에 학교폭력으로 조치를 받은 적이 있는지, 평소의 생활 태도, 사안접수 이후의 태도 변화, 해당조치로 가해학생 선도와 피해학생 보호가 충분한지 등
7. 피해학생이 장애학생인지 여부	장애유형(영역) 및 정도 등

양식 2-5

피해 · 가해학생 보호자 개인정보

* 사안번호: (   )학교   20○○-(   )호

연번	사안번호	학생 성명	보호자			
			성명	학생과의 관계	연락처	(우편번호) 주소

[참고] 보호자 개인정보 수집 시, 별도의 동의를 요하지 않음

양식 2-6

학교폭력대책심의위원회 개최 요구 공문

○○중학교

수신 ○○교육지원청(학교통합지원센터)
(경유)
제목 ○○교육지원청 학교폭력대책심의위원회 개최 요청

1. 관련
   가. 「학교폭력 예방 및 대책에 관한 법률」 제13조 제2항
   나. ○○○○학교-○○○○(20○○. ○○. ○○.)호(※관련 내부공문)
2. ○○교육지원청 학교폭력대책심의위원회 개최를 다음과 같이 요청하오니, 협조하여 주시기 바랍니다.

구분	소속학교	학년/반	이름	학교 사안번호	학생선수 여부 (가해(관련)학생에 한함)	비고
피해학생	○○중학교	3-1	○○○	○○중 20○○-1		예시
가해학생	○○중학교	3-1	○○○	○○중 20○○-1	✓	학생선수의 생년월일
가해학생	○○고등학교	1-2	○○○	○○고 20○○-2		예시

붙임 1. 피해 · 가해학생 확인서 ○부.
2. 보호자 확인서 ○부.
3. 목격학생 확인서 ○부.
4. 학교폭력 사안조사 보고서 1부.
5. 피해 · 가해학생 긴급조치 보고서 ○부.
6. 전담기구 심의결과 보고서 ○부.
7. 피해 · 가해학생 보호자 개인정보(우편번호, 주소, 보호자명, 학생과의 관계, 휴대폰번호 등)
8. 학생선수 확인을 위한 관련 서류(학교장 확인서, 선수등록증명서, 학생선수 확인서 중 1가지 이상)
   ※ 교육부 교수학습평가과-3830(2022. 8. 3.) 참조, 가해학생이 학생선수가 아닐 경우 필요하지 않음
9. 기타 심의위원회 심의 · 의결에 필요한 서류 각 1부. 끝.

기안자 검토자 결재자
협조자 (학생선수 사안일 경우 학생선수 담당자 협조 결재)

양식 2-7

학교폭력 전담조사관 자료 관리 대장

* (   )학교

사안번호	자료명	제공일	제공자	조사관명	자료 폐기	
					폐기일	폐기자
20○○-01	학생 작성 확인서 사본, 각종 증거 자료 일체	20○○. 3. 15.(금)	책임교사 김○○	조사관 이○○	20○○. ○. ○○.(○)	조사관 이○○

[참고]

- 학교는 사안번호별로 기재
- 책임교사는 위 대장을 작성하고 관리함
- 학교는 교육지원청(학교폭력 제로센터)으로부터 사안조사보고서를 공문으로 받은 후, '자료폐기'란을 기록함

양식 3-1

학교폭력 전담기구 심의결과 보고서

* 사안번호: (　　　　　)학교　20○○-(　)호

1. 일　시:　　　년　　월　　일(　요일)　　시　　분
2. 장　소:
3. 참석자

○○○　○○○　○○○　○○○

○○○　○○○　○○○　○○○

4. 심의 주제: 사안번호 20○○-○○호 (　　　　)에 대한 학교장 자체해결 부의 여부 심의

5. 심의 내용

※ 사안 조사 내용

•

•

•

•

※ 필수 확인 사항

• 법률 제13조의2 제1항 제1호~제4호 판단하여 해당 여부 체크

학교장 자체해결 가능 요건	해당 여부 (O, X)
1. 2주 이상의 신체적 · 정신적 치료를 요하는 진단서를 발급받지 않은 경우	
2. 재산상 피해가 없는 경우 또는 재산상 피해가 즉각 복구되거나 복구 약속이 있는 경우	
3. 학교폭력이 지속적이지 않은 경우	
4. 학교폭력에 대한 신고, 진술, 자료제공 등에 대한 보복행위(정보통신망을 이용한 행위를 포함한다)가 아닌 경우	

• 학교장 자체해결 동의서 제출 여부 체크

피해학생 및 그 보호자의 학교폭력대책심의위원회 개최 요구 의사 확인 (학교장 자체해결 동의서 제출 여부)	(O, X)

6. 결정 사항

•

•

양식 3-2

학교장 자체해결 동의서
(학교폭력대책심의위원회 개최 요구 의사 확인서)

* 사안번호: (　　　　　　)학교　20○○-(　)호

<table>
<tr><td rowspan="2">피해학생</td><td>소속학교</td><td>학년/반</td><td>학생 성명</td><td>보호자 성명</td></tr>
<tr><td></td><td></td><td></td><td></td></tr>
<tr><td rowspan="2">가해학생</td><td>소속학교</td><td>학년/반</td><td>학생 성명</td><td>보호자 성명</td></tr>
<tr><td></td><td></td><td></td><td></td></tr>
<tr><td>사안 조사 내용</td><td colspan="4">사안 내용을 사안조사 보고서를 참고하여 구체적으로 기록
(발생 일시, 사안 내용 등)</td></tr>
</table>

학교장 자체해결로 처리 시 추후 위 사안에 대하여 학교폭력대책심의위원회 개최를 요청할 수 없음을 알고 있습니다. □

위 사안 조사 내용을 확인하였으며, 이 사안에 대해서 학교폭력대책심의위원회를 개최하지 않고 학교장 자체해결에 동의합니다. □

20○○년　월　일

피해학생:　　　(인)

피해학생 보호자:　　　(인)

○○학교장 귀중

양식 3-3

학교장 자체해결 결과 보고서

* 사안번호: (   )학교 20○○-( )호

<table>
<tr><td rowspan="2">피해학생</td><td>소속학교</td><td>학년/반</td><td>학생 성명</td><td>보호자 성명</td></tr>
<tr><td></td><td></td><td></td><td></td></tr>
<tr><td rowspan="2">가해학생</td><td>소속학교</td><td>학년/반</td><td>학생 성명</td><td>보호자 성명</td></tr>
<tr><td></td><td></td><td></td><td></td></tr>
<tr><td>사안 조사 내용</td><td colspan="4">사안 내용을 사안조사 보고서를 참고하여 구체적으로 기록
(발생 일시, 사안 내용 등)</td></tr>
<tr><td>학교장 자체해결 결과</td><td colspan="4">학교폭력 전담기구 심의결과 및 피해학생과 가해학생 사이에 합의된 결과를 기록
(예: 객관적 요건(4가지) 충족 여부, 피해학생 및 그 보호자의 동의 여부, 양자 간에 화해, 가해학생의 사과와 피해학생의 용서, 관계조정 프로그램 적용 등의 내용)</td></tr>
<tr><td colspan="5">학교장 자체해결 결과를 보고합니다.

20○○. ○○. ○○

○○학교장</td></tr>
</table>

양식 3-4

학교폭력대책심의위원회 개최 요청서
(학교장 자체해결로 종결 후 심의위원회 개최를 요청할 수 있는 경우)

* 사안번호: ( )학교 20○○-( )호

<table>
<tr><td rowspan="2">신청인</td><td>소속학교</td><td>학년/반</td><td>학생 성명</td><td>보호자 성명</td></tr>
<tr><td></td><td></td><td></td><td></td></tr>
<tr><td>신청사유</td><td colspan="4">
<table>
<tr><th>신청사유</th><th>요건</th></tr>
<tr><td>1. 해당 학교폭력사건으로 인한 재산상 손해를 가해학생 및 그 보호자가 복구하기로 약속하였으나 이행하지 않은 경우</td><td></td></tr>
<tr><td>2. 해당 학교폭력 사건의 조사과정에서 확인되지 않았던 사실이 추가적으로 확인된 경우</td><td></td></tr>
</table>
구체적 사유를 기술
</td></tr>
<tr><td colspan="5">위와 같이 신청합니다.

20○○. ○○. ○○.

피해학생: (서명 또는 인)
피해학생 보호자: (서명 또는 인)</td></tr>
</table>

[참고] 해당 요청서는 학교장이 접수하여 개최 요구 공문에 첨부함

양식 3-5

학교폭력대책심의위원회 개최 요구 취소 요청서

* 사안번호: (   )학교   20○○-(   )호

<table>
<tr><td rowspan="2">신청인</td><td>소속학교</td><td>학년/반</td><td>학생 성명</td><td>보호자 성명</td></tr>
<tr><td></td><td></td><td></td><td></td></tr>
<tr><td colspan="5">이 사안에 대해서 학교폭력대책심의위원회 개최 요구를 취소하며
학교장 자체해결에 동의합니다.

20○○. ○○. ○○.

피해학생: (서명 또는 인)
피해학생 보호자: (서명 또는 인)</td></tr>
</table>

[참고] 해당 요청서는 학교장이 접수하여 개최 요구 공문에 첨부함

양식 3-6

학교폭력 아닌 사안의 종결 보고서

* 사안번호: ( )학교 20○○-( )호

1. 일 시: 년 월 일(요일) 시 분
2. 장 소:
3. 참석자

○○○ ○○○ ○○○ ○○○
○○○ ○○○ ○○○ ○○○

4. 심의 주제: 사안번호 20○○-○○호 ( )에 대한 학교폭력 아닌 사안 인지 여부 확인

5. 회의 내용

※ 전담기구 사안 조사 내용

-
-
-
-

※ 필수 확인 사항

학교폭력 아닌 사안으로 종결 가능한 경우	해당 여부 (O, X)
1. 제3자가 신고한 사안에 대한 조사결과, 학교폭력이 아니었던 경우 (오인신고)	
2. 학교폭력 의심사안(담임교사 관찰로 인한 학교폭력 징후 발견 등)에 대한 조사 결과, 학교폭력이 아니었던 경우	
3. 피해학생(보호자)이 신고한 사안에서 피해학생(보호자)이 오인신고였음을 스스로 인정하고, 조사결과 학교폭력이 아니었던 경우	

6. 확인 사항

-
-
-
-

[참고]

- 전담기구는 학교폭력 아닌 사안으로 확인되는 경우, 동 보고서를 첨부하여 교육지원청에 보고
- 피해학생 및 보호자가 심의위원회 개최를 요청할 경우 반드시 심의위원회를 개최하여 처리해야 함. 단, 심의위원회에서 '학교폭력 아님'으로 결정할 경우 '조치없음'으로 처리함

양식 3-7

학교폭력대책심의위원회 미개최 동의서
(가해자가 학생이 아니고 피해학생 보호조치를 원하지 않는 경우)

* 사안번호: ( )학교 20○○-( )호

<table>
<tr><td rowspan="2">피해(관련)학생</td><td>소속학교</td><td>학년/반</td><td>학생 성명</td><td>보호자 성명</td></tr>
<tr><td></td><td></td><td></td><td></td></tr>
<tr><td>신고 내용</td><td colspan="4"></td></tr>
<tr><td colspan="5">가해자가 학생이 아니고, 피해학생 보호조치를 원하지 않아
학교폭력대책심의위원회 미개최에 동의합니다.

20○○. ○○. ○○.

피해학생: (인)
피해학생 보호자: (인)

○○학교장 귀중</td></tr>
</table>

[참고]
- 가해자가 학생이 아니고, 피해학생과 그 보호자가 피해학생 보호조치를 원하지 않는 경우, 학교장은 학교폭력대책심의위원회 개최를 요청하지 않을 수 있음
- 피해학생과 그 보호자의 미개최 동의서(본 양식)을 받아 교육지원청에 보고

부록 2

학교폭력 실태 조사 질문지

I. 다음은 여러분이 ○학년이 되어서, 보거나 들은 것에 대한 질문입니다.

1. 올해 3월부터 현재까지 다른 아이가 학교폭력 피해를 당하는 것을 직접 보았거나 들은 적이 있나요?
   ① 없다.　② 있다.

2. 올해 3월부터 현재까지 다음과 같은 학교폭력 피해를 당한 적이 있나요? 있을 경우 ②번과 ③번 중에서 하나 또는 둘 다 고르세요.

   [예]
   - 일부 아이들이 일부러 다른 아이들과 어울리지 못하게 따돌렸다.
   - 다른 아이들이 내가 말을 걸어도 대답하지 않고 계속 무시했다.
   - 다른 아이들이 채팅방에 강제로 초대해서 괴롭혔다.

   ① 없었다.
   ② 학교나 학교 주변과 같은 실제 생활에서 있었다.
   ③ 인터넷이나 휴대전화와 같은 사이버상에서 있었다.

3. 올해 3월부터 현재까지 다음과 같은 학교폭력 피해를 당한 적이 있나요? 있을 경우 ②번과 ③번 중에서 하나 또는 둘 다 고르세요.

   [예]
   - 다른 아이들이 강제로 계속 숙제를 대신 시키거나, 가방이나 짐을 들게 했다.
   - 다른 아이들이 자주 나에게 강제로 심부름을 시켰다.
   - 다른 아이들이 게임을 대신하게 해서 아이템을 획득하게 했다.

   ① 없었다.
   ② 학교나 학교 주변과 같은 실제 생활에서 있었다.
   ③ 인터넷이나 휴대전화와 같은 사이버상에서 있었다.

4. 올해 3월부터 현재까지 다음과 같은 학교폭력 피해를 당한 적이 있나요? 있을 경우 ②번과 ③번 중에서 하나 또는 둘 다 고르세요.

   [예]
   - 다른 아이들이 강제로 내 돈이나 물건을 빼앗아 갔다.
   - 다른 아이들이 내 돈이나 물건을 자주 빌려가서 일부러 돌려주지 않았다.
   - 다른 아이들이 강제로 사이버머니나 게임 아이템을 빼앗아 갔다.

   ① 없었다.
   ② 학교나 학교 주변과 같은 실제 생활에서 있었다.
   ③ 인터넷이나 휴대전화와 같은 사이버상에서 있었다.

5. 올해 3월부터 현재까지 다음과 같은 학교폭력 피해를 당한 적이 있나요? 있을 경우 ②번과 ③번 중에서 하나 또는 둘 다 고르세요.

> [예]
> • 다른 아이들이 일부러 때리거나 넘어뜨려서 다쳤다.
> • 다른 아이들이 나를 화장실과 같이 밀폐된 공간에 강제로 가두고 못 나오게 했다.

① 없었다.
② 학교나 학교 주변과 같은 실제 생활에서 있었다.
③ 인터넷이나 휴대전화와 같은 사이버상에서 있었다.

6. 올해 3월부터 현재까지 다음과 같은 학교폭력 피해를 당한 적이 있나요? 있을 경우 ②번과 ③번 중에서 하나 또는 둘 다 고르세요.

> [예]
> • 다른 아이들이 강제로 나의 입을 맞추거나, 몸을 더듬거나 만졌다.
> • 다른 아이들이 나에게 야한 사진이나 동영상을 보여 주었다.
> • 다른 아이들이 나에게 너무 야한 이야기나 행동을 했다.

① 없었다.
② 학교나 학교 주변과 같은 실제 생활에서 있었다.
③ 인터넷이나 휴대전화와 같은 사이버상에서 있었다.

II. 다음은 여러분이 ○학년이 되어서, 여러분이 한 것에 대한 질문입니다.

1. 올해 3월부터 현재까지 다른 아이에게 다음과 같은 행동이나 비슷한 행동을 한 적이 있나요?

> [예]
> • 다른 아이에게 심한 욕을 하거나 내 외모(키, 몸무게, 얼굴 생김새)를 가지고 놀렸다.
> • 다른 아이에 대해 나쁘게 이야기하거나 소문을 냈다.

① 없었다.
② 학교나 학교 주변과 같은 실제 생활에서 있었다.
③ 인터넷이나 휴대전화와 같은 사이버상에서 있었다.

2. 올해 3월부터 현재까지 다른 아이에게 다음과 같은 행동이나 비슷한 행동을 한 적이 있나요?

> [예]
> • 일부 아이를 일부러 다른 아이들과 어울리지 못하게 따돌렸다.
> • 일부 아이가 말을 걸어도 대답하지 않고 계속 무시했다.
> • 일부 아이를 채팅방에 강제로 초대해서 괴롭혔다.

① 없었다.
② 학교나 학교 주변과 같은 실제 생활에서 있었다.
③ 인터넷이나 휴대전화와 같은 사이버상에서 있었다.

3. 올해 3월부터 현재까지 다른 아이에게 다음과 같은 행동이나 비슷한 행동을 한 적이 있나요?

[예]
- 다른 아이가 계속 숙제를 대신 시키거나, 가방이나 짐을 들게 했다.
- 다른 아이에게 강제로 심부름을 시켰다.
- 다른 아이에게 게임을 대신하게 해서 아이템을 획득하게 했다.

① 없었다.
② 학교나 학교 주변과 같은 실제 생활에서 있었다.
③ 인터넷이나 휴대전화와 같은 사이버상에서 있었다.

4. 올해 3월부터 현재까지 다른 아이에게 다음과 같은 행동이나 비슷한 행동을 한 적이 있나요?

[예]
- 다른 아이의 돈이나 물건을 빼앗아 갔다.
- 다른 아이의 돈이나 물건을 자주 빌려가서 일부러 돌려주지 않았다.
- 다른 아이의 사이버머니나 게임 아이템을 빼앗아 갔다.

① 없었다.
② 학교나 학교 주변과 같은 실제 생활에서 있었다.
③ 인터넷이나 휴대전화와 같은 사이버상에서 있었다.

5. 올해 3월부터 현재까지 다른 아이에게 다음과 같은 행동이나 비슷한 행동을 한 적이 있나요?

[예]
- 다른 아이를 일부러 때리거나 넘어뜨려서 다쳤다.
- 다른 아이를 화장실과 같이 밀폐된 공간에 강제로 가두고 못 나오게 했다.

① 없었다.
② 학교나 학교 주변과 같은 실제 생활에서 있었다.
③ 인터넷이나 휴대전화와 같은 사이버상에서 있었다.

6. 올해 3월부터 현재까지 다른 아이에게 다음과 같은 행동이나 비슷한 행동을 한 적이 있나요?

[예]
- 다른 아이에게 강제로 입을 맞추거나, 몸을 더듬거나 만졌다.
- 다른 아이에게 야한 사진이나 동영상을 보여 주었다.
- 다른 아이에게 너무 야한 이야기나 행동을 했다.

① 없었다.
② 학교나 학교 주변과 같은 실제 생활에서 있었다.
③ 인터넷이나 휴대전화와 같은 사이버상에서 있었다.

출처: 한국교육개발원(2017). 초등학생 학교폭력 실태와 대응 방안.

부록 3

가해학생용 질문지

(　　)학년 (　　)반 이름 (　　　　　　)

안녕하세요?

이 검사는 여러분의 생활에서 경험하는 문제들을 항목별로 모아 둔 것입니다. 이 질문의 답에는 옳은 답이나 틀린 답이 없습니다. 각 문항을 하나하나 읽어 가면서 그 글이 평소 자기 자신의 생각이나 행동과 같거나 비슷하든지 혹은 다른지를 잘 생각해 보고, 다음과 같이 표시하면 됩니다.

	예	아니요
1. 여러분 자신이 생각이나 행동과 대체로 같거나 비슷한 내용이면	●	○
2. 여러분 자신의 생각이나 행동을 잘 나타낸 것이 아니거나 여러분의 생각과는 전혀 다른 내용이면	○	●

	예	아니요
1. 나는 누가 나를 때린다고 할지라도 같이 맞서서 때리지 않는다.	○	○
2. 나는 가끔 내가 싫어하는 사람에 대해 흉을 본다.	○	○
3. 나는 누가 내게 점잖게 부탁하지 않는 한 그가 원하는 것을 하지 않는다.	○	○
4. 나는 쉽게 화를 내지만 또한 쉽게 다시 후회한다.	○	○
5. 나는 내가 노력한 만큼 마땅히 받아야 할 보상을 받지 못하는 것 같다.	○	○
6. 나는 내가 없는 곳에서 다른 사람들이 나에 대한 이야기를 하는 것 같다.	○	○
7. 나는 친구들의 행동이 옳지 않다고 생각되 때는 그 점을 친구에게 이야기해 준다.	○	○
8. 나는 남을 몇 번 속였던 일로 인해 양심의 가책을 받아 괴로움을 느낀 적이 있다.	○	○
9. 나는 때때로 다른 사람을 때려 주고 싶은 충동을 느낀다.	○	○
10. 나는 아무리 화가 나도 결코 물건을 던지지는 않는다.	○	○
11. 나는 사람들이 주위에 있으면 때때로 불안함을 느낀다.	○	○
12. 나는 누군가가 내가 싫어하는 약속을 청하면 그 약속을 지키고 싶지 않다.	○	○
13. 나는 다른 사람들은 나보다 항상 운이 좋은 것 같다는 생각이 든다.	○	○
14. 나는 나에게 이유없이 너무 친절하게 대하는 사람에게는 경계심이 일어난다.	○	○
15. 가끔 사람들과 다른 의견을 표현한다.	○	○
16. 나는 가끔 나도 모르게 나 자신조차도 부끄럽게 여길 정도로 나쁜 생각을 한다.	○	○
17. 나는 무슨 일이 있든지 간에 다른 사람을 때려서는 안 된다고 생각한다.	○	○
18. 나는 화가 났을 때 때때로 토라진다.	○	○

19. 나는 누가 거만하게 굴면 그의 말을 잘 들어주지 않는다.	○	○
20. 나는 내가 알고 있는 어떤 사람도 아주 많이 미워하지는 않는다.	○	○
21. 나는 사람들이 알고 있는 것보다 훨씬 성급하다.	○	○
22. 대부분의 사람들이 나를 몹시 싫어하는 것 같다.	○	○
23. 사람들이 나의 생각에 찬성하지 않을 때는 말싸움할 수밖에 없다.	○	○
24. 자기 일에 게으름을 부리는 사람은 부끄러움을 느껴야 한다.	○	○
25. 누가 먼저 나를 때리면 나도 때리겠다.	○	○
26. 나는 화가 났을 때 가끔 문을 '꽝' 하고 닫는다.	○	○
27. 나는 인간관계에서 참을성이 강한 편이다.	○	○
28. 나는 누군가에게 화가 났을 때는 침묵으로 그를 대하는 편이다.	○	○
29. 나는 내게 일어났던 일을 돌이켜 볼 때 분노의 감정을 느낄 때가 있다.	○	○
30. 많은 사람이 나를 시기하는 것 같다.	○	○
31. 나는 사람들이 나의 의견을 존중하도록 요구한다.	○	○
32. 나는 부모님에게 좀 더 효도하지 못한 것 때문에 우울할 때가 있다.	○	○
33. 나를 또는 내 가족을 모욕하는 사람은 누구나 싸움을 걸어오는 것이라고 생각하게 된다.	○	○
34. 나는 결코 짓궂은 장난을 하지 않는다.	○	○
35. 나는 누군가가 나를 조롱하면 화가 난다.	○	○
36. 나는 사람들이 잘난 체할 때는 일부러 일을 천천히 함으로써 싫어하는 것을 표시한다.	○	○
37. 나는 거의 매주 내가 싫어하는 사람을 만나는 편이다.	○	○
38. 나는 가끔 다른 사람이 나를 비웃는다는 느낌을 갖는다.	○	○
39. 나는 화가 났을 때라도 흥분하여 말하지는 않는다.	○	○
40. 나는 나의 죄가 용서될 것인가에 대해 걱정할 때가 있다.	○	○
41. 나는 계속해서 나를 괴롭히는 사람은 나에게 싸움을 걸어오는 것이나 마찬가지라고 생각한다.	○	○
42. 나는 내 뜻대로 되자 않을 때는 자주 말을 하지 않는다.	○	○
43. 나는 누가 나를 화나게 하면 그에 대해 가지고 있는 감정을 쉽게 말한다.	○	○
44. 나는 종종 나 자신의 폭발하려고 하는 화약과 같다는 느낌을 갖는다.	○	○
45. 나는 표정으로 나타내지는 않지만 때때로 질투심을 느낄 때가 많다.	○	○
46. '낯선 사람은 결코 믿지 말아야 한다.'는 생각을 자주 한다.	○	○
47. 누군가 나에게 야단을 치면 나도 가만히 있지는 않는다.	○	○

48. 나는 나중에 후회할 일을 많이 한다.	○	○
49. 나는 매우 흥분했을 때 누군가를 때릴 수도 있다.	○	○
50. 나는 10살 이후로는 심하게 화를 내거나 흥분한 적이 없다.	○	○
51. 나는 많이 화가 났을 때는 심한 말을 한다.	○	○
52. 나는 때때로 시비조로 행동한다.	○	○
53. 나의 사고방식이 드러난다면 사람들은 나를 사귀기 어려운 사람으로 생각할 것이다.	○	○
54. 나는 나에게 친절을 베푼 사람이 어떤 속셈을 가지고 있지 않은 편이다.	○	○
55. 나는 누가 괘씸해서 혼내 주어야 할 때일지라도 차마 그의 자존심을 상하게 할 수는 없다.	○	○
56. 나는 성적이 무척 낮게 나오면 양심의 가책을 느낀다.	○	○
57. 나는 누구하고나 자주 싸운다.	○	○
58. 나는 너무나 화가 나서 주위에 있는 물건을 집어 던진 적이 있다.	○	○
59. 나는 다른 사람에게 거짓 협박을 자주 한다.	○	○
60. 나는 내가 싫어하는 사람에게는 좀 무례한 행동을 한다.	○	○
61. 나는 일상생활에서 부당한 취급을 받는 편인 것 같다.	○	○
62. 대부분의 사람들이 진실을 말한다고 생각해 왔으나 지금은 그것이 거짓이었다는 생각이 든다.	○	○
63. 나는 다른 사람들에 대해 잘 몰라도 내색을 하지 않는다.	○	○
64. 나는 나쁜 일을 할 때는 양심의 가책을 심하게 느낀다.	○	○
65. 나는 나의 권리를 지키기 위해 폭력을 써야 할 상황이라면 쓰겠다.	○	○
66. 나는 누가 나를 얕잡아 보더라도 화내지 않는다.	○	○
67. 나에게 진실로 해를 입히고자 하는 사람은 없다고 생각한다.	○	○
68. 나는 논쟁할 때 언성을 높이는 경향이 있다.	○	○
69. 나는 자주 올바르게 살지 못했다고 느낀다.	○	○
70. 나는 나를 궁지에 빠지게 한 사람을 알면 그 사람과 싸운다.	○	○
71. 나는 사소한 일로는 불안해하지 않는다.	○	○
72. 나는 좀처럼 사람들이 나를 화나게 하거나 모욕을 주려 한다고는 생각지 않는다.	○	○
73. 나는 요즘 다소 신경질을 내는 편이다.	○	○
74. 나는 어떤 일에 반박하여 논쟁하기 보다는 차라리 상대편의 의견에 따르는 편이다.	○	○
75. 나는 화가 났을 때는 가끔 책상을 내리친다.	○	○

출처: 양은자(2003). 분노조절프로그램 적용이 가해아동의 공격성에 미치는 영향.

부록 4

학교폭력 피해학생 전담지원기관

지역	기관명	주소	연락처	지원 유형			
				상담 지원	일시보호		병원
					긴급	기숙	
전국	해맑음센터	대전 유성구 대금로 77	070-7119-4119	○		○	
서울	마음이랑Wee센터	서울 성동구 고산자로 280 106호	02-2297-7887	○			
	밝음이랑Wee센터	서울 관악구 남부순환로 172길 97	02-853-2460	○			
	서울통합Wee센터	서울 종로구 송월길 48	02-3999-505	○			
부산	공감과성장	부산 동래구 석사북로 79	051-501-0369	○			
대구	대동Wee센터	대구 동구 화랑로 177-2	053-746-7386	○			○
인천	인천Wee센터	인천 남동구 문화로 169번길 73	032-550-1703	○			
광주	청소년상담복지센터	광주 서구 상무자유로 173	062-226-8181	○	○		
	마음이음심리상담센터	광주 서구 회재로 888	062-354-3030	○			
	아이누리발달심리상담센터	광주 북구 설죽로 510 상지빌딩	062-574-6850	○	○		
대전	청소년상담복지센터	대전 동구 대전천동로 508	042-257-2000	○	○		
울산	힐링Wee센터	울주군 언양읍 언양로 103번지	052-255-8790	○	○		
세종	세종아람센터	세종 도움 1로 116 2층	044-715-7979	○			
경기	구리민들레청소년쉼터	구리시 검배로 513 4층	031-568-1331	○			
	꿈나무아동종합상담소	부천시 안곡로 194번길 14	032-347-7205	○			
	누림청소년교육복지센터	안산시 단원구 화랑로 358 315호	031-402-4145	○			
	숨겨진 보물 Wee센터	고양시 일산동구 문봉길 62번길 79	031-976-0179	○		○	
	심리정서연구소지음	양평군 용문면 다문 중앙1길 6-1 3층	031-775-5508	○			
	우리심리상담센터	포천시 소흘읍 태봉로 138 5층	031-541-0954	○			
	청소년의 아침	상록구 부곡동 538번지 302호	031-319-3089	○			
	토당청소년수련관	고양시 덕양구 중앙로 633번길 25	031-970-0031	○			
	한국교육협회	안성시 공도읍 승두길 58	031-656-1885	○			
	행복키움Wee센터	수원시 팔달구 장다리로 271번길 26	031-548-1232	○		○	
강원	사임당교육원	강릉시 주문진읍 연주로 284-24	033-640-6530	○		○	
충북	한국피해자지원협회 충북지부	청주시 청원구 향군로 53번길 4	043-224-9517	○			
충남	꿈그린센터	천안시 동남구 청당동 청수 7로 37-8	010-4917-7581	○		○	

전북	마음치유센터	전주 덕진구 팔달로 346	063-271-0117	○	○		
전남	국립청소년우주센터	고흥군 동일면 덕흥양쪽길 200	061-830-1515	○			
	국립나주병원	나주시 산포면 세남로 1328-31	061-330-4114	○			○
	전라남도순천의료원	순천시 서문성터길 2	061-759-9597	○			○
경북	학교폭력피해자지원센터	안동시 축제장길 20	054-850-1075	○			
경남	창원교육지원청Wee센터	창원시 의창구 중앙대로 228번길 3	055-210-0461	○			○
	진주교육지원청Wee센터	진주시 비봉로 3번길 8	055-740-2091	○			○
	김해교육지원청Wee센터	김해시 삼안로 24번길 7서관	070-8767-7576	○			○
	사천교육지원청Wee센터	사천시 심사로 85	055-830-1544	○			○
	통영교육지원청Wee센터	통영시 광도면 죽림2로 25-32	055-650-8024	○			○
	양산교육지원청Wee센터	양산시 물금읍 청룡로 53	055-379-3263	○			○
	밀양교육지원청Wee센터	밀양대로 1524 영재교육원	055-350-1490	○			○
제주	서귀포청소년상담복지센터	서귀포시 중앙로 94	064-763-9191	○			
	제주청소년상담복지센터	제주시 노형로 395 단일빌딩	064-725-7999	○			
	제주행복드림상담센터	제주시 삼무로 1길 5 정도빌딩	064-752-5354	○			

※ 관련 정보는 변동 가능
출처: 교육부(2018). 학교폭력 사안 처리 가이드북.

부록 5

성폭력 사안 조사 결과 보고서

1	접수일자		20 년 월 일	담당자	
2	신고인 (피해자)	성명		성별	
		신분	학생/교사	소속기관	
3	피신고인	성명		성별	
		신분	교사	소속기관	
4	긴급조치 및 분리조치 여부	피해자	학교장 긴급조치 1호(상담)		
		행위자	행위자(수업 배제, 담임 배제, 공간 분리, 연가 사용)		
5	사안 내용	누가			
		언제			
		어디서			
		무엇을/ 어떻게			
6	확인 사실 (양측의 인정 및 증거에 의해 확인되는 사실)				
7	쟁점 사항	피해자 주장			
		행위자 주장			
8	기타				

출처: 서울특별시교육청(2024). 성희롱 · 성폭력 사안 처리 가이드북.

부록 6

성폭력 피해지원 기관 현황

지역	기관구분	소재지 및 홈페이지 주소	전화번호	위탁기관
서울	One-stop	송파구 가락본동 송이로 123 경찰병원 www.smonestop.or.kr	(02) 3400-1117	경찰병원
	One-stop	동작구 보라매로 5길 20, 보라매병원 희망관 2층	(02) 870-1700	보라매병원
	아동센터	마포구 신수동 백범로 73 구프라자 7층 www.child1375.or.kr	(02) 3274-1375	연세의료원
	여성아동센터	종로구 대학로8가길 56 동숭빌딩 2층 www.help0365.or.kr	(02) 3672-0365 (02) 735-0366~7	서울대학교병원
	여성아동센터	동대문구 망우로 82 서울북부해바라기센터 snsunflower.or.kr	(02) 3390-4145	삼육서울병원
	여성아동센터	중구 을지로 245 국립중앙의료원 www.nmc.or.kr	(02) 2255-8276	국립중앙의료원
부산	One-stop	연제구 월드컵대로 359 bsonestop.or.kr	(051)-501-9117	부산의료원
	여성아동센터	서구 구덕로 179 www.pnuh.or.kr	(051) 244-1375	부산대학교병원
대구	One-stop	서구 평리로 157 www.tgonestop.or.kr	(053) 556-8117 (053) 556-9117	대구의료원
	아동센터	중구 동덕로 125 금화빌딩 5층 www.csart.or.kr	(053) 421-1375	경북대병원
인천	One-stop	동구 방축로 217 www.icneonestop.or.kr	(032) 582-1170	인천의료원
	One-stop	부평구 동수로 56 가톨릭대 인천성모병원	(032)-280-5678	인천성모병원
	아동센터	남동구 남동대로 769 한성빌딩 2층 www.sunflowericn.or.kr	(032) 423-1375	가천대길병원
광주	One-stop	중구 필문대로 365 조선대병원 2층	(062) 225-3117	조선대병원
	아동센터	동구 제봉로 57 웰크리닉 4층 www.forchild.or.kr	(062) 232-1375	전남대병원
대전	One-stop	중구 문화로 282 충남대병원 www.dusunflower.or.kr	(042) 280-8436	충남대병원
울산	여성아동센터	남구 월평로 171번길 13 울산병원 8층 www.ussunflower.or.kr	(052) 265-1375	울산병원

지역	기관구분	소재지 및 홈페이지 주소	전화번호	위탁기관
경기	One-stop	수원시 영통구 월드컵로 185 2층 www. ggsunflower.or,kr	(031) 216-1117	아주대병원
	One-stop	의정부시 홍선로 142 본관 3층	(031) 874-3117	의정부병원
	아동센터	성남시 분당구 판교로 471 한화빌딩 5층 www.sunflower1375.or.kr	(031) 708-1375	분당 차병원
	여성아동센터	안산시 단원구 선부광장1로 182 별관3층 www.ggwsunflower.or.kr	(031)-364-8117	한도병원
	여성아동센터	고양시 덕양구 화정로 65-2 우리프라자 5층 gnwsunflower.or.kr	(031) 816-1374	명지병원
강원	여성아동센터	춘천시 백령로 156 강원대 어린이병원 지하 2층 www.gwsunflower.or.kr	(033) 252-1375	강원대병원
	여성아동센터	강릉시 강릉대로 419번길 42 별관 www.sunflower6447.or.kr	(033) 1588-6447	강릉동인병원
충북	One-stop	청주시 흥덕구 흥덕로 48 www.cbonestop.or.kr	(043) 272-7117	청주의료원
	아동센터	충주시 봉현로 222(교현동, 보성빌딩 4층) www.1375.or.kr	(043) 857-1375	건국대 충주병원
충남	One-stop	천안시 동남구 망향로 201 www.cnonestop.or.kr	(041) 567-7117	단국대병원
전북	One-stop	전주시 덕진구 건지로 20 응급센터 지하1층 www.jb-onestop.or.kr	(063) 278-0117	전북대병원
	아동센터	전주시 덕진구 백제대로 751 뱅크빌딩 2층 www.jbsunflower.or.kr	(063) 246-1375	전북대병원
전남	One-stop	순천시 순광로 221 별관 www.jnonestop.or.kr	(061) 727-0117	성가롤로병원
	여성아동센터	목포시 영산로 623 별관 5층 www.jnsunflower.or.kr	(061) 285-1172 (061) 285-1375	목포중앙병원
경북	One-stop	안동시 태사2길 55 www.gbonestop.or.kr	(054) 843-1117	안동의료원
	여성아동센터	포항시 남구 대잠동길 17 성루가관 지하3층 www.gbsunflower.or.kr	(054) 278-1375	포항성모병원
	여성아동센터	김천시 신음1길 12 www. jnsunflower.or.kr	(054) 439-9600	김천제일병원

경남	One-stop	창원시 마산합포구 3·15대로 231 www.gnonestop.or.kr	(055) 245-8117	마산의료원
	아동센터	진주시 강남로 79 본관 지하1층 www.savechild.or.kr	(055) 754-1375	경상대병원
제주	One-stop	제주시 남녕로 5-3 3층 www.jjonestop.or.kr	(064) 749-5117	한라병원

* One-stop: One-stop 지원센터
* 아동센터: 해바라기 아동센터
* 여성아동센터: 해바라기 여성아동센터

참고문헌

강유미(2011). 학교폭력에 대한 실태분석 연구. 고려대학교 대학원 석사학위논문.

강진령, 유형근(2000). 집단괴롭힘. 학지사.

강호준(2003). 학교폭력의 실태와 예방대책에 관한 연구. 제주대학교 대학원 석사학위논문.

경기도교육정보연구원(2008). 학교상담 지도서-관심의 기술.

경기도교육청(2011). 정신건강매뉴얼.

경기도교육청(2012). 학교폭력 예방 및 대처 종합 매뉴얼.

경상남도교육청(2014). 성폭력 예방교육 길라잡이.

경상북도교육청(2017). 2017 학교폭력 사안 처리 길라잡이.

경찰청(2024. 9. 4.). 성폭력 발생 및 검거현황. https://www.data.go.kr/data/15033812/fileData.do 2024. 10. 17. 검색

곽금주(2000). 또래 간 사회적 관계: 부정적 측면에 관한 개관. 한국심리학회지: 발달, 13(3), 77-89.

곽금주(2008). 한국의 왕따와 예방프로그램. 한국심리학회지: 사회문제, 14(1), 255-272.

곽금주, 문은영(1993). 심리적 특징 및 우울과 비행 간의 관계(I). 한국심리학회지: 발달, 8(1), 1-11.

곽윤정(1997). 정서 지능의 발달 경향성과 구인타당성에 관한 연구. 서울대학교 대학원 박사학위논문.

곽은자(1997). 청소년 폭력행위의 실태와 대책에 관한 연구. 대구가톨릭대학교 대학원 석사학위논문.

관계부처합동(2012. 2. 6.). 학교폭력근절 종합대책.

교육과학기술부 외(2012). 학교폭력 사안 처리 가이드북.

교육과학기술부(2008). 학교폭력 사안 처리 가이드북.

교육과학기술부(2011). 학생 정서 · 행동발달 선별검사 및 추구관리 매뉴얼.

교육과학기술부(2012). 또래갈등 조정 및 또래조정 운영 우수사례. 교육과학기술부 보도자료.

교육과학기술부, 교육부(2012). 중 · 고등학생을 위한 성폭력 예방교육 길라잡이(교사용).

교육과학기술부, 법무부(2009). 굿바이! 학교폭력학교폭력 · 성폭력 예방 및 대처 가이드북.

교육과학기술부, 법무부(2012a). 학교폭력에 대한 교사의 역할.

교육과학기술부, 법무부(2012b). 우리 아이들에게 무슨 일이?

교육과학기술부, 법무부(2012c). 학교폭력은 범죄입니다.

교육과학기술부, 법무부(2012d). 학교폭력 사안 처리 가이드북.

교육과학기술부, 부산광역시교육청(2010). 소중한 성 바로알기 교사용 지도서.

교육과학기술부, 부산광역시교육청(2012). 국어 · 도덕 수업을 통한 학교폭력 예방교육.

교육과학기술부, 청소년폭력예방재단(2011). 학교폭력 사안 처리 가이드북.

교육과학기술부, 한국교육개발원(2012). 집단따돌림 예방 프로그램 개발.

교육과학기술부, 한국교육개발원, 대전광역시교육청(2012a). Wee 프로젝트 매뉴얼1.

교육과학기술부, 한국교육개발원, 대전광역시교육청(2012b). Wee 프로젝트 매뉴얼2.

교육부(2013a). 현장중심 학교폭력 대책.

교육부(2013b). 2013년 학교폭력 예방교육 실시방안.

교육부(2013c). 학교폭력근절 종합대책 추진과제 점검 자료.

교육부(2013d). 현장중심 학교폭력 대책.

교육부(2015a). 제3차 학교폭력 예방 및 대책 기본, 시행계획.

교육부(2015b). 학교안전교육 7대 표준안.

교육부(2018a). 2018년 학교폭력 실태 조사 결과분석.

교육부(2018b). 학교폭력 사안 처리 가이드북.

교육부(2020). 제4차 학교폭력 예방 및 대책 기본 계획 발표. 교육부 학교생활문화과.

교육부(2024). 2024년 1차(전수조사) 및 2023년 2차(표본조사) 학교폭력 실태조사 결과발표.

교육부(2024). 학교폭력 사안 처리 가이드북.

교육부, 경상남도교육청, 푸른나무재단(2020). 학교폭력 관계회복 프로그램 운영 안내서.

교육부, 경상남도교육청, 푸른나무재단(2020). 학교폭력 관계회복 프로그램 중등용.

교육부, 경상남도교육청, 푸른나무재단(2020). 학교폭력 관계회복 프로그램 초등용.

교육부, 청소년폭력예방재단(2013). 학교폭력 예방 우수사례 모음집.

교육부 · 한국청소년정책연구원(2023). 학교 내 성희롱 · 성폭력 사안 대응 업무 가이드

교육인적자원부(2007). 성폭력 상담매뉴얼. 서울대학교 교육연구소.

구본용(1997). 청소년 집단따돌림의 원인과 지도방안 · 따돌리는 아이들 따돌림을 당하는 아이들. 청소년 대화의 광장.

구본용, 임은미, 구혜영(1993). 청소년문제와 상담실태 분석. 청소년 대화의 광장.

권광명(2012). 현행법상 성폭력범죄의 규율형태에 대한 비판적 검토. 고려대학교 대학원 석사학위논문.

권선애(2011). 학교폭력 가해 및 피해학생을 위한 음악치료 프로그램 연구. 서울기독대학교 대학원 박사학위논문.

권재기(2014). 초등학생의 집단따돌림 역할자 분석잠재프로파일 탐색, 특성예측 및 종단적 변화양상 분석. 한국아동복지학, 45, 191-227.

기획재정부(2012). 학교폭력 근절을 위한 청소년 비행 예방센터 신규 개청. 기획재정부 보도자료.

김경민, 노진아(2013). 학교폭력 예방을 위한 방안으로서 학교 차원의 긍정적 행동 지원의 적용 가능성 탐색. 통합교육연구, 8(1), 44-67.

김광수(2013). 긍정심리학에 기반한 학교폭력 예방과 대처의 방향과 과제. 한국초등교육, 24(1), 1-23.

김광수, 김해연(2009). 공감교육 프로그램이 초등학생의 공감능력과 정서지능에 미치는 영향. 초등교육연구, 22(4), 275-300.

김규태, 방경곤, 이병환, 윤혜영, 우원재, 김태연, 이용진(2013). 학교폭력의 예방 및 대책. 양서원.

김길정(2003). 고등학생의 자아정체감과 진로성숙도의 관계. 공주대학교 대학원 석사학위논문.

김난주(2013). 학교폭력 예방에 관한 연구: 학교폭력 예방 및 대책에 관한 법률을 중심으로. 동의대학교 대학원 박사학위논문.

김명자(2002). 청소년의 학교폭력행위 예측모형구축. 전남대학교 대학원 박사학위논문.

김미영(2007). 학교체계가 중학생의 학교폭력에 미치는 영향. 한국청소년연구, 18(2), 287-314.

김미영(2016). 학교폭력예방을 위한 해결중심 집단상담이 초등학생의 가해 및 피해 행동과 방관자적 태도에 미치는 영향. 전주교육대학교 대학원 석사학위논문.

김미현(2007). 초등학교에서의 학교폭력 예방 프로그램 연구: 갈등해결적 평화교육을 중심으로. 부산교육대학교 대학원 석사학위논문.

김민정(2012). 아동기 공격성과 청소년 폭력의 연속성에 영향을 미치는 또래 학교 영역의 위험 및 보호요인에 관한 연구. 학교사회복지, 23, 1-28.

김민효(2009). 공격성 감소 부모교육프로그램이 유아의 공격성과 부모의 양육방식에 미치는 효과. 이화여자대학교 대학원 석사학위논문.

김범수(2009). 학교폭력의 실태와 예방대책에 관한 연구. 한남대학교 대학원 박사학위논문.

김봉섭, 박종선, 감동은, 진상기(2013). 사이버불링 발생과 정보매체활용 간의 상관분석인터넷과 휴대전화 사용을 중심으로. 한국컴퓨터교육학회 논문지, 16(5), 17-29.

김선주, 김영희(2012). 부모와 또래애착, 신체상이 청소년의 폭력비행에 미치는 영향. 소년보호연구, 20, 37-58.

김선형(2005). 학교폭력 예방에 대한 교사 · 학생 인식에 관한 연구. 가톨릭대학교 대학원 석사학위논문.

김성혜, 김춘경(2002). 또래괴롭힘 당하는 초등학생을 위한 사회적 기술 향상 프로그램의 적용효과. 초등교육연구, 15(1), 59-86.

김소명, 현명호(2004). 가정폭력이 집단 괴롭힘 행동에 미치는 영향. 한국임상심리학회지, 23(1), 17-32.

김영길(2007). 학생 인권 측면에서 본 초등학교 생활 규

정의 활용 실태와 교사의 인식 연구. 강원대학교 대학원 석사학위논문.

김영길(2013). 학교폭력 경험에 따른 정신건강 비교 연구. 경기대학교 대학원 석사학위논문.

김영란, 이정옥(2007).

김영화(2012). 학교폭력, 청소년 문제와 정신 건강. 한울.

김용태, 박한샘(1997). 따돌리는 아이들, 따돌림 당하는 아이들. 청소년 대화의 광장.

김은아, 이승연(2011). 남녀 중학생의 또래괴롭힘 방어행동과 공감, 자기효능감, 학급 규준에 대한 믿음의 관계. 한국심리학회지: 발달, 24(1), 59-77.

김은주, 조성호(2014). 또래 성폭력 피해 청소년의 피해자 지원체계 경험연구. 피해자학연구, 22(2).

김의철, 박영신(2000). 폭력가해, 폭력피해, 폭력무경험 집단의 인간관계와 심리 행동특성의 차이. 한국심리학회 학술대회 자료집, 2000(1), 88-89.

김재엽, 이순호, 최지현(2011). 성인남성의 음란물 집착, 강간통념 수용과 성폭력 가해의 관계. 한국사회복지조사연구, 28, 65-92.

김정란, 김경신(2010). 성폭력 가해 청소년 치료 프로그램의 효과. 한국가족관계학회지, 14(4), 381-404.

김종숙(2004). 자기 주장 훈련 프로그램이 아동의 대인불안 및 자기효능감에 미치는 영향. 한국교원대학교 대학원 석사학위논문.

김준호(1995). 가정환경과 청소년 비행. 한국형사정책연구원.

김지영, 정정숙(2011). 중학생들의 학교폭력 가해행동 재발방지를 위한 집단상담 프로그램의 효과. 청소년학 연구, 18(8), 141-159.

김지현(2003). 학교징계명령 청소년의 분노 조절 프로그램 효과성에 관한 연구. 이화여자대학교 대학원 석사학위논문.

김창대(1999). 따돌림 해결을 위하 가정모델따돌림 해결을 위한 현장모델 개발. 제2회 청소년 상담 심포지엄 자료집, 21-33.

김치영(2002). 학교환경 요인이 청소년 비행에 미치는 영향에 관한 연구. 동아대학교 대학원 석사학위논문.

김태련, 조혜자, 이선자, 방희정, 조숙자, 조성원, 김현정, 홍주연, 이계원, 설인자, 손원숙, 홍순정, 박영신, 손영숙, 김명소, 성은현(2004). 발달심리학. 학지사.

김현주(2003). 집단 따돌림에서의 동조집단 유형화 연구. 청소년복지연구, 5(2), 103-118.

김혜원(2011). 집단따돌림과 집단괴롭힘에 따른 남녀 청소년들의 심리적 건강, 학교인식 및 학교적응에 대한 구조분석. 청소년복지연구, 13(2), 173-198.

김혜원(2013). 청소년 학교폭력-이해 · 예방 · 개입을 위한 지침서. 서울: 학지사.

김혜원, 이해경(2000). 집단괴롭힘의 가해와 피해행동에 영향을 미치는 사회적, 심리적 변인들. 한국심리학회지: 사회 및 성격, 14(1), 45-64.

김혜인, 도현심, 지연경(2011). 부모의 심리적 통제와 고등학생의 역기능적 완벽주의 및 자의식 정서가 우울에 미치는 영향. 아동학회지, 32(4), 15-36.

김혜진(2002). 학교폭력 예방 프로그램의 개발과 그 효과-학교폭력에 대한 태도와 사회적, 심리적 학교 환경지각. 전남대학교 대학원 석사학위논문.

김화숙, 한미경, 천성문(2010). 학교폭력 가해자 집단상담 프로그램이 학교폭력 가해 중학생의 자기효능감과 정서적 안정성에 미치는 효과. 상담평가연구, 3(2), 47-57.

김희수, 이재토, 홍성훈(2006). 청소년의 학교폭력 경험이 학교적응과 정신건강에 미치는 영향. 한국교육문제연구, (24), 79-97.

김희화(2003). 청소년의 문제행동 및 인터넷 비행에 대한 모감독과 심리적 통제의 영향. 청소년학연구, 10(3), 133-153.

노혜련, 김형태, 유서구(2006). 학교폭력 예방 프로그램 효과성 평가연구. 연구보고서 1호. 삼성생명공익재단 사회정신건강연구소.

대검찰청(2017). 형사사건동향 통계자료.

대전지방검찰청 천안지청 보도자료(2012. 3. 29.). 천안 · 아산 법조계와 교육계, 학교폭력 근절대책 마련을 위해 힘을 합쳐.

대한소아청소년정신의학회 학교건강위원회(2010). 학교위기 개입. 학지사.

도기봉(2007). 학교폭력의 가해행동에 영향을 미치는 요인에 관한 연구. 대구대학교 대학원 박사학위 논문.

도기봉, 오주, 신정인(2011). 학교폭력 피해 여고생의 자아존중감과 역량강화를 위한 임파워먼트 프로그램의 효과. 청소년학연구, 18(1), 149-174.

도현심, 권정임, 박보경, 홍성흔, 홍주영, 황영은(2003). 또래 괴롭힘 피해아의 특성에 기초한 중재 프로그램의 개발: 부모교육 프로그램과 사회적 기술 훈련 프로그램을 중심으로. 아동학회지, 24(4), 103-121.

문용린, 김준호, 임영식, 곽금주, 최지영, 박병식, 박효정, 이규미, 임재연, 정규원, 김충식, 이정희, 신순갑, 진태원, 장현우(2006). 학교폭력예방과 상담. 학지사.
문은주(2010). 고등학생용 분노 조절 프로그램 개발. 경북대학교 대학원 박사학위논문.
박경숙, 손희권, 송혜정(1998). 학생의 왕따(집단따돌림과 괴롭힘)현상에 관한 연구. 한국교육개발원.
박금녀(2012). 특성화고등학교 학생의 학교폭력성향 감소를 위한 집단상담 프로그램 개발. 한국교원대학교 대학원 석사학위논문.
박기범(2006). 아동성폭력과 그 대책에 관한 연구. 형사정책, 18, 237-270.
박범규(2009). 학교폭력의 심리적 원인과 그 대책. 인원복지 연구, 5, 27-57.
박상도(2001). 청소년 학교폭력의 원인과 대처 방안에 관한 연구. 대전대학교 대학원 박사학위논문.
박상미(2007). 고등학생의 학교폭력 현황 및 대처 방안 연구: 학교폭력 인식, 조기개입, 사후관리를 중심으로. 평택대학교 대학원 석사학위논문.
박성연, 강지흔(2005). 남 · 여 아동의 정서조절 능력 및 공격성과 학교생활 적응간의 관계. 아동학회지, 26(1), 1-14.
박성희(2009). 학급상담. 학지사.
박영신, 김의철(2001). 학교폭력과 인간관계 및 청소년의 심리 행동특성. 한국심리학회지: 문화 및 사회문제, 7(1), 63-89.
박정은(2002). 부모의 양육태도, 공격성 및 또래동조성과 집단 따돌림 가해경향과의 관계. 서강대학교 대학원 석사학위논문.
박정희(2013). 성폭력 가해자 교정 프로그램의 효과 분석. 대구가톨릭대학교 대학원 박사학위논문.
박종철(2013). 교실 평화프로젝트. 양철북.
박종효(2003). 공격적 피해자의 심리 · 사회적 특성과 문제행동. 교육학연구, 41, 423-449.
박종효(2007). 집단따돌림에 대한 이해. 한국청소년연구, 18(1), 247-272.
박지도, 최현경, 장우성, 조동환, 김정기(2001). 불량행위 청소년을 중심으로 한 학교폭력가해자의 사회인구학적 특성 및 정신병리. 신경정신의학, 40(4).
박진경, 도현심(2001). 어머니의 감독 및 감독방법이 청소년의 외현화, 내면화 행동에 미치는 영향. 가족과 환경 연구, 39(12), 129-140.
박혜경, 박성연(2002). 아버지의 양육행동 및 남아의 정서조절 능력과 공격성간의 관계. 한국가정관리학회 학술발표대회 자료집, 113-113.
방현심(2009). 사회적 기술향상 프로그램이 중학생의 대인관계와 자기통제 및 학교폭력 예방에 미치는 효과. 전남대학교 대학원 석사학위논문.
백미경(2007). 초등학교 폭력 피해 가능 아동을 위한 예방 프로그램의 효과. 부산교육대학교 대학원 석사학위논문.
백성수(2010). 스포츠 건강의학: 운동하면 머리도 좋아진다. 스포츠과학, 110, 92-98.
변귀연(2006). 집단괴롭힘 피해학생을 위한 역량 강화 집단 프로그램 개발. 학교사회복지, 10, 117-156.
서미정, 김경언(2008). 집단따돌림 피해의 유발 및 지속요인. 한국청소년연구, 19(2), 37-62.
서울대학교 교육연구소(2007). 성폭력 상담매뉴얼.
서울특별시교육청(2016). 대상별 학교 성폭력 사안 처리 매뉴얼.
서울특별시교육청(2024). 학교 성희롱 · 성폭력 사언처리 가이드북.
서진(2009). 초등학교 저학년의 역할놀이를 통한 갈등해결 중심 학교폭력 예방 프로그램 개발. 한국교원대학교 대학원 석사학위논문.
성윤숙(2012). SNS를 중심으로 한 사이버 따돌림 대응방안. 청소년과 SNS 소통, 87.
성지희, 정문자(2007). 학교폭력 피해아동의 학교 적응과 보효 요인. 아동학회지, 27(5), 1-18.
소정순(2007). 중 · 고등학생의 학교폭력의 원인 및 실태 분석에 관한 연구. 명지대학교 대학원 석사학위논문.
손경원(2008). 학교폭력 예방을 위한 사회 규범적 접근. 도덕 윤리과 교육연구, 26, 101-124.
손주영(2013). 학교폭력 예방을 위한 중학교 가정과 교육 프로그램 개발. 한국교원대학교 대학원 석사학위논문.
송영혜(2012). 아동심리학. 시그마프레스.
송재홍, 김광수, 박성희, 안이환, 오익수, 은혁기, 정종진, 조붕환, 홍종관, 황매향(2013). 학교폭력의 예방 및 대책. 학지사.
송정미(2007). 비폭력의사소통 프로그램의 효과 연구: 초등학생의 대인관계, 의사소통능력, 공감능력을 중심으로. 중학대학교 대학원 석사학위논문.
송혜란(2014). 청소년의 내현적 자기애와 관계적 공격성의 관계에서 내면화된 수치심의 중재효과. 숙명여자대학교 대학원 석사학위논문.
신건철, 변호순(2012). 사회봉사명령이 학교폭력 가해청소년의 자아정체성에 미치는 영향 연구. 교정복지연구, 25-49.

신기숙(2010). 성폭력 피해아동의 피해 경험에 대한 합의적 질적 연구. 전남대학교 대학원 박사학위논문.

신기숙(2011). 성폭력 피해아동의 피해 경험. 한국심리학회지: 일반, 30(4), 1255-1287.

신만철(1992). 아동기의 열등감 수준과 대인관계 성향과의 관계. 한국교원대학교 대학원 석사학위논문.

신명희, 강소연, 김은경, 김정민, 노원경, 박성은, 서은희, 원영실, 황은영(2010). 교육심리학. 학지사.

신명희, 강소연, 김은경, 김정민, 노원경, 서은희, 송수지, 원영실, 임호용(2018). 교육심리학(4판). 학지사.

신유림(2007). 학령기 아동의 사회적 위축성과 친구관계. 아동학회지, 28(5), 193-207.

신의식(1989). 아동의 놀이가 운동수행능력에 미치는 영향. 한국여가레크리에시션학회지, 6(1), 80-93.

신재흡(2017). 교육의 심리학적 이해. 동문사.

신현기, 이상열(2006). 우리나라 성폭력 범죄의 실태분석에 관한 연구. 한·독사회과학논총, 16(1), 249-274.

신희경(2004). 사례연구를 통해 본 아동의 공격성의 개인차에 관한 연구. 교육심리연구, 18(1), 99-113.

심영희(2009). 어린이 성폭력의 변화와 요인: 지구화의 맥락에서. 형사정책연구, 20(1), 117-156.

심은정(2017). 유아기 학교폭력 및 예방교육에 대한 부모와 교사의 인식 차이에 관한 연구. 중앙대학교 대학원 석사학위논문.

심희옥(2005). 또래 괴롭힘과 대인간 행동특성에 관한 횡단 및 단기종단연구: 참여자 역할을 중심으로. 아동학회지, 26(5), 263-279.

안영순(2010). 청소년의 자아정체감과 또래애착, 우울이 비행에 미치는 영향. 호서대학교 대학원 석사학위논문.

안재빈(2018). 중학생이 인지하는 스포츠 활동 지도자의 감성적 리더십, 인성발달, 교우관계, 학교폭력의 관계. 단국대학교 대학원 박사학위논문.

안춘희(2007). 공감 훈련 프로그램이 남중학생의 사회적 능력에 미치는 영향. 연세대학교 대학원 석사학위논문.

안희정(2012). 부모의 심리적 통제가 아동과 청소년의 죄책감, 수치심 및 자기비난에 미치는 영향: 정서 표현양가성의 매개효과를 중심으로. 명지대학교 대학원 석사학위논문.

양야기(2009). 학교폭력 예방 프로그램이 중학생의 학교폭력 태도, 분노 및 공격성에 미치는 효과. 전남대학교 대학원 박사학위논문.

양은자(2003). 분노조절 프로그램 적용이 가해아동의 공격성에 미치는 영향. 인천교육대학교, 석사학위논문.

양정숙(2002). 분노 조절 프로그램이 초등학생의 공격성과 충동성 감소에 미치는 효과. 충남대학교 대학원 석사학위논문.

여성·아동폭력피해 중앙지원단(2010). 성범죄 미성년 가해자 치료 및 적응적 사회행동 발달 프로그램 개발. 중앙 2010-7, 연구보고 2010-5.

여성·아동폭력피해 중앙지원단(2011a). 성폭력 피해아동 단기집단 치료 프로그램 개발 및 운영. 연구 2011-1.

여성·아동폭력피해 중앙지원단(2011b). 성폭력 피해아동 부모면담 매뉴얼 워크북. 중앙 2011-3, 연구 2011-2.

여성·아동폭력피해 중앙지원단(2011c). 피해자 가족 지원 프로그램 효과검증 연구보고. 연구 2011-13.

여성·아동폭력피해 중앙지원단(2013). 성폭력피해자 통합지원센터 서비스 지원 매뉴얼. 중앙 2012-11, 매뉴얼 2012-3.

여성가족부(2007). 여성·학교폭력피해자 One-stop 지원센터 업무매뉴얼.

여성가족부(2009). 아동성폭력 대응 매뉴얼-성폭력 상담소 등 전문기관 종사자용.

여성가족부(2013a). 2013년 통합지원센터 사업안내.

여성가족부(2013b). 여성·아동권익증진사업 운영 지침.

여성가족부(2014). 아동 청소년 성폭력 피해 대응 매뉴얼.

여성가족부(2017a). 성폭력 실태 조사 결과 보고서.

여성가족부(2017b). 아동 청소년 대상 성범죄 동향 분석.

여성가족부(2017c). 학교 성희롱·성폭력 사건처리 표준 메뉴얼 개발 최종 보고서.

여성가족부(2022a). 2022. 안전실태조사.

여성가족부(2022b). 아동·청소년 성범죄 발생추세 및 동향분석.

여성부(2009a). 아동성폭력 대응 매뉴얼-학교용(교장 등 관리자 및 교사).

여성부(2009b). 아동성폭력 대응 매뉴얼-학부모용.

염영미(2011). 학교폭력 가해청소년과 학교폭력 가해피해청소년의 특성연구: 자존감의 매개효과. 미래 청소년학회지, 8(3), 117-136.

염영미(2012). 학교폭력 가해청소년을 위한 명상활용 집단 상담 프로그램 개발. 숙명여자대학교, 박사학위논문.

오삼광(2011). 성폭력범죄의 대응방안에 관한 연구. 건국대학교 대학원 박사학위논문.

오은경(2005). 청소년의 비행에 또래동조성이 미치는 영향에 관한 연구. 한림대학교 대학원 석사학위논문.

오인수(2010). 괴롭힘을 목격한 주변인의 행동에 영향을 미치는 심리적 요인. 초등교육연구, 23(1), 45-63.

오현숙(2003). 아동기 성학대 피해여성의 치료집단 프로그램에 관한 연구. 이화여자대학교 대학원 박사학위논문.

왕지선(2004). 청소년의 인터넷 중독과 또래동조성, 자존감 및 외로움의 관계. 서강대학교 대학원 석사학위논문.

울산광역시교육청(2011). 성폭력 대응 매뉴얼.

원명희(2002). 학교폭력의 실태와 대책에 관한 연구-학생 폭력을 중심으로. 명지대학교 대학원 석사학위논문.

유귀순(2001). 공격성과 동조성이 집단따돌림에 미치는 영향. 한양대학교 대학원 석사학위논문.

유승희(1993). 조망수용과 감정이입이 아동의 친사회적 행동에 미치는 영향. 효성여자대학교 대학원 박사학위논문.

유지연(2010). 콜버그의 인지발달이론을 통한 도덕성 함양에 관한 연구. 인천대학교 대학원 석사학위논문.

유화영(2017). 학교폭력 가해학생의 자기효능감, 분노조절, 공감능력 증진을 위한 집단프로그램의 효과 연구. 대구대학교 대학원 박사학위논문.

윤보라(2009). 초등학교 고학년을 위한 공감중심 집단따돌림 예방 프로그램 개발. 한국교원대학교 대학원 석사학위논문.

윤성우(2004). 집단 따돌림 방관자에 대한 또래 지지 프로그램의 효과. 가톨릭대학교 대학원 석사학위논문.

윤순종(2007). Piaget의 인지발달 수준 평가 방법 탐색. 초등교육학연구, 14(1), 99-116.

윤정아(2018). 청소년 발달자산이 학교폭력태도에 미치는 영향. 서남대학교 대학원 박사학위논문.

윤진주, 강신영, 이복주(2005). 유아의 공격성과 관련변인들의 관계성 연구. 한국생활과학회지, 14(5), 761-770.

이경아(2008). 사회기술 및 또래관계가 또래 괴롭힘에 미치는 영향. 한국심리학회지: 학교, 5(1), 61-80.

이경희, 오경자(1998). 관계지향 공격성 및 외현화 공격성과 심리사회적 적응간의 관계. 한국심리학회 학술대회 자료집, 1998(1), 173-187.

이규미, 문형춘, 홍혜영(1998). 상담사례를 통해서 본 왕따 현상. 서울청소년 상담 연구 III "왕따" 현상에 대한 이해와 상담접근. 서울특별시 청소년 종합상담실.

이대성(2012). 학생자치법정의 적용범위 확대를 위한 표준모델 개발연구. 사회과교육연구, 19(1), 63-83.

이명숙(2008). 초등학생의 충동성 감소 및 학교적응력 향상을 위한 인지행동적 집단상담 프로그램 개발. 한국교원대학교 대학원 석사학위논문.

이명신(2000). 청소년의 집단 따돌림 의도 결정과정 모델. 한국아동복지학, 9(1), 176-200.

이명신(2009). 청소년의 이성교제 경험이 사회적 관계에 미치는 영향에 관한 연구. 광운대학교 대학원 석사학위논문.

이상균(1999). 학교에서의 또래폭력에 영향을 미치는 요인. 서울대학교 대학원 박사학위논문.

이상균(2000). 청소년의 학교비행에 대한 생태체계적 영향요인. 사회복지연구, 15, 109-132.

이상미(2008). 초등학생의 공감 및 자아존중감 수준에 따른 집단 따돌림 동조유형의 차이연구. 한국교육원대학교 대학원 석사학위논문.

이상진, 정옥분(1999). 우리나라 고등학생의 학교폭력 경험과 자아정체감과의 관계. 한국가정과교육학회지, 11(1), 73-87.

이서란(2014). 부모의 심리적 통제가 분노와 관계적 공격성에 미치는 영향. 서강대학교 대학원 석사학위논문.

이성복(2011). 유아의 신체적 및 관계적 공격성에 영향을 미치는 변인. 가톨릭대학교 대학원 박사학위논문.

이성식(2003). 청소년 인터넷 음란물 접촉 실태와 영향. 한국형사정책연구원.

이세나(2013). 강점기반 문학치료 프로그램이 학교폭력 피해아동의 심리적 안녕감과 내면화·외현화 문제행동에 미치는 효과. 경북대학교 대학원 석사학위논문.

이수영(2010). 초등학교 고학년의 언어폭력 예방을 위한 역할놀이 중심 집단상담 프로그램 개발. 한국교원대학교 대학원 석사학위논문.

이순애(2003). 고등학교 학생들의 열등감과 문제행동과의 관계. 인하대학교 대학원 석사학위논문.

이순형, 민하영, 권혜진, 정윤주, 한유진, 최윤경, 권기남(2012). 부모교육. 학지사.

이영복(2009). 학교폭력의 예방에 관한 연구. 경성대학교 대학원 석사학위논문.

이은정(2003). 학교체계요인이 집단따돌림 가해경험에 미치는 영향에 관한 연구: 가해경험집단을 중심으로. 연세대학교 대학원 석사학위논문.

이은희(2009). 학교요인과 학교폭력피해경험이 중학생의 등교공포와 교내폭력 심각성 인식에 미치는 영향 연구. 한국청소년연구, 20(3), 281-304.

이은희, 김남숙(2011). 학교폭력 피해 청소년의 학교적응에 관한 연구. 청소년복지연구, 13(4), 71-89.

이인숙, 최해림(2005). 내면화된 수치심 척도(ISS)의 타당화 연구-애착, 과민성 자기애, 외로움과의 관계. 한국심리학회지: 상담 및 심리치료, 17(3), 651-670.

이재욱(2012). 학교폭력의 원인과 해결방안: 학교폭력예방 및 대책에 관한 법률의 실효성 검토와 법교육의 중요성. 고려대학교 대학원 석사학위논문.

이종복(1997). 청소년들의 학교폭력 실태와 대책. 평택대학교 논문집, 135-156.

이종환, 이종현(2012). 깨진 유리창 이론을 이용한 학교 환경 개선 실험. 한국환경교육학회 학술대회 자료집, 2012(12), 85-89.

이지선, 유안진(1999). 분노 및 슬픔 상황에서 아동의 정서조절 동기와 정서조절 전략. 아동학회지, 20(3), 123-137.

이지연, 조아미(2012). 학교폭력에 대한 청소년의 방관적 태도가 자기효능감과 대인관계에 미치는 영향. 청소년복지연구, 14(4), 337-357.

이진아(2009). 청소년 성폭력 피해 학생상담. 상담과 지도, 44, 357-372.

이철호(2010). 분노반추, 자기통제 및 용서가 분노경험과 공격성에 미치는 효과. 경상대학교 대학원 박사학위논문.

이태자(2004). 자기표현 훈련 프로그램이 중학생의 대인불안 및 자아존중감에 미치는 효과. 계명대학교 대학원 석사학위논문.

이현정(2010). 성폭력 범죄의 양형에 관한 연구. 성균관대학교 대학원 박사학위논문.

이희경(2003). 문화성향 · 공감과 동조가 집단따돌림현상에 미치는 영향. 교육심리연구, 17(4), 1-25.

임광빈(2011). 아동성폭력 예방교육의 개선 방안 연구: 교사와 학부모 인식을 중심으로. 건국대학교 대학원 석사학위논문.

임재연(2018). 한국과 외국(노르웨이, 미국, 독일)의 학교폭력 관련 교사의 역할 및 역량 요인의 차이에 대한 탐색. 경인교육대학교 교육연구원 교육논총, 38(1), 143-168.

임정란(2013). 학교폭력에 방관적인 초등학생의 공감능력 향상에 미치는 학교폭력예방프로그램의 개발과 그 효과에 관한 연구. 호남신학대학교 대학원 석사학위논문.

임진, 김은정(2012). 청소년의 실제-이상 자기 불일치가 우울에 미치는 영향. 청소년학연구, 19(1), 279-306.

장혜주, 임지영(2012). 초등학교 저학년 아동의 분노원인, 분노표현 유형과 사회적 유능감 및 정서지능 간의 관계 연구. 아동학회지, 33(3), 23-43.

장휘숙(2010). 전생애발달심리학(4판). 박영사.

장휘숙(2013). 전생애발달심리학(5판). 박영사.

정규석(2007). 청소년 가출에 관한 다체계 모델 검증. 경성대학교 사회과학(1), 297-312.

정미(2004). 또래상담 활동이 초등학교 5학년 아동의 교우관계와 학급 응집력에 미치는 영향. 경인교육대학교 대학원 석사학위논문.

정민, 노안영(2010). 열등감 반응 척도의 개발 및 타당화. 한국심리학회지: 상담 및 심리치료, 22(2), 351-367.

정순례, 양미진, 손재환(2015). 청소년 상담 이론과 실제. 학지사.

정승현(2008). 학교폭력에 관한 연구. 연세대학교 대학원 석사학위논문.

정여주, 선혜연, 신윤정, 이지연, 오정희, 김한별, 김옥미, 윤서연(2018). 학교폭력 예방 및 학생의 이해. 학지사.

정옥분(2004). 발달심리학. 학지사.

정우일(2012). 학교폭력의 실태 및 대응방안. 한국범죄심리연구, 8(1), 177-195.

정윤주(2006). 아동의 부정적 정서에 대한 어머니의 반응방식 관련요인. 가족 환경 연구, 44(11), 23-34.

정은희, 이미숙(2004). 아동이 지각한 부부갈등, 아동의 공격성과 또래 괴롭힘 가해 및 피해와의 관계. 한국가정관리학회지, 22(4), 115-126.

정종진(2012). 학교폭력 상담. 학지사.

정진희(2009). 학교기반 학교폭력 예방 프로그램의 효과성 분석에 관한 연구. 한양대학교 대학원 석사학위논문.

조민희, 이재민(2012). 범죄 예방과 학교안전을 위한 CPTED 적용방안. 용인대학교 무도연구소지, 23(1), 95-108.

조윤주(2011). 초등학생의 분노 조절 및 학교생활 적응을 위한 교과 연계 용서 상담 프로그램 개발과 효과성 검증. 서울교육대학교 대학원 석사학위논문.

조정실, 차명호(2010). 폭력없는 평화로운 학교 만들기. 학지사.

조정실, 차명호(2012). 학교폭력. 학지사.

조학래(2002). 중학생 집단따돌림의 실태와 대응방안.

연세대학교 사회복지연구소, 8, 1-26.

조형정, 김명랑, 조민희(2017). 학교폭력예방 및 학생의 이해. 양서원.

차명호 외(2013). 미래로 가는 e리더-사이버폭력예방워크북(중등용). 교육부.

청소년폭력예방재단(1996). 폭력은 싫어요. 청소년폭력예방재단 출판사.

청소년폭력예방재단(2002). 학교폭력 실태 조사 보고서. 교육부.

청소년폭력예방재단(2011). 학교폭력 실태 조사.

청소년희망재단(2008). 행복지수 up, 학교폭력 down.

최경숙(2000). 아동발달심리. 교문사.

최경임(2011). 용서교육프로그램이 초등학생의 공감 및 분노에 미치는 효과. 부산교육대학교 대학원 석사학위논문.

최미경(2006). 아동의 또래 괴롭힘 및 자아존중감과 외로움 간의 관계. 아동학회지, 27(4), 133-145.

최승재(2009). 학교폭력의 인식과 예방에 관한 연구. 전주대학교 대학원 석사학위논문.

최영미(2013). 낙관성증진 프로그램이 학교폭력피해 고등학생의 우울, 자아존중감 및 스트레스 대처방식에 미치는 효과. 경성대학교 대학원 석사학위논문.

최예나(2013). 학교폭력 완화를 위한 미술 특화 수업 지도 방안 연구. 한양대학교 대학원 석사학위논문.

최은숙(1999). 집단따돌림 가해, 피해 경향과 관련된 심리적 요인에 관한 일 연구. 서강대학교 대학원 석사학위논문.

최지현, 김재엽, 이지혜(2010). 남자 청소년의 성충동이 성폭력 가해행동에 미치는 영향에 대한 부모-자녀 상호작용의 조절효과 검증. 한국가족복지학, 29, 5-28.

최희영(2011). 신문활용교육(NIE) 프로그램이 학교폭력 가해학생의 공격성과 폭력 허용도에 미치는 효과. 충남대학교 대학원 석사학위논문.

충청남도 예산교육지원청(2012). No 학교폭력, 즐거운 학교 만들기 위한 다양한 프로그램 운영.

하경해(2018). 청소년의 부모 · 또래요인, 인터넷음란물 접촉, 성인지 감수성 간의 관계 및 성교육의 조절효과. 신라대학교 대학원 박사학위논문.

학교폭력예방연구지원센터 사이트 http://stopbullying.kedi.re.kr.

한국가정법률상담소(2010). 학교에서의 성인지적(Gender Perspective) 예방교육 교안.

한국교원단체총연합회, 청소년폭력예방재단(2009). 학교폭력 예방 및 사안 처리를 위한 지침서.

한국교원대학교 종합교육연수원(2012). 학교폭력근절 핵심요원 특별연수 교재.

한국교육개발원(2008a). 학교폭력 가해학생 교육 · 상담 프로그램 매뉴얼.

한국교육개발원(2008b). 학교폭력 피해학생 교육 · 상담 프로그램 매뉴얼.

한국교육개발원(2012). 인성교육 강화를 위한 학교문화 선진화 방안 연구. CR 2012-36.

한국교육개발원(2013a). 2012년 어울림 프로그램 운영 학교 결과보고서.

한국교육개발원(2013b). 학교폭력 예방 어울림 프로그램(중학생용).

한국교육개발원(2015). 학교 안전교육 7대 표준안.

한국교육개발원(2017). 초등학생 학교폭력 실태와 대응 방안.

한국교육개발원(2018). 어울림 프로그램.

한국성폭력상담소(2003). 성폭력에 관한 의료지침서.

한국성폭력상담소(2005). 나눔터 50호.

한국성폭력상담소(2008). 상담통계 및 상담 동향분석 보도자료.

한국여성인권진흥원(2014). 해바라기센터 서비스 지원 매뉴얼.

한국여성정책연구원(2008). 여성폭력 관련 서비스 개선 방안: 가정폭력 · 성폭력 피해자 지원체계를 중심으로. 2008 연구보고서-11.

한국여성정책연구원(2010). 여아와 여성이 안전한 지역사회 환경 조성방안(II): 여아가 안전한 지역사회 모델개발. 2010 연구보고서-7.

한국청소년상담원(2008). 초등학생의 학교폭력 예방을 위한 배려 증진 프로그램 개발.

한국청소년상담원(2009). 학교폭력: 학부모 개입 지침서.

한국청소년상담원(2010). 학교관리자 성교육 자료집.

한국청소년정책연구원(2012a). 아동 · 청소년 성 보호 종합대책 연구 I : 아동 · 청소년 성폭력 예방 및 지원대책 연구. 연구보고 12-R13.

한국청소년정책연구원(2012b). 학교폭력 및 학교문화에 대한 학부모 · 교사 인식 조사 연구. 연구보고(수시과제) 12-R23.

한국청소년정책연구원(2012c). 학생 성 보호 종합대책 연구 I : 학생 성폭력 예방 및 피해 지원 대책연구. 연구보고 12-R13.

한국초등상담교육학회(2013). 학교폭력의 예방 및 대책. 학지사.

한국형사정책연구원(1997). 학교주변 폭력의 실태 대책. 한국형사정책연구원.

한상철(2001). 청소년기 위험행동의 발달적 모형에 관한 연구. 한국청소년정책연구원 연구보고서, 1-58.

한유진(2004). 아동의 정서조절 동기 및 정서조절 능력과 행동문제. 대한가정학회지, 42(3), 66-78.

한유진(2006). 상호작용 상황에서의 정서표현, 정서이해 및 정서조절 능력이 학령기 아동의 공격성 및 또래관계에 미치는 직·간접적 영향. 한국가정관리학회지, 24(5), 1-15.

한종철, 이민아, 이기학(1999). 초등학생의 집단 괴롭힘 개입 유형과 심리적 특성과의 관계. 한국심리학회지: 상담 및 심리치료, 11(1), 95-108.

허승희, 최태진, 박성미(2009). 초등학교 폭력예방을 위한 집단상담 프로그램의 적용과 그 효과(2): 피해 성향 아동을 대상으로. 아동학회지, 30(1), 149-163.

허준경, 이기학(2013). 중학생의 학업스트레스 수준과 공격성향 간의 관계에서 자율성의 조절효과 검증 연구. 한국심리학회지: 학교, 10(3), 429-448.

홍선아(2008). 공감훈련 프로그램이 초등학교 아동의 분노와 공격성 감소에 미치는 영향. 건국대학교 대학원 석사학위논문.

홍성묵(2006). 학교 성폭력 예방과 대처방안 및 청소년 성보호를 위한 학교 관리자 교육. 내일여성센터.

홍정주(1988). 아동의 감정이입과 공격성에 관한 연구. 숙명여자대학교 대학원 석사학위논문.

홍종관(2012). 학교폭력의 실태, 원인 그리고 대처에 관한 연구. 초등상담연구, 11(2), 237-259.

황경익(2012). 남·여 고등학생의 학교폭력에 따른 방관적 태도 차이. 단국대학교 대학원 석사학위논문.

황혜정(2002). 아동과 청소년의 친구관계 발달에 관한 연구. 아동학회지, 23(3), 35-49.

Adler, A. (1956). Inferiority feeling and masculine protest. *The individual psychology of Alfred Adler: A systematic presentation in selections from his writings*, 45-52.

Ahmed, E. (2001). Shame management: Regulating bullying. In E. Ahmed, N. Harris, J. Braithwaite, & V. Braithwaite (Eds.), *Shame Management through Reintegration* (pp. 211-314). Cambridge University Press.

Asher, S. R., & Dodge, K. A. (1986). Identifying children who are rejected by their peers. *Developmental Psychology, 22*(4), 444.

Baldry, A. C., & Farrington, D. P. (2007). Effectiveness of programs to prevent school bullying. *Victims & Offenders, 2*, 183-204.

Bandura, A. (1973). *Aggression: A social learning analysis*. Prentice-Hall.

Bandura, A. (1995). Self-efficacy; Control (Psychology); Adaptability(Psychology): Congresses. No discipline assigned. xv, 334.

Bauer, N. S., Lozano, P., & Rivara, F. P. (2007). The effectiveness of the Olweus bullying prevention program in public middle schools: A controlled trial. *Journal of Adolescent Health, 40*, 266-274.

Baumrind, D. (1991). The influence of parenting style on adolescent competence and substance use. *The Journal of Early Adolescence, 11*(1), 56-95.

Bernstein, J. Y., & Watson, M. W. (1997). Children who are targets of bullying: A victim pattern. *Journal of interpersonal violence, 12*(4), 483-498.

Bowers, L., Smith, P. K., & Binney, V. (1992). Perceived family relationships of bullies, victims and bully victims in middle childhood. *Journal of Social and Personal Relationships, 11*(2), 215-232.

Bowers, L., Smith, P. K., & Binney, V. (1994). Perceived family relationships of bullies, victims and bully/victims in middle childhood. *Journal of social and personal relationships, 11*(2), 215-232.

Brendgen, M., & Boivin, M. (2009). Genetic factors in children's peer relations. *Handbook of peer interactions, relationships, and groups*, 455-472.

Brendgen, M., Vitaro, F., Tremblay, R. E., & Lavoie, F. (2001). Reactive and proactive aggression: Predictions to physical violence in different contexts and moderating effects of parental monitoring and caregiving behavior. *Journal of Abnormal Child Psychology, 29*, 293-304.

Brewer, D. D. et al. (1995). *Preventing serious, violent, and chronic juvenile offending: A review of evaluations of selected strategies in childhood, adolescence, and the community*. Sage.

Brody, G. H., Stoneman, Z., & McCoy, J. K. (1994). Contributions of family relationships and child temperaments to longitudinal variations in sibling relationship quality and sibling relationship styles. *Journal of Family Psychology, 8*(3), 274.

Brown, G. W., Andrews, B., Harris, T., Adler, Z., & Bridge, L. (1986). Social support, self-esteem and depression. *Psychological Medicine, 16*(4), 813-831.

Bukowski, W. M., & Kramer, T. L. (1986). Judgments of the features of friendship among early adolescent boys and girls. *The Journal of Early Adolescence, 6*(4), 331-338.

Burt, M. R. (1980). Cultural myths and supports and students for rape. *Journal of Personality and Social Psychology*.

Byrne, B. J. (1994). Bullies and victims in a school setting with reference to some Dublin schools. *The Irish Journal of Psychology, 15*, 574-586.

Camarena, P. M., Sarigiani, P. A., & Petersen, A. C. (1990). Gender-specific pathways to intimacy in early adolescence. *Journal of Youth and Adolescence, 19*(1), 19-32.

Caspi, A., Lynam, D., Moffitt, T. E., & Silva, P. A. (1993). Unraveling girls' delinquency: Biological, dispositional, and contextual contributions to adolescent misbehavior. *Developmental Psychology, 29*(1), 19.

Chalmers, J. B., & Townsend, M. A., (1990). The Effects of Training in Social Perspective Taking on Socially Maladjusted Girls. *Psyscan Developmental Psychology, 11*, 197-1492.

Chandler, M. J. (1973). Egocentrism and antisocial behavior: The assessment and training of social perspective-taking skills. *Developmental Psychology, 9*(3), 326.

Chlopan, B. E., McCain, M. L., Carbonell, J. L., & Hagen, R. L. (1985). Empathy: Review of available measures. *Journal of Personality and Social Psychology, 48*(3), 635.

Cillessen, A. H., & Bellmore, A. D. (2004). Social skills and interpersonal perception in early and middle childhood. *Blackwell Handbook of Childhood Social Development*, 355-374.

Coie, J. D., & Dodge, K. A. (1998). Aggression and antisocial behavior. In W. Damon & N. Eisenberg (Eds.), *Handbook of child psychology: Social, emotional, and personality development* (pp. 779-862). John Wiley & Sons Inc.

Coie, J. D., Dodge, K. A., & Kupersmidt, J. B. (1990). Peer group behavior and social status. *Peer Rejection in Childhood*, 17.

Coloroso, B. (2003). *The bully, the bullied, and the bystander*. Harper Collins.

Connolly, J., Craig, W., Goldberg, A., & Pepler, D. (1999). Conceptions of cross-sex friendships and romantic relationships in early adolescence. *Journal of Youth and Adolescence, 28*(4), 481-494.

Costanzo, P. R., & Shaw, M. E. (1966). Conformity as a function of age level. *Child Development*, 967-975.

Craigk, W. M. (1998). The relationship among bullying victimization, depression, anxiety, and aggression in elementary school children. *Personality and Individual Differences, 24*, 123-130.

Crick, N. R. (1996). The role of overt aggression, relational aggression, and prosocial behavior in the prediction of children's future social adjustment. *Child Development, 67*(5), 2317-2327.

Crick, N. R., & Grotpeter, J. K. (1995). Relational aggression, gender, and social-psychological adjustment. *Child Development*, 710-722.

Cytryn, L., & McKnew, D. (1972). Proposed classification of childhood depression. *American Journal of Psychiatry, 129*, 149-155.

Damon, W. (1988). *The moral child*. Free Press.

Dishion, T. J., & Kavanagh, K. (2000). A multilevel approach to family-centered prevention in schools: Process and outcome. *Addictive Behaviors, 25*(6), 899-911.

Dishion, T. J., & Piehler, T. F. (2009). Deviant by design: Peer contagion in development, interventions, and schools. In K. H. Rubin, W. M. Bukowski, & B. Laursen (Eds.), *Handbook of peer interactions, relationships, and groups* (pp. 589-602). The Guilford Press.

Dodge, K. A., Pettit, G. S., & Bates, J. E. (1994).

Socialization mediators of the relation between socioeconomic status and child conduct problems. *Child Development, 65*, 649-665.

Dunn, J., Slomkowski, C., Beardsall, L., & Rende, R. (1994). Adjustment in middle childhood and early adolescence: Links with earlier and contemporary sibling relationships. *Journal of Child Psychology and Psychiatry, 35*(3), 491-504.

DuRant, R. H., Treiber, F., Goodman, E., & Woods, E. R. (1996, Dec). Intentions to use violence among young adolescents. *Pediatrics, 98*(6 Pt 1), 1104-1108.

East, T. D., Morris, A. H., Wallace, C. J., Clemmer, T. P., Orme, J. F., Weaver, L. K., & Sittig, D. F. (1991). A strategy for development of computerized critical care decision support systems. *International Journal of Clinical Monitoring and Computing, 8*(4), 263-269.

Egan, S. K., & Perry, D. G. (1998). Does low self-regard invite victimization? *Developmental Psychology, 34*, 299-309.

Eisenberg, N., Guthrie, I. K., Cumberland, A., Murphy, B. C., Shepard, S. A., Zhou, Q., & Carlo, G. (2002). Prosocial development in early adulthood: A longitudinal study. *Journal of Personality and Social Psychology, 82*(6), 993.

Eisenberg, N., Spinrad, T. L., & Sadovsky, A. (2006). Empathy-related responding in children. *Handbook of moral development, 517*, 549.

Erikson, E. H. (1950). *Growth and crises of the "healthy personality."*.

Erikson, E. H. (1968). Life cycle. *International Encyclopedia of the Social Sciences, 9*, 286-292.

Everett, S. A., & Price, J. H. (1995). Student's Perceptions of violence in the public schools: The Met Life survey. *Journal of Adolescent Health, 17*(6), 345-352.

Fabes, R. A., & Eisenberg, N. (1998). Meta-analyses of age and sex differences in children's and adolescents' prosocial behavior. *Handbook of Child Psychology, 3*.

Farrell, A. D., Valois, R. E., Meyer, A. L., & Tidwell, R. (2003). Impact of the RIPP violence prevention program on rural middle school studies: A between-school study. *Journal of Primary Prevention, 44*, 143-167.

Farrington, D. P. (1991). Childhood aggression and adult violence: Early precursors and later life outcomes. In D. Pepler, & K. Rubin (Eds.), *The Development and Treatment of Childhood Aggression*. Lawrence Erlbaum.

Farrington, D. P. (1993). Understanding and preventing bullying. *Crime and Justice, 17*, 381-458.

Farrington, D. P. (2005). Childhood origins of antisocial behavior. *Clinical Psychology & Psychotherapy: An International Journal of Theory & Practice, 12*(3), 177-190.

Feshbach, N. D., & Feshbach, S. (1982). *Empathy training and the regulation of aggression: Potentialities and limitations*. Academic Psychology Bulletin.

Feshbach, S. (1964). The function of aggression and the regulation of aggressive drive. *Psychological Review, 71*(4), 257.

FitzGerald, D., & White, K. (2003). Linking children's social worlds: Perspective taking in parent-child and peer contexts. *Social Behavior and Personality: An International Journal, 31*, 509-522.

Furlong, M. J. (2000). The school in school-related violence: Definitions and facts. *Journal of Emotional and Behavioral Disorders, Summer*. Retrieved May 15, 2001 from Findarticles.com database on the World Wild Web site.

Gee, C. L., & Heyman, G. D. (2007). Children's evaluations of other people's self descriptions. *Social Development, 16*, 800-818.

Gelman, S. A., Heyman G. D., & Legare C. H. (2007). Developmental changes in the coherence of essentialist beliefs about psychological characteristics. *Child Development, 78*(3), 757-774.

Glover, D., Grough, G., & Johnson, M. (2000). Bullying in 25 secondary school: Incidence, impact and intervention. *Educational Research, 42*(2), 140-156.

Gnepp, J. (1983). Children's social sensitivity: Inferring emotions from conflicting cues. *Developmental Psychology, 19*(6), 805.

Gnepp, J., & Hess, D. L. (1986). Children's understanding of verbal and facial display rules. *Developmental Psychology*, *22*(1), 103.

Gottman, J. M., & Katz, L. F. (1989). Effects of marital discord on young children's peer interaction and health. *Developmental Psychology*, *25*(3), 373.

Grotevant, H. D., & Cooper, C. R. (1986). Individuation in family relationships. *Human Development*, *29*(2), 82-100.

Hastings, P. D., Utendale, W. T., & Sullivan, C. (2007). The socialization of prosocial development. *Handbook of Socialization: Theory and Research*, 638-664.

Hay, D. F. (1994). Prosocial development. *Journal of Child Psychology and Psychiatry*, *35*(1), 29-71.

Heath, M. A., & Sheen, D. (2005). *School-based crisis intervention: Preparing all personnel to assist*. The Guilford Press.

Herrenkohl, T. I., Sousa, C., Tajima, E. A., Herrenkohl, R. C., & Moylan, C. A. (2000). Intersection of child abuse and children's exposure to domestic violence. *Trauma, Violence, & Abuse*, *9*(2), No. 2, 84-99.

Hoffman, M. L. (1975). Developmental synthesis of affect and cognition and its implications for altruistic motivation. *Developmental Psychology*, *11*(5), 607.

Hoffman, M. L. (1977). Empathy, its development and prosocial implications. In Nebraska symposium on motivation. University of Nebraska Press.

Howes, C. (2009). Friendship in early childhood. *Handbook of Peer Interactions, Relationships, and Groups*, 180-194.

Hughes Jr., R., Tingle, B. A., & Sawin, D. B. (1981). Development of empathic understanding in children. *Child Development*, 122-128.

Inhelder, B., & Piaget, J. (1958). *The growth of logical thinking from childhood to adolescence*. Basic Books.

Izard, C. E. (2009). Emotion theory and research: Highlights, unanswered questions, and emerging issues. *Annual review of psychology*, *60*, 1-25.

Katz, L. G., & McClellan, D. E. (1997). *Fostering children's social competence: The teacher's role*. National Association for the Education of Young Children.

Kochenderfer, B. J., & Ladd, G. W. (1996). Peer victimization: Manifestations and relations to school adjustment in kindergarten. *Journal of School Psychology*, *34*, 267-283.

Krebs, D., & Gillmore, J. (1982). The relationship among the first stages of cognitive development, role-taking abilities, and moral development. *Child Development*, *53*(4), 877-886.

Ladd, G. W., Price, J. M., & Hart, C. H. (1990). Preschoolers' behavioral orientations and patterns of peer contact: Predictive of peer status. *Peer Rejection in Childhood*, *90*, 115.

Langdon, S., & Preble, W. (2008). The relationship between levels of perceived respect and bullying in 5th through 12th graders. *Adolescence*, *43*, 485-503.

Leventhal, H., Singer, R., & Jones, S. (1965). Effects of fear and specificity of recommendation upon attitudes and behavior. *Journal of Personality and Social Psychology*, *2*(1), 20.

Lewis, H. B. (1971). Shame and guilt in neurosis. *Psychoanalytic Review*, *58*(3), 419.

Lochman, J. E., & Wells, K. C. (2002). Contextual social-cognitive mediators and child outcome: A test of the theoretical model in the Coping Power program. *Development and Psychopathology*, *14*(4), 945-967.

Loeber, R., & Hay, D. (1997). Key issues in the development of aggression and violence from childhood to early adulthood. *Annual Review of Psychology*, *48*(1), 371-410.

Maccoby, E. E., & Jacklin, C. N. (1980). Sex differences in aggression: A rejoinder and reprise. *Child Development*, 964-980.

Macklem, G. L. (2003a). *Bullying and teasing: Social power in children's groups*. Springer Science & Business Media.

Macklem, G. L. (2003b). Providing Preventive Services in Schools. *Publisher Springer New York*, 1-18.

Mash, E. J., & Johnston, C. (1983). Parental perceptions

of child behavior problems, parenting self-esteem, and mothers' reported stress in younger and older hyperactive and normal children. *Journal of Consulting and Clinical Psychology, 51*(1), 86.

Mayer, J. D., & Salovey, P. (1997). What is emotional intelligence. *Emotional Development and Emotional Intelligence: Educational Implications, 3*, 31.

McDowell, D. J., & Parke, R. D. (2009). Parental correlates of children's peer relations: An empirical test of a tripartite model. *Developmental Psychology, 45*(1), 224.

McHale, S. M., Crouter, A. C., & Whiteman, S. D. (2003). The family contexts of gender development in childhood and adolescence. *Social Development, 12*(1), 125-148.

Merrell, K. W., Gueldner, B. A., Ross, S. W., & Isava, D. M. (2008). How effective are school bullying intervention programs? A meta-anlaysis of intervention research. *School Psychology Quarterly, 23*, 26-42.

Moffitt, T. E. (1993). A developmental taxonomy. *Psychological Review, 100*(4), 674-701.

Murphy, L. B. (1937). *Social behavior and child personality. An exploratory study of some roots of sympathy.* Columbia Univ Press.

Murray, J. P. (1999). Studying television volence. In J. K. Asamen & G. L. Berry (Eds.), *Research paradigms, television, and social behavior* (pp. 369-410). Sage.

Nagin, D., & Tremblay, R. E. (1999). Trajectories of boys' physical aggression, opposition, and hyperactivity on the path to physically violent and nonviolent juvenile delinquency. *Child Development, 70*(5), 1181-1196.

Neighbors, C., Vietor, N. A., & Knee, C. R. (2002). A motivational model of driving anger and aggression. *Personality and Social Psychology Bulletin, 28*(3), 324-335.

Olweus, D. (1979). Stability of aggressive reaction patterns in males: A review. *Psychological Bulletin, 86*(4), 852.

Olweus, D. (1993a). Bullies on the playground: The role of victimization. *Children on Playgrounds: Research Perspectives and Applications*, 85-128.

Olweus, D. (1993b). *Bullying at school.* Blackwell.

Olweus, D. (1993c). Personality and aggression. In J. F. Cole & D. D. Jenses (Eds), *Nebraska symposium on Motivation 1972.* University of Nebraska Press.

Olweus, D. (2005). A useful evaluation design, and effects of the Olweus Bullying Prevention Program. *Psychology, Crime & Law, 11*(4), 389-402.

Parten, M. B. (1932). Social participation among pre-school children. *The Journal of Abnormal and Social Psychology, 27*(3), 243.

Peled, M., & Moretti, M. M. (2007). Rumination on anger and sadness in adolescence: Fueling of fury and deepening of despair. *Journal of Clinical Child and Adolescent Psychology, 36*(1), 66-75.

Perry, D. G., Kusel, S. J., & Perry, L. C. (1998). Victims of peer aggression. *Developmental Psychology, 24*(6), 807-814.

Piaget, J. (1952). *The origins of intelligence in children.* W W Norton & Co.

Pynoos, R. S., & Eth, S. (1984). The Child as witness to homicide. *Journal or Social Issue 40*, 87-108.

Rice, F. P. (1998). *Human development.* Prentice Hall.

Rigby, K. (1998). Suicidal ideation and bullying among Australian secondary school students. *The Educational and Developmental Psychologist, 15*(1), 45-61.

Rigby, K., & Slee, P. T. (1991). Bullying among Australian school children: Reported behaviour and attitudes to victims. *Journal of Social Psychology, 131*, 615-627.

Rigby, K., Cox, I., & Black, G. (1997). Cooperativeness and bully/victim problems among Australian school children. *The Journal of Social Psychology, 137*(3), 357-368.

Rodkin, P. C., Famer, T. W., Pearl, R., & Van Acker, R. (2000). Heterogeneity of popular boys: Antisocial and prosocial configurations. *Developmental Psychology, 36*(1), 14-24.

Roscoe, B., Diana, M. S., & Brooks, R. H. (1987). Early, middle, and late adolescents'views on dating and factors influencing partner selection. *Adolescence, 22*(85), 59.

Rubin, K. H., Wojslawowicz, J. C., Rose-Krasnor, L., Booth-LaForce, C., & Burgess, K. B. (2006). The best friendships of shy/withdrawn children: Prevalence, stability, and relationship quality. *Journal of Abnormal Child Psychology, 34*(2), 139-153.

Rutter, M. (1985). Resilience in the face of adversity: Protective factors and resistance to psychiatric disorder. *British Journal of Psychiatry, 147*, 598-611.

Saarni, C. (1984). An observational study of children's attempts to monitor their expressive behavior. *Child Development*, 1504-1513.

Selman, R. L. (1981). *The growth of interpersonal undrstanding: Developmental and clinical analysis*. Academic Press.

Shields, A., & Cicchetti, D. (1998). Reactive aggression among maltreated children: The contributions of attention and emotion dysregulation. *Journal of Clinical Child Psychology, 27*(4), 381-395.

Shields, A., & Cicchetti, D. (2001). Parental, maltreatment and emotion dysregulation as risk factors for bullying and victimization in middle childhood. *Journal of Clinical Child Psychology, 30*, 349-363.

Shields, A., Cicchetti, D., & Ryan, R. M. (1994). The development of emotional and behavioral self-regulation and social competence among maltreated school-age children. *Development and Psychopathology, 6*(1), 57-75.

Slee, P. T. (1995). Peer victimization and its relationship to depression among: Austrian primary school students. *Personality and Individual Difference, 18*, 57-62.

Slee, P. T., & Rigby, K. (1993). Australian school children's self appraisal of interpersonal relations: The bullying experience. *Child Psychiatry and Human Development, 23*, 273-282.

Smith, P. K., & Myron-Wilson, R. (1998). Parenting and school bullying. *Clinical Child Psychology and Psychiatry, 3*(3), 405-417.

Smith, R. L., Rose, A. J., & Schwartz-Mette, R. A. (2010). Relational and overt aggression in childhood and adolescence: Clarifying mean level gender differences and associations with peer acceptance. *Social Development, 19*(2), 243-269.

Sulivan, H. S. (1953). *The Interpersonal Zheoryo/Pychiary*. Norton.

Tangney, J. P., & Dearing, R. L. (2002). Emotions and social behavior. *Shame and guilt*. Guilford Press.

Tanner, J. M. (1962). *Growth at adolescence* (2nd Ed.). Blackwell.

Tanner, J. M. (1990). *Foetus into man: Physical growth from conception to maturity* (2nd Ed.). Harvard University Press.

Underwood, M. K., Coie, J. D., & Herbsman, C. R. (1992). Display rules for anger and aggression in school age children. *Child Development, 63*(2), 366-380.

Van der Wal, M. F., De Wit, C. A., & Hirasing, R. A. (2003). Psychosocial health among young victims and offenders of direct and indirect bullying. *Pediatrics, 111*(6), 1312-1317.

Weinstein, N., Hodgins, H. S., & Ostvik-White, E. (2011). Humor as aggression: Effects of motivation on hostility expressed in humor appreciation. *Journal of Personality and Social Psychology, 100*(6), 1043-1055.

Wilson, H. (1980). Parental supervision: A neglected aspect of delinquency. *British Journal of Criminology, 20*, 203-235.

Yang, L. H. (2003). Causal attributions, expressed emotion, and patient relapse: Recent findings and application to Chinese societies. *Hong Kong Journal of Psychiatry, 13*(2), 16-26.

Zeman, J., & Garber, J. (1996). Display rules for anger, sadness, and pain: It depends on who is watching. *Child Development, 67*(3), 957-973.

Zhou, Q., Eisenberg, N., Losoya, S. H., Fabes, R. A., Reiser, M., Guthrie, I. K., … & Shepard, S. A. (2002). The relations of parental warmth and positive expressiveness to children's empathy-related responding and social functioning: A longitudinal study. *Child Development, 73*(3), 893-915.

찾아보기

인명

내용

저자 소개

유형근(Yu Hyeongkeun)
한국교원대학교 교육학(상담심리) 박사
현 한국교원대학교 교수

정연홍(Jeong Yeanhong)
한국교원대학교 교육학(상담심리) 박사
현 보건교사

남순임(Nam Soonim)
한국교원대학교 교육학(상담심리) 박사
현 전문상담교사

박선하(Park Seonha)
한국교원대학교 교육학(상담심리) 박사
현 허브심리상담센터 센터장

이필주(Lee Pilju)
한국교원대학교 교육학(상담심리) 박사과정
현 전문상담교사

문가람(Moon Garam)
한국교원대학교 교육학(상담심리) 박사
현 초등교사

최지혜(Choi Jihye)
한국교원대학교 교육학(상담심리) 박사과정
현 지혜샘 심리상담센터장

학교폭력 예방 및 학생의 이해(2판)

School Violence Prevention and Student Understanding (2nd ed.)

2019년 3월 25일 1판 1쇄 발행
2021년 9월 15일 1판 4쇄 발행
2025년 3월 10일 2판 1쇄 발행

지은이 • 유형근 · 정연홍 · 남순임 · 박선하 · 이필주 · 문가람 · 최지혜
펴낸이 • 김진환
펴낸곳 • (주) 학지사

04031 서울특별시 마포구 양화로 15길 20 마인드월드빌딩
대표전화 • 02)330-5114 팩스 • 02)324-2345
등록번호 • 제313-2006-000265호

홈페이지 • http://www.hakjisa.co.kr
인스타그램 • https://www.instagram.com/hakjisabook

ISBN 978-89-997-3413-7 93370

정가 24,000원

저자와의 협약으로 인지는 생략합니다.
파본은 구입처에서 교환해 드립니다.

이 책을 무단으로 전재하거나 복제할 경우 저작권법에 따라 처벌을 받게 됩니다.

출판미디어기업 **학지사**

간호보건의학출판 **학지사메디컬** www.hakjisamd.co.kr
심리검사연구소 **인싸이트** www.inpsyt.co.kr
학술논문서비스 **뉴논문** www.newnonmun.com
교육연수원 **카운피아** www.counpia.com
대학교재전자책플랫폼 **캠퍼스북** www.campusbook.co.kr